投资项目可行性分析与项目管理

王维才　戴淑芬　肖玉新　编著

北　京
冶 金 工 业 出 版 社
2021

图书在版编目(CIP)数据

投资项目可行性分析与项目管理/王维才等编著．—北京：冶金工业出版社，2000.5（2021.7 重印）

ISBN 978-7-5024-2590-6

Ⅰ．投…　Ⅱ．王…　Ⅲ．①投资—可行性研究　②投资—项目管理　Ⅳ．F830.59

中国版本图书馆 CIP 数据核字(2007)第 006997 号

出 版 人　苏长永

地　　址　北京市东城区嵩祝院北巷 39 号　邮编　100009　电话　(010)64027926

网　　址　www.cnmip.com.cn　电子信箱　yjcbs@cnmip.com.cn

责任编辑　杨　敏　张　卫　美术编辑　王耀忠　版式设计　张　青

责任校对　王永欣　责任印制　李玉山

ISBN 978-7-5024-2590-6

冶金工业出版社出版发行；各地新华书店经销；三河市双峰印刷装订有限公司印刷

2000 年 5 月第 1 版，2021 年 7 月第 17 次印刷

787mm×1092mm　1/16；21.25 印张；514 千字；326 页

29.00 元

冶金工业出版社　投稿电话　(010)64027932　投稿信箱　tougao@cnmip.com.cn

冶金工业出版社营销中心　电话　(010)64044283　传真　(010)64027893

冶金工业出版社天猫旗舰店　yjgycbs.tmall.com

（本书如有印装质量问题，本社营销中心负责退换）

——愿本书读者能在投资决策分析中增加一些量化的思考！

——本书献给那些希望能做出英明决策的各类企业决策者和经营者！

作　者

前 言

投资项目是指一项投资活动的基本方案,它可以用来创建、扩建或发展某些工厂企业,以便在一定时期内增加产品的生产或提供更多的社会服务。随着我国社会主义市场经济体制的建立和完善,投资活动已遍及社会经济生活的方方面面。而每一个投资项目的经济效益不仅关系到投资人的直接利益,而且亦关系到整个社会生产力、社会资源的有效配置和合理使用问题。

世界各国和我国的投资管理经验证明,项目管理在整个投资管理中具有战略意义。在投资管理有机整体中,项目管理是一个活跃的细胞。项目管理的弊病,必然损害投资管理的肌体。项目管理按其时间顺序,可以划分为投资前时期、投资执行时期、投产经营时期;按其工作性质,可以划分为决策、设计、施工、投产等环节。在项目管理全过程中,投资前时期特别重要。投资前时期,决策环节是关键,而决策的主要依据就是项目的可行性研究。项目可行性研究的工作质量将直接影响到项目投资决策的质量,从而影响到投资的最终经济效果。

可行性研究是世界上普遍采用的一种研究投资项目是否可行的科学。它是通过各种有效的方法对投资项目进行分析研究,从技术、市场、财务、经济、社会等方面加以评价,最终为投资决策者提供是否选择该项目进行投资的依据。

目前,可行性研究在我国投资项目管理工作中占有相当重要的地位。根据国家有关规定:凡未做可行性研究的投资项目国家一律不予立项,银行一律不予贷款。尤其是国外引进项目必须由国家指定的大型项目咨询机构进行充分的可行性研究工作。1983 年 2 月国家计委颁发《关于建设项目进行可行性研究的试行管理办法》;1987 年国家计委发布《建设项目经济评价方法与参数》第 1 版,并于 1993 年发布了修订的第 2 版。所有这一切,都使得中国投资项目可行性研究与评价工作逐步进入了科学化、规范化的轨道。

尽管可行性研究工作在我国已有长足的发展,但总体来说,仍属经验积累、逐步摸索阶段。从全国来看,真正掌握可行性研究理论与实际技能的人才还不多,专业评估人员则更少。尤其是大多数从事可行性研究工作的人员在从事该项工作之前多为工程技术人员,缺乏经济评价基础理论素养的培训,仅仅参照有关办法的条文进行可行性研究,工作略显力不从心。目前很多大专院校的经济与管理类专业都开设了与这一领域相关的课程,但理论结构合理又切合实际操作的教材仍比较缺乏。撰写本书的动机,正是在这样的情况下萌发出来的。

本书旨在为从事与可行性研究和项目管理有关工作的人员提供理论联系实际、完整、系统、实用的可行性分析与项目管理的参考读物。本书既注重可行性研究理论基础——技术经济学有关知识的介绍,又十分注重可行性研究的实际操作方法——即按照有关规定编制出高质量可行性研究报告方法的详尽介绍,同时就项目管理的一般方法与过程也进行了扼要的介绍。

投资项目可行性研究和项目管理是一项比较复杂的工作，它涉及市场、技术、经济、政治、社会、环境等多方面因素。因此，从事可行性研究和项目管理的有关人员不仅要提高理论素养，还要通过多次可行性研究和项目管理实践、案例分析积累经验，才能有效地掌握可行性研究和项目管理的方法。

在本书编撰过程中，相关内容尽可能与联合国工业发展组织的《工业可行性研究编制手册》和国家计委、建设部颁发的《建设项目评价方法与参数》有关规定一致，同时参考和得益于许多学者的研究成果，如傅家骥、仝允桓的《工业技术经济学》、赵国杰的《技术经济学》等。另外，本书的出版得到了北京科技大学教材科、管理学院领导的大力支持，还得到了北京科技大学管理学院殷焕武、刘明珠在校对方面的帮助，在此一并表示感谢。

本书由北京科技大学管理学院王维才、戴淑芬、肖玉新编著。其中第1、7、8、12、13章和附录2、附录3由王维才编写；第3、4、9、10章和附录4、附录5由戴淑芬编写；第2、6章和附录1由肖玉新编写；第5、11章由肖玉新、戴淑芬编写。

因编著者水平有限，加之时间仓促，书中疏漏之处恳请读者和有关专家指正。

作　者

2000年4月

目　录

第1章　绪　　论

*　　　　*　　　　*

本章要点:

- 项目、投资项目、项目周期的含义。
- 投资项目评价的内容与程序。
- 项目与项目管理的概念。
- 投资项目评价中的技术与经济关系原理、经济效益原理、可比性原理。

*　　　　*　　　　*

投资活动是现代社会经济最重要的活动之一,社会经济的发展需要诸多的投资项目来“拉动”,一个国家综合国力的提高依靠各种各样的投资项目。因此,投资项目的经济效益对社会经济的发展与国力的增强有着十分重要的意义。要使投资项目取得良好的经济效益,必须遵循投资活动的经济规律,并首先在投资项目立项与建设中保证投资决策过程和项目管理的科学化,即在投资前时期对投资项目进行科学的可行性研究和评估,在投资时期对投资项目进行合理的计划、组织实施和控制,以及在项目完成并投入运行后进行的项目后评价。

1.1　投资项目评价与管理概述

1.1.1　项目与投资项目

世界银行对其发放贷款的**项目**定义为:“所谓项目,一般是指同一性质的投资(如设有发电厂和输电线路的水坝)或同一部门内一系列有关或相同的投资,或不同部门内的一系列投资(如城市项目中市区内的住房、交通和供水等)。项目还可以包括向中间金融机构贷款,为它的一般业务活动提供资金;或向某些部门的发展计划发放贷款。项目通常既包括有形的,如土木工程的建设和设备的提供;也包括无形的,如社会制度的改进、政策的调整和管理人员培训,等等。”

在现代企业的生产经营活动中,项目通常是指在严格规定的时间和预算内,为达到某个最终目标的一系列相关工作与任务。项目一般具备五个特点:有严格定义的最终目标,有具体的开始和结束时间,有成本和时间计划,能够产生具体结果,只发生一次。其中“只发生一次”是项目与一般的任务、工作、活动的最主要区别。

项目一般大体分为投资项目与非投资项目两大类。

投资项目是指将一定数量的资金或资产投入到某种具有特定目标的对象、任务或事业,以获取一定的经济效益和社会效益。投资项目种类繁多,为便于管理,我国将投资项目进行如下几种分类：

(1)按管理需要分：基本建设项目与技术改造项目；

(2)按行业投资用途分：生产性项目与非生产性项目；

(3)按投资性质分：新建项目、扩建项目、改建项目、恢复性项目和迁建项目；

(4)按建设规模分：大、中、小型基建项目，限额以上(以下)更新改造项目；

(5)按工作阶段分：预备项目、筹建项目、建成投产项目和收尾项目；

(6)按投资资金来源分：国家预算拨款项目、银行贷款项目、自筹资金项目和利用外资项目。

本书研究的投资项目是指**常规的投资项目**，即项目周期较长，项目的预付资本主要用于固定资产投资，并且投资的回收期较长(多数均超过1年)。

1.1.2 项目周期及其各阶段的工作任务

项目周期是指项目的规划及建设过程，一般分为三个主要阶段：一是项目准备阶段，即从项目建议书到项目开工或贷款生效这一阶段；二是项目实施阶段，也称贷款或投资执行阶段，即从项目开工(贷款生效/投资开始)到项目竣工(贷款账户关闭/投资完成)这一阶段；三是项目总结阶段，即从项目竣工到项目后评价这一阶段。以上详见图1-1。

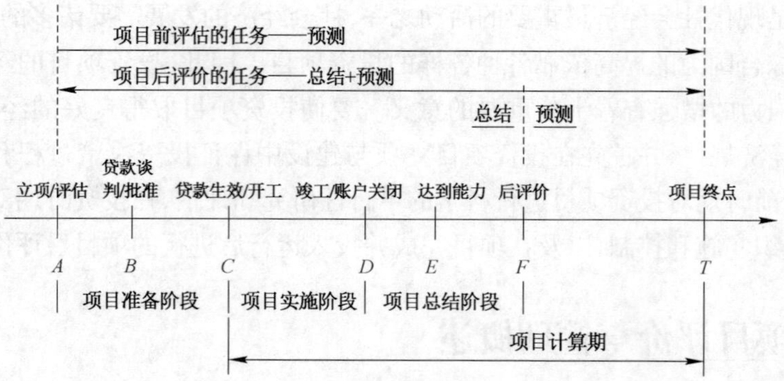

图1-1 项目周期示意图

从企业及宏观的角度出发，项目的周期又可细划分为更多的阶段，各个阶段的工作任务也有所区分，即：

(1)项目建议书(立项)阶段——即项目选择阶段，包括项目建议书的起草及其评估；

(2)可行性研究(评估)阶段——即项目可行性分析阶段，包括项目可行性研究报告的撰写，项目环境影响报告及其批准书，项目评估报告的撰写；

(3)设计阶段——包括项目可行性研究报告的批复，项目的设计和实施计划；

(4)开工准备(开工)阶段——包括施工准备，资金落实，对外谈判，招标投标，开工报告及其批准文件；

(5)施工阶段——包括工程详细设计，工程建设，设备采购和安装；

(6)竣工验收(完工)阶段——包括竣工验收，竣工报告及其批准文件；

(7)运行阶段——即从试生产到正式生产、运行，达到项目的设计能力；

(8)后评价阶段——即项目经验与教训的总结阶段，包括从立项到项目运行的全过程评价以及对项目未来的预测等。

对于一些国际金融组织或一般金融机构来说，其贷款项目的项目周期也有各自不同的阶段划分，但其划分的原则和各阶段的工作任务一般都大同小异。以世界银行为例，其贷款项目的项目周期及其各阶段的工作任务如表1-1所示。

表1-1　世界银行贷款项目周期及主要工作

各阶段工作步骤	主要工作任务
(1)项目立项	研究借款国经济和行业状况，并以之作为贷款项目立项背景，同时借款国政府提出借贷援助的项目建议(项目必须符合借款国和世行的共同利益，并得到双方的支持方可列入计划)
(2)项目准备	借款国以双方同意的目标为基础，考虑技术、经济、财务、社会和体制等因素，进行多方案对比，选择最优方案
(3)项目评估	世行对项目进行全面评估(在世行官员指导下进行，有时聘请外部咨询专家帮助工作)
(4)谈判与董事会批准	借款国和世行开始贷款谈判(包括项目实施具体进度、采购安排等)；贷款文件上报世行执行董事会；执行董事会批准后双方签订协议，形成具有法律效应的文件
(5)项目执行和监督	贷款资金启动(贷款的执行由借款方负责)；世行作为独立方监督借款方履行协议、项目的执行与采购
(6)项目后评价	项目竣工且贷款账户关闭后，世行进行独立的项目后评价，以确定项目对人民、政策、体制和自然环境的实际影响

1.1.3　投资项目评价的研究内容和评价程序

投资项目评价分为项目前期准备阶段的评估和项目建成之后的后评价。

投资项目前期的评估(**项目前评估**)一般也称投资项目的可行性研究，它是从投资项目决策的角度出发，目的是确定投资项目是否可以立项，并站在投资项目的起点，应用技术经济分析的方法来分析、预测和评价投资项目未来的效益，以确定项目的投资是否值得与是否可行。

项目后评价则是在项目竣工后，总结项目的准备、实施、完工和运营，并通过预测对项目的未来进行新的分析评价，其目的是为了总结经验教训，为改进投资决策和项目运营管理服务。项目后评价是站在项目完工的时点上，一方面检查和总结项目的实施过程，找出问题，分析原因；另一方面，要以后评价时点为基点，预测项目未来的发展。

投资项目的前评估和后评价在评价的原则和方法上没有太大区别，一般均采用定量和定性相结合的方法，主要区别是前评估的主要判别依据是投资者要求获得的收益率或基准收益率，而后评价的判别标准侧重点是前评估的结论，主要采用对比的方法。因此，本书所研究的投资项目评价主要是从投资决策的角度出发进行投资项目的可行性研究，即项目前评估。

1.1.3.1　投资项目评价的研究内容

投资项目评价研究内容一般涉及社会再生产过程中生产、交换、分配、消费各个环节的技术经济问题。随着科学技术的进步，经济建设的发展，相邻学科的渗透，投资项目评价的研究内容不断拓宽。这些研究内容主要包括两大体系，即自身体系和外部体系。

自身体系的研究主要包括:学科建设与学科研究对象的研究;本学科理论基础的研究以及本学科评价指标体系和评价方法的研究。

外部体系的研究包括:宏观技术经济研究和微观技术经济研究。宏观技术经济研究的主要内容有:技术进步与经济增长的关系研究;经济增长速度、比例和经济效益的研究;生产力布局研究;投资选择、投资结构与投资效益的研究;各种资源的开发与供应、生产与运输、节约与替代以及资源综合利用的研究;产业结构与产业政策的研究;中长期综合发展规划的论证与研究。微观技术经济研究的主要内容有:技术引进、吸收外资的经济效益研究;厂址布局与选择的研究;项目可行性研究与经济评价;设备的选择、使用、更新与技术改造的论证;产品方向的确定、原材料与工艺路线的确定;新技术的选择、新产品开发的论证及经济评价。

从投资决策的角度看,一般投资项目评价的核心内容主要是投资项目的市场评价、技术评价、经济评价和环境评价。投资项目评价是一门具有综合性、预见性、计量性和实用性的学科,它是投资决策科学化必不可少的一个环节。

1.1.3.2 投资项目评价的一般程序

投资项目评价的一般程序如下:

(1) 目标的确定。目标即实施投资项目的目的和方向,它决定投资项目分析与评价的内容和结构。在投资项目目标和评价标准已经确定的前提下,寻求达到该目标的投资方案是第一步。而在目标未确定的情况下,正确选择目标就成为投资项目评价的首要环节。目标由投资者自身发展需要和社会技术经济条件、市场需求状况来决定。科学合理的投资目标应建立在客观条件的基础上,根据已具备的和将具备的条件确定。

(2) 方案拟订。即拟订在当前技术经济条件下,达到同一投资目标的多个互相可替代的方案。如果没有多方案的比较,就无分析和选优可言。拟订方案应在收集资料的基础上,根据目标和限制条件,列出若干可行方案,作为选优的对象。在拟订方案时,既不能把实际可能的方案漏掉,也不能把实际不可能的方案作为可行方案,以避免方案比较和评价缺乏可靠性。因此,第一,要列出目标,指明收集资料的对象和范围;第二,要占有一定数量的资料,从占有的大量资料中进行分析、整理,去伪存真;第三,不仅从情报资料上收集,更重要的是到实践中去收集,使资料具有及时性和真实性。

(3) 方案的分析和比较。首先要选定一个基础方案作为备选方案的比较对象,基础方案应是备选方案中假定最好的方案;其次要使方案具有可比性,对各个方案的不同指标和参数进行适当处理,一般将不同的数量和质量指标化为可比的货币指标。

(4) 评价模型的建立和求解。**评价模型**就是把方案的目标函数、约束条件以及各变量之间的关系,用图表或数学方程式表达出来。评价模型由投资项目有关技术经济问题的要素构成,它表达了各变量之间的相互关系,是对投资项目方案的抽象描述。评价模型按是否考虑时间因素分为静态和动态模型;按变量的性质可分为确定型、不确定型和随机型。建立评价模型后,把各种具体的资料和数据代入模型中运算,求出各种方案评价指标的解,作为方案选优的依据。

(5) 综合评价与选优。上述步骤一般仅仅是对投资方案进行经济方面的定量分析与论证,对于重大的投资方案的决策,不完全依据公式计算的结果,而必须综合分析政治、技术、经济、军事、社会以及稀缺资源等诸方面的因素,把定量计算和定性分析结合起来研究,从而选择最优方案。综合评价一般采用多级过滤、筛选的方法，将技术的可靠性、先进性、安全性、经济性和社会影响、环境生态平衡等作为制约因素，制定这些制约因素的最低标准，把投资方案与各项最低标准比较，进行层层的多级筛选，在满足最低要求的前提下，最后以经济效益作为选择最优方案的依据。因此，综合评价与选优是通过定量分析和定性分析，综合考虑方案的优缺点，经过多次反复比较，选出最优方案。

投资项目评价的一般程序如图 1-2 所示。

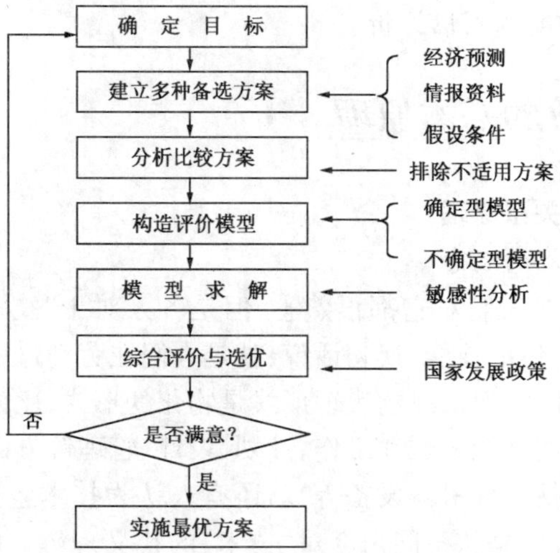

图 1-2　投资项目评价的一般程序

1.1.4　项目管理研究的对象与内容

投资项目的管理是现代企业管理活动和社会经济活动的一项重要内容，尤其是从 19 世纪中叶以来，各国在其现代化进程和提高自身综合国力的过程中，实施了大量的各式各样项目，以求在全球性的竞争中取胜。如军事研究项目、航天及空间项目、基础设施项目以及现代的高科技项目等大型的项目，同时在企业内部也大量存在诸如技术与工艺改造、人力资源开发、节能降耗、新产品开发、新市场开拓等中小型项目。可以说项目构成了现代社会生活的基本单元，项目开发的成败往往决定了一个国家、一个地区或一个企业的发展速度和综合实力，随着项目规模的日趋扩大及技术工艺复杂性程度的提高，专业化分工愈加精细，投资者对项目的质量、工期、投资效益等方面的要求也越来越高。项目的科学化管理已经成为决定项目生命力的关键。

项目管理是从投资项目的决策到实施的全过程中，对项目的任务、资源和成本进行计划、组织、控制及评价，以求在一定预算和时间内达到项目的既定目标和可接受的质量水平。项目管理在投资活动和投资管理中有重要的意义。

项目管理学研究对象泛指一切项目，即投资项目与非投资项目，一般以投资项目作为主要研究对象，研究不同投资主体对项目管理的需要及其项目运行过程中的管理理论、管理方法和管理手段。

项目管理学是随着现代科技与经济的发展、项目规模的扩大以及在项目运作过程中的计划、组织、控制工作的日益复杂而诞生的一门科学。这是一门由自然科学与社会科学相互交叉和渗透的新兴学科，它具有很强的科学性、艺术性和实用性。项目管理学的研究内容主要有以下几个方面：

(1) 项目形成过程与项目周期理论；

(2) 项目评价与决策的理论、方法；

(3) 项目的招标、投标以及项目的计划与组织管理；

(4) 项目实施过程中的指挥、协调、控制，如项目的合同管理、投资控制、进度控制、质量控制等；

(5) 项目的竣工验收与项目后评价。

1.2 投资项目评价的基本原理

1.2.1 技术与经济关系原理

1.2.1.1 技术与经济的概念

“技术”这个名词，虽然人们对它都很熟悉，但是各人对于“技术”概念的理解却各不相同。有人认为技术就是人们的技能，换句话说，就是人们在劳动过程中积累起来的经验和知识。它的形式是多种多样的，但最终的表现形式是物化的形式，比如体力劳动的技能表现在操作技巧方面，脑力劳动的技能表现在工作、计划、设计、管理等方面。也有人认为技术就是人们劳动工具的总称(包括各种机器设备等)。还有人认为技术包括劳动工具、劳动对象和劳动方法等。以上几种理解是从不同角度对“技术”的狭义理解。广义地看，技术是人们利用自然和改造自然从事生产活动的手段、方法、技能以及系统知识的总和。

“经济”这个名词，也有几种不同的含义。一种含义是指生产关系，比如“经济基础”，“政治经济学”，基本上泛指的是社会生产、交换、分配和消费各环节。还有一种含义是指节约，比如“经济不经济”、“经济效果”、“经济学”等均指的是节约。在“技术经济”与“投资项目经济评价”中的“经济”主要指的是后一种含义。

1.2.1.2 技术与经济的关系

把技术与经济这两个既有区别又有联系的词汇联结在一起，用来命名一门学科——技术经济学，是符合事物内在规律的。事实上，技术与经济从来就是紧密地联系在一起的。没有可脱离开技术的经济，也决没有可独立于经济之外的技术。

一方面，发展经济必须依靠一定的技术手段，技术的进步永远是推动经济发展的强大动力。人类社会的发展历史雄辩地证明了这一点。18世纪末，从英国开始的以蒸汽机的广泛应用为标志的工业革命，使生产效率提高到手工劳动的4倍，促进了工业、商业和交通运输业的发展。19世纪开始的电力时代，发电机和电动机的发明，为机械工业、汽车工业、航空工业的发展开辟了新途径，使生产效率提高到手工劳动的108倍。20世纪中期，具有崭新特点和特殊功能的电子计算机的出现，开创了机器技术发展的新阶段，标志着人类开始进入生产自动化和劳动生产率急剧提高的时代。20世纪末，随着以美国“硅谷”为代表的信息技术的发展，高性能计算机、通讯技术、因特网技术给人类生活带来了前所未有的变化，缩短了人们交往的时空，极大地提高了工作效率。它的进步，预示着知识经济即将到来，终将为社会带来巨大的经济效益。

另一方面，技术总是在一定的经济条件下产生和发展的，经济上的需求是技术发展的直接动力，技术的进步要受到经济条件的制约。众所周知，任何技术的应用，都伴随着人力资源和各种物力资源的投入，依赖于一定的相关经济技术系统的支持。只有经济发展到一定的水平，相应的技术才有条件广泛应用和进一步发展。例如，蒸汽机从发明到它的广泛应用就经历了80年之久的时间。从发明无线电到今天所出现的电子通讯、光通讯经历了100多年的时间。近年来电子技术和光纤技术的发明和创造更是日新月异，如大规模集成电路、超导材料、光导纤维、通信卫星、激光、人工智能识别等新技术、因特网技术的出现，为现代社会的进步开辟了广阔前景。但对发展中国家来说，这些先进技术的采用，受到一定经济条件的限制，当前仍不能广泛普及，只能在重点地区得到运用。

在充分认识技术与经济相互依赖、互相促进发展关系的同时，我们还必须看到，技术和经济之间存在着另一种关系，这就是互相矛盾、互相限制的关系。日常经济生活这种关系大量存在，比如：(1)某种技术从它所消耗和占用的劳动数量来看是节省的，但是技术本身不可行，不符合当地的条件，没有发展前途；(2)某种技术从技术本身看并不是最先进的，但是经济性很好，在实践中被采用；(3)某种技术从技术本身来说（不是从经济性来说）是比较先进的，但由于受当时和当地社会经济条件和技术条件的限制，采用起来不如另一种相对“落后”的技术的经济效果好，因而这种比较先进的技术反而不被采用；(4)有一些技术，从技术本身看都是比较先进的，但在一定条件下，有一种技术最经济；(5)有一些技术，从经济性来看，都是比较好的，但是在一定条件下，有一种技术更先进、更符合技术发展规律，则在实践中被采用；(6)随着事物的发展以及条件的变化，原来不经济的技术可以转化为经济的，原来经济的亦可以转化为不经济的，原来落后的技术可以转化为先进，原来先进的技术亦可以转化为不先进。如此等等，可以看出，社会生产实践中技术与经济之间的矛盾关系是很复杂的，而且又是多方面的。如何正确认识和处理好技术与经济的关系，以取得最大的社会经济效益，这是社会经济发展中重要的问题，也是投资决策、项目评价所要研究的重要课题。

1.2.1.3 技术、经济关系与可行性研究

在充分认识技术与经济关系的基础上，如何进行投资决策与搞好可行性研究，最重要的问题是技术选择，即在特定的社会和经济条件下，选择什么样的技术去实现特定的目标。

技术选择分宏观技术选择和微观技术选择。**宏观技术选择**是指涉及面较广的技术采用问题，其影响的广泛性和深远性超出一个企业的范围，影响到整个国民经济的发展和社会进步。例如，从近期来看，发展中国的电力工业，是优先发展火电，还是优先发展水电，或者是优先发展核电？从长远来看又应作何选择？又如，要解决中国的城市交通问题，是大力发展小汽车，还是采用发展公共交通加自行车的做法？再如，中国铁路运输的牵引动力，应该以蒸汽机车为主，还是以内燃机车为主，或者是以电力机车为主？这些都是涉及范围很广的宏观决策问题，每一项决策都与采用和发展什么技术有关，而且最终都会影响到整个国家经济、技术和社会的发展。**微观技术选择**是指企业范围内的产品、工艺和设备的选择。企业生产什么产品，用怎样的方式生产，采用什么样的工艺过程，选用什么样的设备等等，它是影响企业市场竞争能力和经济效益的关键性问题。所以，技术选择是企业经营活动中的重要决策。微观技术选择不仅涉及到企业的生存与发展，而且也将最终影响到整个国民经济的发展。

指导各个层次技术选择的是各级技术政策。每个企业都应该根据自己的发展目标、资源条件和外部环境制订出企业的技术政策，在这种技术政策的指导下进行具体的技术选择，以适应竞争和发展的需要。每个产业部门也应该根据国民经济发展对本部门的要求、本部

门技术发展的趋势及各种客观条件制订出本产业部门的技术政策,用以指导本产业部门的技术选择和发展规划。同样,国家也必须有明确的技术政策,用以指导、控制全国范围内各个层次的技术选择,国家的技术政策影响到整个国家长远的经济发展和技术进步。

世界各国的经济、文化和科学技术的发展是不平衡的,自然条件和资源条件也千差万别。这种不平衡和差别使得不同的国家不可能按照相同的模式进行技术选择。尤其是发展中国家不能照搬发达国家的技术选择模式。过去许多发展中国家曾出现过盲目效仿发达国家,片面追求最新技术的现象,结果由于缺乏必要的技术力量和管理经验,以及基础设施和配套工业不健全等原因,使引进的技术无法吸收,更难以扩散,达不到应有的效果,造成了资源的浪费。发展经济学家们总结了发展中国家技术选择的经验教训,提出了发展中国家经济发展中应采用"中间技术"、"累进技术"和"适用技术"的观点。

中间技术,是指介于"镰刀"和"联合收割机"之间的技术,它既有别于古老的、简单的传统技术,又不同于现代化的最新技术。这样的技术既能提高生产效率,又节约资金,但不需要过高的技术知识,是发展中国家易于消化、吸收和扩散的技术。

累进技术,意在强调技术发展的继承性和累进性。即选择技术时要考虑本国现存的技术体系和技术基础,要与本国的技术水平、生产发展水平和社会成员的文化教育水平相适应,要注意自己的消化吸收能力,在能力允许的范围内循序渐进地提高技术水平,而不是生搬外国最先进的东西。

适用技术,是指适合于本国资源情况和应用条件,能够对经济、社会和环境目标做出最大贡献的技术。它与"先进技术"从外延到内涵都有一定的联系,但从概念上又不完全相同。适用技术强调的不是技术的先进性,而是技术采用后的效果。考察技术是否适用,必须充分考虑本国生产要素的现有条件、市场容量、社会文化环境、当前的技术水平等因素。适用技术既可以是最新技术,也可以是不那么新的技术,关键在于技术的采用必须能为经济目标和社会目标做出较大的贡献。简单地说,所谓"适用技术",就是此时此地能被采用,而且在生产中能起积极作用,见效快、效果好的技术。

中国是一个发展中国家,必须根据实际情况确定技术选择的原则。总的来说,在方案设计、技术选择及项目评价中,要充分注意经济效果,兼顾技术的适用性与先进性,要防止两种倾向:一方面,要防止不顾国情,忽视现有的经济技术现状,盲目追求技术先进性的倾向;另一方面,要防止固步自封,片面强调现有基础,看不到发展的潜力与优势,不敢采用先进技术的倾向。我国现阶段的技术体系应该同时包容多层次的技术,既要有国际先进水平的新技术、高技术,也要有某些在工业发达国家已被淘汰的、但在中国仍然适用的传统技术。当然,随着我国经济技术的发展,在整个技术体系中,前一种技术的比例会不断增加,后一种技术的比例将不断减少。

总之,进行可行性研究和项目评价的基本原则是:投资方案的选择要尽可能适应技术发展的趋势,尽可能采用世界上先进的技术工艺、设备。但是,当技术先进性与经济性发生矛盾时,经济评价的结论是决定性的,即决定方案的是否可行、是否最优的最终标准是投资方案是否能为企业、国家带来可观的经济效益。

1.2.2 经济效益的基本原理

1.2.2.1 经济效益的概念

经济效益就是人们在物资资料生产活动中,为达到一定的经济目的所付出的劳动消耗与所获得的有用劳动成果的比较。

人们从事一切经济活动(包括生产领域和非生产领域)都是一种有意识、有目的的经济行为,都是为了满足生产和生活上或其他方面的需要。人们为了达到生产上、生活上或其他方面的需要,总是要耗费一定的劳动支出,总要付出一定的劳动代价。所以,为了既定的目标与劳动耗费相联系的经济,就存在经济效益的大小问题。由于经济活动的效益存在于生产领域和非生产领域之中,其中,对物质生产领域中的经济效益问题的研究是最基本的、最重要的部分,这种把技术科学和生产力诸要素科学、合理地结合,所产生的经济活动的合理性及其效益,称为生产技术经济效益,简称为技术经济效益;而在非生产领域中的经济活动,也要研究其经济效益,如教育经济效益、军事经济效益等,这是两个领域中不同范围的经济效益。

劳动耗费是指在进行某种实践活动(主要是经济活动)中投入一定的生产要素所构成耗费。劳动耗费包括劳动的直接消耗和劳动占用两大部分:(1)**劳动直接消耗**是指各种各样的费用或消耗,比如工程建设中的资金支出、人力的消耗、物资的消耗、燃料动力消耗、自然资源的消耗等等,总称为活劳动和物化劳动消耗。因为资金是物资的代表,而物资是物化劳动的结晶,至于自然资源的开发和利用,也要以个人劳动支出为媒介,所以劳动的直接消耗是根本的。(2)**劳动占用**指劳动力占用、资金占用、物资和资源占用。这些劳动力和物化劳动的数量通常在技术方案生产运行或完全停止生产报废以后为止。所以,劳动占用量和劳动消耗量是两个不同的概念,它们之间不能直接相加减,必须通过占用效益系数的换算,才能对劳动耗费进行计量。但是,不管是劳动力或是资源的占用都是为了保证生产中的消耗,并且它总是在生产中不断地转化为消耗,从这个意义上说,占用的实质可以归结为消耗。在把劳动的直接消耗和劳动占用加以区别的同时,又把二者统称为劳动耗费。

有用劳动成果的概念和投资活动目的有直接关系。一般投资项目都是为了适应社会的发展,为了创造物资财富,为了完善服务,以满足社会不断增长的物质和文化需要。在投资项目评价中,对于任何一个项目的技术方案,有用的劳动成果常常表现为满足某一需要的有用物,而有用物就具有使用价值。使用价值所产生的效益有直接效益和间接效益两个方面,而效益本身又可以通过质量和数量两个方面来描述。质是衡量使用价值本质的东西,而量则是判定使用价值大小的程度。任何两个方案比较,都是在确定质的前提下进行数量方面的比较。如果创造的使用价值比劳动耗费大得多,经济效益就大;如果劳动耗费大于创造的使用价值,经济效益就差或没有效益,甚至产生负效益。

1.2.2.2 经济效益的衡量

从经济效益的定义出发,对经济效益的考核主要有两大方面:一是,在既定的目标或既定的任务条件下,如何充分而合理地利用和节约既有的资源,使资源耗费最少而完成既定的目标和任务;二是,在既定资源的条件下,如何充分而合理地加以利用和节约,使之发挥最大使用价值,以满足既定的目标和任务的要求。

把上述定性描述定量化:

除法运算
$$E = R/C \tag{1-1}$$

当二者量纲相同时,也可用下式表达:

减法运算
$$E = R - C \tag{1-2}$$

式中 E——技术方案的经济效益;

R——技术方案取得的有用劳动成果；

C——技术方案投入的劳动耗费。

根据经济效益的定义，对上述两式必须正确理解：

(1)经济效益包括经济效益（指纯经济效益）和经济效率两种，用式(1-1)表示的经济效益指标可以理解为经济效率指标，如社会劳动生产率、资金利润率等；用式(1-2)表示的经济效益指标就是通常所说的经济效果指标，如利润、税金、纯收入、国民收入等。

(2)式(1-1)可用实物形式表示，也可用价值形态表示；而式(1-2)只能用价值形态表示。

(3)当 $R > C$ 时，说明有经济效益；当 $R = C$ 时，说明没有经济效益；当 $R < C$ 时，说明耗费大、收益小，即发生亏损或造成浪费。

(4)经济效益的评价标准——经济效益最大化（即 $E \rightarrow \max$）。

提高投资项目的技术经济效益核心在于满足技术方案要求的前提下，充分利用和合理节约各种有限资源，以求有效产出最大化，使经济效益最高。具体来说就是节约人力、物力、财力和节约时间。

节约人力，就是要从全局出发，优化劳动组织，充分发挥每个人的优势，量才使用，为人才的脱颖而出创造良好的环境，以便得到更高的工作效率，不断提高社会经济效益；节约物力，就是要充分利用现有设备，合理利用各种资源，尤其是注重以内涵为主的扩大再生产以求得经济的发展；节约财力，就是要正确选择投资方向，合理使用建设资金，缩短建设周期，加速资金周转，使有限的财力发挥更大的经济效益。

节约时间，就是要认识时间节约的规律，认清经济效益与时间的关系，重视时间价值，掌握时间因素的计算方法。那种不考虑货币时间经济损失，使物资、资金停滞积压的现象再也不能继续下去了。如果说资金的周转和利用要考虑时间因素，那么信息的加工、处理和传递更要考虑时间的价值，时间是资源，信息是财富。任何一条信息越是迅速、准确、安全、方便地处理和传递，其信息的时间价值就越大，为社会增加的财富就越多。如果信息传递迟缓或信息处理失真，不仅会失去时间价值，而且会使社会财富遭到不应有的损失。因此，一方面，我们必须充分认识时间的经济价值。时间是一种最特殊、最有价值的资源，它既没有任何弹性，也根本无法贮存，无法替代，是属于最易亏损、最短缺的“物资”。无论是规划设计，还是建设施工，或是经营决策，都必须十分重视时间的节约和利用；另一方面，必须加速信息产业的开发与建设。今天人们不是生活在真空中，而是生活在时间空间里。如果运用爱因斯坦相对论的时空观来分析经济活动的话，那么客观世界中任何一项经济活动无不是与时间空间相联系的，用静止的观点观察和评价社会经济现象是片面的。而信息产业的作用就在于为社会经济发展节约时间，缩短空间，其作用之大不可忽视。在现代，任何一个经济实体，提取的信息愈迅速、愈准确，占有的信息愈多，其经济实力就愈强。

1.2.2.3 经济效益的划分

(1)按经济效益范围划分：

1)社会再生产过程中的直接生产领域的经济效益，流通领域的经济效益，分配领域的经济效益，消费领域的经济效益，建设领域的经济效益等。

2)国民经济物质生产部门中的农业经济效益，工业经济效益，运输经济效益等。

3)非物质生产部门的经济效益，如外贸经济效益，各种服务业经济效益等。

(2)按经济效益的评价角度划分：

1)宏观经济效益,指从整个国民经济角度考察的经济效益,又称社会经济效益。

2)中观经济效益,指从地区、行业角度考察的经济效益,又称地区行业经济效益。

3)微观经济效益,指从企业角度考察的效益,又称企业经济效益。

(3)按经济效益实现的地点划分:

1)直接经济效益,指部门、建设项目或企业自身产生并得到的经济效益。

2)间接经济效益,指部门、建设项目或企业导致的其自身之外的经济效益。

(4)按经济效益实现的时间划分:

1)当前经济效益,即短期内可以实现的经济效益。

2)长远经济效益,即短期内不能实现,而要在较长时期之后才能实现的经济效益。

1.2.2.4 经济效益评价原则

我们评价一个投资项目的经济效益好坏应遵循如下四项基本原则:

(1)正确处理宏观和微观的关系。宏观经济效益与微观经济效益相比,宏观经济效益是全局性的,而微观经济效益是局部的;宏观经济效益是微观经济效益的前提和保证,微观经济效益又是宏观经济效益的基础,没有微观经济效益的提高,宏观经济效益的提高也是难以实现的。我国的经济发展必须在全国一盘棋的思想下建立和发展。因此,在评价投资方案时,不能只局限在一个企业一个部门的狭小范围内。例如,近年来在通讯系统中,出现了各部门单独建台建站,重复建网,互相干扰,无论是从国家投资效益和通讯效益看都是不好的。又比如一些地区盲目发展小煤矿、小钢铁,由于规模跟不上,设备落后,尽管在一定程度上给该地区带来了经济效益,但从全局看,消耗了大量的资源,有的甚至导致资源破坏、环境污染。如果把资源浪费、环境治理所造成的经济损失计算在内,则社会经济效益是不好的。此时,必须遵循局部服从全局,地区、部门效益服从全社会效益的原则,这是评价方案的基本原则。

(2)正确处理当前和长远的关系。技术经济评价既要重视当前的经济效益,也要重视长远的经济效益。在技术经济活动中应当十分重视对资源合理利用和环境保护。因为,在一定科学技术水平条件下,能够利用的资源总量是有限的。人类—资源—环境是一个整体,破坏了资源和环境,也就破坏了人类生活的基本条件。因此,决不能搞急功近利,乱采滥伐,只图眼前的利益。应当强调合理开发资源,保证生态平衡,这是十分重要的长远经济效益问题。在投资项目评价中处理好短期的经济目标和中长期经济目标的关系。如果为了追求当前经济效益,不惜竭泽而鱼,寅吃卯粮,不保持必要的生产储备,不及时维护修理设备,不建设必要的基础设施,不爱惜劳动力等等,其结果必然损害今后的长远经济效益。

(3)正确处理直接经济效益和间接经济效益的关系。国民经济是一个有机的统一整体,各部门、各企业之间是相互联系、相互制约的。它们之间的投入和产出,效益和费用都存在着直接和间接的关系。有些部门、有些建设项目或有些产品本身的经济效益可能并不很大。但它们却能为其他部门、其他建设项目或其他产品的发展或提高经济效益创造有利条件。相反,有些部门、有些投资项目或有些产品本身的经济效益较好,但它们却妨碍了其他部门、其他建设项目或其他产品的发展及其经济效益的提高。建设一个项目,拟定一个方案,都要涉及到资金和费用问题,这些投资有些是直接发生的,有些是间接发生的。因此,对方案的评价必须坚持综合评价的原则。不能只看单方面的直接效益,还应评价多因素多目标的系统的经济效益。例如,评价水力发电和火力发电哪个经济效益大。如果不考虑其他相关投资,建水电站比火电站单位投资费用高;如果考虑了其他各项相关投资,则建水电站比建火电站单位投资便宜。从建设周期看,如果不考虑煤矿建设,火电站比水电站建设周期短;如果综合考虑煤矿的建设,则火电站比水电站建设周期长。因此,我们在评价某一部门、某一建设项目、某一产品的经济效益时,必须既考察其直接效益,也要考察其间接效益,这样才能得出全面正确的结论。

(4)正确处理经济效益和政治效益、社会效益的关系。在任何一个国家进行的投资活动,除了经济上的目的以外,往往还有政治和社会目的。因此,在评价投资项目的经济效益时,还要考虑政治和社会方面的效益。但这不是说可以只讲政治效益,而不顾经济效益。相反地,即便单纯由于政治原因或社会原因而进行的某些生产建设,也要计算经济效益,进行各种不同方案的比较分析,选择优化方案,把经济效益同政治效益、社会效益恰当地结合起来。

1.2.2.5 技术经济效益指标体系

评价任何投资方案经济效益的大小,或评价企业经营成果的大小,很难用单一指标来衡量,需要设置和运用一系列指标,从某一方面或某一局部范围内来反映经济效益的大小,或全面、综合地在一定程度上近似地反映其效益的大小。这些相互联系、相互补充地全面评价经济效益的一整套指标,就叫做技术经济效益指标体系。

技术经济效益指标体系具有下列作用:(1)可以衡量投资方案经济效益的大小,并可揭示取得这种经济效益的物质技术要素和经济条件,直接反映实现技术方案投入和产出的成果之间的因果关系或函数关系;(2)有助于对投资方案或经营管理成果做比较系统、全面而简明地评价,防止经营决策上的盲目性,避免主观随意性,提高对技术经济效益评价的准确性;(3)有助于比较系统地认识各种指标在指标体系中所处的地位,以及各个指标之间的相互关系,便于针对不同的评价对象和目的选择适当的评价指标。

深入研究指标和指标体系,对全面、正确地评价技术方案经济效益,进一步推动技术经济研究向前发展都有重要的意义。建立指标体系后,使衡量和评价技术方案或部门企业经营中所取得的经济效益有统一的标准和依据,有利于对技术经济理论和方法问题进行深入研究,扩大评价的视野和分析的深度,不断提高投资的经济效益和经营管理的科学水平。

投资方案经济效益指标体系大致可分为四大类指标:第一类为社会经济效益指标;第二类为部门(企业)经济效益指标;第三类为劳动耗费性指标;第四类为时间因素指标。各类指标均由若干项综合指标组成,而每一项又包含一些具体指标或辅助指标。具体如表1-2所示。

表1-2 技术经济效益指标体系

指标分类	常见的具体指标
社会经济效益指标	社会劳动生产率指标、社会纯收入指标、国民收入指标
部门(企业)经济效益指标	总产值和增加值指标、产品质量指标、利润指标、投资效果指标、劳动生产率指标
劳动消耗性指标	活劳动消耗指标、物化劳动消耗指标、劳动力占用指标、资金占用指标、资源占用指标、物资消耗指标、劳动占用效果系数、资金占用效果系数、资源占用效果系数、物资消耗效果系数
时间因素指标	建设周期、服务年限、计算年限、达产年限

上述前三大类指标,如果不考虑时间因素的影响,均属于静态分析,当考虑了时间因素对方案的影响时,则属于动态分析。反映投资效果的各类指标,既要采用静态分析,也要采用动态分析。在动态分析中,广泛采用净现值指标和内部收益率指标作为方案比较的综合指标。

1.2.3 可比性原理

在投资方案的经济比较中,为了全面和正确地反映被比较方案的相对经济性,必须使各方案具有技术经济比较的基础。对若干个备选方案进行比较、评价时,应使各方案的经济效益在切实可行的范围内彼此具有等同的可比条件。这些可比条件是:满足需要上的可比性,劳动耗费上的可比性,价格指标的可比性以及时间上的可比性。当比较方案的上述指标不等同时,需要进行必要的处理,使方案在使用价值上等同化,方可进行方案的比较和选择。

1.2.3.1 满足需要的可比性

满足需要的可比性可以从狭义与广义两个方面理解。从狭义方面看,是指投资方案在满足社会实际需要上的彼此可以相互替代性,即产量、质量、品种方面在满足社会需要上是等同的。从广义方面看,是指投资方案在促进有限资源(如资金)合理使用、获得良好经济效益的目的、实现方式、客观条件上具有替代性,即满足在一定条件下的进行投资需要方面是等同的。

A 产量可比

产量可比是指技术方案实际满足社会某种需要量相等而言。例如 100 万 t 赤铁矿和 100 万 t 磁铁矿开采方案不能单纯用采出矿石数量直接比较,因为前者难选、回收率低,而后者易选、回收率高,具有相同生产能力的矿山企业实际铁精矿量并不相同,只有化为实际能满足炼铁的需要量(如含铁百分数),才能进行方案比较。

如果两个方案的产量相同,则投资和经营费用的绝对值有直接可比的基础,可以直接进行比较。如果两个方案的产量不同,则投资和经营费用的绝对值没有可比的基础,不能直接进行比较,必须把总投资和总经营费用化为单位产品的投资和经营费用才能进行比较。

假设两个方案的年产量不等,则可把两个方案的总投资和经营费用分别除以年产量,得出单位产品的投资额和经营费用,然后进行比较。

例 1-1 有两个设计方案,方案 A 的年产量为 40 万 t,总投资为 2000 万元,年经营费为 6 万元;方案 B 的年产量为 50 万 t,总投资为 3000 万元,年经营费用 6 万元。试比较两方案优劣。

解 计算单位产品投资额和经营费:

(1)单位产品投资额:

$$AK_1 = K_1/Q_1 = 2000/40 = 50(\text{元/t})$$

$$AK_2 = K_2/Q_2 = 3000/50 = 60(\text{元/t})$$

(2)单位产品经营费:

$$AC_1 = C_1/Q_1 = 6/40 = 0.15(\text{元/t}\cdot \text{a})$$

$$AC_2 = C_2/Q_2 = 6/50 = 0.12(\text{元/t}\cdot \text{a})$$

进行方案比较,设基准收益率 $i_c = 12\%$。

方案 A 的计算费用为:

$$C_1 + i_c K_1 = 0.15 + 0.12 \times 50 = 6.15(\text{元})$$

方案 B 的计算费用为：

$$C_2 + i_c K_2 = 0.12 + 0.12 \times 60 = 7.32(\text{元})$$

如果以方案 B 为基准，则方案 A 可节约计算费用：

$$(7.32 - 6.15)/7.32 \times 100\% = 13.25\%$$

说明方案 A 优于方案 B。

应该指出，当方案的产量差别显著时，用单位产品投资和经营费用比较方案优劣，可得出错误的结论，因为方案中的投资和经营费用都含有一部分固定费用，固定费用与产量不是直线相关。在这种情况下，应对产量进行修正计算，然后进行比较，这种修正计算是比较复杂的，要具体情况具体分析，比较简单的做法是设想重复建设方案，并作修正计算。

B　质量可比

产品**质量可比**是指相比较的不同方案的产品质量要符合国家规定的质量标准。

在市场经济条件下按质论价，不同产品质量可按不同价格处理。对比方案的产品质量不同，主要表现为满足社会使用价值的不同。

如果对比方案中某一方案的产品质量有显著提高，而且对方案的经济效益有显著的影响，则应调整投资和经营费用，然后再进行比较。设第一方案的产品质量达到了国家规定的标准，而第二方案的产品质量超过了国家规定的标准，并且对方案的技术经济效益产生了有益的影响，则应对第二方案的投资和经营费用进行调整，然后再同第一方案比较，其步骤如下：

(1)按质量差异程度计算出使用效果系数公式：

$$E_G = G_A / G_B$$

式中　E_G——使用效果系数；

G_A、G_B——方案 A、B 的产品使用效果。

产品使用效果可用产品的使用寿命、可靠性等质量指标表示。

(2)按照使用效果系数 E_G 调整其中一个方案的产品指标。

(3)按产量对比修正计算的方法，调整其中一个方案的投资额和经营费用指标。

在许多情况下，产品的质量差异可转化为产量差异，根据产品的使用寿命不同，当满足同等需要时，各种不同寿命的产品需要量则不同。因此，也可用修正对比方案的产量差异的方法来修正产品的质量差异。

需要强调的是，在实际可行性研究过程中，有些投资主体并不严格限定技术方案的产出品种、数量、质量，其目的就是寻求投资获益的机会。在此情况下，就只要注重方案在满足投资者投资条件、需要方面的可比性。

1.2.3.2　消耗费用可比性

方案的比较，从根本上来说是比较技术经济效益的大小。所以，相比较的各方案不仅要求在满足需要上是可比的，而且在消耗费用上也是可比的。**消耗费用可比**，是指在计算和比较费用指标时，必须考虑相关费用，各种费用的计算必须采取统一的原则和方法。

(1)相关费用。对有的方案不仅要进行财务评价，而且要进行国民经济评价。在进行方案比较时，为了使技术方案具有消耗方面的可比条件，就应从社会总消耗的角度来计算，考虑相关费用。**相关费用**是指从国民经济出发，计算和比较因实现本方案而引起生产上相关的环节(或部门)所增加(或节约)的费用。在计算和比较相关费用时,只需要计算在原材料、燃料、动力、协作件供应等方面有直接、经常联系的环节(或部门)的费用,没有必要也不可能把与该方案有关的所有环节(或部门)的费用变化都进行计算和比较。

(2)统一原则和方法。在计算技术方案的消耗费用时,各方案的费用结构和计算范围应当一致。在计算甲方案时,投资总额包括流动资金;计算乙方案时,也应包括流动资金。在计算甲方案时,收录包括税金;计算乙方案时,也应包括税金。否则就是不可比的。

1.2.3.3 价格的可比性

价格可比是指在计算各技术方案经济效益时,必须采用合理的一致的价格。所谓合理价格是指价格能够反映产品价值,各种产品之间比价合理。

我国的现行价格,除要考虑生产成本和利润之外,还要考虑供求关系以及政治、历史等因素。由于种种原因,目前我国部分产品的价格与价值严重背离,如果不考虑价格指标的合理性,在进行方案比较、评价时就会得出错误的结论,例如由于煤炭价格相对偏低,以电作动力和以煤作动力的两个方案进行比较,总是烧煤的方案占优势。因此,在进行技术经济效益的计算时,一般不宜直接采用现行价格,而应采用修正过的条件价格。条件价格除考虑它本身的生产成本外,还考虑由于生产它们所需要的投资、劳动力和资源占用与消耗对社会产生的影响。例如在计算电气机车方案消耗费用中电力的价格,就不能采用电力的现行价格,而应直接计算电厂和输电线的全部消耗费用。同样,在计算蒸汽机车方案消耗费用中煤的价格时,不能采用煤的现行价格(即市场价格),而应直接计算煤矿和煤炭运输的全部消耗费用。也就是说,如果把社会全部劳动生产率最大作为技术方案经济效益准则的话,则在计算技术方案消耗费用中所采用的各种产品价格,特别是经营费用中的燃料、动力、原料、材料和运输等方面的价格,应符合以下的条件:

各种产品的价格 = 各种产品的社会全部消耗费用/各种产品的产量或完成工作量

= 各种产品生产部分的社会全部消耗费用(按单位或运输量计)

另外,由于技术进步、劳动生产率提高和产品成本下降而影响费用价格变动,进行方案的消耗费用比较时,要求采用相应时期的价格指标;对不同的远景技术方案比较时,最好采用远景的价格指标。不能对两个比较方案采用不同时期的价格指标进行比较。只有这样,才能达到方案比较中价格可比性的要求。

还有,当进行国民经济评价,即宏观经济评价时,由于社会环境、经济管理体制、经济政策、历史因素等各种原因,现行市场价格偏离其实际价格现象普遍存在,这时,必须修正现行价格,使其能正确反映产品的价值。这种用于经济分析的调整价格称为影子价格。

国民经济评价是把国民收入最大作为技术方案的经济效益准则,方案的投入和产出物的价格,在一定条件下,必须符合以下的价格条件,才具有可比性:

价格 = 技术方案的全部社会消耗费用/技术方案的产量或全部工作量

1.2.3.4 时间的可比性

时间因素可比是指同时考虑计算期和资金的时间价值这两个可比条件。

A 计算期相同

对经济寿命不同的技术方案作经济效益比较时,必须以相同的计算期为比较基础。

(1)当各技术方案的经济寿命有倍数关系时,采用寿命的最小公倍数。例如甲方案的经济寿命为 3 年,乙方案的经济寿命为 5 年,则以 15 年为计算期。

(2)当各技术方案的经济寿命比较长,不宜以最小公倍数为计算期时,一般采用15年为研究期或以经济寿命最短的方案为研究期。

B 考虑资金的时间价值

对技术方案在不同时间内发生的效益和耗费,不能将其直接简单相加,而应采用适当的计算方法,折成同一时间因素的货币价值后才能进行比较。

* * *

问题与思考

1-1 什么是项目周期?世界银行贷款项目各阶段的主要工作有哪些?

1-2 从投资项目评价的程序看投资决策科学化的意义。

1-3 如何利用投资项目评价的基本原理指导项目评价?

第 2 章　资金的时间价值

*　　*　　*

本章要点：

- 资金时间价值及其相关概念。
- 现金流量与现金流量图。
- 资金等值计算的 6 个基本公式。

*　　*　　*

任何投资项目或方案的经济评价，都存在一个投入的费用及其产生的收益发生在不同时期的问题。有的项目建设时间长，有的项目建设时间短；有的项目见效快，有的项目见效慢。为了使项目方案发生在不同时间的费用和收益具有可比性，必须把发生在不同时期的资金都折算成相同时间的资金，在等值基础上进行项目方案的经济评价。因此，应研究资金的价值与时间的关系问题。

2.1　资金时间价值

2.1.1　资金时间价值的概念

资金的时间价值，是指资金在时间推移中的增值能力，它是社会劳动创造价值能力的一种表现形式。

应该承认，资金具有随着时间过程的延长而增值的能力。但是，一般的货币不会增值，只有同劳动结合的资金才有时间价值。因为这种物化为劳动及其相应的生产资料的货币，已转化为生产要素，经过生产和流通过程，归流的货币量比原来支付的货币量更大，这种增值是时间效应的产物，即资金的时间价值。

利润和利息是资金时间价值的基本形式，它们都是社会资金增值的一部分，是社会剩余劳动在不同部门的再分配。**利润**由生产和经营部门生产，**利息**是以信贷为媒介的资金使用权的报酬，都是资金在时间推移中的增值。对于利息和利润的获得者来说，利润和利息都是一种收入，都是投资得到的报酬。利息是贷款者的报酬，而利润则是生产经营者的报酬。在经济评价中用以度量资金时间价值的“**折现率**”，是指贷款人或企业经营者对其投资得到的利息率或利润率，也是指企业使用贷款人的资金或自有资金来支付人力、物力耗费，用以经营企业所获得的收益率。

衡量资金时间价值的尺度是**社会平均资金收益率**，或叫**社会折现率**，折现率反映了对未来货币价值所作的衡量。社会平均的资金收益率，各国不等，一般为公债利率与平均风险利率之和。

资金时间价值概念的建立和应用，不仅可以促进节约资金，而且可以促进更好地利用资金。活劳动的节约、物化劳动消耗和占用的节约，体现在作为活劳动和物化劳动的货币表现的资金节约上。它不仅要求缩减一切不必要的开支，而且要求最大限度地有效利用资金。评价投资方案，不仅评价方案的投资是否节省，而且评价方案投资后的经济效益是否好。这对于提高经济评价工作的科学性，促进整个社会重视货币资金有效利用等都具有重要意义。

2.1.2　利息的概念和计算

2.1.2.1　利息的概念

利息是指占用货币使用权所付的代价或放弃资金使用权所获得的报酬。利润则是把货币资金投入生产经营过程而产生的增值。利息来自信贷，利润来自生产和经营。但是，从资金的时间价值来看，利息和利润是一致的。因此，在技术经济分析中有时对两者不予区分。

2.1.2.2　利息率

利息率是一定时期的利息额与本金的百分比，它是计算利息的尺度。一年的利息额与本金之比为年利率，半年或一个月的利息额与本金之比分别为半年利率或月利率。其公式为：

$$利息率 = (利息额/本金) \times 100\%$$

例 2-1　现有本金100元，在一年期限得到 6 元利息，试计算年利率？

解　年利率 $= (6/100) \times 100\% = 6\%$

2.1.2.3　利息的计算方式

利息的计算方法不同，可分为单利计息与复利计息两种。

A　单利计息

单利是指利息的计算不把先前周期中的利息加到本金中去，而是仅以本金为基数计算利息。计算公式为：

$$S_1 = P \cdot i \cdot n$$

式中　S_1——单利利息；

P——本金；

i——单利利率；

n——利息周期数。

期末本利和 F_s：

$$F_s = P + S_1 = P(1 + i \cdot n)$$

例 2-2　某人有现金5000元，存 3 年定期，年利率为 14%，试计算 3 年年末的本利和为多少？

解　$F_s = P(1 + i \cdot n) = 5000(1 + 14\% \times 3) = 7100(元)$

答：3 年年末本利和为 7100 元。

B　复利计息

复利计息是指以本金与累计利息为基础计算货币额的利息。它与单利计息的区别在于累积性的利息也参与利息计算。

例 2-3　某人有现金5000元，存 3 年定期，年利率为 14%，试以复利计息计算 3 年年末的本利和为多少。

解 年限/年	年初金额	年末利息	年末本利和
1	5000 元	$5000 \times 14\% = 700$ 元	5700 元
2	5700 元	$5700 \times 14\% = 798$ 元	6498 元
3	6498 元	$6498 \times 14\% = 910$ 元	7408 元

即
$$F = P(1+i)^n = 5000(1+14\%)^3 = 7408 \text{ 元}$$

式中 F——复利计算本利和；

i——年利率；

其他符号同前。

从例 2-2 与例 2-3 的计算结果可看出，复利计息比单利计息多 308 元，这是由于复利把先前周期中的利息经由累积性的利息计算所致，即所谓“利滚利”。

复利可以分为间断复利和连续复利。当复利计息以年利率、季利率、月利率等周期利率计息之所得，即为间断复利；当复利的计息周期趋近于零，按瞬时计息之所得，称为连续复利。在实际工作中一般采用间断性偿付和间断性计息周期，即采用间断复利计息。

2.1.2.4 名义利率与实际利率

在复利公式计算中，一般每年计息一次，但实际工作中有时会出现按半年一次、每季一次计算。复利计息的频率不同，其结果亦异。例如本金为 1000 元，年利率 15%，每年计算一次利息，一年后本利和为：$F = 1000(1+15\%) = 1150$(元)。若每月计算一次利息，一年后本利和为：$F = 1000(1+15\%/12)^{12} = 1160.75$(元)。上例表明每月计息一次的本利和大于一年计息一次的本利和，而且相当于按年利率 16.075% 计息一次。

若年利率为 15%，计息周期为年，利率的时间单位与计息周期相同，实际利率与名义利率一致，都是 15%；若年利率 15%，计息周期由年改为每季一次时，其到期的本利和由 1150 元增至 1158.7 元，这时名义利率为 15%，实际利率为 $(1158.7 - 1000) \div 1000 = 15.87\%$，这 0.87% 的差额是由计息频率增加而增加的利息的时间价值所产生的。因此，利率的时间单位与计息周期一致时，实际利率与名义利率都等于周期利率；利率的时间单位与计息周期不一致时，**名义利率**等于周期利率与年周期数的乘积，**实际利率**等于名义利率加上利息的时间价值。计算公式为：

$$r = (1 + i/m)^m - 1$$

式中 r——实际利率；

i——名义利率；

m——年中计息周期数。

名义利率为 15%，不同计息周期的实际利率如表 2-1 所列。

表 2-1 计息周期数对实际利率的影响

利率时间单位	一年计息周期数	周期实际利率/%	年实际利率/%
年	1	15.00	15.00
半年	2	7.50	15.56
季	4	3.75	15.87
月	12	1.25	16.08
周	52	0.29	16.16
天	365	0.04	16.18
无限小	∞	无限小	16.183

例 2-4 若年利率为12%,每月计息一次,试求实际利率为多少。

解 已知 $i=12\%$, $m=12$,则

$$r=(1+i/m)^m-1=(1+12\%/12)^{12}-1=12.68\%$$

答:实际利率为 12.68%。

例 2-5 某人存款2000元现金,年利率为 18%,半年复利一次,试求 8 年后的本利和为多少。

解

$$r=(1+18\%/2)^2-1=18.81\%$$

$$F=2000(1+18.81\%)^8=7940.61(\text{元})$$

答:8 年后本利和应为 7940.61 元。

例 2-6 某人每年年末去银行存款1000元,若年利率 4%,每季计算一次,问 5 年终了时本利和若干?

解 季利率 = 4% /4 = 1%

$$F=1000[(1+1\%)^{16}+(1+1\%)^{12}+(1+1\%)^8+(1+1\%)^4+1]=5424(\text{元})$$

或年利率 $r=(1+4\%/4)^4-1=4.06\%$

$$F=1000[(1+4.06\%)^4+(1+4.06\%)^3+(1+4.06\%)^2+(1+4.06\%)+1]$$
$$=5424(\text{元})$$

2.1.2.5 计息周期与现金流动期不一致的情况

如果计息周期与现金流动期不一致,则有两种可能性。

A 现金流动期短于计息周期

通常规定存款必须存满一个计息周期才计算利息。因此处理原则是,计息期间的存款相当于在本期末存入,而取款相当于在本期初支出。

例 2-7 试求图2-1所示现金流量的终值 F,假定年利率为 12%,按季计息。

解 图 2-1 所示的现金流量应依据上述原则可调整为图 2-2 所示的现金流量。

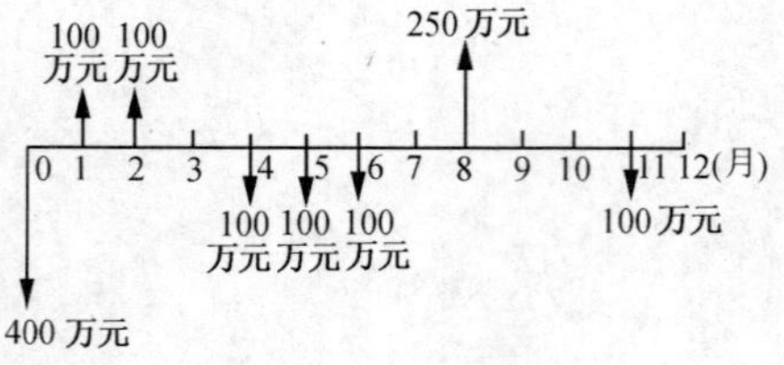

图 2-1 某企业各月现金流量

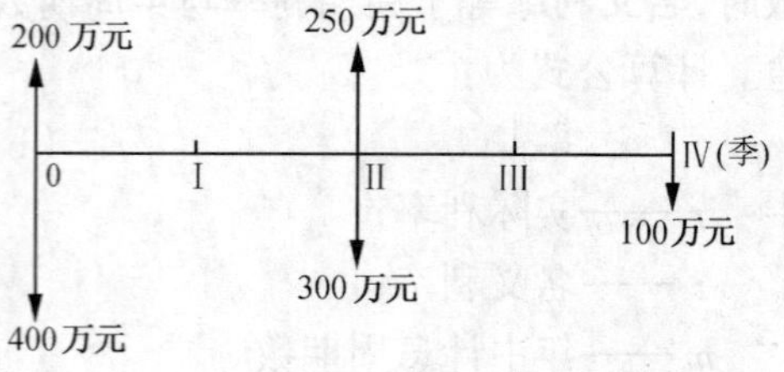

图 2-2 调整后的现金流量

若以存入为正,取出为负,则有

$$F=(400-200)(1+12\%/4)^4+(300-250)(1+12\%/4)^2+100$$
$$=378.15(\text{万元})$$

B 现金流动期长于计息周期

例 2-8 若年利率为12%,按季计息,试求图 2-3 所示连续 5 年末的等额支付的终值 F。

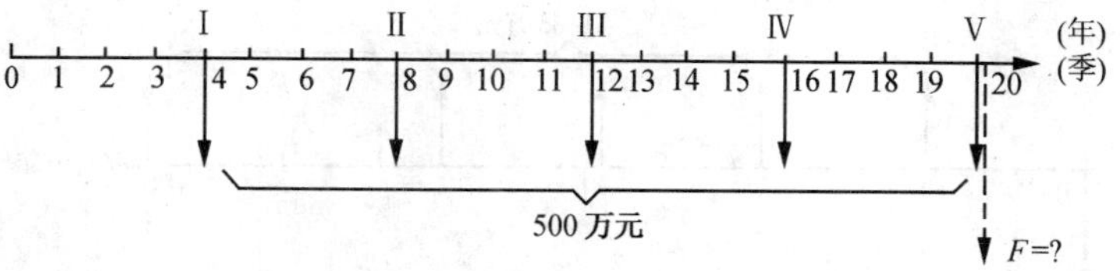

图 2-3 按季计息年度支付的现金流量图

解 先求出现金流动期的实际利率,

因为 $r=(1+i/m)^m-1=(1+12\%/4)^4-1=12.55\%$

所以 $F=500(1+r)^4+500(1+r)^3+500(1+r)^2+500(1+r)+500$

$=3221$(万元)

2.2 现金流量与资金等值

2.2.1 现金流量

2.2.1.1 定义

现金流量是指将投资项目视为一个独立系统时的流入和流出该项目系统的现金活动。若假设现金流入为正现金流量,现金流出为负现金流量,则净现金流量为现金流入与现金流出之代数和。

2.2.1.2 现金流量图示法

在对技术方案进行经济评价时,要对各年实际发生的现金流量做出预测和计算,包括建设期各年内发生的投资支出、投产后销售收入和费用支出以及计算期结束时的残值回收等。为了直观地表示项目系统的现金流入和现金流出情况,采用现金流量图示法。

现金流量图是把项目系统的现金流量用时间坐标表示出来的一种示意图。时间通常以年为单位。在期数表示的地方是该年年末时点,同时也是下一年年初时点。零时点则为第一年开始之时点。如不作特殊说明,一般假设投资发生在年初,销售收入、经营成本等经常性收益与费用发生在年末。现金支出为负值,用向下箭头表示;现金收入为正值,用向上箭头表示;箭头的长短与现金数量成比例绘制。

例 2-9 某工程项目投资现值 $P=120$ 万元,年销售收入 $S=100$ 万元,直线法年折旧费 $D=20$ 万元,计算期 $n=6$ 年,固定资产残值 $S_V=0$,年经营成本 $C=50$ 万元,该所得税税率 $r=50\%$。求年净现金流量并用图示之。

解 令 A 为该项目投产后的年净现金流量,则

$$A=(S-C-D)(1-r)+D$$

$$=(100-50-20)(1-50\%)+20=35\text{(万元)}$$

现金流量如图 2-4 所示。

2.2.2 资金等值

资金等值是指发生在不同时点上的两笔或一系列绝对数额不等的资金额,按资金的时间价值尺度,所计算出的价值保持相等。这种按照一定利率,把不同时点上的资金额换算成一次支付或等额支付系列的过程,称为等值计算。

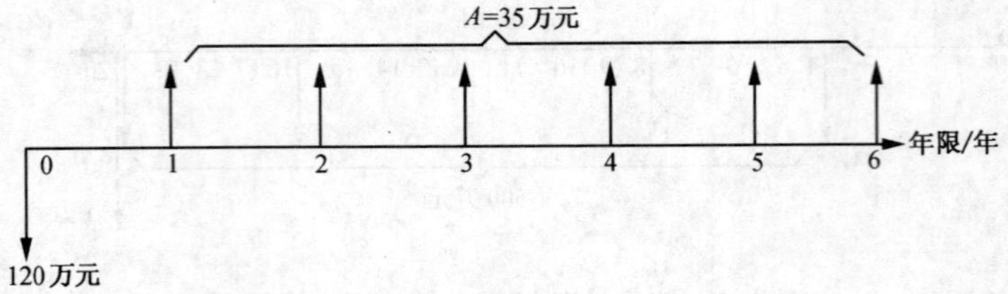

图 2-4 例 2-9 的现金流量图

例如,一笔贷款就可以采用到期本利一次偿付、本利等额或不等额分付、每年付息到期偿还本金等方案。只要能把本金连同规定利率应付的利息一起如数偿还,那么任何一笔未来支付的金额或支付系列,就都与这笔现时金额等值,而且所有能像这样偿还已知的现时资金额的未来支付金额或支付系列的方案,彼此都是等值的。

资金等值包括 3 个因素,即资金额大小、资金发生的时间和衡量标准(利率)大小。在某一利率下,现在的一笔资金额总是与未来的一笔更大的支付金额相等。这个未来时点上的资金额换算成现在的时点上的资金额,称为**现值**;与现值等价的未来时点上的资金额,称为**终值(或将来值)**;把未来时点发生的资金用资金时间价值的尺度(如利率 i)折算成现在时点相应资金数额的过程,叫做**贴现(或折现)**。

2.2.3 资金等值计算公式

2.2.3.1 整支整付的情况

A 一次支付本利和公式

已知本金为 P,利率为 i,以复利计息,求 n 期期末的本利和 F 为多少? 其现金流量图如图 2-5 所示。

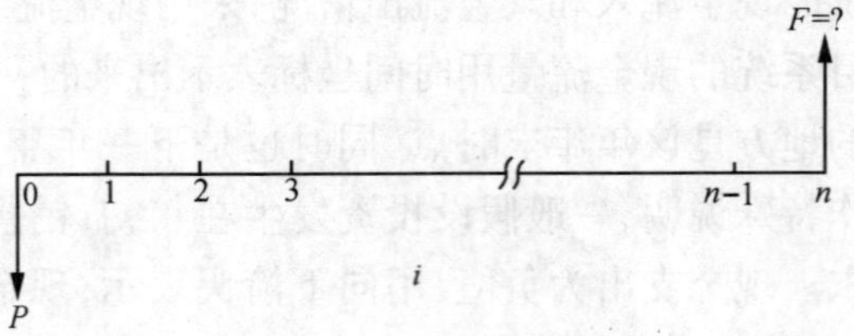

图 2-5 已知 P 求 F 的现金流量图

解 第 n 期期末本利和为:

$$F = P(1+i)^n \tag{2-1}$$

表 2-2 一次支付本利和公式推导

年 限	年末本金	当年利息	本利和
0	P	0	P
1	P	$P \cdot i$	$P(1+i)$
2	$P(1+i)$	$P(1+i) \cdot i$	$P(1+i)^2$
⋮	⋮	⋮	⋮
n	$P(1+i)^{n-1}$	$P(1+i)^{n-1} \cdot i$	$P(1+i)^n$

公式(2-1)中的$(1+i)^n$,称为一次支付终值系数,可用$(F/P,i,n)$形式表示。公式(2-1)还可写成:

$$F = P(F/P,i,n)$$

不同利率i,不同时期n的复利系数,可事先计算得知并制成表,实际运算时只要查复利系数表(见附录4)即可。系数$(F/P,i,n)$可理解为已知P、i和n,求F,它表示一元钱的复利本利和。

B 一次支付现值公式

如果已知F、i和n,求现值P,可由式(2-1)直接求得:

$$P = F \cdot 1/(1+i)^n \tag{2-2}$$

式(2-2)即为一次支付现值公式,式中$1/(1+i)^n$叫**一次支付现值系数**,也叫**贴现系数**,并以$(P/F,i,n)$表示。

式(2-2)也可写成:

$$P = F(P/F,i,n)$$

例 2-10 某企业5年后需要一笔1000万元的资金,作为职工疗养院的筹款,若利率为10%,问现在应存入银行多少钱?

解 由公式(2-2)可直接求得:

$$\begin{aligned} P &= 1000 \times 1/(1+0.1)^5 = 1000 \times 0.62092 \\ &= 620.92(\text{万元}) \end{aligned}$$

也可查复利系数表,$(P/F,10\%,5) = 0.62092$

$$\begin{aligned} P &= 1000 \times (P/F,10\%,5) = 1000 \times 0.62092 \\ &= 620.92(\text{万元}) \end{aligned}$$

答:现在应存入现金 620.92 万元。

2.2.3.2 多次支付的情况

在投资决策分析中,有时需要由一系列的期末偿付值A_t依复利计息,求n次偿付后的未来累计值F的计算公式。现金流量图如图 2-6 所示。

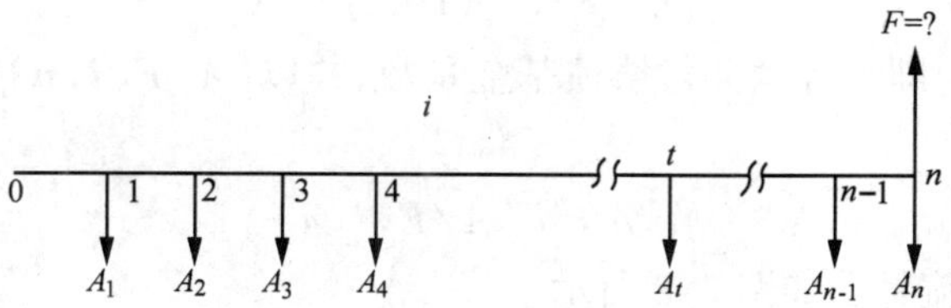

图 2-6 已知A求F的现金流量图

由图 2-6 可知,在n年末一次支付的总的未来值F,应等于每次分付值A_t的未来值之和。即:

$$\begin{aligned} F &= A_n + A_{n-1}(1+i) + A_{n-2}(1+i)^2 + \cdots + A_1(1+i)^{n-1} \\ &= \sum A_t(1+i)^{n-t} \end{aligned}$$

特例,A_t=常数A时,即多次支付为等额系列支付,则:

$$F = A\sum(1+i)^{n-t} \tag{Ⅰ}$$

A 等额分付本利和公式

公式(Ⅰ)两边乘 $1+i$ 得：

$$F(1+i) = A[(1+i)+(1+i)^2+(1+i)^3+\cdots+(1+i)^n] \quad (Ⅱ)$$

(Ⅱ)-(Ⅰ)得 $$F(1+i)-F = A(1+i)^n - A$$

$$F\cdot i = A[(1+i)^n - 1]$$

$$F = A\cdot[(1+i)^n-1]/i \quad (2\text{-}3)$$

式中 $[(1+i)^n-1]/i$ 叫等额分付终值系数，并以 $(F/A,i,n)$ 表示。则式(2-3)可写成：

$$F = A(F/A,i,n)$$

例 2-11 某户将每年领得的60元独生子女费逐年末存入银行，年利率8%，当独生子女14岁时，按复利法计算，其本利和为多少？

解 现金流量如图2-7所示。

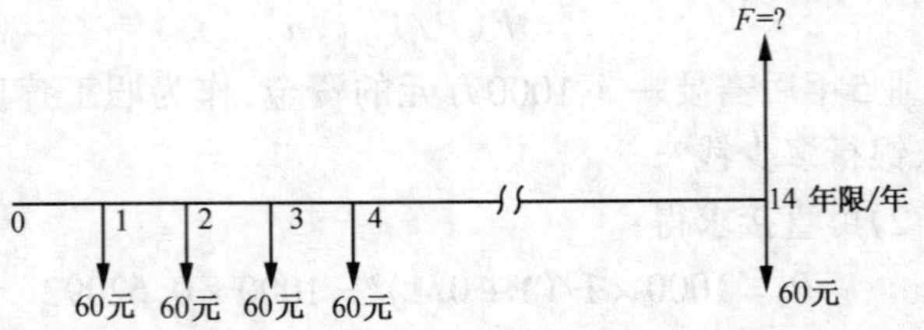

图2-7 独生子女存款的现金流量图

$$F = A\cdot[(1+i)^n-1]/i = 60\times[(1+8\%)^{14}-1]/8\%$$
$$= 60\times 24.2149 = 1452.89(\text{元})$$

答：14岁时的独生子女费本利和为1452.89元。

B 等额分付偿债基金公式

等额分付偿债基金公式可直接由式(2-3)求解 A 导出：

$$A = F\cdot i/[(1+i)^n-1] \quad (2\text{-}4)$$

式中 $i/[(1+i)^n-1]$ 即为等额分付偿债基金系数，并以 $(A/F,i,n)$ 表示。则式(2-4)可写成：

$$A = F(A/F,i,n)$$

式(2-4)的现金流量图如图2-8所示。

例 2-12 某企业自筹资金，计划10年后要进行技术改造，预计投资1亿元。若年利率为10%，问每年等额存入银行多少现金？

解 $A = 10000\times 0.1/[(1+0.1)^{10}-1] = 10000\times 0.06275 = 627.5(\text{万元})$

或 $A = 10000(A/F,10\%,10) = 10000\times 0.06275 = 627.5(\text{万元})$

答：每年等额存入627.5万元，10年后可得本利和1亿元。

C 等额分付资金回收公式

该公式又称逐年均衡偿还方式还清一次贷款的计算公式。如某项工程建设一次贷款现值 P 元，企业建成投产后，用逐年的利润均衡偿还贷款，如按协定要在 n 年内全部还清，应如何计算？现金流量图如图 2-9 所示。

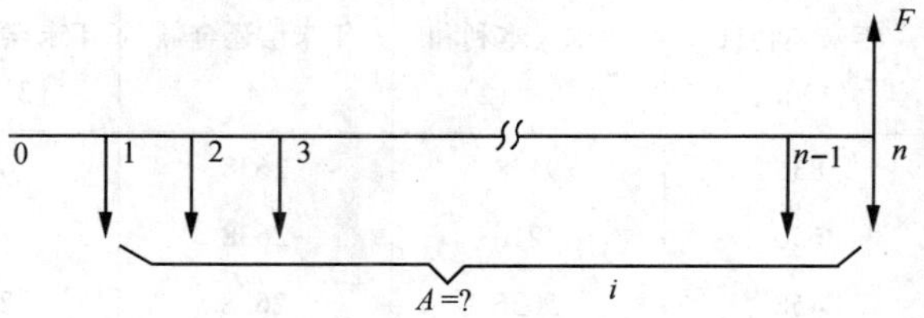

图 2-8 等额分付偿还基金现金流量图

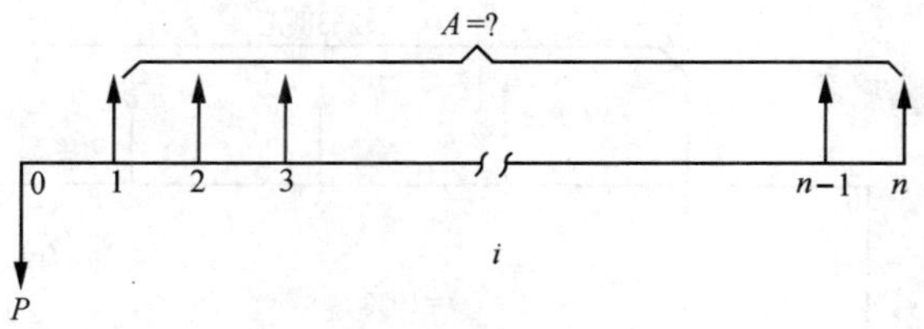

图 2-9 已知 P 求 A 的现金流量图

已知现值 P、利率 i、利息周期 n，求 $A=?$

将公式(2-1)代入公式(2-4)得

$$A = F \cdot i/[(1+i)^n - 1] = P(1+i)^n \cdot i/[(1+i)^n - 1]$$

$$= P \cdot (1+i)^n \cdot i/[(1+i)^n - 1] \tag{2-5}$$

公式(2-5)中的 $i(1+i)/[(1+i)^n-1]$叫资金回收系数，并以$(A/P, i, n)$表示。则式(2-5)可写成：

$$A = P(A/P, i, n)$$

例 2-13 某项建设工程贷款金额为10000元，利率为 10%，分 5 年于期末等额偿还，求每期的偿付值 A。

解 $A = 10000 \times 0.1(1+0.1)^5/[(1+0.1)^5 - 1] = 10000 \times 0.2638 = 2638$(元)

或 $A = 10000(A/P, 10\%, 5) = 10000 \times 0.2638 = 2638$(元)

答：每期期末偿还 2638 元，5 年可将 10000 元的贷款连本带利全部还清。

例 2-13 的现金流量图如图 2-10 所示；其偿付过程如表 2-3 所示。

表 2-3 例 2-13 的等额偿付过程 单位：元

年限	(1)	(2)	(3)	(4)	(5)	(6)
	年初欠金额	年末欠利息 (1)×i	年末欠本利和 (1)+(2)	年末偿还金额 A	年末偿付后金额 (3)-(4)	资金收回 (4)-(2)
0	0	0	0	0	10000	0
1	10000	1000	11000	2638	8362	1638

续表 2-3

年限	(1) 年初欠金额	(2) 年末欠利息 (1)×i	(3) 年末欠本利和 (1)+(2)	(4) 年末偿还金额 A	(5) 年末偿付后金额 (3)-(4)	(6) 资金收回 (4)-(2)
2	8362	836	9198	2638	6560	1802
3	6560	656	7216	2638	4578	1982
4	4578	458	5036	2638	2398	2180
5	2398	240	2638	2638	0	2398
合计		3190		13190		10000

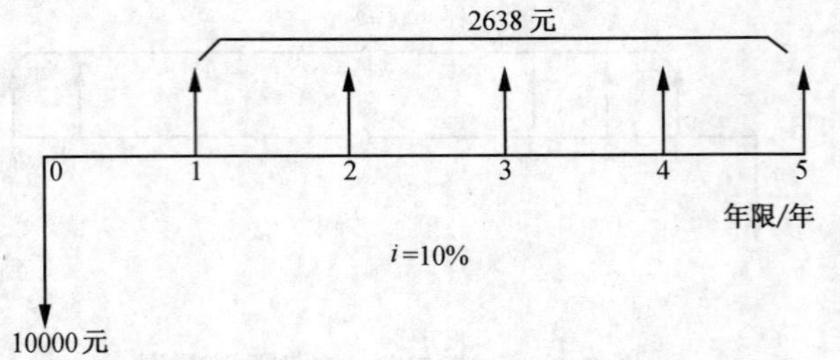

图 2-10　例 2-13 的等额偿付现金流量

例 2-14　张某为女儿上大学筹划资金，从其女儿 5 岁生日开始，每年生日存储 300 元，直至 15 岁生日，年利率为 10%。其女儿 18 岁上大学。大学四年每年年初等额提取生活费。试问其女儿每年平均生活费为多少？

解　现金流量图如图 2-11 所示。

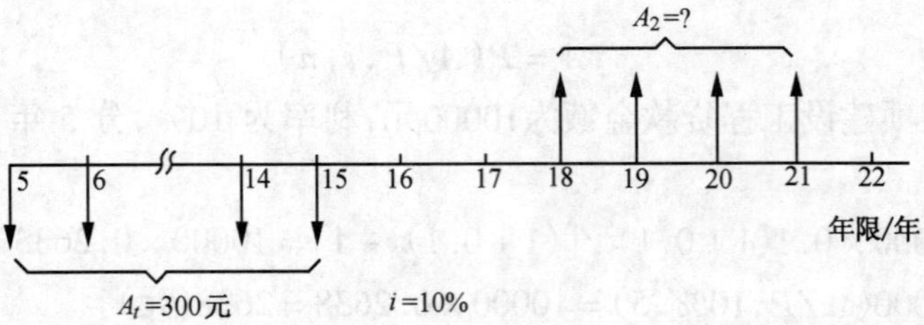

图 2-11　例 2-14 的现金流量图

当 $T=15$ 时：

$$F_{15}=300(F/A,10\%,11)=300\times18.531=5559.3(\text{元})$$

当 $T=17$ 时：

$$F_{17}=5559.3(F/P,10\%,2)=5559.3\times1.21=6726.75(\text{元})$$

当 $T=18\sim21$ 时：

$$A_2=6726.75(A/P,10\%,4)=6726.75\times0.31547=2122.09(\text{元})$$

答:张某的女儿上大学期间,每年取出 2122.09 元作为生活费,4 年全部用完。

例 2-15 某工厂以20万元的价格购进一辆汽车,第 10 年末的残值为 10 万元。若利率为 10%,问汽车平均年成本(即折旧值)为多少?

解 现金流量图如图 2-12 所示。

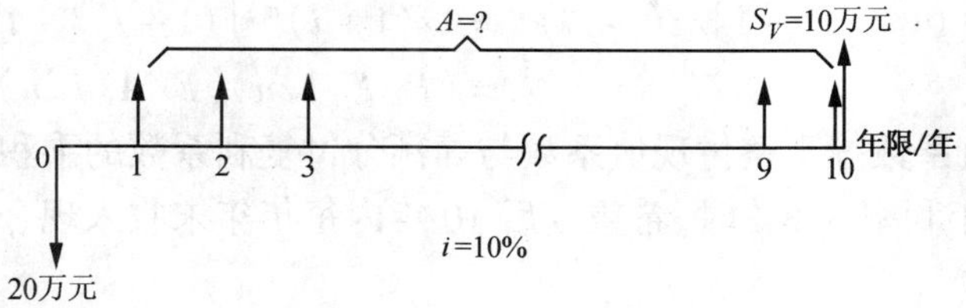

图 2-12 例 2-15 的现金流量图

$$A_1 = P\cdot(A/P,i,n) = P\cdot i(1+i)^n/[(1+i)^n - 1]$$

$$A_2 = S_V\cdot(A/F,i,n) = S_V\cdot i/[(1+i)^n - 1]$$

$$A = A_1 - A_2 = P(A/P,i,n) - S_V(A/F,i,n)$$

其中 $$(A/P,i,n) = i(1+i)^n/[(1+i)^n - 1] = [i(1+i^n+i-i)]/[(1+i)^n - 1]$$

$$= i/[(1+i)^n - 1] + i$$

$$= (A/F,i,n) + i$$

$$A = A_1 - A_2 = P(A/P,i,n) - S_V(A/F,i,n)$$

$$= P(A/P,i,n) - S_V[(A/P,i,n) - i]$$

$$= (P - S_V)(A/P,i,n) + S_V\cdot i$$

$$A = (20-10)(A/P,10\%,10) + 10\times 10\%$$

$$= 10\times 0.1628 + 10\times 0.1 = 2.628(\text{万元})$$

答:汽车平均年成本(即折旧值)为 2.628 万元。

例 2-16 某钢铁企业引进1.7m轧机,总投资为 38.9 亿元,投资收益率为 8%,设每年利润为 7.78 亿元,试求投资回收期。

解 由公式(2-5)可知

$$A = P\cdot(1+i)^n\cdot i/[(1+i)^n - 1]$$

$$A\cdot[(1+i)^n - 1] = P\cdot i(1+i)^n$$

$$A(1+i)^n - A = P\cdot i(1+i)^n$$

$$(1+i)^n = A/(A - P\cdot i) = (1 - P\cdot i/A)^{-1}$$

两边取对数:

$$n\lg(1+i) = -\lg(1 - P\cdot i/A)$$

$$n = -\lg(1 - P\cdot i/A)/\lg(1+i)$$

$$n = -\lg(1 - 38.9\times 8\%/7.78)/\lg(1+8\%) = 6.64(\text{年})$$

答:投资回收期为 6.64 年。

D 等额分付现值公式

已知 n 年内分期等额贷款额 A、利率 i,求其总额折成现值 P 为多少。这是逐年等额贷款的累计本利和的贴现值的计算,其计算公式为式(2-5)的逆运算。

$$P = A \cdot [(1+i)^n - 1]/i(1+i)^n \quad (2-6)$$

公式(2-6)中的$[(1+i)^n - 1]/i(1+i)^n$叫等额分付现值系数,记作$(P/A, i, n)$,则公式(2-6)可写成:

$$P = A(P/A, i, n)$$

$$[(1+i)^n - 1]/i(1+i)^n = 1/(1+i)^n \cdot [(1+i)^n - 1]/i = (P/F, i, n)(F/A, i, n)$$

等额分付现值系数等于整付现值系数与等额分付复利系数的乘积,是一个复合系数。

例2-17 若年利率为8%时,希望今后10年内每年年末收入现金1000万元,现在应投资多少?

解 现金流量图如图2-13所示。

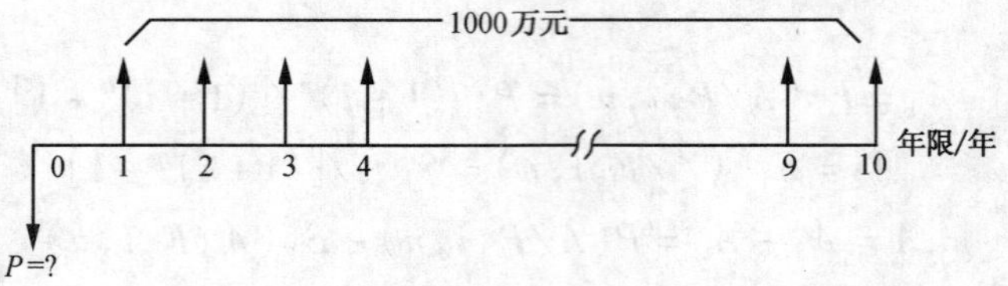

图2-13 例2-17的现金流量图

$$P = 1000 \times [(1+8\%)^{10} - 1]/8\%(1+8\%)^{10} = 1000 \times 6.710 = 6710(\text{万元})$$

或 $P = 1000(P/A, 8\%, 10) = 1000 \times 6.710 = 6710(\text{万元})$

例2-18 某企业根据自己的生产经营特点,在今后10年期间,将对租用仓库和自建仓库方案作出抉择。方案甲:租用仓库,租金每年16000元(不付维修保养费),可满足10年期间产销发展的需要。方案乙:先以10万元自建小仓库,再过4年投资5万元,加以扩充;在前4年,仓库的维修保养费用、保险、税金等支出,每年为1000元,后6年每年为2000元,10年后该仓库可4万元变价出售,资金的年利率为6%,试选择最优方案。

解 方案甲的现金流量图如图2-14所示。

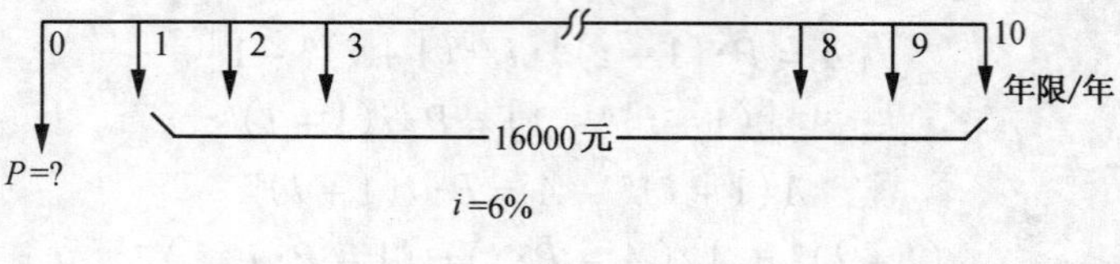

图2-14 方案甲的现金流量图

$$P_{甲} = 16000(P/A, 6\%, 10) = 16000 \times 7.36 = 117760(\text{元})$$

方案乙的现金流量图如图2-15所示。

$P_1 = 100000(\text{元})$

$P_2 = 50000(P/F, 6\%, 4) = 50000 \times 0.7921 = 39605(\text{元})$

$P_3 = 40000(P/F, 6\%, 10) = 40000 \times 0.5584 = 22326(\text{元})$

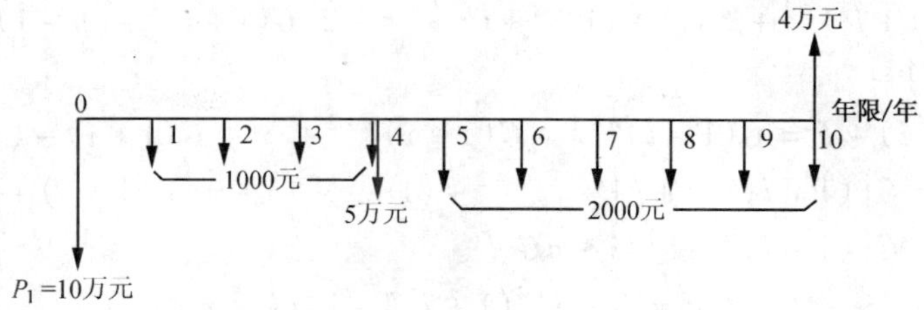

图 2-15 方案乙的现金流量图

$$P_4 = 1000(P/A, 6\%, 4) = 1000 \times 3.465 = 3465(\text{元})$$

$$P_5 = 2000(P/A, 6\%, 6)(P/F, 6\%, 4) = 2000 \times 4.917 \times 0.7921 = 7789(\text{元})$$

$$P_{\text{乙}} = P_1 + P_2 + P_4 + P_5 - P_3$$

$$= 100000 + 39605 + 3465 + 7789 - 22326 = 128533(\text{元})$$

$$P_{\text{甲}} < P_{\text{乙}}$$

答:在物价稳定的条件下,租用比自建更经济些,故应选择方案甲。

2.2.3.3 等差与等比系列情况

A 等差序列

等差系列是按一个定数增加或减少的现金流量数列。例如某项费用支出逐年增加一个相等的数额,或收入逐年减少一个相等的数额,均为等差系列。

等差系列往往是在一定基础上逐年增加(或逐年减少)。一般把第一年年末的数额作为基础余额,自第二年年末开始等额增加(或逐年减少)。因此,等差系列开始为第二年年末,等差换算系数就是在这个前提下推导出来的。

a 等差系列本利和公式

某现金流量为等差数列,设逐期的等差变额为 G,其现金流量图如图 2-16 所示。

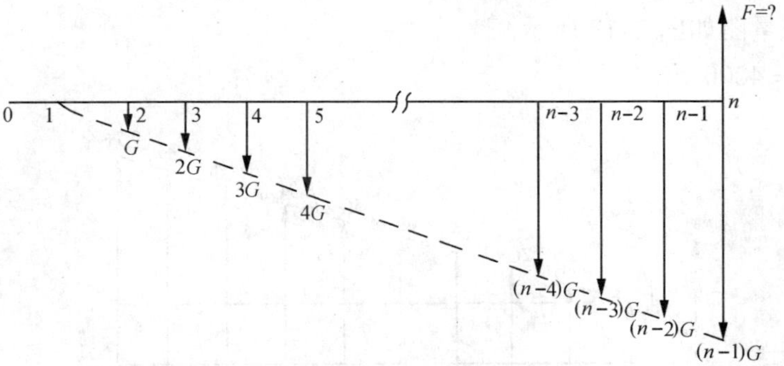

图 2-16 等差系列本利和公式现金流量

由图 2-16 可知,第 n 年年末与等差系列等值的未来值之和应为:

$$F = G(1+i)^{n-2} + 2G(1+i)^{n-3} + 3G(1+i)^{n-4} + \cdots + (n-2)G(1+i) + (n-1)G \qquad (\text{Ⅰ})$$

(Ⅰ)式两边乘$(1+i)$得:

$$F(1+i)=G(1+i)^{n-1}+2G(1+i)^{n-2}+\cdots+(n-2)G(1+i)^2+(n-1)G(1+i) \qquad (\text{Ⅱ})$$

(Ⅱ)-(Ⅰ)得:

$$F(1+i)-F=G(1+i)^{n-1}+G(1+i)^{n-2}+\cdots+G(1+i)-(n-1)G$$

$$F\cdot i=G[(1+i)^{n-1}+(1+i)^{n-2}+(1+i)^{n-3}+\cdots+(1+i)+1]-nG$$

$$=G[(1+i)^n-1]/i-nG$$

$$F=G/i\cdot\{[(1+i)^n-1]/i-n\} \qquad (2\text{-}7)$$

公式(2-7)中的 $1/i\cdot\{[(1+i)^n-1]/i-n\}$ 为等差系列本利和系数,记作 $(F/G,i,n)$,则式(2-7)可写成:

$$F=G(F/G,i,n)$$

b 等差系列现值公式

将式(2-7)代入式(2-2)中,即得等差系列现值公式:

$$P=\frac{G}{i}\left[\frac{(1+i)^n-1}{i(1+i)^n}-\frac{n}{(1+i)^n}\right] \qquad (2\text{-}8)$$

式(2-8)中的 $1/i\{[(1+i)^n-1]/i(1+i)^n-n/(1+i)^n\}$ 为等差系列现值系数,记作 $(P/G,i,n)$,则式(2-8)可写成:

$$P=G(P/G,i,n)$$

c 等差系列年度等值公式

将式(2-8)代入式(2-5)即得等差系列年度等值公式:

$$A=\frac{G}{i}\left[1-\frac{i\cdot n}{(1+i)^n-1}\right] \qquad (2\text{-}9)$$

公式(2-9)中的 $1/i\{1-i\cdot n/[(1+i)^n-1]\}$ 为等差系列换算系数,记作 $(A/G,i,n)$,则式(2-9)可写成:

$$A=G\cdot(A/G,i,n)$$

例 2-19 某机器设备的年收益额,第一年为4000元,此后直至第10年,逐年递增500元,若投资收益率为15%,试计算该设备的平均年收益和现值。

解 现金流量图如图2-17所示。

设 $A_1=4000$ 元,

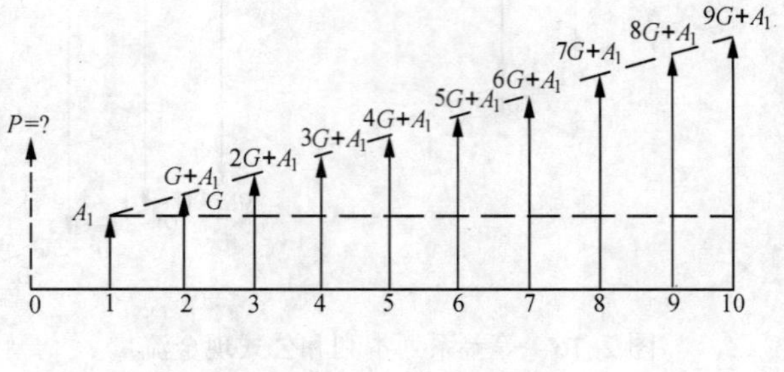

图 2-17 例 3-19 的现金流量图

则 $A_2=500(A/G,15\%,10)=500\times3.382=1691$(元)

$A=A_1+A_2=4000+1691=5691$(元)

答:该设备平均年收益为5691元。

$P_1 = 4000(P/A, 15\%, 10) = 4000 \times 5.0188 = 20075.2$(元)

$P_2 = 500(P/G, 15\%, 10) = 500 \times 16.98 = 8490$(元)

$P = P_1 + P_2 = 20075.2 + 8490 = 28565.2$(元)

答:该设备收益现值为 28565.2 元。

B 等比系列

等比系列现金流量如图 2-18 所示。

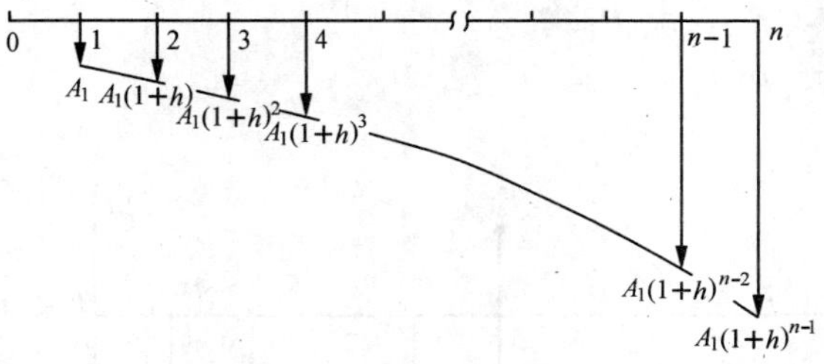

图 2-18 等比系列现金流量图

等比系列现金流量的通用公式为:

$$A_t = A_1(1+h)^{t-1}$$

式中 A_t——第 t 年现金流量;

A_1——定值;

h——等比系数;

t——1,2,…,n。

因此,等比系列现金流量的现值为:

$$\begin{aligned} P &= \sum A_1(1+h)^{t-1}(1+i)^{-t} \\ &= A_1/(1+h) \cdot \sum[(1+h)/(1+i)]^t \end{aligned}$$

利用等比级数求和公式可得

$$P = \begin{cases} A_1\{[1-(1+h)^n(1+i)^{-n}]/(i-h)\} & i \neq h \\ nA_1/(1+i) & i = h \end{cases} \tag{2-10}$$

* * *

问题与思考

2-1 什么是资金的时间价值?衡量资金时间价值的尺度是什么?

2-2 一个 8 岁小学生将其 1000 元压岁钱存入银行,银行年利率为 12%,在每年计息次数分别为 1、2、4 次的情况下,其 18 岁上大学时一次从银行支取现金额为多少?

2-3 某企业计划向银行贷款 1500 万元,借用 5 年后一次还清。甲银行贷款年利率为 17%,按年计息;乙银行贷款年利率为 16%,按月计息。问该企业向哪家银行贷款更好?

2-4 某人计划从明年起的 10 年中,每年年末从银行提取 3000 元,银行年利率为 10%,此人现在必须存入银行多少钱?

2-5 一企业年初从银行贷款1000万元进行技术改造,并商定从第3年起每年年末偿还280万元,银行年利率为12%,该企业大约在第几年可还清这笔贷款?

2-6 某人一笔10万元的投资,连续8年每年年末得到一笔回报,第1年回报是1万元,以后每年递增1000元;若将这笔资金存入银行,银行年利率为8%。上述两个投资方案哪个更有利?

2-7 一投资项目现金流量图如下图。考虑资金时间价值后,总现金流出等于总现金流入。利用各种资金等值计算系数,用已知项表示未知项:

(1)已知 F_1、F_2、A、i,求 $P=$?

(2)已知 F_1、F_2、P、i,求 $A=$?

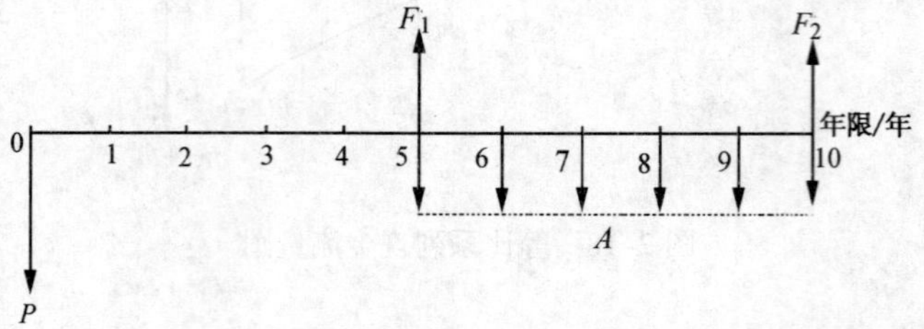

第 3 章　投资项目分析基本要素

*　　　　*　　　　*

本章要点：

- 投资项目经济评价各基本要素（包括投资、成本、销售收入、税金、利润）的内含及量化方法。
- 固定资产折旧的各种计算方法。

*　　　　*　　　　*

对于一般的投资项目而言，投资、成本、销售收入、税金和利润等经济量是构成投资项目分析的基本要素，也是进行投资项目技术经济分析的最重要的基础数据。

3.1　投资的概念

3.1.1　投资的一般概念

广义投资，是指经济主体为获得预期效益，投入一定量的资金（资本）而不断转化为资产的经济活动。

投资的这一涵义，表明了投资主体、投资目的、投资方式和投资行为过程的内容及其内在联系。投资主体有多层次和多种类型，一般为直接从事投资的各级政府、企业、事业单位、金融机构、其他经济实体和社会团体、个人及外国投资者；投资目的是获得预期收益，包括经济效益和社会效益等；投资方式可以是直接投资——直接投于固定资产和流动资产，形成实物，也可以是间接投资——用于购买股票和债券等，另外还有其他方式的投资，如风险投资等；投资行为过程即投资的实施、使用、回收等经济行为。

收益性和风险性是投资的两大基本特征。任何一项投资的主要目标都是未来获得收益，预期收益的多寡是投资者投资决策的主要依据，而任何一项投资的未来收益都是不确定的，存在着风险。

投资的构成，可以从不同的角度分类。投资按其用途不同，可分为生产性投资和非生产性投资；按投入行为的直接程度，可分为直接投资和间接投资；按投资的性质不同，可分为固定资产投资和流动资金投资……。

本章所讲的投资是狭义的，是指人们在社会生活活动中为实现某种预定的生产、经营目标而预先垫支的资金。从对投资项目评价需要的角度出发，下面主要介绍投资项目经济评价中常用的几个投资概念。

3.1.2　固定资产投资

工业生产活动中所需要的建筑物、机器设备和运输工具等使用年限较长，在生产过程中为多个生产周期服务,经反复使用仍能维持其原有的实物形态,称为**固定资产**。用于建造和购置固定资产的投资称为固定资产投资。按照我国的有关规定,固定资产投资分为基本建设投资和更新改造投资。基本建设投资是用以扩大生产能力或增加工程效益为主要目的的新建、扩建工程的投资;更新改造投资是指用于对现有企业的原有设施进行技术改造或固定资产更新以及相应的配套工程的投资。

固定资产投资由以下几部分构成:

(1)建筑安装工程投资。建筑安装工程投资是指用于项目建筑工程与安装工程的费用,如各种房屋、设备基础、为施工而进行的工程地质勘探、矿井的开凿、水利工程等项工程的费用。

(2)设备、工器具和仪器投资。设备、工器具和仪器投资是指投资中用于购买设备、工器具和仪器部分的费用。主要包括生产工艺设备、辅助设备、科学研究设备、管理设备、公用设备等。

(3)其他投资。其他投资指与立项、场地准备、勘察设计、监督与管理、生产准备等有关的费用。例如:土地征用与补偿、安置费、建设单位管理费、生产人员培训费、生产筹备费、办公和生活用具购置费、科学研究试验费等。

(4)预备费,即不可预见费。预备费是指在投资估算时用以处理实际与计划不相符合而追加的费用,包括基本预备费和涨价预备费两部分。

基本预备费主要用于:进行初步设计、技术设计、施工图设计和施工过程中,在批准的建设投资范围内所增加的建设费用;由于一般自然灾害所造成的损失和预防自然灾害而采取必要措施所支付的费用;在上级部门组织验收时,验收委员会(或小组)为鉴定工程质量而必须开挖和修复隐蔽工程而支付的费用等。

涨价预备费主要用于因项目投入物价格上涨而需要增加的费用。对投资项目进行评估时,一般根据当时、当地的材料、设备、工资等的价格和标准作为估算的依据,在项目的实施过程中,这些费用也可能会发生变化,即投入物的价格有可能上涨,为此设置该项费用。

固定资产投资构成见图 3-1。

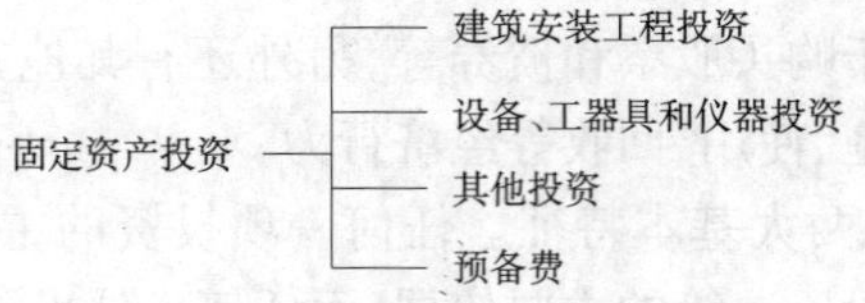

图 3-1 固定资产投资构成

3.1.3 流动资金投资

流动资金是指项目正常生产所必须投入的资金。它是用于购买生产产品的原材料、辅助材料、支付工资、贮存产品以及其他生产周转所需要的资金。

工业项目一经建成投产,流动资金就分别在生产领域和流通领域以储备资金、生产资金、成品资金、货币资金和结算资金等五种形态存在并周而复始地循环。

流动资金的构成如图 3-2 所示。

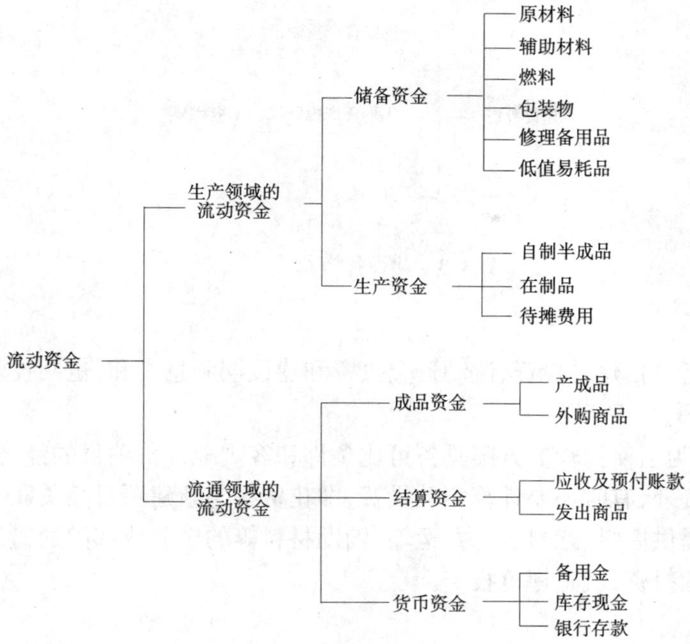

图 3-2 流动资金构成

3.1.4 无形资产投资

无形资产是指可供企业生产经营中长期使用,但没有具体实物形态的特殊性资产。从不同的角度来考察,无形资产可划分为不同的类型。根据其期限来划分,无形资产可划分为两大类:有期限无形资产,即其有效期限为法律所规定,如专利权、商标权等;无期限无形资产,即其有效期在法律上无规定,如商誉等。根据其能否辨认来划分,无形资产可以划分为两大类:可辨认无形资产,即具有专门的名称,或作为整个企业的一部分买进的无形资产,如专利权和商标权等;不可辨认无形资产,即无法具体辨认,不能单独取得的无形资产,如商誉等。

无形资产是一种特殊的资产,与其他资产相比,具有如下特点:不存在实物形态;可以在较长时期内为其拥有者提供经济效益;与特定企业或企业的有形资产具有不可分离性;有偿取得;所提供的未来经济效益具有不确定性。

无形资产投资直接形成项目投产后无形资产的价值,并在项目投产后的前几年内逐年摊销。

3.1.5 建设投资

建设投资是指建设单位在项目建设期与筹建期间所花费的全部费用,具体包括固定资产投资、无形资产投资和开办费。

开办费是指企业在筹建期间所发生的各种费用,主要包括筹建期间人员工资、办公费、培训费、差旅费、印刷费、律师费、注册登记费以及不计入固定资产和无形资产购建成本的汇总损益和利息等项支出。开办费形成项目投产后的递延资产,并在项目投产后的前几年内逐年摊销。

建设投资构成见图 3-3。

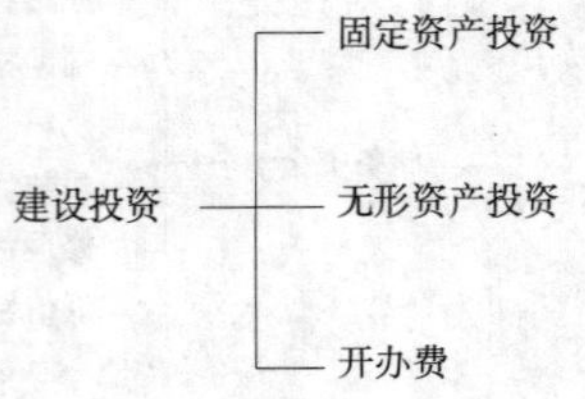

图 3-3 建设投资构成

3.1.6 总投资

项目总投资是指项目建设投资、流动资金投资和建设期利息之和,也叫投资总额。

3.1.7 评价投资

在投资决策中,为了使比较的方案具备可比条件和客观地评价项目的经济效益,除计算项目实际需要的投资外,有时还要计算相关投资,即花费在与新建项目相关联的企业或部门的投资。如为企业提供原料、燃料、动力、运输、辅助材料等的企业或部门的追加投资。考虑了相关部门投资后的投资,就是评价投资。

3.2 成本的概念

3.2.1 成本的一般概念

工业投资项目投产以后,便开始了产品的生产经营活动,产品的生产与销售伴随着活劳动与物化劳动的消耗,产品成本就是这种劳动消耗的货币表现。影响产品成本高低的因素有很多。对于同一种产品来说,不同的生产技术方案、不同的生产规模、不同的生产组织形式、不同的技术水平与管理水平、不同的物资供应与产品销售条件、不同的自然环境等等都可能导致产品成本的不同。

技术经济分析中使用的成本概念与企业财务会计中使用的成本概念有所不同,主要表现在三个方面:(1)二者内涵不同。财务会计中的产品成本是工业企业为生产一定种类、一定数量的产品所发生的直接材料费用、直接人工费用和间接制造费用的总和,也称为生产成本或产品制造成本;技术经济分析中的产品成本是企业在一定时期内为生产和销售一定数量的产品所支出的全部费用,这一成本内涵不仅包括了生产成本,而且还包括了销售费用、管理费用和财务费用,称为总成本费用。(2)财务会计中的成本是对生产经营活动中实际发生费用的记录,各种影响因素的作用是确定的,所得到的成本数据是惟一的;而技术经济分析中使用的成本一般是对拟实施项目未来将要发生的费用预测和估算,各种影响因素的作用是不确定的,不同的实施方案会有不同的成本数据。(3)在技术经济分析中,根据需要,还要引入一些财务会计中所没有的成本概念,如经营成本、机会成本、沉没成本等。

3.2.2 总成本费用的构成

根据技术经济分析的需要,可以从不同角度考察总成本费用的构成。

3.2.2.1 产品成本项目

按照总成本费用中所包括的各种费用的经济用途,总成本费用可划分为以下成本项目:

(1)直接材料,是指企业生产经营过程中直接消耗的原材料、辅助材料、备品备件、外购半成品、燃料、动力、包装物、低值易耗品及其他直接材料。

(2)直接工资,是指企业直接从事产品生产人员的工资及按生产人员工资总额和规定的比例计算提取的职工福利基金。

(3)制造费用,指企业各个生产单位(工厂、车间)为组织和管理生产所发生的各项间接费用。包括生产单位管理人员工资和福利费,生产单位房屋建筑费,机器设备等的折旧费、修理费、租赁费、机物料消耗、劳动保护费、水电费、办公费、存货盘亏(减盘盈)以及其他制造费用。

(4)销售费用,指企业为销售产品而发生的、应当由企业负担的费用。包括企业在产品销售过程中发生的运输费、装卸费、包装费、保险费、展览费、广告费以及为销售本企业产品而专设的销售机构的职工工资、福利费、业务费等。

(5)管理费用,指企业行政管理部门为组织和管理生产经营活动而发生的各种费用。包括企业行政管理部门人员的工资和福利费、设备折旧费、工会经费、职工教育费、税金(指房产税、车船使用税、土地使用税、印花税)、董事会会费等。

(6)财务费用,指企业为筹集生产经营所需资金而发生的费用。包括利息净支出(减利息收入)、汇兑净损失(减汇兑收益)、银行及其他金融机构手续费等。

3.2.2.2 总成本费用要素

按照生产过程中各种费用的经济性质和表现形态,可将总成本费用分解为以下要素:(1)外购原材料;(2)外购燃料及动力;(3)工资及福利费;(4)修理费;(5)折旧费;(6)维简费;(7)推销费;(8)利息支出;(9)其他费用。其中,其他费用是指在制造费用、管理费用、销售费用和财务费用中扣除工资及福利费、折旧费、修理费、摊销费、维简费、利息支出后的费用。

总成本费用按经济性质和表现形态分类,反映了企业在一定时期内消耗了哪些资源,耗用量各是多少,便于企业分析各个时期各种成本费用的支出水平;而按成本项目计算、考核成本,便于分析各生产经营环节的运行状态。

3.2.2.3 固定成本与变动成本

按成本、费用与产量的依存性,即总成本费用中各项费用与产量的关系,可将总成本费用划分为固定成本与变动成本两部分。

(1)**固定成本**,是指其发生额不直接受产量变动的影响,产量在一定范围内变动,其总额仍能保持不变。由于固定成本在一定期间内的总额保持不变,从单位产品的固定成本看,则恰恰相反,随着产量的增加,每单位产品分摊的份额相应地减少。如按平均年限法计提的固定资产折旧费、行政管理费、管理人员工资等。应该指出,对固定成本的所谓"固定性",不能作绝对化的理解,固定成本并非永远固定不变,产量的变动如果超过一定范围,固定成本也会发生变动。因为所要完成的产量如果超过现有的生产能力,势必要扩建厂房,增添设备或扩充必要的人员、机构,从而使原属于固定成本中的折旧、大修理费和管理人员工资等相应地增加。

(2)**变动成本**,指其总额会随着产量的变动而变动的成本,如直接材料、直接工资都是和单位产品的生产直接相联系的,其总额会随着产量的增减成正比例增减;但从单位产品的变动成本看,则恰恰相反,产品单位成本中的直接材料,直接工资将保持不变,不受产量变动的影响。

研究总成本费用与产量的依存性,从数量上具体掌握总成本费用与产量之间的规律性联系,可以为企业正确地进行最优管理决策和改善经营管理提供许多有价值的资料,它是进行工业项目盈亏平衡分析的重要内容。

3.2.3　技术经济分析中引入的几个成本概念

3.2.3.1　经营成本

经营成本是指从项目总成本费用中扣除固定资产折旧费、维简费、无形及递延资产摊销费和利息支出以后的成本费用,即

$$经营成本 = 总成本费用 - 折旧费 - 维简费 - 摊销费 - 利息支出 \tag{3-1}$$

经营成本是技术经济分析中特有的概念,在投资项目的经济评价中,被应用于现金流量的分析中,之所以要从总成本费用中剔除折旧费、维简费、摊销费和利息支出,主要原因是:

(1)现金流量表反映项目在计算期内逐年发生的现金流入和流出。按照现金流量的定义,只计算现金收支,不计算非现金收支,现金收支何时发生,就在何时计算,不作分摊。由于投资已按其发生的时间作为一次性支出被计入现金流出,所以不能再以折旧和摊销的方式计为现金流出,否则会发生重复计算。因此作为经常性支出的经营成本中不包括折旧和摊销费,同理也不包括维简费。

(2)因为全部投资现金流量表是以全部投资作为计算基础,不分投资资金来源,利息支出不作为现金流出,而自有资金现金流量表中已将利息支出单列,因此经营成本中也不包括利息支出。

3.2.3.2　沉没成本与机会成本

技术经济分析中有时还用到沉没成本与机会成本的概念。

沉没成本是过去的成本支出。即凡是过去已经发生,不是目前决策所能改变的成本,都是沉没成本。从决策的角度看,以往发生的费用只是造成当前状态的一个因素,当前状态是决策的出发点,当前决策所要考虑的是未来可能发生的费用及所能带来的收益,因而在决策时不必考虑沉没成本。

机会成本是指将一种具有多种用途的资源置于特定用途时所放弃的收益。一种资源往往有多种用途,即有多种使用"机会",但用在某一方面,就不能同时用在另一方面,同时也放弃了相应的收益,在所放弃的机会中最佳的机会可能带来的收益,就是将这种资源置于特定用途的机会成本。

在技术经济分析中,沉没成本不会在现金流量中出现,而机会成本则会以各种方式影响现金流量。

3.3　销售收入、税金、利润

3.3.1　销售收入

销售收入是企业在某一期间通过销售产品或提供劳务所形成的货币收入。其计算公式如下:

$$销售收入 = 产品销售量 \times 产品销售单价 \tag{3-2}$$

式中,销售单价一般采用出厂价格,也可根据需要采用送达用户的价格或离岸价格。在计算销售收入时,假定生产出来的产品全部出售,即销售量等于生产量,可根据各年生产负荷加以确定。

如果拟建项目的产品属于新产品,则可根据下列公式估算其出厂价格:

$$出厂价格=产品计划成本+产品计划利润+产品计划税金 \tag{3-3}$$

式中,产品计划成本可根据预计的产品成本加以估算;产品计划利润=产品计划成本×产品成本利润率,其中,产品成本利润率是根据项目所在行业的平均产品成本利润率加以确定的;产品计划税金计算公式如下:

$$产品计划税金=\frac{产品计划成本+产品计划利润}{1-税率}\times 税率 \tag{3-4}$$

企业的销售收入与总产值是有区别的。总产值是企业生产的成品、半成品和处于加工过程的在制品的价值总和,可按现行市场价格或不变价格计算。销售收入是指出售产品的货币收入,是按出售时的市场价格计算的。企业生产的产品只有在市场上被出售,才能成为给企业和社会带来收益的有用的劳动成果。因而销售收入才是反映项目真实收益的经济参数。投资项目财务评价中将销售收入作为现金流入的一个重要项目。

3.3.2 税金

税金是国家依据法律对有纳税义务的单位和个人征收的财政资金。在投资项目经济评价中,涉及和考虑的税金主要分为两部分,即销售税金及附加和所得税。

3.3.2.1 销售税金及附加

销售税金是根据商品买卖或劳务服务的流转额征收的税金,是属于流转税的范畴。销售税金包括增值税、营业税、资源税、消费税、城市维护建设税。在投资项目经济评价中,一般将教育费附加并入销售税金项内。

A 增值税

增值税是指以商品生产流通和劳务服务各个环节的增值因素为征税对象的一种流转税。增值税的纳税义务人是指在中华人民共和国境内销售货物或者提供加工、修理修配劳务以及进口货物的单位和个人。

增值税的税率分三种情况,其一是对大多数商品和劳务而言,适用17%的标准税率;其二是对粮食、食用植物油、自来水、暖气、冷气、热水、煤气、石油液化气、天然气、沼气、居民用煤炭制品、图书、报纸、杂志、饲料、化肥、农药、农机、农膜等,适用13%的低税率;其三是对报关出口的货物适用零税率。

增值税应纳税额的计算可按下列公式:

$$应纳税额=当期销项税额-当期进项税额 \tag{3-5}$$

其中,销项税额=销售额×税率;进项税额为纳税人购进货物或者接受应税劳务当期允许扣除税款的购入物发票上注明的增值税税额。

对于小规模纳税人,不论是销售13%税率的货物,还是销售17%税率的货物或应税劳务,一律按6%的征收率计算应纳税额。

小规模纳税人应纳税额的计算公式为:

$$应纳税额=销售额\times 征收率 \tag{3-6}$$

在我国目前的税收体系中,增值税是一种价外税,销售价格内不含增值税款,因此,从企业角度进行投资项目现金流量分析时可不考虑增值税。

B 营业税

营业税是指对在我国境内提供交通运输、建筑业、金融保险业、邮电通信业、文化体育业、娱乐业、服务业以及转让无形资产或者销售不动产的行为课征的一种流转税。

营业税的税率为3%、5%、20%等几个档次。其中交通运输业、建筑业、邮电通信业、文化体育业等为3%；金融保险业、服务业等以及转让无形资产、销售不动产为5%；娱乐业为4%～20%。详见表3-1。

表3-1　营业税税目税率

税　目	征收范围	税　率
一、交通运输业	陆路运输、水路运输、航空运输、管理运输、装卸搬运	3%
二、建筑业	建筑、安装、修缮、装饰及其他工程作业	3%
三、金融保险业		5%
四、邮电通信业		3%
五、文化体育业		3%
六、娱乐业	歌厅、舞厅、卡拉OK歌舞厅、音乐茶座、台球、高尔夫球、保龄球、游艺	5%～20%
七、服务业	代理业、旅店业、饮食业、旅游业、仓储业、租赁业、广告业及其他服务业	5%
八、转让无形资产	转让土地使用权、专利权、非专利技术、商标权、著作权、商誉	5%
九、销售不动产	销售建筑物及其他土地附着物	5%

营业税应纳税额计算公式如下：

$$应纳税额 = 营业额 \times 适用税率 \tag{3-7}$$

C　资源税

资源税是对在我国境内一些从事开采矿产品和生产盐的行为所课征的税收。

资源税采用定额税率，其税目税额见表3-2。

表3-2　资源税税目税额

税　目	税额幅度
一、原油	8～30元/t
二、天然气	2～15元/km^3
三、煤炭	0.3～5元/t
四、其他非金属矿原矿	0.5～20元/t(或元/m^3)
五、黑色金属矿原矿	2～30元/t
六、有色金属矿原矿	0.4～30元/t
七、盐　固体盐	10～60元/t
液体盐	2～10元/t

资源税应纳税额计算公式：

$$应纳税额=课税数量\times单位税额 \tag{3-8}$$

D 消费税

消费税是对特定的消费品和消费行为征收的一种税。应税消费品包括11类产品,即烟、酒及酒精、化妆品、护肤护发品、贵重首饰及珠宝玉石、鞭炮及焰火、汽油、柴油、汽车轮胎、摩托车、小汽车等。

消费税的税率有比例税率,分3%、5%、…、45%等几个档次;也有定额税率,分0.1、0.2、220、240元/单位产品等几个档次。详见表3-3。

表3-3 消费税税目税率(税额)表

税 目	征收范围	计税单位	税率(税额)
一、烟			
1. 甲类卷烟	包括各种进口卷烟		45%
2. 乙类卷烟			40%
3. 雪茄烟			40%
4. 烟丝			30%
二、酒及酒精			
1. 粮食白酒			25%
2. 薯类白酒			15%
3. 黄酒		t	240元
4. 啤酒		t	220元
5. 其他酒			10%
6. 酒精			5%
三、化妆品	包括成套化妆品		30%
四、护肤护发品			17%
五、贵重首饰及珠宝玉石	包括各种金、银、珠宝首饰及珠宝玉石		10%
六、鞭炮、焰火			15%
七、汽油		L	0.2元
八、柴油		L	0.1元
九、汽车轮胎			10%
十、摩托车			10%
十一、小汽车			
1. 小轿车			
气缸容量(排气量,下同)在2200mL以上的(含2200mL)			8%
气缸容量在1000~2200mL的(含1000mL)			5%
气缸容量在1000mL以下的			3%
2. 越野车(四轮驱动)			5%
气缸容量在2400mL以上的(含2400mL)			5%
气缸容量在2400mL以下的			3%
3. 小客车(面包车)	22座以下		
气缸容量在2000mL以上的(含2000mL)			5%
气缸容量在2000mL以下的			3%

消费税的计算公式有两个:

$$应纳税额 = 销售额 \times 税率 \tag{3-9}$$

$$应纳税额 = 销售数量 \times 单位税额 \tag{3-10}$$

E 城市维护建设税

城市维护建设税,是国家为了加强城市的维护和建设,向缴纳增值税、营业税等的单位和个人征收的专用于城市维护建设的一种税。

城市维护建设税以纳税人实际缴纳的增值税、营业税、消费税为计税依据,纳税人所在地在市区的税率为7%;纳税人所在地在县城、镇的,税率为5%;纳税人所在地不在市区、县城或镇的,税率为1%。应纳税额的计算公式为:

$$应纳税额 = 实际缴纳的(增值税 + 营业税 + 消费税)税额 \times 适用税率 \tag{3-11}$$

F 教育费附加

教育费附加是为了加快地方教育事业的发展,扩大地方教育经费的资金来源而开征的,教育费附加收入纳入预算管理,作为教育专项基金,主要用于各地改善教学设施和办学条件。

凡缴纳增值税、营业税、消费税的单位和个人,都是教育费附加的缴纳人。教育费附加随增值税、营业税、消费税同时缴纳,由税务机关负责征收。

教育费附加的计征依据是各缴纳人实际缴纳的增值税、营业税、消费税的税额;征收率为3%。其计算公式为:

$$应纳教育费附加额 = 实际缴纳的(增值税 + 营业税 + 消费税)税额 \times 3\% \tag{3-12}$$

3.3.2.2 所得税

企业所得税是指对企业的生产经营所得和其他所得征税,包括来源于中国境内、境外的所得。纳税义务人有国有企业、集体企业、私营企业、联营企业、股份制企业以及有生产经营所得和其他所得的其他组织。

企业所得税的税率,基本上采取33%的比例税率。除此之外,税法规定对年纳税所得额在3~10万元的,按27%的税率征税,对年纳税所得额在3万元以下的按18%的税率征收。

企业所得税计算公式:

$$应纳税额 = 应纳税所得额 \times 税率 \tag{3-13}$$

$$应纳税所得额 = 收入总额 - 准予扣除项目金额 \tag{3-14}$$

其中,收入总额包括企业的生产和经营收入、财产转让收入、利息收入、租赁收入、特许权使用费收入、股息收入、其他收入;准予扣除的项目包括:(1)纳税人在生产经营期间向金融机构借款的利息支出,按实际发生数扣除;向非金融机构借款的利息支出,不高于金融机构同类、同期利息水平的部分,准予扣除。(2)纳税人支付给职工的工资按照计税工资扣除。(3)纳税人的职工工会经费、职工福利费、职工教育经费,分别按准予扣除的工资总额的2%、14%、15%计算扣除。(4)纳税人用于公益、救济性质的捐款在年度应纳税所得额3%以内,准予扣除。(5)其他依照法律、行政法规和国家税收的规定扣除额。

3.3.3 利润

利润是企业经济目标的集中表现。工业项目投产后所获得的销售收入扣除总成本费用后的盈余部分称为企业的纯收入,这是劳动者新创造价值的一部分,要在全社会范围内进行再分配。纯收入中的一部分由国家以税收方式无偿征收，作为国家的财政收入；另一部分留给企业，作为企业的生产发展基金、职工福利基金和奖励基金等。根据技术经济分析的需要，企业利润可分为利润总额和税后利润两个层次：

$$利润总额 = 产品销售(营业)收入 - 总成本费用 - 销售税金及附加 \tag{3-15}$$

$$税后利润 = 利润总额 - 所得税 \tag{3-16}$$

企业缴纳所得税后的利润一般按下列顺序分配：(1)提取法定盈余公积金。法定盈余公积金按税后利润的 10% 提取，但当该项盈余公积金已达注册资本的 50% 时可不再提取。(2)提取公益金。(3)向投资者分配利润，即应付利润。企业以前年度未分配利润，可以并入本年度向投资者分配。

股份有限公司和有限责任公司提取公益金后，按照下列顺序分配：(1)支付优先股股利。(2)提取任意盈余公积金。任意盈余公积金按照公司章程或董事会决议提取和使用。(3)支付普通股股利。

盈余公积金是从税后利润中提取的已指定用途的留存利润，分为三种，即法定盈余公积金、公益金和任意盈余公积金。法定盈余公积金可用于弥补亏损、发放股票股利和转增资本金，但转增资本金后，企业的法定盈余公积金一般不得低于注册资本的 25%；公益金主要用于企业的职工集体福利设施支出；任意盈余公积金的提取原因多种多样，如企业需要偿还一笔长期负债，或企业为将来扩建厂房和购置机器设备而积蓄财力，或是为了控制本期股利的分派不致过大，如此等等。

销售收入、成本、税金和利润的关系如图 3-4 所示。

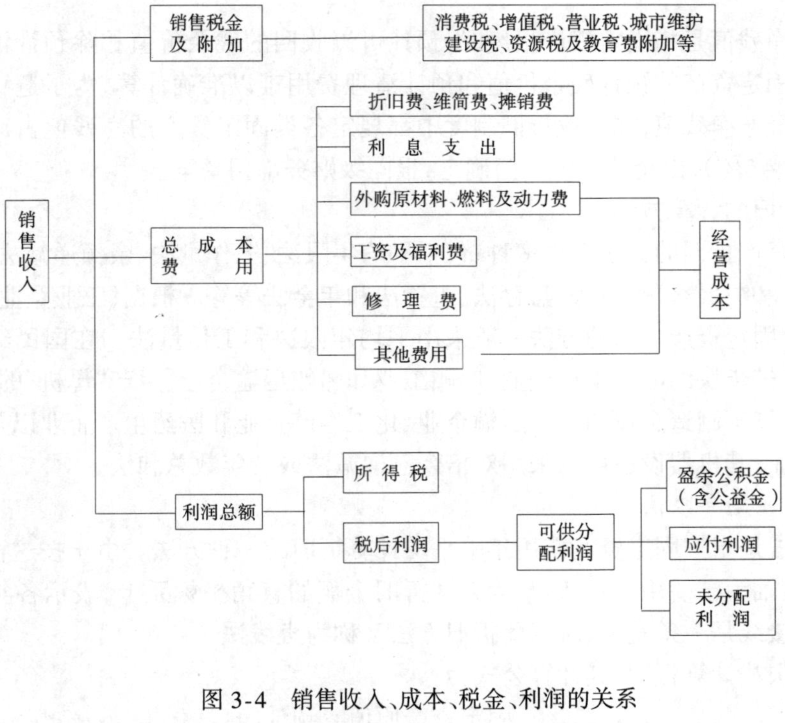

图 3-4 销售收入、成本、税金、利润的关系

3.4 折旧的概念及其计算

3.4.1 折旧的概念

固定资产的一个主要特征是能够连续在若干个生产周期内发挥作用并保持其原有的实物形态,而其价值则是随着固定资产的磨损逐渐地转移到所生产的产品中去,这部分转移到产品中去的固定资产价值,就是固定资产**折旧**。固定资产的损耗,分有形损耗和无形损耗两种。有形损耗是指固定资产在使用过程中由于使用和自然力影响而引起的在使用价值和价值上的损失;无形损耗是指固定资产由于技术进步而引起的在价值上的损失。为了保证企业将来有能力重置固定资产,同时把固定资产的成本分配到各个受益期,企业必须在固定资产的有效使用年限内计提一定数额的折旧费。由此可见,正确地计算和计提折旧,不仅是正确计算产品成本的一个前提条件,也是保证固定资产再生产正常进行的重要措施。

提取固定资产折旧的主要依据有:固定资产的使用年限、固定资产的原价和固定资产的净残值。

固定资产使用年限的长短,直接影响到各期应计提的折旧额。确定固定资产的使用年限,必须同时考虑固定资产的有形损耗和无形损耗两个方面的因素。在国家规定的折旧制度中对各类固定资产的使用年限做了明确的规定,企业应按规定的使用年限计提折旧。

固定资产的折旧,以固定资产的账面原值(原价)为计算依据。固定资产原值包括取得固定资产时的购价和使固定资产达到可使用状态时为止已经发生的一切必要和合理的支出。

固定资产净残值是指固定资产报废时,预计可以收回的残余价值扣除预计清理费用后的数额。由于固定资产的预计残余价值和预计清理费用难以准确计算,为了避免人为地高估或低估固定资产净残值,在企业折旧制度中都规定各类固定资产的净残值占原价的比例范围(例如3%～5%),由企业主管部门确定,报同级财务部门备案。

3.4.2 折旧的计算方法

计提固定资产折旧的方法有很多种,包括平均年限法、工作量法、余额递减法、双倍余额递减法、年数总和法、偿债基金法、盘存法、重置法和年金法等等。根据《工业企业财务制度》规定,我国企业固定资产折旧的方法一般采用平均年限法和工作量法。在国民经济中具有重要地位、技术进步快的电子生产企业、船舶工业和船舶运输企业、生产“母机”的机械企业、飞机制造企业、汽车制造企业和汽车运输企业、化工生产企业和医药生产企业以及其他经财政部批准的企业,其机器设备可以采用双倍余额递减法或者年数总和法。

3.4.2.1 平均年限法

平均年限法是指按固定资产使用年限平均计算折旧的一种方法。由于按这种方法计算折旧时,在以横轴为已使用年数,纵轴为累计折旧金额的直角坐标系上,表示各年累计折旧金额的点的连接线是一条直线,所以此折旧方法又称为**直线法**。

按平均年限法计算折旧,其计算公式为:

$$\text{年折旧额}=\frac{\text{固定资产原值}-\text{预计净残值}}{\text{固定资产预计使用年限}} \tag{3-17}$$

或

$$年折旧额=固定资产原值\times年折旧率 \tag{3-18}$$

其中
$$年折旧率=\frac{1-预计净残值率}{固定资产预计使用年限} \tag{3-19}$$

例 3-1 某企业购入一项原价为24300元的固定资产，估计残值 300 元，估计耐用年限为 4 年，试计算每年的折旧金额。

解
$$年折旧金额=\frac{24300-300}{4}=600(元)$$

按平均年限法，该项固定资产各年的折旧情况见表 3-4。

表 3-4 折旧计算表(平均年限法) 单位:元

使用年限/年	折旧费用	累计折旧金额	账面价值
			24300
1	6000	6000	18300
2	6000	12000	12300
3	6000	18000	6300
4	6000	24000	300

平均年限法计算折旧的优点是简单易行。这种方法比较适合于各个时期使用强度大致相同的固定资产项目。由于此方法只着眼于资产使用时间的长短，不考虑资产的使用强度，每期的折旧费都是相等的。

3.4.2.2 工作量法

工作量法是指按固定资产所能工作的时数平均计算折旧的一种方法。工作量法主要是为弥补平均年限法只重使用时间，不考虑使用强度的缺点，对某些生产设备或运输设备采用的一种折旧方法。

按工作量法计算折旧，其计算公式为：

(1)按照行驶里程计算折旧的公式：

$$单位里程折旧额=\frac{固定资产原值-预计净残值}{总行驶里程}=\frac{固定资产原值\times(1-预计净残值率)}{总行驶里程} \tag{3-20}$$

$$年折旧额=单位行驶里程折旧额\times年工作小时 \tag{3-21}$$

(2)按照工作小时计算折旧的公式：

$$每工作小时折旧额=\frac{固定资产原值-预计净残值}{总工作小时}=\frac{固定资产原值\times(1-预计净残值率)}{总工作小时} \tag{3-22}$$

$$年折旧额=每工作小时折旧额\times年工作小时 \tag{3-23}$$

(3)按照台班计算折旧的公式：

$$每台班折旧额=\frac{固定资产原值-预计净残值}{工作总台班数}=\frac{固定资产原值\times(1-预计净残值率)}{工作总台班数} \tag{3-24}$$

$$年折旧额=每台班折旧额\times年工作台班数 \tag{3-25}$$

例 3-4 继续使用例3-1,用双倍余额递减法计算折旧。

解 年折旧率 $=2\times(\frac{1}{4}\times 100\%)=50\%$

各年折旧计算如表 3-7 所示。

表 3-7 折旧计算表(双倍余额递减法) 单位:元

使用年限/年	折旧费用	累计折旧金额	账面价值
			24300
1	12150 (24300×50%)	12150	12150
2	6075 (12150×50%)	18225	6075
3	3038 (6075×50%)	21263	3037
4	2737 (3037×50%)=1518 (3037−300)	24000	300

注意,在第四年时根据双倍余额递减法计算的折旧 1518 元已小于这一年用直线法算得的折旧 2737 元(年初账面价值 3037 元,剩余耐用年限 1 年,估计残值 300 元,直线法计算折旧 2737 = 3037 − 300),于是应该转换,改用直线法。

3.4.2.5 年数总和法

年数总和法是指将固定资产原值减去残值后的净额乘以一个逐年递减的分数计算确定固定资产折旧额的一种方法。逐年递减分数的分子代表固定资产尚可使用的年数;分母代表使用年数的逐年数字之总和,假定使用年限为 n 年,分母即为 $1+2+3+\cdots=n(n+1)/2$。由于这个分数逐年递减,所以折旧金额也逐年递减。其折旧的计算公式如下:

$$年折旧率=\frac{(折旧年限-已使用年数)+1}{折旧年限\times(折旧年限+1)\div 2}\times 100\% \tag{3-29}$$

$$年折旧额=(固定资产原值-预计净残值)\times 年折旧率 \tag{3-30}$$

例 3-5 仍以例3-1 耐用年限为 4 年的固定资产为例。分母为 $4\times(4+1)/2=10$,第一年用以计算折旧的分数是 4/10,第二年是 3/10,第三年是 2/10,第四年是 1/10,试计算各年折旧额。

解 计算见表 3-8。

表 3-8 折旧计算表(年数总和法) 单位:元

使用年限/年	折旧费用	累计折旧金额	账面价值
			24300
1	9600 (24000×4/10)	9600	14700
2	7200 (24000×3/10)	16800	7500
3	4800 (24000×2/10)	21600	2700
4	2400 (24000×1/10)	24000	300

3.5 贷款方式及其利息计算

在我国项目投资的资金构成中,贷款普遍占有很大比重。对贷款的使用者——企业和贷款的提供者——银行来说,选择什么样的贷款方式,会对双方产生不同的影响,所以,贷款方式的选择,是企业和银行都十分关心的问题。

3.5.1 贷款方式

项目投资资金贷款按期限来分,有中长期贷款和短期贷款,长期贷款可从国际金融机构(如世界银行)或国家银行获得,其借款利率低,还款期限长,并有宽限期。短期贷款由商业银行解决,贷款利率较高,通常作为企业流动资金来源或用于偿付贷款利息。

不同的贷款机构要求有不同的偿还条件,也就是要求有不同的还本付息方式。从这一角度,贷款通常可分为以下几种方式:

(1)等额利息法:每期支付利息,期中不还本金,最后一期归还本金和当期利息。

(2)等额本金法:每期还相等的本金和相应的利息。

(3)等额摊还法:每期偿还本利额相等。

(4)任意摊还法:期中任意偿还本利,到期末全部还清。

(5)一次性偿付法:借款期满,一次偿付本利。

(6)偿债基金法:每期偿还贷款利息,同时向银行存入一笔等额现金,到期末存款正好偿付贷款本金。

3.5.2 几种贷款方式的利息计算

使用贷款投资,一方面要看到贷款在建设期对项目建设起的积极作用;另一方面,也要看到贷款利息在建设期和生产期所构成的沉重负担。不同的偿还方式对企业的还本付息额,乃至企业经济效益会产生不同的影响。通过了解不同贷款方式的还本付息计算,尽量选择有利的贷款方式。不同贷款方式每期还本付息额的计算公式分别介绍如下:

(1)等额利息法

$$\text{每期偿还的利息额} = Pi \tag{3-31}$$

$$\text{每期偿还的本金额} = \begin{cases} 0 & t = 1,2,\cdots,n-1 \\ P & t = n \end{cases} \tag{3-32}$$

(2)等额本金法

$$\text{每期偿还的利息额} = i\left[P - \frac{P}{n}(t-1)\right] \quad t = 1,2,\cdots,n \tag{3-33}$$

$$\text{每期偿还的本金额} = \frac{P}{n} \tag{3-34}$$

(3)等额摊还法

$$\text{每期偿还的本息额} = P\frac{i(1+i)^n}{(1+i)^n - 1} \tag{3-35}$$

(4)一次性偿付法

$$\text{每期偿还的本息额} = \begin{cases} 0 & t = 1,2,\cdots,n-1 \\ P(1+i)^n & t = n \end{cases} \tag{3-36}$$

(5)偿债基金法

$$每期偿还的利息额 = Pi \tag{3-37}$$

$$每期偿还的本金额 = P\frac{i'}{(1+i')^n - 1} \tag{3-38}$$

以上各式中,各符号的意义如下:

P——贷款总额;

n——贷款期限;

t——期数;

i——银行贷款利率;

i'——银行存款利率。

例3-6 某项目投资借款1000万元,在5年内以年利率6%还清全部本金和利息,试计算在不同还款方式下的还款金额。

解 不同贷款方式的还本付息计算如下:

(1)等额利息法:

每年偿还的利息额 $= 1000 \times 6\% = 60$(万元)

前4年每年偿还的本金额均为0,第5年偿还本金额1000万元。

在等额利息法下,此项借款的总还款金额为 $60 \times 5 + 1000 = 1300$(万元)。

(2)等额本金法:

每年偿还的利息额 $= \left[1000 - \frac{1000}{5} \times (t-1)\right] \times 6\%$ 则

第1年的利息额 $= \left[1000 - \frac{1000}{5} \times (1-1)\right] \times 6\% = 60$(万元)

第2年的利息额 $= \left[1000 - \frac{1000}{5} \times (2-1)\right] \times 6\% = 48$(万元)

第3年的利息额 $= \left[1000 - \frac{1000}{5} \times (3-1)\right] \times 6\% = 36$(万元)

第4年的利息额 $= \left[1000 - \frac{1000}{5} \times (4-1)\right] \times 6\% = 24$(万元)

第5年的利息额 $= \left[1000 - \frac{1000}{5} \times (5-1)\right] \times 6\% = 12$(万元)

每年偿还的本金额均为 $1000/5 = 200$(万元)

在等额本金法下,此项借款的总还款金额为 $1000 + 60 + 48 + 36 + 24 + 12 = 1180$(万元)。

(3)等额摊还法:

$$每年偿还的本息额 = 1000 \times \frac{6\% \times (1+6\%)^5}{(1+6\%)^5 - 1} = 237.4(万元)$$

在等额摊还法下,此项借款的总还款金额为 $237.4 \times 5 = 1187$(万元)。

(4)一次性偿付法:

第1~4年每年偿还的本息额均为0,第5年偿还的本息额 $= 1000 \times (1+6\%)^5 = 1338.2$(万元)。

在一次性偿付法下,此项借款的总还款金额为1338.2万元。

*　　　*　　　*

问题与思考

3-1 什么是投资？固定资产投资与流动资金投资的主要区别是什么？

3-2 什么是建设投资？建设投资与总投资的区别是什么？

3-3 总成本费用分为哪些项目？由哪些费用要素构成？

3-4 什么是经营成本？技术经济分析中为什么要引入这一成本概念？

3-5 什么是机会成本,试举例说明之。

3-6 销售税金及附加包括哪些税种？各是怎样计算的？

3-7 什么是折旧？折旧的计算方法有哪些？

第 4 章　基本评价方法和基本指标

*　　　*　　　*

本章要点:

- 经济评价指标的经济含义、判别标准及计算方法。
- 不同类型的多方案评价方法。

*　　　*　　　*

任何投资项目方案的提出和实施,投资者在关心取得或提高某种使用价值,即物质方面的效果以外,也一定十分关心投资后能取得多大的经济效益。在有几个方案可供选择的时候,应该优先选择那些经济效益好的方案,因而经济效益评价也就成为投资项目评价的核心内容。为了确保投资决策的正确性和科学性,对经济效果评价指标和方法的研究也就显得十分必要。

4.1　项目(方案)类型划分

在生产建设实践中,为了解决某些问题往往会同时提出不只一个项目(方案),由于项目或方案的性质及相互之间的经济关系等不同,可以分为几种不同类型。

4.1.1　独立型方案

所谓独立型方案是指项目的采纳与否只受自身条件的制约(如自身经济效果),方案之间不具有排斥性。也就是说,在独立型方案中,选择某一方案并不排斥选择另一方案。就一组完全独立的方案而言,其存在的主要前提是:(1)投资资金来源无限制;(2)投资资金无优先使用的排列;(3)各投资方案所需的人力、物力均能得到满足;(4)不考虑地区、行业之间的相互关系及其影响;(5)每一投资方案是否可行,仅取决于方案自身条件。一般说来,符合上述前提条件的方案即为独立型方案。一个国家、一个地区或一个企业,一定时期的投资计划有很多,采纳 A 方案并不要求放弃 B 方案,例如,某企业拟进行几项投资活动,这一组投资方案有扩建某生产车间;购置一辆运输汽车;新建办公楼等。这一组投资方案中各个方案之间没有什么关联,互相独立,企业既可以全部不接受,也可以接受其中一个、接受多个或全部接受。确定应该采取哪些投资方案,即是对独立型方案的评价和选择。

4.1.2　互斥型方案

互斥型方案是指在多个备选方案中只能选择一个,这些备选方案之间的关系是互相排斥的。即方案不能同时存在,选择某一个的同时,其余方案必须放弃。因此,互斥方案具有排它性。例如,某企业拟投资增加一条生产线,既可以自己制造,也可以向其他厂家订购,还可以向某外商订货。这一组设备购置方案即为互斥方案,因为在这三个方案中,只能选择一个。

4.1.3 混合型方案

混合型方案就是在一组备选方案中,既有互斥型又有独立型方案的组合。例如,某冶金企业为扩大炼铁和炼钢环节的生产能力,拟在炼铁和炼钢分厂各上一新项目。炼铁分厂项目(A)有三个方案 $A1$、$A2$、$A3$($A1$、$A2$、$A3$ 之间互斥);炼钢分厂的项目(B)也有三个方案 $B1$、$B2$、$B3$($B1$、$B2$、$B3$ 之间互斥),由于 A、B 相互独立,则 $A1$、$A2$、$A3$、$B1$、$B2$、$B3$ 为混合型方案组。

4.1.4 条件型方案

条件型方案是指在一组方案中,接受某一方案的同时,就要求接受另一方案。条件型方案又有“单向条件型”和“双向条件型”方案之分。

设有 A、B 两个方案,要接受方案 B 则首先要接受方案 A,而接受方案 A 可以与方案 B 是否被接受无关,这种类型的方案即为“单向条件型”方案。此时,方案 A 的采用是采用方案 B 的先决条件。例如,兴建一座水库(方案 B)的同时,必须修一条公路(方案 A),但修一条公路(方案 A)不一定完全是为了兴建水库(方案 B),此时,修公路的投资方案就是兴建这座水库方案的“单向”先决方案。

如果有 A、B 两个方案要接受方案 B 则首先要接受方案 A,而接受方案 A 的同时又一定要接受方案 B,这种类型的方案即为“双向条件型”方案。此时,方案 A、B 互为条件,要么都接受,要么都放弃,故这种类型的方案又称为相互依存型。例如,在两个不同的军工厂分别建设生产新型火炮与之配套的炮弹项目。这两个项目方案就是相互依存型方案。

4.1.5 现金流相关型方案

现金流相关型方案是指在一组投资方案中,方案之间不完全互斥,也不完全相互依存,但一个方案的取舍会导致其他方案现金流量的变化。例如,有两个在技术上都可行的方案:一个是在某大河上建一座收费公路桥(方案 A);另一个是在桥址附近建收费轮渡码头(方案 B)。显然这两个方案不完全互斥,但任意方案的实施或放弃都会影响另一方案的收入,从而影响方案经济效果评价的结论。

4.1.6 互补型方案

互补型方案是指在一组方案中,某一方案的接受有助于其他方案的接受,方案之间存在着相互补充的关系。例如,建造一座建筑物 A 和增加一套空调系统 B,增加空调系统后,使建筑物的功能更加完美了,故方案 B 的接受,有助于方案 A 接受。

投资方案中最常见的是独立型方案和互斥型方案,其他各类方案在项目评价时一般可化为这两类方案。

不管对哪种类型的项目(方案)进行评价,都需要用到经济效果评价指标。经济效果评价指标多种多样,它们各自从不同角度反映项目的经济性。若按这些指标的性质,可将其分成价值性指标、时间性指标、比率性指标;若按这些指标考察经济效益的方式,可分为绝对经济效益评价指标和相对经济效益评价指标;若按这些指标是否考虑资金的时间价值,又可分为静态评价指标和动态评价指标。本章将从第三种角度研究经济效果评价指标。

4.2 静态评价指标体系

所谓静态评价指标体系是指不考虑资金时间价值的投资项目评价指标体系,包括静态投资回收期、简单收益率等。

4.2.1 静态投资回收期(P_t)

静态投资回收期是指以项目各年的净收益收回全部投资所需要的时间。

年净收益包括利润和折旧,全部投资即为项目总投资。

投资回收期一般从建设开始年算起,也可以从投产开始年算起,但应予以注明。

投资回收期是反映项目真实清偿能力的重要指标,一般是越短越好,计算公式:

$$\sum_{t=0}^{P_t}(CI-CO)_t=0 \tag{4-1}$$

式中 P_t——以年表示的静态投资回收期;

CI——现金流入;

CO——现金流出;

$(CI-CO)_t$——第 t 年的净现金流量;

t——年份。

静态投资回收期可用财务现金流量表中累计净现金流量计算求得。计算公式为:

$$\text{静态投资回收期}(P_t)=\begin{bmatrix}\text{累计净现金流量}\\\text{开始出现正值}\\\text{的年份数}\end{bmatrix}-1+\begin{bmatrix}\dfrac{\text{上年累计净现金流量的绝对值}}{\text{当年净现金流量}}\end{bmatrix} \tag{4-2}$$

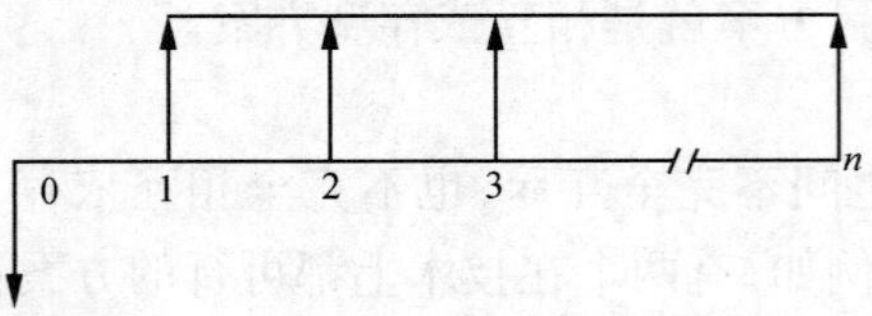

图 4-1 公式(4-3)的现金流量图

当投资和年净收益具有如图 4-1 的形式时,投资回收期公式为:

$$P_t=\frac{I}{R} \tag{4-3}$$

式中 I——总投资;

R——年净收益。

项目求得的静态投资回收期 P_t,要与部门或行业的基准投资回收期 P_c 比较。

当 $P_t \leqslant P_c$ 时,认为项目在财务上是可以考虑接受的;当 $P_t > P_c$ 时,认为项目在财务上不可取。

例 4-1 某项目建设方案的现金流量如表4-1所列,若基准投资回收期为 5 年,试用静态投资回收期法评价此方案。

表 4-1 项目方案的投资和净收益 单位:万元

年 限/年	投 资	净 收 益
0	-10000	
1		1500
2		3000
3		3000
4		3000

解 计算方案各年净现金流量及累计净现金流量如表 4-2 所示。

表 4-2 方案各年净现金流量及累计净现金流量 单位:万元

年 限/年	净现金流量	累计净现金流量
0	-1000	-10000
1	1500	-8500
2	3000	-5500
3	3000	-2500
4	3000	+500

则依公式(4-2)有

$$P_t = 4 - 1 + \frac{2500}{3000} = 3.8(\text{年})$$

由于 $P_t < P_c$,故方案可以考虑接受。

例 4-2 某工程项目期初一次性总投资4000万元,当年投产,年净收益相等,4 年共获净收益 6000 万元。基准投资回收期为 5 年,试用投资回收期指标评价该项目。

解 根据公式(4-3),计算该项目的投资回收期为:

$$P_t = \frac{I}{R} = \frac{4000}{6000/4} = 2.7(\text{年})$$

由于 $P_t < P_c$,故该项目可以接受。

静态投资回收期指标的主要优点是反映了项目本身的资金回收能力,经济意义直观,易于理解,便于对技术上更新迅速的项目进行风险分析,且计算简便;其主要缺点是没有考虑投资回收期以后的收益,没有评价项目整个计算期内的总收益及获利能力,同时,没有考虑资金的时间价值。

图 4-2 给出了两个方案。

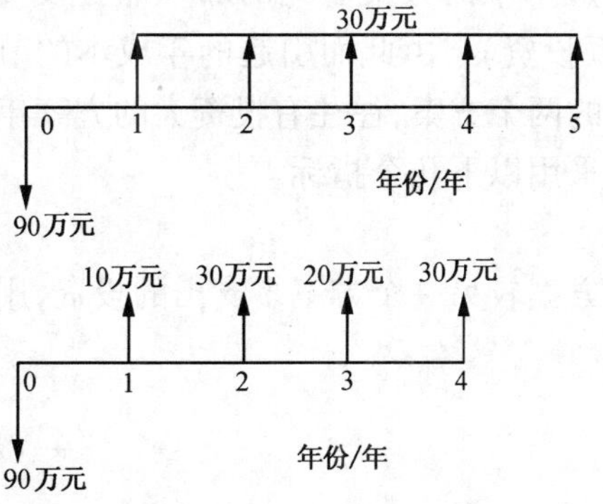

图 4-2 现金流量图

由图 4-2 可知,两方案的静态投资回收期都是 3 年。但由于投资回收以后的收益不同,计算期及计算期内收益总量不同,经济效益显然不同。投资回收期指标不能反映这种不同。

4.2.2 简单收益率

简单收益率是投资利润率、投资利税率、资本金利润率三个指标的统称,是反映项目获利能力的静态指标。

4.2.2.1 投资利润率

投资利润率是指项目达到设计能力后的一个正常生产年份的年利润总额与项目总投资的比率。它表示项目正常生产年份中单位投资每年所创造的利润额。当项目生产期内各年的利润总额变化幅度较大时,应计算项目生产期的年平均利润总额与总投资的比例。其计算公式为:

$$\text{投资利润率} = \frac{\text{年利润总额或年平均利润总额}}{\text{总投资}} \times 100\% \qquad (4\text{-}4)$$

式中 年利润总额 = 年产品销售收入 - 年总成本费用 - 年销售税金及附加;

项目总投资 = 建设投资 + 建设期利息 + 流动资金。

计算出的投资利润率要与行业的标准投资利润率或行业的平均投资利润率进行比较,

若大于或等于标准投资利润率或行业平均利润率，则认为项目是可以考虑接受的，否则是不可行的。

4.2.2.2　投资利税率

投资利税率是指项目达到设计生产能力后的一个正常生产年份的年利、税总额或项目生产期间内的年平均利、税总额与项目总投资的比率。计算公式为：

$$投资利税率 = \frac{年利税总额或年平均利税总额}{总投资} \times 100\% \tag{4-5}$$

式中　年利税总额 = 年产品销售收入 − 年总成本费用。

计算出的投资利税率要与行业的平均投资利税率进行比较，若前者大于或等于后者，则认为项目是可以考虑接受的，否则认为是不可行的。

4.2.2.3　资本金利润率

资本金利润率是指项目达到设计生产能力后的一个正常年份的年利润总额或项目生产期内的年平均利润总额与资本金的比率。计算公式为：

$$资本金利润率 = \frac{年利润总额或年平均利润总额}{资本金} \times 100\% \tag{4-6}$$

式中的资本金是指项目的全部注册资金。

计算出的资本金利润率要与行业的平均资本金利润率进行比较，若大于或等于行业的平均资本金利润率，则认为项目是可以考虑接受的，否则应予拒绝。

简单收益率指标计算十分简便、直观，容易理解，这是此指标的一大优点；其主要缺点是选择正常年份比较困难。另外，没有考虑现金流入和流出在该项目寿命中的时间因素。

4.2.3　几个用于方案比较的静态指标

在生产建设中，往往需要了解技术装备水平高于一般水平的方案多花的那一部分投资是否值得，即要计算额外增加投资（简称追加投资或差额投资）与由此而引起的年成本的节约相对比的经济效果。或者说对于投资不同、产出相同的两个方案，往往有投资大的方案年成本低，投资小的方案年成本高，要比较其经济效果，可采用以下几个指标。

4.2.3.1　差额投资回收期（P_a）

差额投资回收期又称作追加投资回收期，就是一个方案较另一个方案多支出的投资，用年成本的节约额逐年回收的年限。计算公式如下：

$$P_a = \frac{I_2 - I_1}{C_1 - C_2} \tag{4-7}$$

或

$$P_a = \frac{I_2 - I_1}{R_{P2} - R_{P1}} \tag{4-8}$$

式中　I_1、I_2——分别为方案Ⅰ、Ⅱ的投资总额，$I_2 > I_1$；

C_1、C_2——分别为方案Ⅰ、Ⅱ的年成本，$C_2 < C_1$；

R_{P1}、R_{P2}——分别为方案Ⅰ、Ⅱ的年利润，$R_{P2} > R_{P1}$；

P_a——差额投资回收期。

计算得到的差额投资回收期 P_a 可与基准投资回收期 P_c 比较。当 $P_a < P_c$ 时，说明投资的增加部分经济效益是好的，应当选择投资大的方案；当 $P_a > P_c$ 时，说明增加的投资不经济,应当选择投资小的方案。

4.2.3.2 差额投资收益率(R_a)

差额投资收益率又称作追加投资收益率,就是增加一个单位投资额所引起的年成本的节约额,计算公式为:

$$R_a = \frac{C_1 - C_2}{I_2 - I_1} \times 100\% \tag{4-9}$$

$$R_a = \frac{R_{P2} - R_{P1}}{I_2 - I_1} \times 100\% \tag{4-10}$$

式中 R_a——差额投资收益率;

其他符号意义同式(4-7)或式(4-8)。

计算的差额投资收益率 R_a 可与标准投资收益率 i_c 比较。当 $R_a > i_c$ 时,选择投资大的方案;当 $R_a < i_c$ 时,选择投资小的方案。

例 4-3 某工程项目有两个投资方案,两方案的产量相同,费用指标如表 4-3 所列。基准投资回收期为 8 年,基准投资收益率为 12%,试分别计算差额投资回收期和差额投资收益率,并选出较优方案。

表 4-3 两方案的投资和成本 单位:元

指标 \ 方案	Ⅰ	Ⅱ
投资总额	4500	5250
年成本	750	600

解 根据式(4-7)和式(4-9)计算两指标如下:

$$P_a = \frac{I_2 - I_1}{C_1 - C_2} = \frac{5250 - 4500}{750 - 600} = 5(\text{年})$$

$$R_a = \frac{C_1 - C_2}{I_2 - I_1} \times 100\% = \frac{750 - 600}{5250 - 4500} \times 100\% = 20\%$$

由计算结果知,$P_a < P_c$,$R_a > i_c$。因此,从差额投资回收期和差额投资收益率这两个指标都得出结论:投资大的方案Ⅱ优于方案Ⅰ。

差额投资回收期和差额投资收益率只反映方案之间的相对经济性,且只适于简单的方案比较,它要求:项目方案投资为期初一次性投资,正常年成本比较稳定及被比较方案产出基本一致。但如果被比较的两个方案产出不一致,可采用单位产品投资和单位产品成本进行比较,即:

$$P_a = \frac{I_2/Q_2 - I_1/Q_1}{C_1/Q_1 - C_2/Q_2} = \frac{I_2 Q_1 - I_1 Q_2}{C_1 Q_2 - C_2 Q_1} \tag{4-11}$$

$$R_a = \frac{C_1/Q_1 - C_2/Q_2}{I_2/Q_2 - I_1/Q_1} \times 100\% = \frac{C_1 Q_2 - C_2 Q_1}{I_2 Q_1 - I_1 Q_2} \times 100\% \tag{4-12}$$

式中 Q_1、Q_2 分别为方案Ⅰ、Ⅱ的年产量;

其余符号意义同公式(4-7)和式(4-8)。

当然,比较两个产量不同的方案其产量差别不能太大,太大就失去了可比的意义,因为比较的前提是项目预定的目的和任务大体一致。

了解差额投资回收期和差额投资收益率这两个指标,可以帮助我们分析采用新技术,进行技术改造的经济效果,做到心中有数。也能引起人们对一些已经基本建成,但尚需再花少量投资,进行填平补充的项目,给予应有的重视和支持。因为这样做,需要额外增加的投资并不多,却常常可以发挥很大的经济效果。据一些部门或地区的调查,对已有企业进行技术改造,提高其生产能力,比新建企业形成同样的生产能力,投资可节省60%～90%,建设时间可缩短一半或更多,设备材料只需新建企业的40%左右。

4.2.3.3 总折算费用

在计算差额投资回收期指标时,只有 $P_a < P_c$ 时,投资多的方案才能被认定在经济上是合理的,即

$$P_a = \frac{I_2 - I_1}{C_1 - C_2} < P_c$$

则有

$$I_2 - I_1 < P_cC_1 - P_cC_2$$

$$I_2 + P_cC_2 < I_1 + P_cC_1$$

式中的$(I + P_cC)$称为总折算费用。

当投资高、成本低的方案Ⅱ的总折算费用$(I_2 + P_cC_2)$小于投资低、成本高的方案 I 的总折算费用$(I_1 + P_cC_1)$时,可认为方案Ⅱ比方案Ⅰ的经济效果好;否则,可认为方案Ⅰ在经济效果上优于方案Ⅱ。

例4-4 根据例4-3所给条件,用总折算费用指标进行方案比较。

解 方案Ⅰ的总折算费用为:

$I_1 + P_cC_1 = 4500 + 8 \times 750 = 10500$(元)

方案Ⅱ的总折算费用为:

$I_2 + P_cC_2 = 5250 + 8 \times 600 = 10050$(元)

由计算结果知:$I_2 + P_cC_2 < I_1 + P_cC_1$,因而方案Ⅱ的经济效果优于方案Ⅰ。

4.2.3.4 折算费用

在计算差额投资收益率指标时,当 $R_a > i_c$ 时,投资多的方案可被认为在经济上是合理的。即

$$R_a = \frac{C_1 - C_2}{I_2 - I_1} > i_c$$

则有

$$C_1 - C_2 > i_cI_2 - i_cI_1$$

$$C_1 + i_cI_1 > C_2 + i_cI_2$$

式中的$(C + i_cI)$称为折算费用。

当投资高、成本低的方案Ⅱ的折算费用$(C_2 + i_cI_2)$小于投资低、成本高的方案Ⅰ的折算费用$(C_1 + i_cI_1)$时,可认为方案Ⅱ比方案Ⅰ的经济效果好,否则认为方案Ⅰ的经济效果比方案Ⅱ好。

例4-5 根据例4-3所给条件,用折算费用指标进行方案比较。

解 方案Ⅰ的折算费用为:

$C_1 + i_c I_1 = 750 + 12\% \times 4500 = 1290$(元)

方案Ⅱ的折算费用为：

$C_2 + i_c I_2 = 600 + 12\% + 5250 = 1230$(元)

由计算结果知：$C_2 + i_c I_2 < C_1 + i_c I_1$，因此方案Ⅱ的经济效果优于方案Ⅰ。

实质上，**总折算费用**指标或**折算费用**指标就是把各年的年费用折算为一次性总费用，再与投资相加，或把一次性投资换算成年费用，再与年生产费用相加，从而形成的两个指标。这就解决了投资与成本优劣发生矛盾时，尚可通过比较简便的计算进行方案比较的问题。这两个指标用来进行多方案优先顺序排队时是很方便的。在各个方案的年成本 C 和期初投资 I 已知时，就可以计算出它们的($I + P_c C$)或($C + i_c I$)值，依次加以排列，在其他情况相同时，总折算费用和折算费用低的方案就是最佳方案。

当然，总折算费用和折算费用少的方案，不一定就是合理的方案。要肯定或否定这个方案，还要进一步用其他指标进行检验。

4.3 动态评价指标体系

所谓动态评价指标体系是指考虑资金时间价值的投资项目评价指标体系。包括动态投资回收期、净现值、内部收益率等。

投资项目的动态评价指标不仅计入了资金时间价值，而且大多数动态评价指标考虑了项目在整个寿命期内收入与支出的全部经济数据。因此，它们是比静态评价指标更科学、更全面的评价指标。

4.3.1 动态投资回收期(P_t')

在采用投资回收期指标进行项目评价时，为克服静态投资回收期 P_t 未考虑资金时间价值的缺点，可采用改进指标——动态投资回收期 P_t'。

动态投资回收期是按现值法计算的投资回收期，可用下式求得：

$$\sum_{t=0}^{P_t'} (CI - CO)_t (1 + i_c)^{-t} = 0 \tag{4-13}$$

式中 P_t'——动态投资回收期；

CI——现金流入；

CO——现金流出；

$(CI - CO)_t$——第 t 年的净现金流量；

i_c——基准收益率或设定的折现率。

动态投资回收期可直接从财务现金流量表中净现金流量现值累计计算求得。计算公式如下：

$$\text{动态投资回收期}(P_t') = \left[\begin{matrix}\text{净现金流量现值累计值}\\\text{开始出现正值的年份数}\end{matrix}\right] - 1 + \left[\frac{\text{上年净现金流量现值累计值的绝对值}}{\text{当年净现金流量现值}}\right] \tag{4-14}$$

计算得出的项目动态投资回收期可与项目的寿命 n 进行比较，当 $P_t' \leqslant n$ 时，可以考虑接受该项目；当 $P_t' > n$ 时，考虑不接受该项目。

例 4-6 某项目的现金流量如图4-3所示，试计算该项目的动态投资回收期($i_c = 10\%$)。

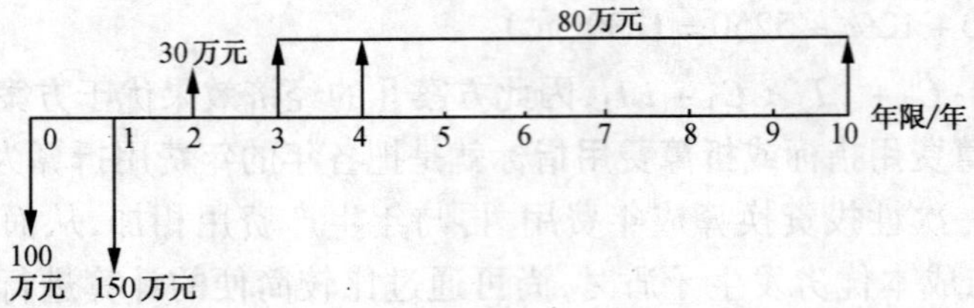

图 4-3 现金流量图

解 列表计算见表 4-4。

表 4-4 动态投资回收期计算表 单位:万元

年限/年	净现金流量	10%的折现系数	净现金流量现值	净现金流量现值累计
0	-100	1.00	-100.00	-100.00
1	-150	0.909	-136.35	-236.35
2	30	0.826	24.78	-211.57
3	80	0.751	60.08	-151.49
4	80	0.683	54.64	-96.85
5	80	0.621	49.68	-47.17
6	80	0.564	45.12	-2.05
7	80	0.513	41.04	38.99
8	80	0.467	37.36	76.35
9	80	0.424	33.92	110.27
10	80	0.386	30.88	141.15

根据表 4-4 的计算结果，利用插值计算公式(4-14)可计算得：

$$P_t' = 7 - 1 + \frac{2.05}{41.04} = 6.05(\text{年})$$

即该项目的动态投资回收期为 6.05 年。

由于该项目中存在一段年金型现金流量，因此也可利用下面的方法求得 P_t'。

根据图 4-3，可有：

$I = 100(1 + 10\%)^2 + 150(1 + 10\%) - 30 = 256(\text{万元})$

假设投资 I 能在 t 年内回收，则

$$I = 80(P/A, 10\%, t)$$

$$256 = 80 \times \frac{(1 + 10\%)^t - 1}{10\% \times (1 + 10\%)^t}$$

$$256 \times 1.1^t = 800 \times 1.1^t - 800$$

$$t = \frac{\lg 1.471}{\lg 1.1} = 4.05(\text{年})$$

$$P_t' = 2 + t = 6.05(\text{年})$$

与静态投资回收期相比,动态投资回收期的优点是考虑了现金流入与流出的时间因素,能真正反映资金的回收时间;缺点是计算比较麻烦。在投资回收期不长或折现率不大的情况下,两种投资回收期的差别可能不大,不致影响项目或方案的选择。但在静态投资回收期较长的情况下,两种投资回收期的差别可能较大。

4.3.2 净现值(*NPV*)

净现值是反映项目的整个计算期内获利能力的综合性评价指标,是对投资项目进行动态评价的最重要的指标之一。

所谓净现值是指投资项目按基准收益率或设定的折现率(当未制定基准收益率时)将各年的净现金流量折现到投资起点的现值之代数和。其表达式为:

$$NPV = \sum_{t=0}^{n}(CI - CO)_t(1 + i_c)^{-t} \tag{4-15}$$

式中 NPV——净现值;

CI——现金流入;

CO——现金流出;

$(CI - CO)_t$——第 t 年的净现金流量;

n——计算期;

i_c——基准收益率。

根据上述定义,显然净现值的经济意义是:

$NPV>0$ 表示项目实施后,除保证可实现预定的收益率外,尚可获得更高的收益。

$NPV<0$ 表示项目实施后未能达到预定的收益率水平,而不能确定项目已亏损。

$NPV=0$ 表示项目实施后的投资收益率正好达到所预定的收益率标准,而不是投资项目盈亏平衡。

因此,用净现值指标评价投资项目的标准如下:

$NPV \geqslant 0$ 时,可以考虑接受该项目;

$NPV<0$ 时,可以考虑不接受该项目。

例 4-7 某项目各年净现金流量如表4-5所示,试用净现值指标判断项目的经济性(i_c = 10%)。

表 4-5 某项目现金流量 单位:万元

项 目 \ 年 限/年	0	1	2	3	4 ~ 10
投 资	30	750	150		
收 入				675	1050
其他支出				450	675
净现金流量	-30	-750	-150	225	375

解 根据表 4-5 中各年净现金流量和公式(5-15),可计算净现值为:

$$NPV = -30 - 750(P/F,10\%,1) - 150(P/F,10\%,2) + 225(P/F,10\%,3) + 375(P/A,10\%,7)(P/F,10\%,3)$$

$=704.94$(万元)

由于 $NPV>0$,故项目在经济上是可以考虑接受的。

净现值指标的主要优点是考虑了资金时间价值并全面考察了项目在整个寿命期内的经济状况;另外,直接以货币额表示项目净收益,经济意义明确直观;其主要问题是必须事先确定一个较符合实际的基准收益率,而基准收益率的确定往往是一个比较复杂、困难的问题。基准收益率若定得太高,会失掉一些经济效果好的项目;若定得太低,则可能会接受过多的项目,其中的一些经济效益并不好。

几个与 NPV 密切相关问题的讨论:

(1)基准收益率(i_c)。

基准收益率又被称作最低期望收益率或目标收益率。它是评价项目方案经济效益合理性的尺度,是选择方案的决策标准。

基准收益率本质上是预定最低的可接受的折现率水平,如果按 i_c 计算出的某投资项目的净现值为负值,那就表示该方案并没有达到该部门或行业可以达到的最低应达到的经济水平。资金不应投在这个项目上,而应投向能够达到 i_c 水平的其他项目上。因此,基准收益率也可理解为资金的机会成本。

如何恰当地确定基准收益率是一个十分重要且困难的问题,它既取决于某一时期资金成本的高低,又取决于项目在未来期间投资风险的大小和通货膨胀的高低。基准收益率一般是由国家或部门根据国家经济状况、各行业投资经济效益以及项目评价的实际需要等制定的。

(2)净现值函数。

所谓**净现值函数**就是指 NPV 与折现率 i 之间的函数关系。即可表示为:

$$NPV=f(i)$$

也就是说,对同一项目或方案,如果不是选择一个基准收益率,而是选择一系列折现率,就可以计算出相应的一组净现值,如表4-6列出了某项目的净现金流量及其净现值随 i 变化而变化的对应关系。

表4-6　某项目的净现值函数　　单位:万元

年限(年末)/年	净现金流量	i/%	$NPV=-3000+1200(P/A,i,4)$
0	-3000	0	1800
1	1200	10	804
2	1200	20	106
3	1200	22	0
4	1200	30	-400
		40	-781
		50	-1074
		∞	-3000

如果以横坐标表示折现率 i，纵坐标表示净现值率 NPV，上述函数关系如图 4-4 所示。

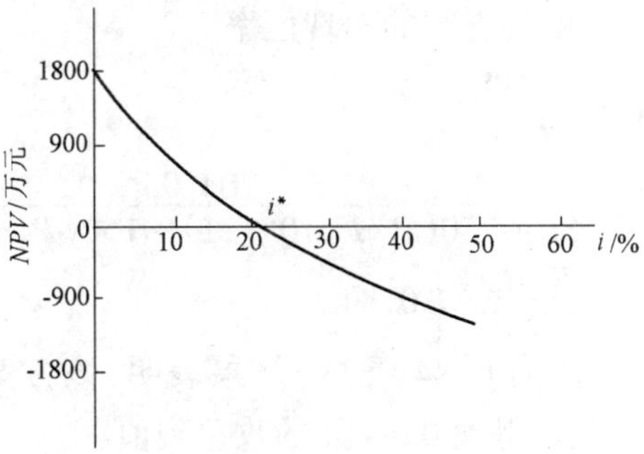

图 4-4 净现值函数曲线

从图 4-4 可以看出净现值函数有以下特点：

1)同一净现金流量的净现值随折现率 i 的增大而减少，由此可以得出结论，基准折现率 i_c 定得越高，能被接受的方案越少。

2)在某一个折现率 i^* 值上(本图 $i^* = 22\%$)，曲线与横坐标相交，此时 $NPV = 0$。当 $i < i^*$，$NPV(i) > 0$；当 $i > i^*$ 时，$NPV(i) < 0$。i^* 是后面将要介绍的一个重要指标。

需要注意的是图 4-4 所示的净现值函数曲线是一种常规的较典型的投资项目净现值函数曲线形式，即具有初始投资并伴有一系列正现金流量。

对净现值函数的研究可以得出这样一个结论：如果按净现值最大的原则优选项目方案，由于选择不同的折现率 i，可能会得出不同的方案选择结果。由此可见，在对投资项目进行经济评价时，较为准确地确定基准收益率是十分必要的。

3)净现值率($NPVR$)。

用净现值指标评价投资项目或方案时，不考虑其投资额大小，因而不能直接反映资金的利用效率，为此，通常引入净现值率(或净现值指数)作为净现值的辅助指标。

净现值率是指项目方案的净现值与总投资现值之比，即单位投资现值所能带来的净现值。它说明单位投资所获得的超额净利润。如果是进行多方案比较，当被比较的投资方案具有不同的投资要求，而且可用于投资的金额也受到限制时，用净现值率指标可反映资金的利用效率。其计算公式为：

$$NPVR = \frac{NPV}{I_P} = \frac{\sum_{t=0}^{n}(CI - CO)_t(P/F,i,n)}{\sum_{t=0}^{n} I_t(P/F,i,n)} \tag{4-16}$$

式中 $NPVR$——项目方案的净现值率；

I_P——项目方案的总投资现值；

I_t——第 t 年的投资；

$(CI - CO)_t$——第 t 年的净现金流量；

其余符号意义同式(4-15)。

用净现值率指标判别投资项目或方案经济效果可行与否时,其判别标准与净现值指标是一样的。当 $NPVR \geqslant 0$ 时,可以考虑接受该项目,当 $NPVR < 0$ 时,考虑不接受该项目。

例 4-8 根据例4-7计算该项目方案的净现值率。

解

$$NPVR = \frac{NPV}{I_P}$$

$$= \frac{704.94}{30 + 750(P/F,10\%,1) + 150(P/F,10\%,2)}$$

$$= \frac{704.94}{835.79} = 0.84$$

计算结果,该方案净现值率为 0.84。这一结果表明,该方案除了能满足基准收益率10%的要求外,每1元投资还可以得到0.84元的收益现值。

4.3.3 净年值(NAV)

净现值是把项目各年的净现金流量按照基准收益率折算到建设期初的代数和;同理,把项目各年的净现金流量换算到项目最后一年,其代数和就是净终值。净现值或净终值,经过资金回收系数或基金存储系数的折算,可以得到一个与净现值等效的评价指标,即为净年值。

净年值是通过资金等值计算将项目计算期内各年净现金流量分摊到每一年年末的等额年值。表达式为:

$$NAV = \sum_{t=0}^{n}(CI - CO)_t(1 + i_c)^{-t}(A/P, i_c, n) \tag{4-17}$$

或

$$NAV = \sum_{t=0}^{n}(CI - CO)_t(1 + i_c)^{n-t}(A/F, i_c, n) \tag{4-18}$$

式中 NAV——净年值;

CI——现金流入;

CO——现金流出;

$(CI - CO)_t$——第 t 年的净现金流量;

n——计算期;

i_c——基准收益率;

$(A/P, i_c, n)$——资金回收系数;

$(A/F, i_c, n)$——基金存储系数。

判别标准:

$NAV \geqslant 0$ 时,认为项目在经济效果上可行;

$NAV < 0$ 时,可认为项目在经济效果上不可行。

例 4-9 某投资方案的现金流量图如图4-5所示,若基准收益率为10%,要求用净年值指标判断方案可行与否。

解

$$\begin{aligned}NAV &= [-7500 + (4000 - 1000)(P/F,0.1,1)\\ &\quad + (7500 - 1500)(P/F,0.1,2) + (3000 - 4500)(P/F,0.1,3)\\ &\quad + (13000 - 2500)(P/F,0.1,4)](A/P,0.1,4)\\ &= 1966.5(\text{元})\end{aligned}$$

或 $NAV = [-7500(F/P,0.1,4) + (4000 - 1000)(F/P,0.1,3)$

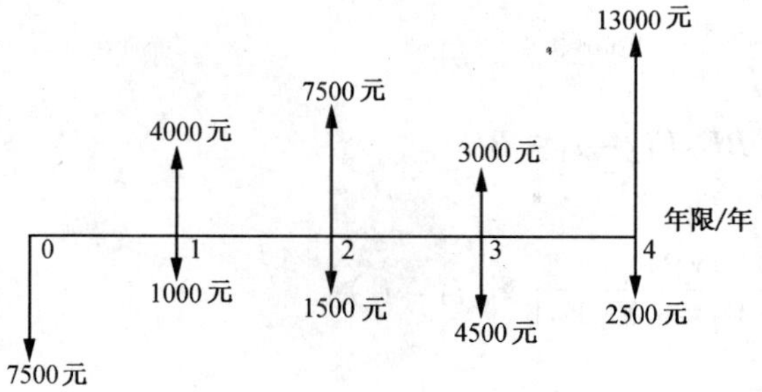

图 4-5 现金流量图

$$+(7500-1500)(F/P,0.1,2)+(3000-4500)(F/P,0.1,1)$$
$$+(13000-2500)](A/F,0.1,4)$$
$$=1966.5(\text{元})$$

计算结果：$NAV>0$，该方案在经济效果上是可行的。

4.3.4 内部收益率（*IRR*）

在考察项目盈利能力的动态指标中，除净现值外，内部收益率是另一个最重要的评价指标。

从前面讨论过的净现值函数可知，对于常规型投资项目，一般说来，存在着惟一使 $NPV=0$ 能够成立的折现率，即项目在计算期内各年净现金流量现值累计等于零时的折现率，这个折现率就称做**投资内部收益率**。可通过下列方程式求得：

$$\sum_{t=0}^{n}(CI-CO)_t(1+IRR)^{-t}=0 \tag{4-19}$$

式中 IRR——内部收益率；

CI——现金流入量；

CO——现金流出量；

$(CI-CO)_t$——第 t 年的净现金流量；

n——计算期。

应用 IRR 对项目进行评价的判别标准是：

若 $IRR\geqslant i_c$，则认为项目在经济效果上是可以接受的；

若 $IRR<i_c$，则认为项目在经济效果上应予以拒绝。

因为式(4-19)是一个一元高次方程，不容易直接求解 IRR，故一般采用试算法，其计算步骤如下：

第一步，计算各年的净现金流量。

第二步，确定试算的折现率。通过试算，估计出两个折现率 i_1 和 $i_2(i_1<i_2)$，使得折现率为 i_1 时，$NPV_1>0$，折现率为 i_2 时，$NPV_2<0$。且 i_1 与 i_2 之差不超过5%。

第三步，用插值法近似求得内部收益率 IRR：

$$IRR=i_1+\frac{NPV_1}{NPV_1+|NPV_2|}\times(i_2-i_1) \tag{4-20}$$

插值法计算公式(4-20)证明如下：

见图 4-6，以直线段 AC 近似曲线段 $\overset{\frown}{AC}$，则有

$\triangle ABE \backsim \triangle CDE$

$AB:CD = BE:ED$

$NPV_1 : |NPV_2| = BE : (i_2 - i_1 - BE)$

则 $IRR = i_1 + BE$

$$= i_1 + \frac{NPV_1}{NPV_1 + |NPV_2|} \times (i_2 - i_1)$$

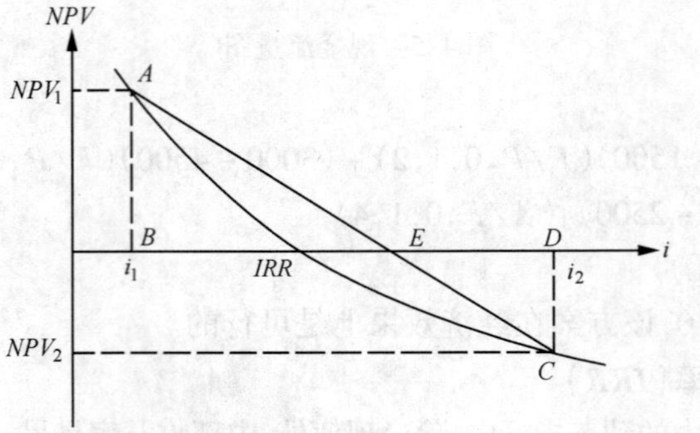

图 4-6　用差值法求 *IRR* 图解

例 4-10　某项投资计划的投资额为5000万元，当年投产，预计计算期10年中每年可得净收益600万元，10年末可获得残值1000万元，试求内部收益率。若基准收益率为5%，判断此项目的经济性。

解　(1)计算各年净现金流量如表4-7所示。

表 4-7　拟建项目各年净现金流量　　　　单位：万元

年　限/年	0	1～9	10
净现金流量	－5000	600	1600

(2)用5%试算，即设 $i_1 = 5\%$，求得净现值为：

$$NPV_1 = -5000 + 600(P/A, 5\%, 10) + 1000(P/F, 5\%, 10)$$
$$= 247.10(\text{万元}) > 0$$

说明折现率 i_1 取低了，再用6%试算，即设 $i_2 = 6\%$，求得净现值为：

$$NPV_2 = -5000 + 600(P/A, 6\%, 10) + 1000(P/F, 6\%, 10)$$
$$= -25.60(\text{万元}) < 0$$

(3)用插值法求 *IRR*：

$$IRR = i_1 + \frac{NPV_1}{NPV_1 + |NPV_2|} \times (i_2 - i_1)5\% + \frac{247.10}{247.10 + 25.60} \times (6\% - 5\%)$$
$$= 5.91\%$$

计算得到 $IRR > i_c$，说明该项目在经济上是合算的，可接受的。

在计算内部收益率时,为了使第一次试算时选取的 i 值较为接近 IRR 而少走弯路,一般可将 10 年的年金序列 600 万元乘 10 得 6000 万元,假定它是期末的数值,便可由下式粗略求得近似的 IRR:

$$-5000+(600\times 10+1000)(P/F,i,10)=0$$

即 $(P/F,i,10)=0.714$

由复利系数表(见附录 2)查得 $n=10$ 时,$i=4\%$ 的 $(P/F,i,10)$ 值与 0.714 接近。又因上述简化计算的年金序列未考虑资金的时间价值使未来值偏低,因此首先可用 5% 进行试算。这样做可以使我们比较迅速地得到需要的结果,少走弯路。

内部收益率指标的主要优点有与净现值类似之处,既考虑了资金时间价值,又考虑了项目在整个寿命周期内的全部情况。此外,用内部收益率指标评价项目不需要事先确定一个基准收益率,只要知道 i_c 的大致幅度即可。因此,内部收益率指标在实际工作中得到了广泛的应用。

内部收益率的经济含义可以这样理解:项目在这样的折现率下,在项目寿命终了时,以每年的净收益恰好把投资全部收回来。也就是说,在项目寿命周期内,项目始终处于"偿付"未被收回投资的状况。因此,内部收益率是指项目对初始投资的偿还能力或项目对贷款利率的最大承受能力。由于 IRR 不是用来计算期初投资的收益的,所以,一般不能用内部收益率直接排列两个或多个项目的优劣顺序。

下面简单讨论投资项目为非常规型,内部收益率可能无解或有多个解的情况。

求解内部收益率的方程(公式 4-19)是一个 n 次多项式方程,求解 n 次多项式方程的根,可能出现无解,也可能出现多解。

(1)内部收益率方程无解的情况:当项目方案随时间变化的现金流量分布都是正值或者都是负值时,净现值函数曲线与水平轴不相交,内部收益率无解。这种情况一般很少出现。对于这种非常规型项目方案的评价,可不采用内部收益率法而采用其他方法。

(2)内部收益率方程有多个解的情况:当项目方案连续累计的现金流量符号变化超过一次以上时,就会出现一个以上的内部收益率解,如例 4-11。

例 4-11 某项目净现金流量如表4-8所示。

表 4-8 正、负号多次变化的净现金流量序列 单位:万元

年　限/年	0	1	2	3
净现金流量	-100	470	-720	360

解 经计算知,使该项目净现金流量现值累计为 0 的折现率有三个:

$i_1=20\%$, $i_2=50\%$, $i_3=100\%$。其净现值曲线如图 4-7 所示。

此项目内部收益率方程的这三个正实数解是否都是或有的是我们所要求的内部收益率呢?这需要通过内部收益率的经济含义加以检验:即在该折现率下,项目寿命期内是否始终存在未被收回的投资且只有在寿命期末才完全收回,见表 4-9。

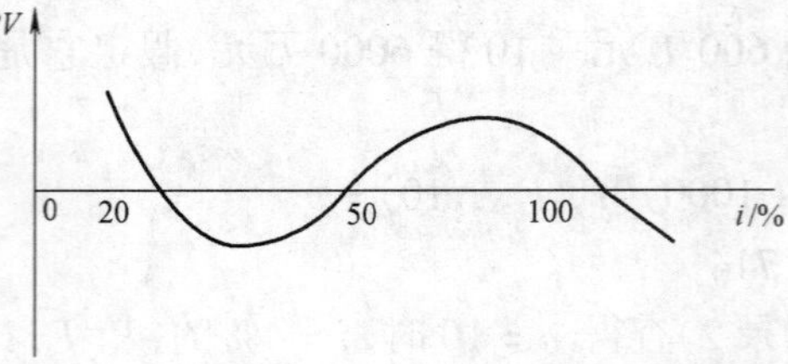

图 4-7 内部收益率方程多解示意图

表 4-9 净现金流量折现值及折现累计值 单位:万元

年	限/年	0	1	2	3
	净现金流量	−100	470	−720	360
20%	(P/F,20%,n)	1.0000	0.8333	0.6944	0.5787
	现值	−100	391.65	−499.97	208.33
	现值累计	−100	291.65	−208.32	0(近似值)
50%	(P/F,50%、n)	1.000	0.6667	0.4444	0.2963
	现值	−100	313.35	−319.97	106.67
	现值累计	−100	213.35	−106.62	0(近似值)
100%	(P/F,100%,n)	1.0000	0.5000	0.2500	0.1250
	现值	−100	235.00	−180.00	45.00
	现值累计	−100	135.00	−45.00	0

从表 4-9 中的现值累计一项可以看出,在 $i_1 = 20\%$, $i_2 = 50\%$, $i_3 = 100\%$ 三个折现率下,都是初始投资在第一年末完全收回,且项目有净盈余;第 2 年末又有未收回投资,第三年末即寿命期末又全部收回,根据内部收益率的经济含义可知,$i_1 = 20\%$, $i_2 = 50\%$, $i_3 = 100\%$ 都不是项目的内部收益率。

对于非常规投资项目,如果其内部收益率方程的实数解中有能满足内部收益率经济含义要求的(最多一个),则此解为项目的内部收益率;如果内部收益率方程的所有实数解都不满足内部收益率经济涵义的要求,则它们都不是项目的内部收益率。若要求其内部收益率,可采取用基准收益率对项目计算期内部分现金流量进行适当“处理”,使之符合常规投资项目对符号只能变换一次的要求的方法,求出内部收益率,如例 4-12。

例 4-12 某投资项目净现金流量如表4-10所列,基准收益率为 10%,试求项目的内部收益率。

表 4-10 投资项目净现金流量 单位:元

年 限/年	−1	0	1	2	3	4
净现金流量	500	−1000	0	250	250	250

解 经计算得到使该项目净现值为零的两个折现率为：

$i_1 = 35\%$，$i_2 = 65\%$。经过内部收益率的经济涵义检验，很显然，这两个折现率都不是该投资项目的内部收益率。

为了求得该投资项目的内部收益率，可用基准收益率 10% 把 –1 年的 500 元换算到 0 年，使累计现金流量中的符号变换限制在一次以内。即：

500$(F/P,10\%,1)$ = 550(元)，与 0 年净现金流量合并：550 元 – 1000 元 = –450 元。调整后的现金流量如表 4-11 所示。

表 4-11 "处理"后的投资项目净现金流量 单位：元

年 限/年	0	1	2	3	4
净现金流量	–450	0	250	250	250

从表 4-11 的净现金流量得出的内部收益率为 19%，即可看作此投资项目的内部收益率。

显然，用调整后的现金流量求得的内部收益率与项目原来的现金流量求得的内部收益率会有偏差，其偏差程度，受调整现金流量数额的大小及调整的折现率大小的影响。如果偏差程度较大，最好不使用内部收益率指标考察投资项目的经济效果。

4.3.5 几个用于方案比较的动态指标

方案比较是寻求合理的经济和技术方案的必要手段，也是项目经济评价的重要组成部分。在对投资项目进行经济效果评价时，常常遇到要对项目方案进行比较并选优的问题，那么为了简化起见，我们完全可以舍弃方案的相同部分，只计算不同部分的经济效益。如若各方案的产出相同，或者各方案能够满足同样需要但其产出效益难以用价值形态计量(如环保、教育、保健、国防等)时，则只比较其费用部分，以费用最小原则选择最优方案；若方案的目标和计算期相同，则只比较方案的差额部分，依投资额大小顺序逐个比较，以收益最大原则选取最优方案。下面就介绍几个用于方案比较的动态指标。

4.3.5.1 费用现值(PC)

费用现值就是把不同方案计算期内各年的年成本按基准收益率换算为基准年的现值，再加上方案的总投资现值。计算公式为：

$$PC = \sum_{t=0}^{n}(I + C' - S_V - W)_t(P/F, i_c, t) \tag{4-21}$$

式中 PC——费用现值；

I——总投资额；

C'——年经营成本；

S_V——计算期末收回的固定资产余值；

W——计算期末收回的流动资金；

$(P/F, i_c, t)$——现值系数；

$(I + C' - S_V - W)_t$——第 t 年的费用净现金流量；

i_c——基准收益率；

n——计算期。

用费用现值指标进行方案比较时,以费用现值较低的方案为优。

4.3.5.2　费用年值(AC)

费用年值就是把各方案计算期内的投资和年成本按基准收益率换算为系列年金。以费用年值较低的方案为优。

计算公式为:

$$AC = [\sum_{t=0}^{n}(I + C' - S_V - W)_t(P/F, i_c, t)](A/P, i_c, n) \tag{4-22}$$

即

$$AC = PC(A/P, i_c, n)$$

式中　　AC——费用年值;

$(A/P, i_c, n)$——资金回收系数;

其余符号意义同式(4-21)。

特例:当投资为期初一次性投资,年经营成本为等额支付时,公式(4-22)可采用下式:

$$AC = C' + (I - S_V - W)(A/P, i_c, n) + (S_V + W)\cdot i_c \tag{4-23}$$

式中符号意义同式(4-22)。

费用年值指标可直接用于计算期不同的方案比较。计算期不同的方案如采用费用现值指标时,需把各方案不同的计算期和计算公式作适当处理(本小节后面专门介绍)。

例4-13　某企业为提高现有生产能力,有两个可供选择的技术方案,各项指标如表4-12所列,如果基准收益率为15%,应采纳哪种方案?

表4-12　两方案的指标　　单位:万元

方　案	投资额	年经营成本	列　值	计算期/年
Ⅰ	52000	23600	4000	6
Ⅱ	72000	19800	6000	6

解　两方案的现金流量图如图4-8和图4-9所示。

两方案的费用现值计算如下:

$PC_{\text{I}} = 52000 + 23600(P/A, 15\%, 6) - 4000(P/F, 15\%, 6)$

$= 139567.46$(万元)

$PC_{\text{II}} = 72000 + 19800(P/A, 15\%, 6) - 6000(P/F, 15\%, 6)$

$= 144321.15$(万元)

$PC_{\text{I}} < PC_{\text{II}}$应采纳方案Ⅰ。

两方案的费用年值计算如下:

$AC_1 = 23600 + (52000 - 4000)(A/P, 15\%, 6) + 4000 \times 0.15$

$= 36883.58$(万元)

$AC_{\text{II}} = 19800 + (72000 - 6000)(A/P, 15\%, 6) + 6000 \times 0.15$

$= 38139.84$(万元)

$AC_{\text{I}} < AC_{\text{II}}$应采纳方案Ⅰ。

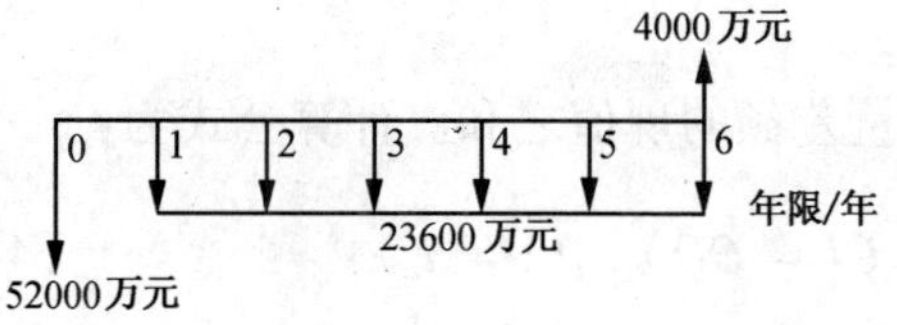

图 4-8　方案Ⅰ现金流量图(单位:万元)

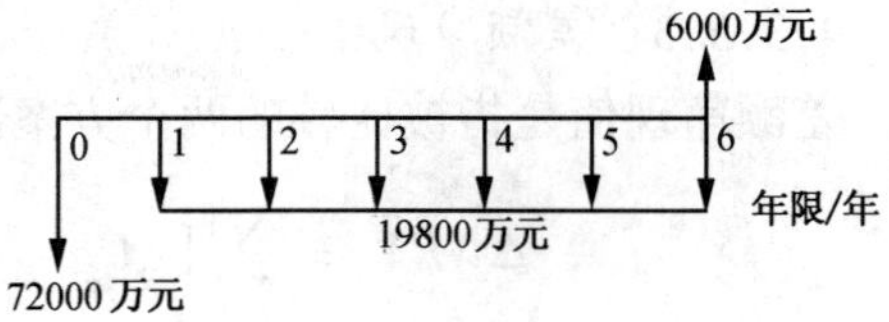

图 4-9　方案Ⅱ现金流量图

费用现值和费用年值指标的计算结果都表明,方案Ⅰ优于方案Ⅱ。

费用现值与费用年值的关系,如同净现值与净年值的关系一样,就评价结论而言,二者是等效评价指标。这两个指标除了含义有所不同外,就计算方便简易而言,在不同情况下,各有所长。如对计算期不同的方案比较,费用年值指标更为方便。

例 4-14　某企业选择设备有两种方案。两种方案下的设备操作功能相同,其各项指标如表 4-13 所列。基准收益率为 15%,试选出较优方案。

表 4-13　两方案的指标　　单位:元

方　案	期初投资	年经营成本	残　值	计算期/年
Ⅰ	4500	3000	750	6
Ⅱ	6000	2400	0	9

解　用费用年值指标比较:

$$AC_{\mathrm{I}} = C' + (I - S_V)(A/P, i_c, n) + S_V \cdot i_c$$

$$= 3000 + (4500 - 750)(A/P, 15\%, 6) + 750 \times 0.15$$

$$= 4102.5(\text{元})$$

$$AC_{\mathrm{II}} = 2400 + 6000(A/P, 15\%, 9)$$

$$= 3660(\text{元})$$

$AC_{\mathrm{II}} < AC_{\mathrm{I}}$　故方案Ⅱ较优

用费用现值指标比较:

采用费用现值指标时,要注意对两方案不同计算期的“处理”。

$$PC_{\mathrm{I}} = \sum_{t=0}^{n_1}(I_1 + C'_1 - S_{v1})_t \cdot (P/F, i_c, t)$$

$$= 4500 + 3000(P/A, 15\%, 6) - 750(P/F, 15\%, 6)$$

$$= 15529.5(\text{元})$$

$$PC_{\mathrm{II}} = [\sum_{t=0}^{n_2}(I_2 + C'_2 - S_{v2})(P/F, i_c, t)](A/P, i_c, n_2)(P/A, i_c, n_1)$$

$$= [6000 + 2400(P/A, 15\%, 9)](A/P, 15\%, 9)(P/A, 15\%, 6)$$

$$= 13840.5(\text{元})$$

$PC_{\mathrm{II}} < PC_{\mathrm{I}}$　故方案Ⅱ较优。

4.3.5.3 差额净现值(ΔNPV)

差额净现值是指被比较的两个方案净现金流量差额的现值之和。计算公式为：

$$\Delta NPV = \sum_{t=0}^{n}[(CI - CO)_2 - (CI - CO)_1]_t(1 + i_c)^{-t} \tag{4-24}$$

式中 ΔNPV——被比较的两个方案的差额净现值；

$(CI - CO)_2$——投资大的方案的年净现金流量；

$(CI - CO)_1$——投资小的方案的年净现金流量；

i_c——基准收益率；

n——计算期。

用差额净现值指标判别方案优劣的标准是：

当 $\Delta NPV > 0$,投资大的方案在经济效果上优于投资小的方案。

当 $\Delta NPV < 0$,投资小的方案在经济效果上优于投资大的方案。

当 $\Delta NPV = 0$,两方案在经济效果上是一样的。

应该指出,按各方案的净现值大小直接比较,与差额净现值指标的比较结果是完全一致的,但前者需要计算净现值的次数明显比后者多,所以在计算上后者略微简化一些。

例 4-15 某工程项目有两个设计方案,其寿命期内各年的净现金流量如表 4-14 所示,试进行方案的比较和选择($i_c = 10\%$)。

表 4-14 两方案净现金流量 单位:万元

方案 \ 年限(年末)/年	0	1~10
Ⅰ	-1004	200
Ⅱ	-1258	300

解 用差额净现值指标比较如下：

$$\begin{aligned}\Delta NPV_{\text{Ⅱ}-\text{Ⅰ}} &= \sum_{t=0}^{n}[(CI - CO)_{\text{Ⅱ}} - (CI - CO)_{\text{Ⅰ}}]_t \cdot (P/F, i_c, t)\\ &= [-1258 - (-1004)] + (300 - 200)(P/A, 10\%, 10)\\ &= 360.46(\text{万元})\end{aligned}$$

$\Delta NPV_{\text{Ⅱ}-\text{Ⅰ}} > 0$,应选择方案Ⅱ。

用净现值指标比较如下：

$$\begin{aligned}NPV_{\text{Ⅰ}} &= -1004 + 200(P/A, 10\%, 10)\\ &= -1004 + 200 \times 6.1446\\ &= 224.92(\text{万元})\end{aligned}$$

$$\begin{aligned}NPV_{\text{Ⅱ}} &= -1258 + 300(P/A, 10\%, 10)\\ &= -1258 + 300 \times 6.1446\\ &= 585.38(\text{万元})\end{aligned}$$

$NPV_{\text{Ⅱ}} > NPV_{\text{Ⅰ}}$,应选择方案Ⅱ。且有

$NPV_{\text{Ⅱ}} - NPV_{\text{Ⅰ}} = \Delta NPV_{\text{Ⅱ-Ⅰ}}$，证实了前面关于这两种指标比较结果是完全一致的说法。

值得注意，当被比选的方案计算期相同时，可直接采用净现值或差额净现值进行比选；但是，如果各个被比选方案的计算期不相同，则必须采用某种方法对各方案不同的计算期进行“处理”，只有在相同的分析期内，才能采用净现值或差额净现值指标进行方案比选。

与差额净现值道理基本一致，当被比较方案的产出相同时，也可用差额费用现值进行方案比较。

4.3.5.4 *差额投资内部收益率(ΔIRR)*

差额投资内部收益率是两个方案各年净现金流量差额的现值之和等于零时的折现率。其表达式为：

$$\sum_{t=0}^{n}[(CI - CO)_2 - (CI - CO)_1]_t \cdot (1 + \Delta IRR)^{-t} = 0 \tag{4-25}$$

式中 ΔIRR——差额投资内部收益率；

其余符号意义同式(4-24)。

计算结果可与基准收益率 i_c 进行对比：

若 $\Delta IRR \geqslant i_c$，以投资大的方案为优；

若 $\Delta IRR < i_c$，以投资小的方案为优。

多个方案进行比较时，可以先按投资额大小由小到大排序，再依次就相邻方案两两比较，从中选出最优方案。

值得注意的是，前面讨论过用净现值指标进行方案比较与用差额净现值指标的结果完全一致，但用差额投资内部收益率与用内部收益率指标却不是这样的。不能用内部收益率的大小进行方案优劣的排序，这在前面已经讨论过。因此，在进行方案比较时，如果要用内部收益率指标，应该用差额投资内部收益率。

例 4-16 现有 A、B 两个方案，其现金流量如表 4-15 所示，若基准收益率为 10%，试进行方案的比较和选择。

表 4-15 方案 A、B 净现金流量 单位：万元

方案 \ 年限(年末)/年	0	1～10
A	−200	39
B	−100	20
差额净现金流($A-B$)	−100	19

解 分别计算 A、B 方案的内部收益率如下：

$$-200 + 39(P/A, IRR_A, 10) = 0$$

$$-100 + 20(P/A, IRR_B, 10) = 0$$

依计算内部收益率的基本步骤，求得：

$IRR_A = 14.5\%$；　　$IRR_B = 15\%$

计算结果，$IRR_B > IRR_A$

计算 A、B 两方案的差额内部收益率如下：

$-100 + 19(P/A, \Delta IRR_{A-B}, 10) = 0$

求得 $\Delta IRR_{A-B} = 13.8\%$

根据判别标准，$\Delta IRR_{A-B} > i_c$，则投资大的方案 A 好。

再用净现值指标检验如下：

$$\begin{aligned} NPV_A &= -200 + 39(P/A, 10\%, 10) \\ &= 39.64(\text{万元}) \end{aligned}$$

$$\begin{aligned} NPV_B &= -100 + 20(P/A, 10\%, 10) \\ &= 22.89(\text{万元}) \end{aligned}$$

$NPV_A > NPV_B$，则方案 A 优。

由此可见，按内部收益率最大准则可能与正确结论相矛盾。

在计算差额投资内部收益率时，除需首先算出被比较方案的差额净现金流量外，其余步骤与计算内部收益率基本一致，不再赘述。

如果被比较的两个方案计算期不同，可用令两个方案净年值相等的方式求解差额投资内部收益率，这其中隐含了方案可重复实施的假定。设 A、B 两方案的计算期分别为 n_A、n_B，求解差额内部收益率 ΔIRR 的方程为：

$$\begin{aligned} &\sum_{t=0}^{n_A}(CI_A - CO_A)_t(P/F, \Delta IRR, t)(A/P, \Delta IRR, n_A) \\ &- \sum_{t=0}^{n_B}(CI_B - CO_B)_t(P/F, \Delta IRR, t)(A/P, \Delta IRR, n_B) = 0 \end{aligned} \tag{4-26}$$

方案比选的判别标准为：

在 ΔIRR 存在的情况下，若 $\Delta IRR > i_c$，则年均净现金流量大的方案为优；若 $0 < \Delta IRR < i_c$，则年均净现金流量小的方案为优。

例 4-17 两方案 A、B 的寿命分别为5年和3年。A 方案期初投资 300 万元，每年净收益为 96 万元；B 方案期初投资 100 万元，年均净收益为 42 万元，基准收益率为 12%，试用差额内部收益率指标评价选择方案。

解 根据式(4-26)列出求解差额内部收益率的方程式为：

$$\begin{aligned} &[-300 + 96(P/A, \Delta IRR, 5)](A/P, \Delta IRR, 5) \\ &-[-100 + 42(P/A, \Delta IRR, 3)](A/P, \Delta IRR, 3) = 0 \end{aligned}$$

利用试算插值法，求得：

$\Delta IRR = 20.77\%$

因方案 A 的年均净现金流为：$-300/5 + 96 = 36$(万元)；

方案 B 的年均净现金流为：$-100/3 + 42 = 8.7$(万元)；

且 $\Delta IRR > i_c$，依判别标准知，年均净现金流大的方案 A 较优，应选择方案 A。

差额内部收益率指标也可用于仅有费用现金流的不同方案比较。在这种情况下，实际上是把增量投资所导致的对其他费用的节约看成是增量收益。比选结论与采用费用现值指标及费用年值指标一致。

4.3.6 对比选方案寿命不等的几种处理方法

当被比选的方案寿命不等时,一般情况下,各方案在各自寿命期内的净现值或费用现值等不具有可比性,如果要使用这类指标进行方案的比较和选择,必须设定一个共同的分析期。分析期的设定通常有以下几种方法。

4.3.6.1 寿命期最小公倍数法

寿命期最小公倍数法是取各备选方案寿命期的最小公倍数作为共同的分析期,即假定备选方案中一个或若干个在其寿命结束后按原方案重复实施若干次。例如,有两个备选方案,方案 A 的寿命期为 6 年,方案 B 的寿命期为 9 年,则取两方案寿命期的最小公倍数 18 年作为分析期,即假定 A 方案重复实施 2 次,B 方案重复实施 1 次。

4.3.6.2 分析期截止法

根据对未来市场状况和技术发展前景的预测直接选取一个合适的分析期,假定寿命期短于此分析期的方案重复实施,并对各方案在分析期末的资产余值进行估价,到分析期结束时收回资产余值。在备选方案寿命期比较接近的情况下,一般取最短的方案寿命期作为分析期。

4.3.6.3 年值折现法

按某一共同的分析期将备选方案的净年值或费用年值折现得到用于方案比选的净现值或费用现值。这种方法实际上是净年值法或费用年值的一种变形。

以净现值为例,设方案 $j(j=1,2,\cdots,m)$ 的寿命期为 n,共同的分析期为 N,方案 j 净现值的计算公式为:

$$NPV_j = \sum_{t=0}^{n}(CI_j - CO_j)_t(P/F,i_c,t)(A/P,i_c,n)\cdot(P/A,i_c,N) \qquad (4\text{-}27)$$

如前面的例 4-15,用费用现值指标比选时,就是采用的这种方法对不同寿命加以处理。

用年值折现法处理比选方案寿命不等的问题时,共同的分析期 N 取值的大小不会影响方案比选的结论,但通常 N 的取值不大于最大的方案寿命期,不小于最短的方案寿命期。

4.4 多项目(方案)选优方法

在多方案的评价与选择过程中,由于方案的性质、类型等不同,使得经济效果评价工作带有一定的复杂性,如果仅仅掌握几种评价指标,简单搬来使用,而不掌握正确的评价方法,就不能达到正确决策的目的。因此,本节在划分投资方案类型的基础上,讨论如何正确运用前面讲过的各种评价指标进行多方案的评价与选择。

4.4.1 独立型方案的评价与选择

独立型方案的评价和选择可分两种情况来进行。

4.4.1.1 资金不受限制情况

在资金不受限制的情况下,独立型方案的采纳与否,只取决于方案自身的经济效果如何。这样,只需检验它们是否通过净现值或净年值或内部收率指标的评价标准,即只要方案通过了自身的“绝对经济效果检验”,即可以认为它们在经济效果上是可以接受的,否则应予拒绝。

例 4-18 两个独立方案 A 和 B,其初始投资及各年净收益如表 4-16 所示,试进行评价和选择($i_c=15\%$)。

表 4-16 独立方案 *A*、*B* 净现金流量 单位:万元

年限(年末)/年 方案	0	1~10
A	-300	68
B	-300	45

解 计算两方案净现值如下:

$NPV_A = -300 + 68(P/A, 15\%, 10)$

$= 41.3$(万元)

$NPV_B = -300 + 45(P/A, 15\%, 10)$

$= -74.2$(万元)

$NPV_A > 0$, $NPV_B < 0$,则 *A* 方案可接受,*B* 方案应予拒绝。

对于这样的独立方案评价,还可用 *NAV* 或 *IRR* 指标,其评价结论都是一样的。

4.4.1.2 资金有限的情况

对于独立型方案,如果资金预算总额有限,将可能导致出现并不是所有通过"绝对经济效果检验"的方案都能采用,即可能不得不放弃一些方案。方案评价和选择的最终结果达到:保证在给定资金总额的前提下,取得最好经济效果。一般有以下两种方法。

A 净现值指数排序法

所谓净现值指数排序法,就是在计算各方案净现值指数的基础上,将净现值指数大于或等于零的方案按净现值指标大小排序,并依此次序选取项目方案,直至所选取方案的投资总额最大限度地接近或等于投资限额为止。本方法所需要达到的目标是在一定的投资限额的约束下使所选项目方案的净现值最大。

例 4-19 有八个可供选择的独立方案,各方案初始投资及各年净收入如表 4-17 所示,资金预算为 1400 万元,按净现值指数排序法对方案作出选择($i_c = 12\%$)。

表 4-17 各方案初始投资及各年净收入 单位:万元

方案	初始投资	第1~10年净收入
A	-240	44
B	-280	50
C	-200	36
D	-300	56
E	-160	34
F	-240	50
G	-220	44
H	-180	30

解　由表4-17所给各方案的净现金流量,计算各方案净现值及净现值指数见表4-18。

表4-18　各方案净现值及净现值指数　单位:万元

方案	净现值(*NPV*)	净现值指数(*NPV/IP*)	按 *NPV/IP* 排序
A	8.6	0.036	⑤
B	2.5	0.009	⑦
C	3.4	0.017	⑥
D	16.4	0.055	④
E	32.1	0.201	①
F	42.5	0.177	②
G	28.6	0.130	③
H	-10.5	-0.058	⑧

根据表4-18的指标计算及排序结果可以作如下方案选择:

首先淘汰净现值指数小于零的 *H* 方案。按净现值指数由大到小的顺序选择且满足资金约束条件的方案为 *E*、*F*、*G*、*D*、*A*、*C*,所用资金总额为1360万元。

净现值指数排序法的主要优点是计算简便、容易理解。对资金有限的独立型方案的评价和选择,这一方法的基本思路是单位投资的净现值越大,在一定投资限额内所能获得的净现值总额就越大。然而,由于投资项目的不可分性,净现值的指数排序法不能保证现有资金的充分利用,不能达到净现值最大的目标。只有在各方案投资占预算投资的比例很小或各方案投资额相差无几,或各入选方案投资累加额与投资预算限额相差无几的情况下,它才可能达到或接近于净现值最大的目标。

B　互斥方案组合法

互斥方案组合是在各种情况下都能确保实现独立型方案最优选择的更为可靠的方法。这一方法的目标是保证最终所选择的方案组的净现值最大。下面通过例4-20讨论互斥方案组合法的基本工作步骤。

例4-20　某公司现有资金800万元,有三个独立的投资方案 *A*、*B*、*C*,各方案现金流量如表4-19所示,请做出方案选择($i_c=10\%$)。

表4-19　*A*、*B*、*C* 方案现金流量　单位:万元

年限(年末)/年 方案	投资	年净收入
	第0年	第1~10年
A	-300	50
B	-400	70
C	-500	85

解

第一步,对于 m 个独立方案,列出全部相互排斥的方案组合,共 2^m 个。本例有3个方案,互斥组合方案共8个(2^3),列于表4-20中,它们彼此相互排斥,互不相容。

第二步,计算各组合方案的投资及净现值,本例见表4-20。

第三步,淘汰投资额超过投资限额的组合方案,并在保留下来的组合方案中选出净现值最大的可行方案组,即为最优方案组合。本例中由于投资限额800万元,因此组合方案7、8首先淘汰,其余组合方案中以第5组合方案净现值最大(且大于零),即 A、B 为最优可行方案。

表4-20 A、B、C 的互斥组合方案及其指标 单位:万元

互斥组合方案序号 \ 指标	A	B	C	投资 第0年	净收益 第1~10年	净现值
1	0	0	0	0	0	0
2	1	0	0	-300	50	7.23
3	0	1	0	-400	70	30.12
4	0	0	1	-500	85	22.29
5	1	1	0	-700	120	37.25
6	1	0	1	-800	135	29.52
7	0	1	1	-900	155	不可行
8	1	1	1	-1200	205	不可行

例4-21 现有三个独立型项目方案 A、B、C,其初始投资分别为150万元、450万元和375万元,年净收入分别为34.5万元、87万元和73.5万元。三个方案的计算期均为10年,基准收益率为8%,若投资限额为700万元,试进行方案选择。

解 若采用净现值指数法选择方案,计算结果见表4-21。

表4-21 方案 A、B、C 的净现值指数

方案 \ 指标	第0年投资/万元	第1~10年净收益/万元	净现值/万元	净现值指数
A	-150	34.5	81.50	0.543
B	-450	87	133.77	0.297
C	-375	73.5	118.19	0.315

各方案的净现值指数均大于0,按净现值指数由大到小的顺序,应选择 A、C 方案,其净现值总额为81.50+118.19=199.69(万元)。

若采用互斥方案组合法,其方案组合及指标计算见表4-22。

根据表4-22计算结果,最优方案组合为 A、B,其净现值为215.27万元。所以,按净现

值指数排序法所选择的 A、C 方案不是最优选择。

表 4-22 方案 A、B、C 的互斥组合方案及指标 单位:万元

互斥组合方案序号 \ 指标	A	B	C	第0年 投资	第1~10年 净收益	净现值
1	0	0	0	0	0	0
2	1	0	0	-150	34.5	81.50
3	0	1	0	-450	87	133.77
4	0	0	1	-375	73.5	118.19
5	1	1	0	600	121.5	215.27
6	1	0	1	525	108	199.68
7	0	1	1	825	160.5	251.96 (不可行)
8	1	1	1	975	195	333.45 (不可行)

4.4.2 互斥型方案的评价与选择

对互斥方案的评价与选择,一般包含两部分内容:一是考察各个方案自身的经济效果,即进行“绝对经济效果检验”;二是考察哪个方案相对最优,即进行“相对经济效果检验”。两种检验的目的和作用不同,前者是进行方案的筛选,后者是进行方案的选优。通常二者缺一不可,只有在以下两种情况下才可以只进行相对经济效果检验:一是在众多方案中必须选择其中之一;二是各方案仅有或仅需计算费用现金流。

例 4-22 有四个可供选择的互斥方案,其现金流及计算期如表 4-23 所列,若基准收益率为 10%,应选哪个方案?

表 4-23 四方案现金流及计算期 单位:万元

方案	A	B	C	D
投资	200	275	190	350
年净现金流	22	35	20	42
计算期/年	30	30	30	30

解 用净现值指标选择方案步骤如下:

(1)对各方案进行绝对经济效果检验,即计算各方案的净现值。

$$\begin{aligned} NPV_A &= -200 + 22(P/A, 10\%, 30) \\ &= -200 + 22 \times 9.4269 \\ &= 7.39(\text{万元}) \end{aligned}$$

$$NPV_B = -275 + 35(P/A, 10\%, 30)$$
$$= 54.94(\text{万元})$$
$$NPV_C = -190 + 20(P/A, 10\%, 30)$$
$$= -1.46(\text{万元})$$
$$NPV_D = -350 + 42(P/A, 10\%, 30)$$
$$= 45.93(\text{万元})$$

由于 $NPV_A > 0, NPV_B > 0, NPV_C < 0, NPV_D > 0$,故方案 C 没有通过绝对经济效果检验,应淘汰;方案 A、B、D 都通过了绝对经济效果检验,即这三个方案在经济效果上是可行的。

(2)对可行方案进行了相对经济效果检验,即计算各可行方案的差额净现值。选出最优方案。

$$NPV_{B-A} = -275 - (-200) + (35 - 22) \times (P/A, 10\%, 30)$$
$$= 47.55(\text{万元})$$

$NPV_{B-A} > 0$,方案 B 优于方案 A。

$$NPV_{D-B} = -350 - (-275) + (42 - 35) \times (P/A, 10\%, 30)$$
$$= -9.01(\text{万元})$$

$NPV_{D-B} < 0$,故方案 B 优于方案 D。

(3)在通过了绝对经济效果检验的 A、B、D 方案中,相对经济效果检验的结论是 $NPV_{B-A} > 0, NPV_{D-B} < 0$。因此,$B$ 方案是最优方案,应选择 B 方案。

对互斥方案的评价和选择,应遵循这几个步骤。但在实践中,当采用净现值指标时,只需计算出各方案自身的净现值,就可找出最优方案,如本例

$$NPV_A = 7.39(\text{万元})$$
$$NPV_B = 54.94(\text{万元})$$
$$NPV_C = -1.46(\text{万元})$$
$$NPV_D = 45.93(\text{万元})$$

B 方案净现值大于零且最大,即可直接选择 B 方案。

用净现值法进行互斥方案上述判别可推至净年值、费用现值、费用年值,只不过后两者以费用现值、费用年值最小的方案为最优。

例 4-23 根据例4-22所给条件,用内部收益率指标进行方案选择。

解 用内部收益率指标选择方案步骤如下:

(1)对各方案进行绝对经济效果检验,即计算各个方案的内部收益率。

据方程式

$$-200 + 22(P/A, IRR_A, 30) = 0$$
$$-275 + 35(P/A, IRR_B, 30) = 0$$
$$-190 + 20(P/A, IRR_C, 30) = 0$$
$$-350 + 42(P/A, IRR_D, 30) = 0$$

求得

$$IRR_A = 10.49\% \qquad IRR_B = 12.40\%$$

$IRR_C = 9.91\%$ $\qquad$ $IRR_D = 11.59$

由于 $IRR < i_c$,故方案 C 没有通过绝对经济效果检验,应淘汰;方案 A、B、D 的内部收益率均大于基准收益率,它们都通过了绝对经济效果检验。

(2)对可行方案进行相对经济效果检验,即计算各可行方案的差额投资内部收益率,选出最优方案。

据方程式 $[-275-(-200)]+(35-22)\times(P/A, IRR_{B-A}, 30)=0$,求得 $IRR_{B-A} = 17.21\%$。

由于 $IRR_{B-A} > i_c$,所以方案 B 优于方案 A。再比较 B 方案和 D 方案。

据方程式 $[-350-(-275)]+(42-35)\times(P/A, IRR_{D-B}, 30)=0$,求得 $IRR_{D-B} = 8.59\%$。

由于 $IRR_{D-B} < i_c$,所以方案 B 优先于方案 D。

(3)相对经济效果检验的结论是 $IRR_{B-A} > i_c$,$IRR_{D-B} < i_c$,在可行方案 A、B、D 中,B 方案同时优于方案 A 和 D,因此,应选择 B 方案。

用内部收益率指标和净现值指标选择方案的结论是完全一致的,但值得注意的是在互斥方案比选时,不能用各方案的内部收益率指标排队选择方案,而必须用差额内部收益率,这一点是净现值法不同的。这其中的道理在前面已经讨论过。

例 4-24 有两个互斥方案 A、B,A 的寿命期为6年,期初投资 200 万元,每年净收益均为 85 万元;B 的寿命期为 10 年,期初投资 600 万元,每年获净收益均为 195 万元,若基准收益率为 12%,试进行方案选择。

解 由于 A、B 方案寿命不等,故用净年值法最为方便。

用净年值法比选 A、B 方案如下:

$$NAV_A = [-200+85(P/A,12\%,6)](A/P,12\%,6)$$
$$= (-200+85\times4.111)\times0.2432 = 36.34(\text{万元})$$
$$NAV_B = [-600+195(P/A,12\%,10)](A/P,12\%,10)$$
$$= (-600+195\times5.65)\times0.177 = 88.81(\text{万元})$$

由于 $NAV_B > NAV_A > 0$ 故可选取 B 方案。

用净现值法比选 A、B 方案如下:

$$NPV_A = -200+85(P/A,12\%,6)$$
$$= -200+85\times4.111 = 149.44(\text{万元})$$
$$NPV_B = [-600+195(P/A,12\%,10)](A/P,12\%,10)(P/A,12\%,6)$$
$$= (-600+195\times5.65)\times0.177\times4.111 = 365.10(\text{万元})$$

由于 $NPV_B > NPV_A > 0$,同样的选择结果是 B 方案。

本例用净现值指标比选 A、B 方案时,对 A、B 方案不等寿命期的处理采用的是年值折现法。

例 4-25 某企业拟建蒸汽管道,根据同类企业资料,不同厚度的蒸汽管道的绝热材料造价如表 4-24 所示。计算期为 15 年,试确定最佳绝热层厚度($i_c = 8\%$)。

表 4-24 不同厚度绝热层的投资与热损失价值 单位:万元

方案		投资	热损失价值
序 号	绝热层厚度/cm		
0	0	0	2700
1	1.80	2700	1350
2	2.43	3818	885
3	3.70	5010	675
4	5.61	6540	540
5	7.51	8595	465
6	8.78	10920	428

解 表4-24中,随着绝热层厚度增加,其投资增加,但每年的热损失价值(即年经营成本)降低。

本题是只给出费用现金流的互斥方案选择,可用费用现值法。计算各方案的费用现值指标如表4-25。

表 4-25 各方案费用现值 单位:万元

方案		期初投资	年经营成本	费用现值 PC	按顺序依次求出的差额费用现值 ΔPC
序号	厚度/cm				
0	0	0	2700	23109.30	0
1	1.80	2700	1350	14254.65	-8854.65
2	2.43	3818	885	11392.72	-2861.93
3	3.70	5010	675	10787.33	-605.39
4	5.61	6540	540	11161.86	374.08
5	7.51	8595	465	12574.94	1413.08
6	8.78	10920	428	14583.25	2008.31

从表4-25可知,方案3的费用现值最小,是现有方案中的最优方案。

研究表明,增加绝热层的厚度可有效地减少热损失,但同时会使造价升高。从表4-25可以看出,开始随着绝热层厚度的增加,由于热损失价值较大幅度地降低而使费用限值逐渐减小,但绝热层厚度增加到一定程度再继续增加,由于造价较大幅度地增加而使费用现值又逐渐增加。在方案3的绝热层厚增加时,仍有差额费用现值小于0的方案,说明费用现值还可继续减小,只要差额费用现值小于0,那么下一个方案就比上一个方案好。因此,只有当$\Delta PC=0$时的方案才为最佳方案。用插值法近似地可以求得最佳绝热层厚度。

$$\text{最佳绝热层厚度} = 3.70 + \frac{605.39}{605.39+374.53} \times (5.61-3.70) = 4.88(\text{cm})$$

因此,蒸气管道的最佳绝热层厚度应确定为4.88cm。

本例也可采用费用年值法求解,如表4-26。

表 4-26 各方案费用年值 单位:万元

方案		初始投资 I	年经营成本 C'	费用年值 AC	按顺序依次求出的差额费用年值 ΔAC
序号	厚度/cm				
0	0	0	2700	2700	0
1	1.80	2700	1350	1665.44	-1034.56
2	2.43	3818	885	1331.06	-344.38
3	3.70	5010	675	1260.32	-70.74
4	5.61	6540	540	1304.07	43.75
5	7.51	8595	465	1469.15	165.08
6	8.68	10920	428	1703.78	234.63

最佳绝热层厚度介于 3.70cm 与 5.61cm 之间,采用插值法求得:

$$最佳绝热层厚度 = 3.70 + \frac{70.74}{70.74 + 43.75} \times (5.61 - 3.70) = 4.88(\text{cm})$$

故用费用年值法也可求得最佳绝热层厚度为 4.88cm。将各方案的资金回收成本、年经营成本和费用年值绘制成图 4-10。

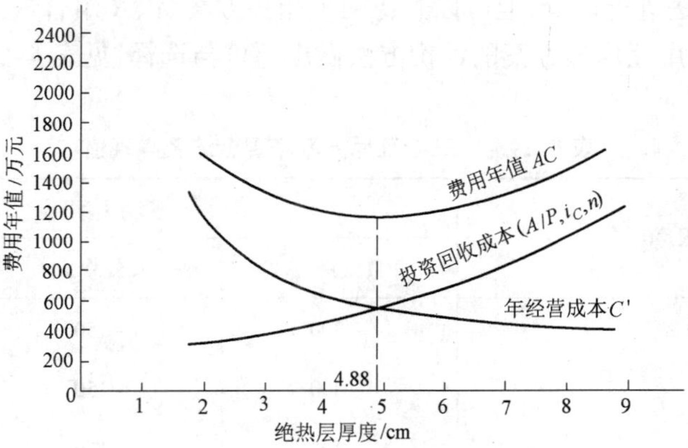

图 4-10 费用年值变化曲线

4.4.3 其他几种类型方案的评价与选择

对条件型方案、现金流相关方案及互补型方案的评价和选择,可以将其化为独立型或互斥型方案,并按照独立型或互斥型方案的评价与选择方法进行。独立型方案和互斥型方案是投资方案中最常见的,其余类型的方案一般都可化为这两类。两个方案如果是条件型或互补型,其经济效果评价通常可以放在一起而将其看作独立型方案的特例——单一方案来进行。

例 4-26 为了满足运输要求提出要在某两地之间上一铁路和(或)一公路项目,只上一个项目时的净现金量如表 4-27 所示。若两个项目都上,由于货运分流的影响,两个项目都将减少净收入,其净现金流量如表 4-28 所示。当基准折现率为 $i_c = 10\%$ 时应如何决策。

表 4-27 只上一个项目时的净现金流量 单位:百万元

方 案	年 限/年			
	0	1	2	3~32
铁路 A	-300	-300	-300	150
公路 B	-150	-150	-150	90

表 4-28 两个项目都上时的净现金流量 单位:百万元

年 限/年 方 案	0	1	2	3~32
铁路 A	-300	-300	-300	120
公路 B	-150	-150	-150	52.5
两项目合计($A+B$)	-450	-450	-450	172.5

解 这是一个现金流相关型多方案的评价与选择问题。虽然不能简单搬用独立型或互斥型方案的评价方法进行评价,但可以先将两个相关方案 A、B 组合成三个互斥型方案:A、B 及 $A+B$,然后再用互斥型方案的评价方法做出评价与选择,见表 4-29。

表 4-29 三个互斥方案净现金流及净现值 单位:百万元

年 限/年	方 案		
	1.铁路 A	2.公路 B	3. $A+B$
0	-300	-150	-450
1	-300	-150	-450
2	-300	-150	-450
3~32	150	90	172.5
NPV	347.97	290.85	112.94

根据净现值判别准则,由于 $NPV_A > NPV_B > NPV_{A+B} > 0$,故 A 方案为最优可行方案。

* * *

问题与思考

4-1 什么是净现值、内部收益率?其各自的经济含义是什么?

4-2 某项目净现金流量如表 1 所示。

表 1 某项目净现金流量表 单位:万元

年限/年	0	1	2	3	4	5	6
净现金流量	-100	-160	80	120	120	120	120

(1)试计算静态投资回收期、净现值、净年值、内部收益率、净现值指数和动态投资回收期($i_0 = 10\%$);

(2)画出累积净现金流量曲线与累积净现金流量现值曲线。

4-3 某拟建项目,第一年初投资 3000 万元,第二年初投资 6000 万元,第三年初投资 4500 万元,从第三年起连续 8 年每年可获净收入 4350 万元。若期末残值忽略不计,最低希望收益率为 12%,试计算净现值和内部收益率,并判断该项目经济上是否可行。

4-4 现有独立型关系的 3 个方案 A,B,C 的净现金流量如表 2 所示,已知资金预算为 1200 万元,请做出方案选择($i_c = 10\%$)。

表 2 A、B、C 3 个方案的净现金流量表 单位:万元

方案 \ 年限/年	投资	年净收入
	0	1~10
A	-600	100
B	-800	140
C	-1000	150

4-5 某企业现有若干互斥型投资方案,有关数据如表 3 所示。

表 3 几个互斥型投资方案的有关数据 单位:万元

方 案	初始投资	年净收入
O	0	0
A	4000	1000
B	6000	1800
C	8000	2200
D	10000	2760

以上各方案寿命期均为 7 年,试问:

(1)当折现率为 10% 时,资金无限制,哪个方案最佳?

(2)折现率在什么范围内时,B 方案在经济上最佳?

(3)若折现率为 10%,实施 B 方案企业在经济上的损失是多少?

4-6 某企业拟建输电母线,导线直径不等,根据同类企业资料,不同直径导线的造价和年电费投资如下表所列。计算期 15 年,基准收益率 8%,试计算最佳导线直径。

表4 不同直径导线的投资与年电费投资 单位:万元

方案序号	导线直径/cm	投资	年电费投资
1	0.48	9.00	4.50
2	0.61	12.70	3.00
3	0.76	16.70	2.30
4	0.85	21.80	1.80
5	0.98	28.70	1.60
6	1.20	36.40	1.40

第 5 章　不确定性分析

*　　　*　　　*

本章要点：

- 不确定性分析的必要性及基本步骤。
- 不确定性分析的三种方法——盈亏平衡分析、敏性分析和概率分析。

*　　　*　　　*

5.1　不确定性分析概述

由于投资项目的未来与目前的预测不可能是完全一致的，二者的偏差称之为不确定性。因此，对投资项目进行不确定性分析，即预估一些主要因素发生变化对项目经济评价指标的影响程度是十分必要的。不确定性分析包括敏感性分析、盈亏平衡分析和概率分析。盈亏平衡分析一般只用于财务评价；敏感性分析和概率分析则既可用于财务评价，也可用于国民经济评价。

5.1.1　风险与不确定性

规避风险与减少风险是投资者十分关注的问题，对风险的分析则是可行性研究的一个重要课题。但是，关于风险，迄今并没有公认的标准化的定义。1901 年，美国的威雷特(A.H. Willett)在其博士论文《风险与保险的经济理论》中，首次给出风险的定义，指出“风险是关于不愿发生的事件发生的不确定性之客观体现”，这个定义强调了风险的客观性及其本质属性上的“不确定性”。

1921 年，美国经济学家芝加哥学派创始人奈特(F.H. Knight)教授在其名著《风险、不确定性和利润》中区分了风险和不确定性。奈特认为，风险是“可测定的不确定性”，而“不可测定的不确定性”才是真正意义上的不确定性。

1964 年，美国明尼苏达大学的 C.A. 小威廉和 R.M. 汉斯教授在其《风险管理与保险》中从新的角度分析了风险和不确定性问题。他们认为风险是客观的状态，而不确定性却是认识风险者的主体判断。

1983 年，日本学者武井勋在其著作《风险理论》中，总结了历史上诸家观点，归纳了风险定义本身应具有 3 个基本因素，即：(1)风险与不确定性有差异；(2)风险是客观存在的；(3)风险可以被测算。在此基础上，武井勋提出了风险的新定义：“风险是在特定环境中和特定期间内自然存在的导致经济损失的变化”。

至此，可以给出项目风险的定义：项目风险就是项目在其寿命周期内自然存在的导致经济损失的变化。而项目的**不确定性**分析就是对项目风险大小的分析，也即分析项目在其存续的时空内自然存在的导致经济损失之变化的可能性及其变化程度。

5.1.2　不确定性分析的必要性

项目评估所以要考虑不确定性，主要因为项目可行性研究是在不确定性的环境中进行的。项目可行性研究所面对的问题都是项目“未来”的问题。其所要考虑的因素(包括政治的、经济的、国防的、社会的、技术的等)，随着时间的推移、地点的转换、条件的改变会不断发生变化。另外，可行性研究一般是在资料、手段不完善的情况下进行。由于投资项目大都具有自己的建设条件，因此，项目评价一般很难取得完整、全面的参数和数据。为了工作方便，往往对条件做一些假设。对一些基本数据(如投资成本、建设工期、产品数量、价格、产品生产成本、市场前景、环境条件等)，则是通过预测和估算确定的。限于时间、人力、财力，对项目系统的各个方面，也只能抓主要方面，很难面面俱到。由于假设条件的主观随意性，各种预测方法的局限性，以及未知的各种因素对各种分析手段的干扰，项目评估与项目实际不可避免地会出现一定的偏差。

基于以上两个方面的因素，一个是客观条件的影响，一个是主观认识方法的局限性，使项目的可行性研究具有不确定性，也使项目的效益带有不确定性。在此基础上进行的决策，显然带有一定的风险。这就迫切需要我们去研究、分析不确定性因素的存在、存在范围以及对项目效益影响的程度等，以使投资决策者统筹兼顾，慎重抉择，使项目尽量避免风险，取得预期的投资效益。

不确定性分析对大型投资项目的经济评价是不可缺少的组成部分。不确定性分析主要选择对投资方案经济效益有决定性影响的因素进行分析，如价格、产量、销售收入，生产成本、投资、建设周期等。

5.1.3　不确定性分析的程序

5.1.3.1　鉴别关键变量

虽然未来事物都具有不确定性，但不同事物在不同条件中的不确定程度是不相同的。因此，在开始分析时，首先要从各个自变量及其相关诸因素中，找出不确定程度较大的关键变量或因素。这些变量或因素一般数值较大或变动幅度较大，所以对因变量数值的影响也较大，是不确定性分析的重点。其中要特别注意销售收入、生产成本、投资支出和建设周期这四个变量及其相关因素。引起它们变化的原因一般为：物品价格上涨；工艺技术改变导致产品数量和质量发生变化；未能达到设计能力；投资超出计划；建设期延长等。

5.1.3.2　估计变化范围或直接进行风险分析

找出关键变量之后，就要估计关键变量的变化范围，确定其边界值或原预测值的变化率，也可直接对关键变量进行风险分析或盈亏平衡分析。

5.1.3.3　求可能值及其概率或直接进行敏感性分析

对每个关键变量，在已确定的变化范围内，估计其出现机会较多的各可能值及每个可能值的出现概率。这一步是将上一步确定的变化范围缩小为几个可能值(它们的概率之和为1)，也可以直接利用上一步所估计的关键变量预测值的变动率对因变量进行敏感性分析。

5.1.3.4　进行概率分析

用上一步求出的可能值及其发生概率，求关键变量的期望值，并以期望值代替原预测值求因变量的数值。然后将新求出的因变量数值与原来的数值对比，观察第一阶段确定性分析结果的误差，并把概率分析后的数值作为原数值的修正值。

5.2 盈亏平衡分析

盈亏平衡分析是在一定的市场、生产能力及经营管理条件下，研究项目成本与收益的平衡关系的方法。盈亏平衡分析又称平衡点（临界点、分界点、分歧点、保本点、两平点、转折点）分析，广泛应用于预测成本、收入、利润，编制利润计划；估计售价、销量、成本水平变动对利润的影响，为各种经营决策提供必要的信息；还可用于投资项目的不确定性分析。

盈亏平衡分析是将成本划分为固定成本和变动成本，假定产销量一致，根据产量、成本、售价和利润四者之间函数关系，进行预测分析的技术方法。

平衡点（极限点）是对某一因素来说的，当其值等于某数值时，恰使方案决策的结果达到临界标准，则称此数值为该因素的**盈亏平衡点**。这是所说的某一因素就是影响投资项目风险的不确定性因素，它可以是产量，也可以经济寿命、利率等。从这个意义上说，内部收益率就是项目关于利率这一不确定性因素的动态盈亏平衡点。虽然可以广义地理解盈亏平衡分析，但关于产量、成本、利润的分析的确是盈亏平衡分析的主要内容和出发点。

5.2.1 产品成本与产量的关系

5.2.1.1 成本与产量

图 5-1 表示了产量与成本之间的关系。图中 C 为总成本费用，F 为总固定成本，V 为总可变成本，v 为单位可变成本，x 为产量。

则
$$C = V + F = v \cdot x + F \tag{5-1}$$

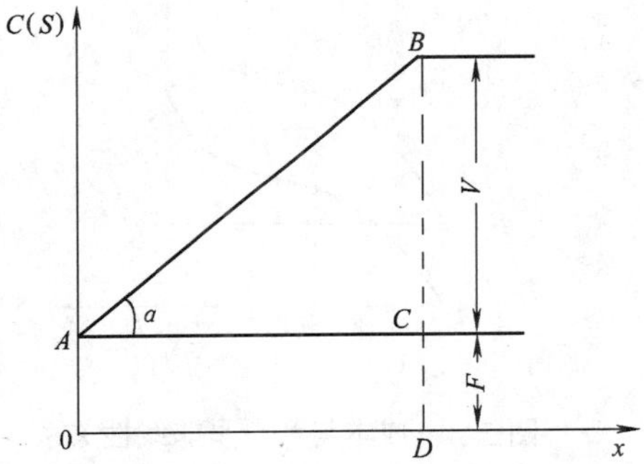

图 5-1 产量与成本关系

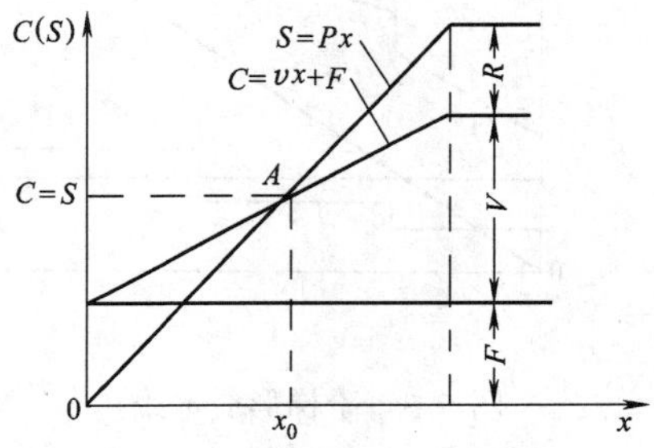

图 5-2 线性盈亏平衡点图

5.2.1.2 销售收入与产量

设销售收入为 S，产品价格为 P，产量（假设为销售量）为 x，则
$$S = P \cdot x \tag{5-2}$$

可见这里假设产品的销售价格 P 为常数时，销售收入 S 与产量 x 呈线性关系。

5.2.2 盈亏平衡点

5.2.2.1 线性盈亏平衡点

若所分析的不确定性因素为产量（假设产量等于销售量），并且假定项目的总销售收入和总成本均是产量的线性函数，则这种平衡点分析可称为产量的线性盈亏分析。

从图5-2可知，A 点为盈亏平衡点。A 点将两条直线所夹的范围分为两个区，A 点左面生产费用线高于销售收入线，为亏损区；A 点右面销售收入线高于生产费用线，为盈利区。

5.2.2.2　非线性盈亏平衡点

在一定条件下，成本与产量、销售收入与销售量呈线性关系，生产成本线与销售收入线的交点为线性盈亏平衡点。一定条件是指：价格不变；固定成本不变；单位变动成本不变；生产量与销售量相等。如果不具备这些条件，就可能不是线性平衡点，而是非线性盈亏平衡点。

(1)当市场处在竞争状态下，销售价格 P 就是一个变量，一般是销售价格降低，促进购买力，使销售收入增长，销售收入与销售量呈曲线关系。

(2)当产量处在较小范围内正常变动时，固定总成本是不变的，如果产量处于异常的变动情况下，固定总成本就会变化。例如产量增长是通过加班加点或通过拼设备或搞突击、不顾产品质量等方式达到的，设备的折旧费由于设备提前报废而发生变化。产品废品率提高和因加班而增加的工资额，与产量的增长是不成比例的。生产中的动力费、燃料费属于半固定变动的费用，这些半固定变动费用与产量呈非线性关系，会出现阶梯形的成本与产量关系曲线，如图5-3所示。

图5-3中的 A 线为与产量无关的固定成本费用；B 线为与产量成比例变化的可变成本费用；C 线为半固定半变动成本费用；D 线为总成本费用线，即 A、B、C 几种费用的合计。

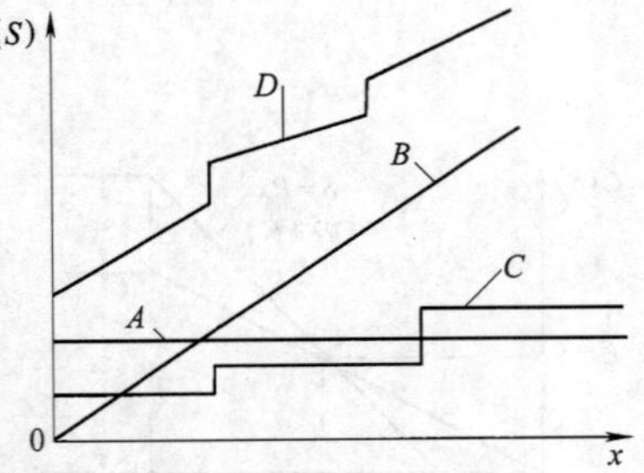

图5-3　阶梯形成本线

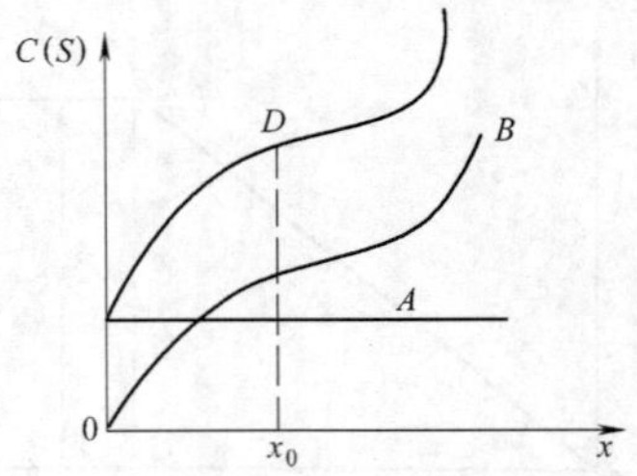

图5-4　成本与产量呈非线性关系

(3)单位产品可变成本有两种情况：一种是随产量变化呈线性相关，如原料、辅助材料费用等；另一种是随产量变化呈曲线相关，如在新产品研制中，开始时产量低费用高，为递增费用，当一种新技术掌握熟练之后，效率提高费用降低，为递减费用。设备利用率高低、电力消耗与产量之间也是递减费用。这种费用变化如图5-4所示。

图5-4中 A 线为固定费用，B 线为随产量变化的变动费用，D 线为总费用。x_0 产量右边，D 线呈递减费用关系；x_0 产量左边，D 线呈递增费用关系。

由于成本与产量、销售收入与销售量之间的非线性关系，就有如图5-5所示的非线性的盈亏平衡点。

图5-5中 S 为销售收入曲线，C 为成本曲线。S 线与 C 线之间有 A_1、A_2 两个交点，这两个交点即为盈亏平衡点。在 A_1 相对应的产量 x_1 左面，销售收入低于生产成本，属亏损

区。而 A_2 相对应的 x_2 右边，也是销售收入低于生产成本，属亏损区。在 x_1 和 x_2 之间区域，销售收入高于生产成本，属盈利区。项目应选择在盈利区，盈亏平衡点是选择方案的界限。

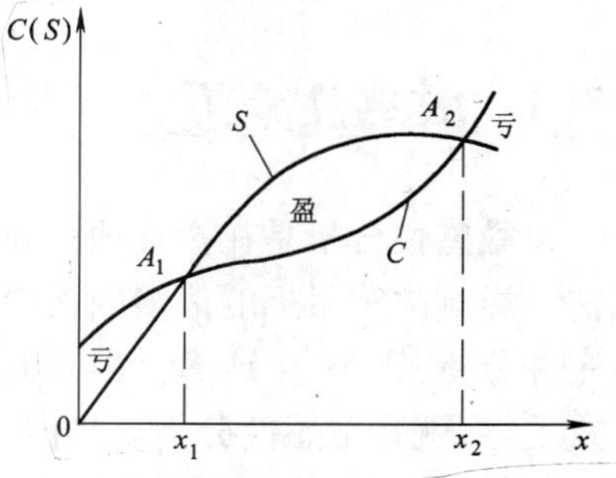

图 5-5 非线性平衡点

5.2.3 盈亏平衡点的确定

设：S——总销售收入；C——总成本费用；M——盈利；x——产量（或销售量）；P——产品售价；F——总固定成本；v——单位产品变动成本；Q——设计规模（产量）。

根据：盈利 = 总销售收入 - 总成本费用

结合式(5-1)和式(5-2)则有：$M=(P-v)\cdot x-F$

根据平衡点的定义，决策的临界标准应为盈利等于零。因此，使盈利为零的产量点称为产量盈亏平衡点。记平衡点产量为 x_0，

则由 $(P-v)\cdot x_0-F=0$ 得

$x_0=F/(P-v)$

因此若欲使项目盈利，必须满足：$(P-v)X-F>0$，即 $x>F/(P-v)=x_0$

当项目亏损时，$(P-v)\cdot x-F<0$，即 $x<F/(P-v)=x_0$

此外，还可以求出平衡点销售收入：

$S_0=P\cdot x_0=P\cdot F/(P-v)$

平衡点销售价格：$P_0=(F+v\cdot x_0)/x_0=F/x_0+v$

平衡点生产能力利用率：$\eta=x_0/Q=F\times 100\%/[Q\cdot(P-v)]$

式中 η——产量为 x_0 时的生产能力利用率。

根据国外的经验，η 若低于 70%，则项目比较安全，或者说可以承受较大的风险。

例 5-1 某方案总产量为 $Q=6000$ t，产品售价为 1468 元/t，其固定成本为 143 万元，单位变动成本为 930 元/t，假定产量 - 成本 - 盈利之间的关系均为线性关系，试进行平衡点分析。

解 盈亏平衡点产量：$x_0=F/(P-v)=1430000/(1468-930)=2658(\text{t})$

盈亏平衡点销售额：$S_0=P\cdot x_0=1468\times 2658=3901933(\text{t})$

盈亏平衡点生产能力利用率：

$\eta=x_0/Q=F\times 100\%/[Q\cdot(P-V)]=1430000\times 100\%/[(1468-930)\cdot 6000]$

$=44.3\%<70\%$

$1-\eta$ 又称作**经营安全率**，经营安全率越大，抗风险能力越强，投资风险越小。一般来说，η 在 30% 以下为安全性好，η 在 70% 以上为安全性差。

国家计委《建设项目经济评价方法与参数》规定，盈亏平衡点根据正常年份的产品产量或销售量、变动成本、固定成本、产品价格和销售税金等数据计算，用生产能力利用率或产量等表示。其计算公式为：

BEP(生产能力利用率) = 年固定总成本 × 100%/(年产品销售收入 - 年变动总成本 - 年销售税金)

BEP(产量) = 年固定总成本/(单位产品价格 - 单位产品变动成本 - 单位产品销售税金)

BEP(产量) = 设计生产能力 × *BEP*(生产能力利用率)

当然,盈亏平衡点越低,表明项目适应市场变化的能力越大,抗风险能力越强。

5.3 敏感性分析

敏感性分析是在投资项目评价和企业其他经营管理决策中常用的一种不确定性分析方法。影响决策目标的诸多因素中的未来状况处于不确定的变化之中。出于决策的需要,测定并分析其中一个或多个因素的变化对目标的影响程度,以判定各个因素的变化对目标的重要性,就是敏感性分析。具体说,它是在确定性分析的基础上,重复分析不确定因素变化时,将对项目经济效益评价值影响的程度。例如,当销售量、价格、生产能力、成本等因素发生变动时,将使投资收益率、投资回收期等发生程度不同的变化。

敏感性指由于特定因素变动而引起的评价指标的变动幅度或极限变化。如果一种或几种特定因素在相当大的范围内变化,但不对投资决策产生很大影响,那么可以说拟议中的项目对该种(几种)特定因素是不敏感的;反之,如果有关因素稍有变化就使投资决策发生很大变异,则该项目对那个(些)因素就有高度的敏感性。敏感性强的因素的不确定性将给项目带来更大的风险。因此,在了解给定投资情况下建设项目的一些最不确定的因素,并知道这些因素对该建设项目的影响程度之后,就能在合理的基础上做出建设项目的投资决策。

敏感性分析的目的是:研究影响因素的变动将引起的经济效益值的变动范围;找出影响投资项目经济生命力的最关键因素,并进一步分析与之有关的可能产生不确定性的根源;通过多方案敏感性大小对比,区别敏感性大或敏感性小的方案,以选敏感性小的方案;通过可能出现的最有利与最不利的经济效果范围分析,用寻找替代方案或对原方案采取某些控制措施的方法,来确定最现实的方案组成。

5.3.1 敏感性分析的步骤和内容

5.3.1.1 确定分析指标

经济指标的选定,与着手进行的任务及其目的有关。在项目的机会研究阶段,各种经济数据不完全,可信程度不高,常使用简单投资收益率和投资回收期指标;在项目的初步可行性研究和详细可行性研究阶段,经济评价指标主要采用净现值和(或)内部收益率,通常辅之以投资回收期指标。敏感性分析应围绕这些指标进行。一般而言,敏感性分析的指标应与经济评价指标一致,不应超出所选用的经济评价指标范围而另立分析指标。当经济评价指标不少于两个时,敏感性分析可以围绕其中最重要的一个或部分指标进行。

5.3.1.2 选定需要分析的不确定性因素及设定这些因素的变动范围

虽然影响项目经济指标的因素通常很多,而且严格说来,凡是影响项目经济效果的因素都具有某种未来不确定性。但没有必要对所有这些因素进行敏感性分析,应当事先仔细选定不确定因素。选定原则有两条:第一,预计在其可能变动的范围内,其变动将较为强烈地影响经济指标;第二,对其在确定性经济评价中采用的数据的准确性把握不大。选定不确定性因素时应当把这两条原则结合起来进行。

项目敏感性分析中的影响因素通常从以下几方面选定:

(1)项目投资。包括固定资产投资和新增流动资金两部分。在设定因素变化范围时,可将固定资产投资中的设备、建筑安装和其他费用项的可能变化幅度给予分别考虑和设定。流动资金的变化范围可单独设定。在此基础上,可以较为有根据地设定总投资变化幅度。

(2)项目服务寿命年限。此因素一般只与动态经济评价指标(如净现值、内部收益率)有关。所以只有当项目评价采用动态指标时,才有必要考虑选取此项目因素。

(3)项目在寿命期末的残值或计算期末折余价值。

(4)经营成本,特别是变动成本。

(5)产品价格。

(6)产销量。

(7)项目建设年限、投产期限和产出水平及达产期限。

(8)基准折现率。

其中,第(3)、(7)、(8)项又主要与动态经济指标有关。

5.3.1.3 计算因素变动导致的经济指标变动数量

首先,对某特定因素设定变动数量或幅度,其他因素固定不变,随之计算经济指标的变动结果。对每一因素的每一变动,均重复以上计算。然后,把因素变动及相应指标变动结果绘图或列表,以便于测定敏感因素。

5.3.1.4 确定敏感因素

敏感性分析的目的在于寻求敏感因素。假定某特定因素,其数值的变化、甚至是微小的变化都会严重影响项目的经济效果(指标),则此特定因素就是该项目的敏感因素;反之,若某个特定因素变化,甚至变化很大,也不能显著影响项目的经济效果,则此特定因素是该项目的非敏感因素。

测定某特定因素敏感与否,一般通过两种方式进行。第一种方式:假定要分析的因素均从其基本数值开始变动,且各因素每次变动幅度(增或减的百分数)相同,计算每次变动对经济指标的影响效果。由这些计算结果不难看出,在各因素为相同变化率的情况下,对经济效果指标影响大小存在差异,据此可对各因素的敏感性程度进行排序。这是一种相对测定法。另一种方式:就是使某特定因素朝经济效果不利的方向变动,并设该因素取其很有可能发生的“最坏”的值,然后计算下降了的经济指标,看其是否已达到使项目无法接受的程度,如果项目不可以接受,那就表明该因素是项目的敏感因素。项目可否接受的判据就是各经济指标的临界点。例如,内部收益率法的基准折现率,净现值法的净现值是否大于或等于零,投资回收期法的基准投资回收期等等。此方式的另一变通方式是先设定有关经济指标为临界值,譬如,净现值为零,然后求某特定因素的相应变动幅度——最大允许变动幅度,并将此变动幅度与可能会发生的变动幅度估计值进行比较。若前者小于后者,则项目风险大,项目效益对该因素敏感。这第二种方式是敏感因素绝对测定法。此方法本身表明了人们对不确定性带来风险的重视。

5.3.2 单参数值的敏感性分析法

这种方法一次改变只改变一个参数值,假定其他参数不变,研究该变化参数对经济效益影响的敏感程度。

例 5-2 某一投资方案,用于确定性经济分析的现金流量表见表5-1,所采用的数据是根据对未来最可能出现的情况的预测估算的。由于对未来影响经济环境的某些因素把握不大,投资额、经营成本和产品价格均有可能在 ±20% 的范围内变动。设基准折现率为 10%,不考虑所得税,试分别就上述三个不确定因素做敏感性分析。

表5-1 某投资方案现金流量表 单位:万元

年 限/年	0	1	2~10	11
投 资	15000			
销售收入			19800	19800
经营成本			15200	15200
期末资产残值				2000
净现金流量	-15000	0	4600	4600+2000

解 设投资额为 I,年销售收入为 S,年经营成本为 C,期末资产残值为 L。用净现值指标评价本方案的经济效果,计算公式为:

$$NPV = -I + (S - C)(P/A,10\%,10)(P/F,10\%,1) + L(P/F,10\%,11)$$

按照表5-1的数据

$$NPV = -15000 + 4600 \times 6.144 \times 0.9091 + 2000 \times 0.3505 = 11394(万元)$$

下面用净现值指标分别就投资额、产品价格和经营成本等三个不确定因素做敏感性分析:

设投资额变动的百分比为 x,分析投资额变动对方案净现值影响的计算公式为:

$$NPV = -I(1+x) + (S - C)(P/A,10\%,10) \times (P/F,10\%,1) + L(P/F,10\%,11)$$

设经营成本变动的百分比为 y,分析经营成本变动对方案净现值影响的计算公式为:

$$NPV = -I + [S - C(1+y)](P/A,10\%,10) \times (P/F,10\%,1) + L(P/F,10\%,11)$$

设产品价格变动的百分比为 z,产品价格的变动将导致销售收入的变动,销售收入变动的比例与产品价格变动的比例相同,故分析产品价格变动对方案净现值影响的计算公式写成:

$$NPV = -I + [S(1+z) - C](P/A,10\%,10) \times (P/F,10\%,1) + L(P/F,10\%,11)$$

按照上述三个公式,使用表5-1的数据,分别取不同的 x,y,z 值,可以计算出各不确定因素在不同变动幅度下方案的净现值。计算结果见表5-2。根据表中数据可以绘出敏感性分析图(图5-6)。

由表5-2和图5-6可以看出,在同样的变动率下,产品价格的变动对方案净现值的影响最大,经营成本变动的影响次之,投资额变动的影响最小。

分别使用前面的三个公式,不难计算出,当 $NPV=0$ 时:

$$x = 76.0\%;y = 13.4\%;z = -10.3\%$$

也就是说,如果投资额与产品价格不变,年经营成本高于预期值13.4%以上,或者投资额与经营成本不变,产品价格低于预期值10.3%以上,方案将变得不可接受。而如果经营成本与产品价格不变,投资额增加76.0%以上,才会使方案变得不可接受。

表 5-2 不确定因素的变动对净现值的影响 单位:万元

不确定因素＼变动率	-20%	-15%	-10%	-5%	0
投 资 额	14394	13644	12894	12144	11394
经营成本	28374	24129	19884	15639	11394
产品价格	-10725	-5195	335	5864	11394
不确定因素＼变动率	**+5%**	**+10%**	**+15%**	**+20%**	
投 资 额	10644	9894	9144	8394	
经营成本	7149	2904	-1341	-5586	
产品价格	16924	22453	27983	33513	

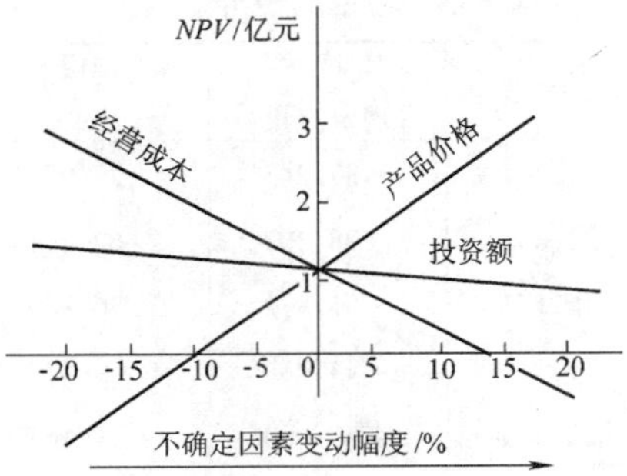

图 5-6 敏感性分析图

根据上面的分析,对于本投资方案来说,产品价格与经营成本都是敏感因素。在做出是否采用本方案的决策之前,应该对未来的产品价格和经营成本及其可能变动的范围做出更为精确的预测与估算。如果产品价格低于原预期值 10.3% 以上或经营成本高于原预期值 13.4% 以上的可能性较大,则意味着这笔投资有较大的风险。另外,经营成本的变动对方案经济效益有较大影响这一分析结果还提醒我们,如果实施这一方案,严格控制经营成本将是提高项目经济效益的重要途径。至于投资额,显然不是本方案的敏感因素,即使增加 20% 甚至更多一些也不会影响决策结论。

一次改变一个参数的敏感性分析适用于分析最敏感的因素,但它忽略了各参数之间相互作用的可能性。因为多个参数的估计误差一般大于单一参数的估计误差,所以,分析经济效益多个参数同时变化的影响时,要用多参数的敏感性分析。其方法有两种:一是把一次改变一个参数的敏感性分析方法应用到多参数的敏感性分析中;二是采用乐观—悲观分析法。

5.3.3 世界银行用于项目评价的敏感性分析法

敏感性分析的技术并不复杂,世界银行用于项目评价的两种敏感性分析方法更为简单。其一是“最可能结果分析”;另一是“转换值分析”,或者说是“安全度分析(临界点分析)”。

5.3.3.1 最可能结果分析法

最可能结果分析分两步进行,第一步先计算项目最可能产生的结果,然后将其一因素向不利于项目的方向改变一个百分比,测试项目对该因素变化的敏感性。这种方法与单参数值的敏感性分析法十分相似。

5.3.3.2 转换值法(或安全度法)

“转换值”法是敏感性分析的一种变化形式,也称为**安全度法**。具体说就是寻求保证项目可行的各因素控制界线。在进行常规敏感性分析时,选择一个数值来改变项目分析中的一项重要成本,然后确定这种改变对该项目评价指标的影响,与此相反,当计算转换数值时,要确定的是某因素向不利的方向变动多少才会使该项目不再符合某种项目价值评价标准所指出的最低限度(可接受)的水平。尔后,项目决策者就根据他们认为发生这种数量级变化的可能性究竟有多大来决定是否承担该风险进行投资。

例5-3 如某项目为改进籽棉的采购和运输创造条件,并提供较好的轧棉设施。在进行该项目分析时,估计资本的机会成本为12%。

表5-3 项目的最可能结果 单位:万元

会计年度	增量成本	增量效益	增量净效益(现金流量)	现值 12%	现值 20%	现值 25%
1982	93.004	5.761	-87.243	-77.908	-72.67	-69.794
1983	101.140	22.833	-78.307	-62.411	-54.345	-50.116
1984	98.049	46.177	-51.872	-36.933	-30.034	-26.558
1985	56.135	71.119	+44.984	+9.530	+7.222	+6.143
1986	25.385	80.385	+55.000	+31.165	+22.110	+18.040
1987	31.084	91.348	+69.544	+30.189	+19.947	+15.601
1988	24.308	94.178	+69.870	+31.581	+19.494	+14.673
1989	24.032	96.945	+72.883	+29.445	+16.982	+12.244
1990	23.962	98.097	+74.135	+26.763	+14.382	+9.934
1991	21.314	98.097	+76.783	+24.724	+12.493	+8.216
1992	26.145	98.097	+71.952	+20.650	+9.714	+6.118
1993	22.476	98.097	+75.621	+19.435	+8.470	+5.218
1994	23.289	98.097	+74.808	+17.131	+6.957	+4.114
1995	24.641	98.097	+73.456	+15.058	+5.730	3.232
1996	18.797	98.097	+79.306	+14.612	+5.465	+2.776
1997	26.164	98.097	+74.933	+14.725	+3.884	+2.014
1998	23.622	98.097	+74.476	+10.873	+3.351	+1.713
1999	24.641	98.097	+73.466	+9.549	+2.791	+1.322
2000	22.124	98.097	+75.973	+8.813	+2.355	+1.064
2001	19.030	98.097	+79.067	+8.223	+2.056	+0.949
总计	730.062	1685.88	+955.818	+142.13	+5.987	-33.027

解 折现率12%时,$NPV=142.13$;$IRR=20+5\%\times\dfrac{5.987}{5.987+33.027}=21\%$

(资料来源:据世界银行《评估报告》3335-*KE* 改编。)

表5-3中列出了最可能的项目结果估算值，它表明该项目最可能的 $NPV(12\%)=142.13$ 万元；$IRR=21\%$。

表5-4是假定效益减少时，来求解项目允许效益下降的“转换值”，也即求使 $NPV(12\%)=0$ 的效益下降百分比。可见，效益减少25%时，$NPV=11.985$；效益下降30%时，$NPV=-14.044$。仿照求 IRR 时的插值计算，可知

效益下降比例 = 25% +（30% − 25%）× 11.985 ÷（11.985 + 14.044）= 27%

检验计算表明当效益下降27%时，$NPV(12\%)=1.572$ 万元。

至此可做出如下评价结论：如果效益下降不超过27%，项目是可行的。

表5-4 转换值：假定效益减少 单位：万元

会计年度	假定收益减少25%			假定收益减少30%			假定收益减少27%		
	增量效益	增量净效益（现金流量）	现值12%	增量效益	增量净效益（现金流量）	现值12%	增量效益	增量净效益（现金流量）	现值12%
1982	4.321	−88.683	−79.194	4.033	−88.971	−79.451	4.206	−88.798	−79.297
1983	17.125	−84.015	−66.960	15.983	−85.157	−67.870	16.668	−84.472	−67.324
1984	34.633	−63.416	−45.152	32.324	−65.725	−46.796	33.709	−64.340	−45.810
1985	53.339	−2.769	−1.776	49.783	−6.325	−4.040	51.917	−4.218	−2.683
1986	60.289	+34.904	+19.791	56.270	+30.885	+17.512	58.681	+33.296	+18.879
1987	68.511	+36.707	+18.610	63.944	+32.140	+16.295	66.750	+34.880	+17.684
1988	70.634	+46.326	+20.939	65.925	+41.617	+18.811	63.750	+44.442	+20.088
1989	72.686	+48.654	+19.656	67.841	43.809	+17.699	70.748	+46.716	+18.873
1990	73.573	+49.611	+17.910	68.668	+44.706	+16.139	71.611	+47.649	+17.201
1991	73.573	+52.259	+16.827	68.668	+47.354	+15.248	71.611	+50.297	+16.196
1992	73.573	+47.428	+13.612	68.668	+42.523	+12.204	71.611	+45.466	+13.049
1993	73.573	+51.097	+13.130	68.668	+46.192	+11.871	71.611	+49.135	+12.628
1994	73.573	+50.284	+11.515	68.668	+45.379	+10.392	71.611	+48.322	+11.066
1995	73.573	+48.932	+10.031	68.668	+44.027	+9.026	71.611	+46.970	+9.629
1996	73.573	+54.776	+10.024	68.668	+49.871	+9.126	71.611	+52.814	+9.665
1997	73.573	+47.409	+7.728	68.668	+42.504	+6.928	71.611	+45.447	+7.408
1998	73.573	+49.951	+7.293	68.668	+45.046	+6.557	71.611	+47.989	+7.006
1999	73.573	+48.932	+6.361	68.668	+44.027	+5.724	71.611	+46.970	+6.106
2000	73.573	+51.449	+5.968	68.668	+46.544	+5.399	71.611	+46.487	+5.740
2001	73.573	+54.543	+5.672	68.668	+49.638	+5.162	71.611	+52.581	+5.468
总计	1264.414	+543.352	+11.985	1180.119	−450.057	−14.044	1230.69	+500.633	+1.572

显然，这种转换值法实质上是一种广义盈亏平衡分析。

5.3.4 敏感性分析的局限性

因为敏感性分析中指定的不确定因素及其变动幅度是主观的，与实际出现的变动因素及其变动幅度很可能不一致。因此不能指导决策者确定变量范围出现的可能性。比如说，某一变量10%的变化所引起的净现值或内部收益率的一定变化，不仅取决于变量变化的幅度，而且取决于变量取值的范围。此外，由于共同的原因或密切相关，某些变量可能向着相同或相反的方向同时变化，这是敏感性分析的局限性之一。

敏感性分析的另一个局限性表现在变量之间的相关性问题上。在敏感性分析中,一般是假定其他因素不变,研究某几个变数的变化对项目经济效益指标的影响。它不能表明所有变量均变化时对经济效益指标所产生的综合净效果,也不能反映所有变量同时发生变化的可能性。

5.4　概率分析

敏感性分析只能使决策者了解某种因素变动对经济指标的影响,并不能使之了解发生这种影响的可能性究竟有多大。如果事先能够客观地或主观地(有一定的科学依据)给出各种因素发生某种变动的可能性的大小(概率),无疑将对建设项目决策科学化有所裨益。这种事先给出各因素发生某种变动的概率,并以概率为中介进行的不确定性分析是另一种不确定分析,即**概率分析**,或称投资风险分析。投资风险的决策分析方法很多。不论何种方法,均需首先估计项目寿命周期内每年可能的各种现金流量及其概率,并计算期望的现金流量。

5.4.1　随机现金流的概率描述

严格说来,影响方案经济效益的大多数因素(如投资、成本、销售量、产品价格、项目寿命期等)都是随机变量。我们可以预测其未来可能的取值范围,估计各种取值或值域发生的概率,但不能肯定地预知它们取什么值。投资方案的现金流量序列是由这些因素的取值所决定的。所以,实际上方案的现金流量序列也是随机变量。为了与确定性分析中使用的现金流量概念有所区别,称概率分析中的现金流量为随机现金流。

要完整地描述一个随机变量,需要确定其概率分布的类型和参数。常见的概率分布类型有均分布、二项分布、泊松分布、指数分布和正态分布等。在经济分析与决策中使用最普遍的是均匀分布与正态分布。一般来说,工业投资项目的随机现金流量要受许多种已知的不确定因素的影响,可以看成是多个独立的随机变量之和,在许多情况下近似地服从正态分布。

描述随机变量的主要参数是期望值与方差。期望值是在大量的重复事件中随机变量取值的平均值,换句话说,是随机变量所有可能取值的加权平均值,权重为各种可能取值出现的概率。方差是反映随机变量取值的离散程度的参数。

假定某方案的寿命期为 n 个周期(通常取1年为一个周期),净现金流量序列为 $y_0, y_1, y_2, \cdots, y_n$。周期数 n 和各周期的净现金流 $y_t(t=0,1,\cdots,n)$都是随机变量。为便于分析,我们假设 n 为常数。从理论上讲,某一特定周期的净现金流量 y_t 可能出现的数值有无限多个。但可以将其简化为若干个离散数值 $y_t^{(1)}, y_t^{(2)}, \cdots, y_t^{(n)}$。这些离散数值有的出现的概率要大一些,有的出现的概率要小一些,设与各离散数值对应的发生概率为 $p_1, p_2, \cdots, p_n$ $(\sum p_j = 1)$,则第 t 周期净现金流量 y_t 的期望值为

$$E(y_t) = \sum_{j=1}^{m} y_t^{(j)} p_j$$

第 t 周期净现金流量 y_t 的方差为

$$D(y_t) = \sum_{j=1}^{m} [y_t^{(j)} - E(y_t)]^2 \cdot p_j$$

标准差则为 $$\sigma=\sqrt{D(y_t)}$$

5.4.2 概率分析的基本步骤

(1)任选一个不确定性因素为随机变量,将这个不确定性因素的各种可能结果一一列出,并分别计算各种可能结果的效益;

(2)分别计算各种可能结果出现的概率,概率的计算一般要在过去的统计资料上进行,也可根据项目可行性研究人员的经验得到主观概率;

(3)根据以上资料,计算在不确定性因素下的效益期望值;

(4)计算方差和标准差;

(5)综合期望值、方差和标准差,确定项目的效益水平及获得此效益水平的可能性。

一般来说,在正态分析条件下

$E(y_t)\pm\sigma$ 的可能性为68.3%;

$E(y_t)\pm 2\sigma$ 的可能性为95.4%;

$E(y_t)\pm 3\sigma$ 的可能性为99.7%。

5.4.3 实例分析

例5-4 假定某投资方案在其寿命期内可能出现的五种状态的净现金流量序列及其发生概率见表5-5。各年份净现金流量之间互不相关,基准折现率为10%,求方案净现值的期望值、方差与标准差。

表5-5 不同状态的发生概率及净现金流量序列 单位:万元

状态 年限(年末)/年	概率				
	$P_1=0.1$	$P_2=0.2$	$P_3=0.4$	$P_4=0.2$	$P_5=0.1$
	X_1	X_2	X_3	X_4	X_5
0	-15000	-15000	-15000	-16500	-18000
1	0	0	0	0	0
2~10	1630	2620	4600	5060	5290
11	3630	4620	6600	7060	7290

解 对应于状态 X_1

$$NPV^{(1)}=-15000+1630(P/A,10\%,9)(P/F,10\%,1)+3630(P/F,10\%,11)$$
$$=-5194(\text{万元})$$

对应于状态 X_2

$$NPV^{(2)}=-15000+2620(P/A,10\%,9)(P/F,10\%,1)+4620(P/F,10\%,11)$$
$$=336(\text{万元})$$

对应于状态 X_3

$$NPV^{(3)}=-15000+4600(P/A,10\%,9)(P/F,10\%,1)+6600(P/F,10\%,11)$$
$$=11397(\text{万元})$$

对应于状态 X_4

$$NPV^{(4)}=-16500+5060(P/A,10\%,9)(P/F,10\%,1)+7060(P/F,10\%,11)$$
$$=12466(\text{万元})$$

对应于状态 X_5

$$NPV^{(5)} = -18000 + 5290(P/A,10\%,9)(P/F,10\%,1) + 7290(P/F,10\%,11)$$
$$= 12251(\text{万元})$$

方案净现值的期望值：

$$E(NPV) = NPV^{(1)} \cdot P_1 + NPV^{(2)} \cdot P_2 + NPV^{(3)} \cdot P_3 + NPV^{(4)} \cdot P_4 + NPV^{(5)} \cdot P_5$$
$$= 7825(\text{万元})$$

方案净现值的方差：

$$D(NPV) = [NPV^{(1)} - E(NPV)]^2 \cdot P_1 + [NPV^{(2)} - E(NPV)]^2 \cdot P_2 + [NPV^{(3)} - E(NPV)]^2 \cdot P_3 + [NPV^{(4)} - E(NPV)]^2 \cdot P_4 + [NPV^{(5)} - E(NPV)]^2 \cdot P_5$$
$$= 39536857.7$$

方案净现值的标准差：

$$\sigma(NPV) = \sqrt{D(NPV)} = 6287.8(\text{万元})$$

5.5 风险分析

5.5.1 传统的风险分析方法

5.5.1.1 根据风险调整回收期

一种可以用来补偿风险的方法，就是要求那些风险比较大的工程项目有较短的回收期。在一个投资环境不稳定的地区，一个新建的大型工程项目可以接受的最大回收期，起码应比标准投资回收期短。但究竟要短到什么程度，没有一个绝对的答案。这就需要主观决策和很大程度的随意判断。

5.5.1.2 根据风险调整收益率

在一般情况下，可以采用风险补贴的方式来提高收益率。风险比较大的工程采用的收益率要高于风险比较小的工程的收益率。

5.5.1.3 根据风险调整投入变量

在项目经济评价中，也有的在投资费和经营成本、价格以及生产数量等单一估算值中留有某种保守偏差。这种为考虑风险而采用的偏差程度仍然是任意的。

以上方法都是凭人的主观意愿，其结果都偏于保守。应用这些方法可以排除经济不合理的投资方案，但有时也可能会把那些经济可行的方案排除掉了。

5.5.2 现行的风险分析方法

5.5.2.1 解析法

在方案经济效益指标（如净现值）服从某种典型概率分布的情况下，如果已知其期望值与标准差，可以用解析方法进行方案风险分析。

例 5-5 假定在例5-4中方案净现值服从正态分布，利用例 5-4 的计算结果求：

(1)净现值大于或等于 0 的概率；

(2)净现值小于 –500 万元的概率；

(3)净现值大于或等于 1 亿元的概率。

解 根据概率论的有关知识，若连续型随机变量 x 服从参数为 μ, σ 的正态分布，x 具

有分布函数

$$F(x)=\frac{1}{\sqrt{2\pi}\sigma}\int_{-\infty}^{x}e^{-\frac{(t-\mu)^2}{2\sigma^2}}dt$$

令 $\mu=\frac{t-\mu}{\sigma}$,上式可化为标准正态分布函数

$$F(x)=\frac{1}{\sqrt{2\pi}}\int_{-\infty}^{\frac{x-\mu}{\sigma}}e^{\frac{-\mu^2}{2}}d\mu=\phi\left(\frac{x-\mu}{\sigma}\right)$$

令 $Z=\frac{x-\mu}{\sigma}$,由标准正态分布表可直接查出 $X<X_0$ 的概率值

$$P(X<X_0)=P\left(Z<\frac{X_0-\mu}{\sigma}\right)=\phi\left(\frac{X_0-\mu}{\sigma}\right)$$

若把方案净现值 NPV 看成是连续型随机变量,已知

$\mu=E(NPV)=7825$(万元)

$\sigma=\sigma(NPV)=6287.8$(万元)

则 $Z=\frac{NPV-E(NPV)}{\sigma}=\frac{NPV-7825}{6287.8}$

由此可以计算出以下各项待求概率。

(1)净现值大于或等于 0 的概率:

$$\begin{aligned}P(NPV\geqslant 0)&=1-P(NPV<0)\\&=1-P(Z<\frac{0-7825}{6287.8})\\&=1-P(Z<-1.24)\\&=1-0.1075\\&=0.8925\end{aligned}$$

(2)净现值小于 -500 万元的概率:

$$P(NPV<-500)=P\left(Z<\frac{-500-7825}{6287.8}\right)=P(Z<-1.32)=0.0934$$

(3)净现值大于或等于 1 亿元的概率:

$$\begin{aligned}P(NPV\geqslant 10000)&=1-P(NPN<10000)\\&=1-P\left(Z<\frac{10000-7825}{6287.8}\right)\\&=1-P(Z<0.35)=1-0.6368=0.3632\end{aligned}$$

由以上计算可以得知,本方案能取得满意经济效益($NPV\geqslant 0$)的概率为 89.25%,不能取得满意经济效益($NPV<0$)的概率为 10.75%;净现值小于 -500 万元的概率为 9.34%,净现值大于或等于 1 亿元的概率为 36.32%。

5.5.2.2　模拟法

蒙特卡罗模拟法,是根据随机数对投入变量值概率分布进行随机抽样,根据每次抽样值计算项目的投资收益率。这样经多次重复得到投资收益率的概率分布图。根据收益率概率分布计算保险下限值和不经济概率,以判断方案的风险性。

蒙特卡罗模拟法具有显著优点。对于无法凭经验决策的问题、不能用数学求解的复杂问题及不易做可控实验的动态系统,均可用蒙特卡罗模拟法解决。亦即那些投入变量含有许多随机因素,其转换过程具有函数关系,又非一般数学式所能充分表达的,只能用蒙特卡

罗模拟法解决。

图5-7为蒙特卡罗模拟法程序。

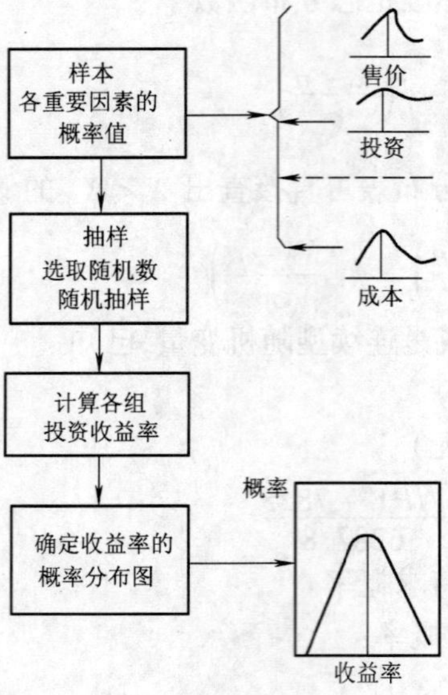

图5-7　蒙特卡罗模拟法

例5-6　现以某一方案的一个变量为例，该变量所形成的概率分布如表5-6所示。

表5-6　不同年净现金流量的概率分布

年净现金流量/元	概　率
10000	0.10
15000	0.50
20000	0.25
25000	0.16

为简单起见，只指定2位数的随机值，用随机数求出对应的年净现金流量。其对应关系见表5-7。

表5-7　随机数值

年净现金流量/元	随机值
10000	00～09
15000	10～59
20000	60～84
25000	85～99

将上述样本进行随机模拟计算。从有关的随机表中任意选取随机数，对照表5-7，可得对应的年净现金流量，见表5-8。

表5-8 随机模拟结果(10个样本)

随机数	年净现金流量/元
47	15000
91	25000
02	10000
88	25000
81	20000
74	20000
24	15000
05	10000
51	15000
74	20000

从表5-8的结果可得年净现金流量的平均值为：

$$(15000+25000+10000+25000+20000+20000+15000+10000+15000+20000)\div 10 = 17500(\text{元})$$

从表5-8数据可知，平均期望值为：

$$10000\times 0.1+15000\times 0.5+20000\times 0.25+25000\times 0.15=17250(\text{元})$$

分析模拟所得结果与不同年净现金流量的概率分布的平均值十分接近。应当指出，并非每次模拟均能得到如此接近的结果。一般来说，蒙特卡罗模拟次数愈多，愈能接近正确的结果。

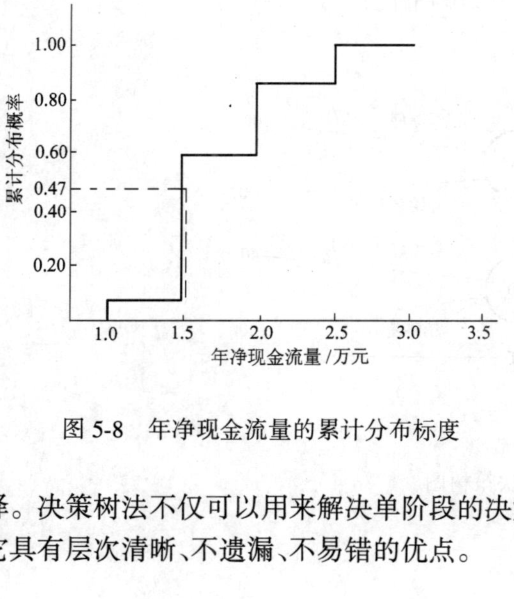

图5-8 年净现金流量的累计分布标度

在进行模拟时，将变量分布的函数转换为累计分布函数，可以简化求解的过程。图5-8所示为年净现金流量的累计分布函数。其方法是：从随机数值表中任取一数值，将其除以10万元，使其介于0~1.0之间。在图5-8的纵坐标上取此数值并绘一条水平线，当水平线与曲线相交时，找出对应的横坐标，即为所求答案。

5.5.2.3 决策树法

决策树法是进行风险决策的有效方法。它把有关决策的相关因素分解开来，逐项计算其概率和期望值，并进行方案的比较和选择。决策树法不仅可以用来解决单阶段的决策问题，而且可以用来解决多阶段的决策问题，它具有层次清晰、不遗漏、不易错的优点。

决策树法因其结构形态而得名(见图5-9)。决策树的结构较简单,以方块或圆圈为结点,用直线连接结点而形成一种树状结构。方块结点代表决策点,由决策点引出若干条直线,每条直线代表一个方案,故称其为方案分枝。圆圈结点代表状态点,由状态点引出若干条直线,表示不同的自然状态发生的概率,故称其为概率分枝。在概率分枝的末端列出各方案在不同状态下的损益值。

决策问题有多种可供选择的方案和多种自然状态,图形由左向右形成树枝状,为计算方便把决策点和状态点自左至右、自上而下依次编号。

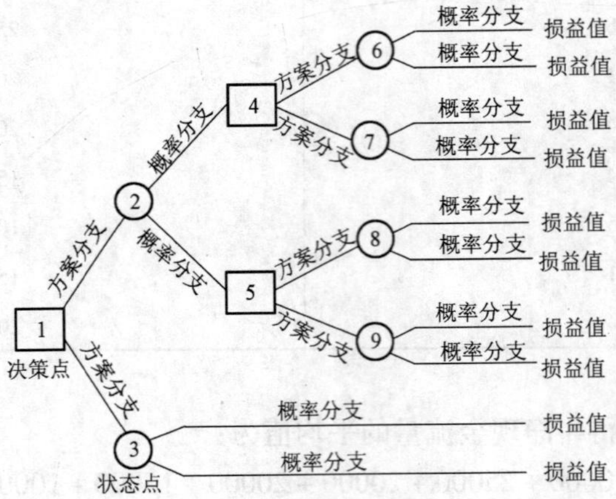

图5-9　决策树结构图

例5-7　某矿山拟建一个附属炸药厂,其产品除了供本厂使用外,还供应附近矿山,为建设该厂设计了两个方案:一个方案是建大厂,需投资300万元;另一方案是建小厂,需投资100万元。两者的使用期均为10年,在此期间,产品销路好的概率为0.7,销路差的概率为0.3。两方案的年利润如表5-9所示,试比较两方案哪个优?

解　(1)绘决策树图(见图5-10)。

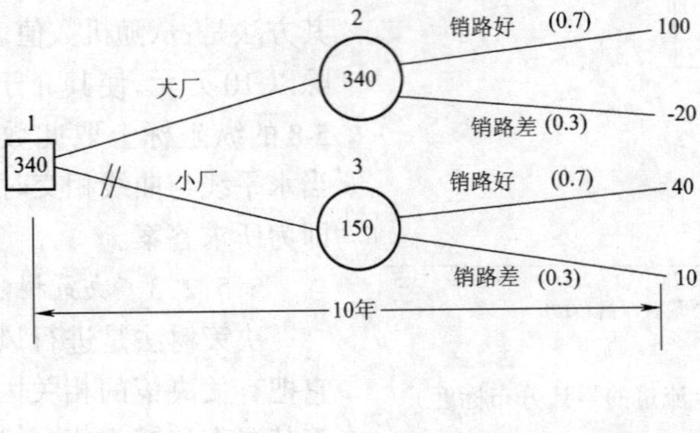

图5-10　决策树图

(2)计算各点的期望值:

点 2： $0.7 \times 100 \times 10 + 0.3 \times (-20) \times 10 - 300 = 340$(万元)

点 3： $0.7 \times 40 \times 10 + 0.3 \times 10 \times 10 - 160 = 150$(万元)

(3)确定方案。比较期望收益值可知，建大厂的方案较好。

表 5-9 方案利润 单位：百万元

方案 \ 收益	销路好($P = 0.7$)	销路差($P = 0.3$)
大厂	100	-20
小厂	40	10

例 5-8 在上例两个方案的基础上，又提出 1 个方案，即该厂分两期建，先建小厂，如果销路好，则在第三年后扩建，扩建投资预计为 145 万元。扩建后可使用 7 年，每年的收益值与建大厂相同。据市场预测，如果前 3 年销路好，则后 7 年销路也好的概率为 0.9，如果前 3 年销路不好，则后 7 年销路也不好。在这种情况下，比较 3 个方案的优劣。

解 (1)绘决策树图(如图 5-11)。

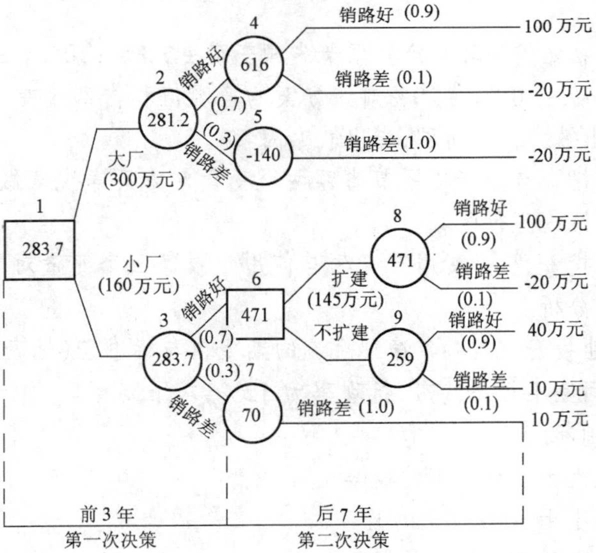

图 5-11 多阶段决策树图

(2)计算各点期望值：

点 4： $0.9 \times 100 \times 7 + 0.1 \times (-20) \times 7 = 616$(万元)

点 5： $1.0 \times (-20) \times 7 = 616$(万元)

点 2： $0.7 \times 100 \times 3 + 0.3 \times (-20) \times 3 + 0.7 \times 616 + 0.3 \times (-140) - 300 = 281.2$(万元)

点 8： $0.9 \times 100 \times 7 + 0.1 \times (-20) \times 7 - 145 = 471$(万元)

点 9： $0.9 \times 40 \times 7 + 0.1 \times 10 \times 7 = 259$(万元)

点6： 471(万元)

点7： $1.0\times10\times7=70$(万元)

点3： $0.7\times40\times3+0.3\times10\times3-160+0.7\times471+0.3\times70=283.7$(万元)

所以,点1的期望值为283.7万元。

(3)计算结果表明,以先建小厂,3年后再扩建的第三方案为最优。

* * *

问题与思考

5-1 某工厂生产一种化工原料,设计生产能力为月产6000t,产品售价为1300元/t,每月的固定成本为145万元。单位产品变动成本为930元/t,试分别画出月固定成本、月变动成本、单位产品固定成本、单位产品变动成本与月产量的关系曲线,并求出以月产量、生产能力利用率、销售价格、单位产品变动成本表示的盈亏平衡点。

5-2 某工厂拟安装一种自动装置,据估计每台装置的初始投资为1000元,该装置安装后可使用10年,每年可节省生产费用300元,设基准折现率为10%,试做如下分析:

(1)分别就初始投资和生产费用节省额变动±5%、±10%、±15%、±20%及使用年限变动±10%、±20%对该方案的净现值和内部收益率做单因素敏感性分析,画出敏感性分析图,指出敏感因素。

(2)就初始投资与生产费用节省额两个变量对方案净现值做双因素敏感性分析,指出方案的可行区域。

(3)就初始投资、生产费用节省额与使用年限等三个变量对方案净现值做三因素敏感性分析。

5-3 已知某企业投资方案各年净现金流的期望值与标准差(见表1),假定各年的随机现金流之间互不相关,基准折现率为12%,求下列概率,并对方案的风险大小做出自己的判断。

(1)净现值大于或等于零的概率;

(2)净现值小于-50万元的概率;

(3)净现值大于500万元的概率。

表1 某投资方案各年净现金流的期望值与标准差

所限(年末)/年	0	1	2	3	4	5
净现金流期望值/万元	-900	500	500	500	500	500
净现金流标准差/万元	300	300	350	400	450	500

5-4 某工业项目建设期需要1年,项目实施后第二年可开始生产经营,但项目初始投资总额、投产后每年的净收益以及项目产品的市场寿命期是不确定的,表2给出了各不确定因素在乐观状态、最可能状态以及悲观状态下的估计值,各不确定因

素间相互独立。设最低希望收益率为 20%,试求出各种可能的状态组合的发生概率及相应的方案净现值,分别用解析法与图示法进行风险估计。

表 2 不确定因素在乐观状态、最可能状态以及悲观状态下的估计值

状 态	发生概率	初始投资/万元	寿命期/年	年净收益/万元
乐观状态	0.17	900	10	500
最可能状态	0.66	1000	7	400
悲观状态	0.17	1200	4	250

5-5 某投资方案期初投资 10000 元,残值 2000 元,年收入为 5000 元,年支出为 2200 元,预计服务年限变动的概率如下:3 年($P=30\%$),5 年($P=40\%$),7 年($P=30\%$),若基准收益率为 8%,试求净现值大于等于零的概率。

第6章　投资项目可行性研究

*　　　　*　　　　*

本章要点：

- 投资项目可行性研究的概念与内容。
- 项目经济评价在可行性研究中的地位。
- 可行性研究工作的组织工作。

*　　　　*　　　　*

可行性研究是20世纪30年代出现的一门新科学。70年代被介绍到中国，80年代我国才正式采用。因此，可行性研究这个名词，对做经济工作的人员来说，已不陌生，但对它的概念、内容、作用、方法和步骤完全熟悉的人数却不太多，有必要进一步加以宣传和介绍，以普及其知识。对投资决策工作者来说，可行性研究报告是方案评估、投资决策的依据和基础，不但要一般地知其然，而且要尽可能了解其所以然，懂得具体做法，以便有效地运用可行性研究结果，进行科学决策。

6.1　可行性研究概述

6.1.1　可行性研究概念及现状

可行性研究是建设项目投资决策前进行技术经济论证的一门科学。它的任务是综合论证一项建设工程在市场发展的前景，技术上的先进和可行性，财务上的实施可能性，经济上的合理性和有效性。简单地说，就是研究、评价一个建设项目从技术和经济两方面看是否可行，从而为投资决策者提供是否选择该项目进行投资的依据。可行性从文字的原义上解释，就是可以行得通，有可能成功的意思，与可能性是同义语。就"可行性"的本意而言，含义只是可行，并不是最优。但对可行性研究工作来说，并不是可行就够了，而是要尽量做到最优。可行和最优并不矛盾，只有在可行的基础上才能去求最优。

可行性研究这种方法最早出现于美国。20世纪30年代初期美国为开发田纳西河流域开始采用这种方法，把可行性研究列入流域开发程序，作为规划的重要阶段，使工程得以顺利进行，取得了很好的经济效益。以后人们便把这种方法引申到其他领域。第二次世界大战以后，这种方法发展迅速，通过几十年的不断充实和完善，扩大到很多领域，范围十分广泛，不但用来研究工程建设问题，还用于研究工业企业的生产管理、国家技术经济政策制定等。目前已形成一整套系统的科学的研究方法。在国外，不论是发达国家还是发展中国家，可行性研究已相当普遍。不管其是新建企业还是老企业改扩建，都要先做可行性研究，然后再决策。虽然各国对可行性研究的内容、作用、阶段划分不尽相同,但作为一门科学,已被各国所公认。各国赋予这门科学的名称各有不同。西方国家叫可行性研究,原苏联和东欧叫技术经济论证,日本叫投资前研究,印度、巴基斯坦、科威特、阿拉伯等国家也有各自的名称,有的叫投资研究,有的叫费效分析,但基本要求都相似。联合国工业发展组织还编制了《工业可行性研究手册》,作为有关国家,特别是发展中国家开展工程建设可行性研究的参考依据。

所有建设项目,都可以归并为两类。一类是建成后有经济收入,可以归还投资并取得利润;另一类是社会公共或福利事业项目,一般没有经济收入,不便进行经济评价。但这类项目建成有益于保护和增进人民利益和健康,效果当然还是可以衡量的。可行性研究主要是对建成后有经济收入这类建设项目而言的,从这个意义上讲,可行性研究具有典型的经济性。可行性研究虽然要进行技术和经济两方面的论证,两者的关系是辩证关系,但归根到底还是经济合理性的问题。技术上的先进性和可行性,不能离开经济的合理性,经济上不合理或不利,技术上即便很先进也不可取。当然,经济上的合理也必须建立在现时技术条件之上。技术上做不到的事,即使很经济也实现不了。所以说,可行性研究最终目的,还是为了经济上的合理和有利。

可行性研究所应用的技术理论知识是很广泛的,可以说是一门综合性的交叉科学,并且随着时代的发展,给可行性研究又赋予了许多新的内涵。它运用自然科学的最新技术,如电子计算机、高能物理、遥测遥控、新型材料等,建设大型全控自动化企业;运用最新经济科学,如经济计量学,经济预测学,经济情报和经济信息,计算和预测建设项目的经济效益;运用现代管理学,如企业管理学、施工组织学,实现建设项目的高速度、高质量和低消耗。综合运用以上三方面的科学技术,保证一个项目决策的可靠性,并使建设的项目在投产后获得最佳经济效益。

6.1.2 可行性研究的内容

可行性研究内容视不同项目而各有所侧重,没有固定的统一模式,做法也有所不同。工业项目的可行性研究,一般要求具备以下内容。

(1)总论:

1)项目提出的背景(改扩建项目要说明企业现有概况),投资的必要性和经济意义;

2)研究工作的依据和范围。

(2)需求预测和拟建规模:

1)国内外需求情况的预测;

2)国内现有工厂生产能力的估计;

3)销售预测、价格分析、产品竞争能力、进入国际市场的前景;

4)拟建项目的规模,产品方案和发展方向的技术经济比较和分析。

(3)资源、原材料、燃料及公用设施情况:

1)经过储量委员会正式批准的资源储量、品位、成分以及开采、利用条件的评述;

2)原料,辅助材料、燃料的种类、数量、来源和供应可能;

3)所需公用设施的数量,供应方式和供应条件。

(4)建厂条件和厂址方案:

1)建厂的地理位置、气象、水文、地质、地形条件和社会经济状况;

2)交通、运输及水、电、气的现状和发展趋势;

3)厂址比较与选择意见。

(5)设计方案:

1)项目的构成范围(指包括主要的单项工程),技术来源和生产方法、主要技术工艺和设备选型方案的比较,引进技术、设备的来源国别,设备的国内外分交或与外商合作制造的设想。改扩建项目要说明对原有固定资产的利用情况;

2)全厂布置方案的初步选择和土建工程量估算;

3)公用辅助设施和厂内外交通运输方式的比较和初步选择。

(6)环境保护:

调查环境现状,预测项目对环境的影响,提出环境保护和三废治理的初步方案。

(7)企业组织、劳动定员和人员培训(估算数)。

(8)实施进度的建议。

(9)投资估算和资金筹措:

l)主体工程和协作配套工程所需的投资;

2)生产流动资金的估算;

3)资金来源,筹措方式及贷款的偿付方式。

(10)社会及经济效益评价。

其他行业建设项目的可行性研究内容,可以参照工业项目要求,结合行业特点具体制定。

对建设项目的经济效益要进行静态的和动态的分析,不仅计算项目本身的微观效益,而且要衡量项目对国民经济发展所起的宏观效益和分析对社会的影响。进行经济效益分析时,技术经济参数和价格系数的确定是非常重要的,投资者可根据部门、行业特点,自行拟定;也可参照国家有关部门统一制定和颁布的参数来确定。

6.1.3 可行性研究的方法和阶段

关于可行性研究的方法和阶段,依据各国实际条件和研究深浅程度和研究内容宽窄不同,而各有差别。根据联合国发展组织所编《工业可行性研究手册》和世界银行有关规定,一个项目的发展周期分为三个主要时期:即投资前时期,投资执行时期,生产运行时期。可行性研究属于投资前时期,又可分四个阶段:投资机会选定阶段,进行机会研究;初步选择阶段,进行初步可行性研究;项目拟定阶段,进行技术经济可行性研究(以下简称详细可行性研究);评价和决策阶段,编写评估报告。现将四个阶段简介如下。

6.1.3.1 机会研究

将一个项目由意向变成概略的投资建议,叫做**机会研究**。机会研究的目的在于激发投资者的兴趣。也就是寻找最有利的投资机会。机会研究可以分为:

(1)地区机会研究。即选定一个地区为研究范围,例如对于边远行政区、落后地区、特殊条件(经济特区、港湾、要道、边塞)地区等进行投资,是否有获利的机会。

(2)部门机会研究。即选定一个部门为研究范围,例如选某一工业门类或市场短缺产品,进行投资是否有利。

(3)资源机会研究。即以资源为基础,以合理利用和开发为目标,研究建立某种工业的机遇。例如联合开发某地某种资源,建设坑口电站等。

(4)特定机会研究。即以某项目为研究对象进行投资机会的分析。这种研究具有机会研究的典型含义。因为研究是对某一个项目而言的,如果可行,就会使意向变为投资建议,就可以促进项目下阶段的研究工作。

机会研究大多指新地区或新项目,主要是研究项目的发展前途和发展机会。一般来说,机会研究受到政府的支持和鼓励。世界各国都有一系列保护投资者利益的经济政策。机会研究在深度上只是概略性的,对投资和生产成本,一般只作相当粗略笼统的估算,方法是依据现有同类企业的有关数据进行预估,不进行详细计算和分析,误差允许在±30%范围内。

6.1.3.2 初步可行性研究

初步可行性研究主要是进一步判断机会研究是否正确,并据以做出投资与否的初步决定,同时也决定最终可行性研究是否进行。所以可以说,初步可行性研究是介于机会研究和最终可行性研究的中间阶段。但是那些不需要进行机会研究的项目,如改建和扩建,就可以直接进行初步可行性研究。这就是说,初步可行性研究有些是在机会研究基础上进行的,有些则不是。

初步可行性研究的深度和广度都比机会研究进了一步。其研究的内容,基本上与详细可行性研究相同,但在深度上与最终可行性研究比较,仍然是粗略的,对项目所需投资和生产费用的次要部分,仍可采用简便方法进行估算。在初步可行性研究中,如果认为某些部分对项目取舍具有决定性作用,则可以对这一部分进行独立的专题研究,有的叫辅助研究。这些辅助研究有市场销售研究、生产技术研究、专用设备研究、建设厂址研究、规模经济研究、经营管理研究等。辅助研究可以和初步可行性研究同时进行,也可以分别进行。辅助研究可以否定初步可行性研究,如果在详细可行性研究之后进行辅助研究,辅助研究还可以否定详细可行性研究。所以虽然名为辅助研究,实为关键性研究。

初步可行性研究对项目所需投资和生产费用的计算,误差允许在±20%范围内。

6.1.3.3 详细可行性研究

详细可行性研究是对项目进行深入的技术经济论证,是方案的最后选择,是确定最优方案的依据。凡实行可行性研究的项目,都必须经历这一阶段。详细可行性研究是详尽、系统、全面的论证。要在准确而有根据的数据基础上,做出多方案,反复进行比较、分析。还要做各种设想,并做出与设想相应的答案。要协调各方面的关系,进行综合平衡,使投资和生产费用降到最低限度。详细可行性研究并不是目的,而是为了达到决策项目的手段。正因为如此,才要求详尽准确。除按要求的内容做好研究外,还要做敏感性分析。

详细可行性研究对项目所需的投资和生产费用的计算,误差允许在±10%范围内。

机会研究,初步可行性研究,详细可行性研究,三者并不存在必然的因果关系。主要是按研究的深度和粗细程度划分的,不是实际工作阶段的顺序。在实际研究工作中,根据项目规模大小和繁简程度,可以实行三阶段研究,也可以只进行两阶段或一阶段研究,但详细可行性研究是不可缺少的。在实行三阶段研究时,如果在机会研究之后,项目决策尚在两可之间,初步可行性研究就必须进行;如果已有足够的数据可供决策,就可以直接进入详细可行性研究阶段。改扩建,一般不做机会研究,只做初步和详细研究。小项目和简单项目,则只做详细可行性研究。

6.1.3.4 项目评价报告

项目评价报告是进行项目评定和投资决策的根据,所谓项目评价,实际上是可行性研究的结论和决策性建议。严格地说,项目评价并不单独构成可行性研究的一个阶段。因为实际上,在机会研究、初步可行性研究、详细可行性研究中,都有结论和建议。这就是说,在可行性研究的不同阶段,都有评价问题,评价贯穿于可行性研究的始终,只是评价的深度和广度不同而已,所以把评价作为可行性研究的第四阶段,是不完全恰当的。但是,由于评价是可行性研究的重要组成部分,反映研究的最终成果,又是项目最后决策的依据,所以单独列为一个阶段,进行评价研究,也有必要;把评价独立出来的另一个原因是,最终研究的评价有特定内容要求,如国民经济评价、社会评价,都是详细可行性研究必须要进行评价的,而机会研究和初步可行性研究阶段,对国民经济和社会的评价则可做也可不做。项目评价报告内容,一般应包括可行性研究的关键问题和结论。

综上所述,不论可行性研究的哪个阶段,一般都要遵循这样的工作次序:社会和市场调查→确定项目的必要性→最佳方案技术论证→经济分析与比较→实现设想的实施办法→结论和决策建议(见图 6-1)。

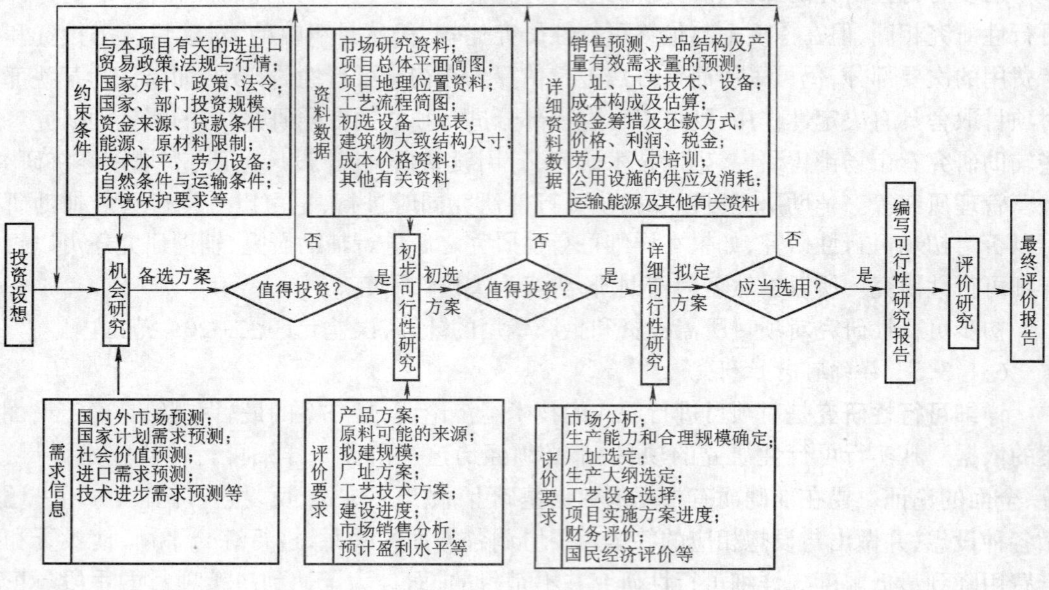

图 6-1　投资项目可行性研究的程序与内容

6.1.4　可行性研究的作用

为了稳定而有效地发展各国经济,特别是发展中国家,为了达到发达国家的经济水平,选择一条什么样的道路,能够在较短的时间内实现现代化,这是一项十分紧迫的任务。为此目的,很多国家都在制定规划,进行经济建设。但在兴办企业、开展科研、进行经济建设活动中,如何避免损失浪费和走弯路,如何提高经济效益,使人民和国家得到更多的利益和实惠,这是人类社会行动中必须解决的重要课题。系统论、信息论、控制论、运筹学等各种新方法论的产生和发展,为解决这一课题提供了可能和方便。可行性研究在经济建设中的应用,是解决这一问题的钥匙。可行性研究方法,可以使人们尊重客观实际,可以帮助人们提高投资目标的选择能力,还可以指导人们在经济建设的行动中,绕过暗礁抵达目的地。所以,世界银行的专家们,曾把可行性研究称做“防止错误投资决策的保险单”。具体地说,可行性研究具有以下作用:

(1)确定建设项目的依据。目前在国外,特别是一些发达的国家,对于是否应该建设某项工程,或者是否采取某种新的生产工艺,不论是国家投资还是私人投资,主要依据是可行性研究结论。投资者通过可行性研究,预测和判断一个项目技术上是否可行,产品是否有销路,竞争能力如何,获益是大是小,然后做出是否投资的决策。如果结论是可行的,项目就确定了,再进入实施研究;如果结论不可行,其他工作就不必进行了。

(2)向银行申请贷款的依据。可行性研究是向银行申请贷款的先决条件。凡贷款建设某项目,必须向贷款银行提送建设项目的可行性研究报告。贷款银行对可行性研究报告进行审查,确认有足够的偿还能力,不担风险,才同意贷款。可行性研究一般都是投资者委托技术经济咨询机构做的。咨询机构作为第三者,既要承担一定经济责任,又要维护本身的信誉,因此,银行对咨询机构有信任的基础,所提出的可行性研究报告可靠程度较高。

(3)编制详图设计文件的依据。鉴于可行性研究报告对厂址,主要生产工艺流程,主要设备选型,详细的经济技术方案比较等,都已确定了原则。当这些确定的原则一经批准,则这些原则就成为详图设计的主要依据。也就是说,详图设计时,不得违背已经论证了的原则。

(4)向环保部门申请执照的文件。在可行性研究中,环境保护是一项重要内容。许多国家都有环境保护法。建设项目投产以后,环境保护必须符合标准。可行性研究中为达到标准所提出的措施和办法,是环保部门签发执照的依据。同时,在环保方面还要接受政府和居民的监督,可行性研究报告是这种监督的文件。

(5)签订所有合同和协议的依据。建设过程中的承发包、水电供应、设备订货等合同和协议,以及投产以后的原材料供应、产品销售和运输等合同和协议,都必须以可行性研究报告为依据,并据此承担经济责任。

(6)作为工程建设的基础资料。可行性研究报告中所附的工程地质、水文气象、勘探、地形、矿物资源、水质等所有的分析论证资料,是检验工程质量和整个工程寿命期内追查事故责任的依据。

(7)设备研制和科研资料。项目所需设备的研制,必须以可行性研究报告所提出的技术要求为准。同时,每个项目的可行性研究报告,还可以作为同类工程科研参考资料,也可作为长远规划和综合平衡的科研参考资料。

(8)作为施工组织设计、生产运行设计、培训职工的依据。

6.2 可行性研究与项目经济评价

经济评价是项目可行性研究和评估的核心内容和决策的重要依据。其目的在于最大限度地避免风险,提高经济效益。

建设项目的经济评价就是预先估算拟建项目的经济效益,包括财务和国民经济两个层次的经济评价。建设项目经济评价既有利于引导投资方向,控制投资规模,提高计划质量,又能使项目和方案经过需要——可能——可行——最佳的步骤得到深入地分析、比选。这样可以避免由于依据不足、方法不当、盲目决策所导致的失误，把有限的资源用于经济效益和社会经济效益真正最优的建设项目，实现项目和方案决策的优化或最佳化。

6.2.1 项目经济评价的基本要求

为了提高经济评价的准确、可靠程度，真实地反映项目建成后的实际效果，经济评价应做到以下几点：

(1)以经济效益为中心，把提高国民经济效益作为项目投资决策的主要目标；

(2)必须考虑资金的时间价值；

(3)不同项目或方案必须具有可比性，项目及其方案评价的指标、计算指标的口径与尺度以及计算经济效果(直接与间接的效果、正效果与负效果)的深度与广度都应当一致；

(4)价格与经济参数在时间可比性上应当一致；

(5)在财务与国民经济评价的基础上，做好不确定性因素的分析，以保证建设项目能适应企业生产经营和国内外市场的变化。

6.2.2 项目经济评价的内容与指标

(1)项目的财务评价。以市场价格为依据计算建设项目给企业带来的经济效益，计算时用行业(或部门)的基准收益率为贴现率。当贴现后项目各年的收益与费用之差，即财务净现值(记作 FNPV)大于零时，表示项目在财务上可以接受。

(2)项目的国民经济评价。在存在价格扭曲的条件下，用市场价格计算得出企业财务评价的结果，不一定与从国民经济角度出发作出的评价结果相一致。因此需要单独作出建设项目的国民经济评价。这时用影子价格(一种接近资源优化配置的价格)代替市场价格，用统一的社会析现率为贴现率，来计算项目的经济净现值(记作 ENPV)，同样只有 ENPV 大于零时，项目在国民经济上才是可以接受的。

6.2.3 项目经济评价的步骤

项目经济评价的步骤如图 6-2 所示。图 6-2 中，国民经济评价是在财务评价之后进行的，这时项目的多方案的比较和优选(决定采用哪一方案)是在财务评价这一层次上进行的。由于财务上最优的方案不一定在国民经济上也是最优的，故国民经济的评价才是决定性的。因此对一些重要的和大型的建设项目，应当先做国民经济评价，从中选出最好的方案后再进行财务评价。

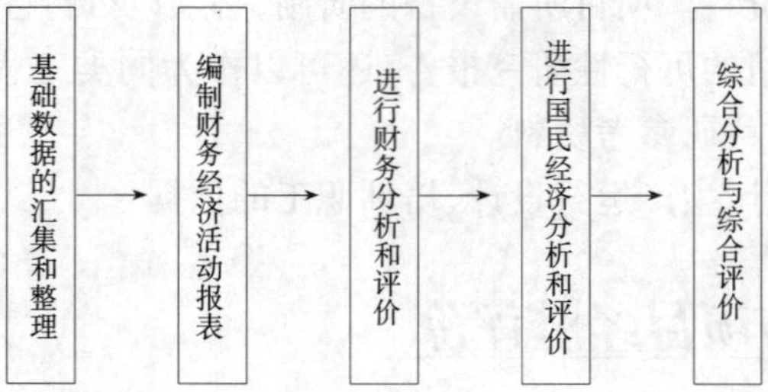

图 6-2 建设项目经济评价过程

6.2.4 建设项目经济评价发展的历史

项目经济评价源于西方。根据评价内容的差异可将其发展历史分为 3 个阶段：财务分析(FA)阶段、经济分析(EA)阶段和社会分析(SA)阶段。

20世纪50年代以前,项目评价主要是从企业的立场出发,用工程经济学的方法,比较项目的收入和支出,判断项目的优劣,称做财务分析。经济分析又称费用效益分析,是从宏观角度来评价项目的经济效益。开经济分析之先河者为诺贝尔经济学奖获得者J.丁伯根教授,他于1958年提出在经济分析中使用影子价格。此后世界银行和联合国工业发展组织都在其贷款项目评价中同时使用财务分析和经济分析这两种方法。经济分析中的突破性进展是下述3项工作:

第一,1972年联合国工业发展组织(UNIDO)出版了一本重要著作《项目评价准则》,提出所谓的UNIDO法;

第二,1974年牛津大学福利经济学家L.李特尔,经济数学教授J.米尔利斯在其1969年为经济合作和发展组织(OECD)编著的《工业项目分析手册》的基础上,又发表了《发展中国家项目评价和规划》,其中的方法被称之为L-M法;

第三,1975年世界银行工作人员林恩·斯奈尔和赫尔爱·G·范德塔克出版《项目经济分析》一书,该书的方法被称之为S-V-T法或S/V法。

UNIDO法、L-M法和S/V法对影子价格的计算采用了各自的方法,对经济分析方法的应用起了重要的推动作用。

上述著作还提出了社会分析的概念,社会分析被认为是最理想的项目评价方法。因为社会分析把经济增长目标和公平目标结合在一起作为选择项目的标准,即以国民福利最大为目标。社会分析以经济分析为基础但又不同于经济分析,二者的主要区别如表6-1所示。

表6-1 社会分析与经济分析的区别

方 法	目 的	社会目标	影子价格	价格计算方法
经济分析	最有效的配置有限的资源	增长	效率价格	机会费用法
社会分析	改进收入分配;消费与积累之间、贫富阶层之间、不同地区之间关系	增长与公平	社会价格	机会费用法:分配权重法

社会分析法的提出引起政治家和许多国际开发机构的兴趣和重视,并在有些国家进行试验。但是由于所需数据极多,使试验和推广受阻。故目前仍以财务分析和经济分析并用这一典型方式作为项目经济评价的基本模式。

我国对建设项目经济评价技术的研究起步较晚,1981年才组织力量对建设项目经济评价的基础理论和方法论进行研究,但进展迅速。由国家计委组织编写、中国计划出版社出版的《建设项目经济评价方法与参数》第一版(1987年10月)以及第二版(1993年7月)(以下简称《方法与参数》)一书,就是在理论研究的基础上,借鉴吸收国外的有益经验结合我国的实际,制定出的一套科学的项目经济评价方法的集中体现,尤其是大量参数的测定走在了世界的前列。该书的研究成果填补了我国建设项目经济评价的空白。它是各工程咨询公司、规划设计单位进行投资项目评价、评估的指导性文件,是各级计划部门审批设计任务书(可行性研究报告)和金融机构审查投资贷款的重要依据。

6.2.5 我国建设项目经济评价的方法与参数

《方法与参数》规定,大、中型建设项目和超限额技术改造项目均需进行项目的财务评价和国民经济评价。

财务评价是在国家现行财税制度和市场价格下对项目获利能力、借款清偿能力、投资回收能力及外汇效果的分析与评价。

国民经济评价是从国民经济综合平衡的角度来分析计算项目对国民经济的贡献和国民经济为项目付出的代价,据以判断建设项目经济可行性的分析与评价。

基于我国的基本国情,项目评价后的取舍应以国民经济评价的结论为主。对那些国民经评价好,财务评价不好但确实为国计民生所必须的建设项目,国家和有关部门可考虑给予优惠政策或进行补贴,使其在财务方面变成可行而加以实施。

关于财务评价和国民经济评价,详见本书相关章节。

6.3 可行性研究的组织

投资项目的可行性研究是一项涉及面广、综合性强的工作。目前国内外从事项目可行性研究的较多,并成立了各种专门的可行性研究机构,这类机构一般叫投资咨询公司或工程咨询公司。在中国承担国家大型投资项目可行性研究的最重要机构是中国国际工程咨询公司(CIECC),此外各种设计院(所)、研究院也承担大量的项目可行性研究工作。

一般一个投资项目的可行性研究任务经常由一个咨询机构承担。大型项目和特别重要、复杂的投资项目往往由多家咨询公司承担,如我国的三峡工程。从事可行性研究的咨询机构对其人员的知识结构要求是很高的,并且在大型或复杂项目的可行性研究中,还要求要有多种专业的咨询专家,这些咨询专家一般有经济学家、工艺学家、机械工程师、土木工程师、企业管理专家、市场分析、会计师等专家。而大多数咨询机构都是专业性的,在承担非本专业的研究项目时或在承担大型项目时,经常采用临时聘请有关专家的办法,以便咨询公司更好地完成所进行的投资项目可行性研究的任务。

投资项目可行性研究的组织工作主要包括:

(1) 制定可行性研究的工作程序;

(2) 编制可行性研究经费预算与使用计划;

(3) 收集有关的资料和基础数据;

(4) 进行现场实地考查与调查了解项目的背景;

(5) 方案设计、预测与计算;

(6) 撰写可行性研究报告。

*　　　*　　　*

问题与思考

6-1 机会研究、初步可行性研究与详细可行性研究的有何联系与区别?

6-2 投资项目可行性研究的主要内容有哪些?

6-3 项目经济评价主要步骤有哪些?

第7章　市场分析与需求预测

*　　　　*　　　　*

本章要点：

- 市场分析在可行性研究中的作用。
- 市场调查与市场分析。
- 需求预测中的专家调查法，时间序列分析法、回归分析法。

*　　　　*　　　　*

投资项目建设的必要性是可行性研究必须涉及的问题。在市场经济的条件下，分析投资项目建设的必要性主要是分析和考察项目的产出品是否符合社会的需求，产品是否适销对路，这就有个市场问题。市场分析是投资项目可行性研究的重要内容。通过对投资项目的市场分析，还要进一步测算投资项目的产品在国内外市场的销售、价格趋势，以及项目运行过程中的费用和收益等，这种测算主要是市场的需求预测，它是投资项目科学决策的重要基础，没有科学的预测就不可能作出科学的决策。因此，需求预测是投资项目可行性研究的重要环节。

7.1　市场分析与可行性研究

7.1.1　可行性研究中的市场分析

7.1.1.1　市场的作用

市场分析与经济分析、技术分析一道构成了投资项目可行性研究的三大支柱。市场是商品经济的产物，在商品流通的过程中，供给与需求始终存在着矛盾，这种矛盾通过市场活动反映出来，并在市场的不断运动中寻求供给与需求的相对均衡来解决。因此随着市场经济的不断发育、市场的日益成熟，市场的作用越来越明显。

市场是实现社会再生产的桥梁与纽带。在市场经济的条件下，社会再生产的生产、消费、社会的分配与再分配各个环节的活动都离不开市场。生产者通过市场出售产品，以实现其生产目的；消费者的需求通过市场购买来满足；社会的分配与再分配也要通过市场来实现。市场是社会经济活动的一面镜子，社会经济活动中价值规律和供求规律通过市场自发的调节作用来体现。市场活动中的各种信息，促使生产和消费、供给与需求更好的结合起来。生产者通过及时了解市场信息，以顾客的需求为导向，决定供给的增减。这种自我调节产销与需求的特点，反映了社会经济活动的状况。

市场是促进经济发展、社会进步的条件。在市场经济的商品交换过程中，不可避免会出现产品(或服务)在技术、质量、成本与价格等方面的竞争。通过在市场中的比较,技术先进、质量好、成本低的产品才能够在竞争中获胜,否则就要被市场淘汰。这就迫使投资者与生产者面向市场、迎接挑战,从而促进社会经济的迅速发展和技术进步。

7.1.1.2　进行项目市场分析的意义

"生产什么和生产多少、如何生产、为谁生产"是一切经济组织面临的三个基本问题,分析与解决这三个问题的出发点和归宿都是市场。因此在投资项目决策前进行市场分析,确定投资项目的必要性与合理性将为项目决策提供依据。

(1) 明确投资项目的必要性。通过市场分析,了解投资项目的产品是否符合社会需求,生产什么产品有利或无利,产品的目标市场在哪,销路如何。

(2) 明确投资项目的内容。社会需求什么就生产什么,这是投资项目考虑的首要问题,如何生产也由市场决定。市场不仅决定投资的方向,同时也决定着投资的内容。当市场上存在某些产品的需要时,希望投资的企业要根据市场需求情况和自身生产技术条件,进行这方面的投资,当市场需求改变时,投资的内容也应跟着改变。

(3) 明确投资项目的生产规模。投资项目确定之后,还面临着生产多少的问题。某种产品生产的规模,也要通过市场分析与预测,确定市场需求量、了解竞争对手情况,最终确定项目建成时的最佳生产规模,使企业在未来能够保持合理的盈利水平和持续发展的能力。

7.1.1.3　市场分析的方法

投资项目可行性研究进行市场分析的目的在于揭示出市场结构及其需求状况。市场活动千变万化,但有一定的规律可循,按市场的运动规律分析市场,是投资项目市场分析的基本前提。市场分析的方法主要是利用定量和定性的方法,进行系统的市场调查、需求预测、市场趋势综合分析。

市场调查。在投资项目决策前,进行与项目相关的产品、价格、竞争对手、宏观环境因素等市场信息的收集、整理等工作,通过分析,掌握市场信息及市场结构的现状,为进一步的市场分析和投资决策打下基础。

需求预测。由于市场总是处在不断变化和发展的运动状态,今天的市场结构和状态并不代表明天的市场,尤其是在当今世界,技术进步速度加快,经济的发展往往使未来市场与今天的差别巨大。而一般较大的投资项目,建设期和投产期均需要几年,正常运行期则有十几年,甚至几十年。投资项目总的是服务于未来。因此,我们必须着眼于未来的市场,通过科学的预测,掌握未来市场的结构和状况,尤其是与投资项目相关的产品需求状况。

市场趋势综合分析。从市场活动的规律看,市场活动的过去、现在和未来,主体与环境,都不是孤立的,而是一个纵横交织的运动整体。认识市场必须从系统的角度来认识,把市场放在一个时间上和空间上变化、发展的动态系统来研究,从而描述一个完整的项目市场概貌。

7.1.2　市场调查

在投资项目决策前,要弄清楚社会对产品的需求情况,如谁需要,为什么需要,需要多少,通过什么方式购买,在什么地方、什么时间购买,希望以什么价格来购买等问题。市场调查就是要用科学的方法,有目的的去系统收集市场活动的真实情况,获得市场分析的第一手资料。市场调查是市场分析的基础。

7.1.2.1 市场调查的程序

市场调查的程序一般分为调查准备、调查实施和调查结果处理三个阶段(详见图 7-1)。

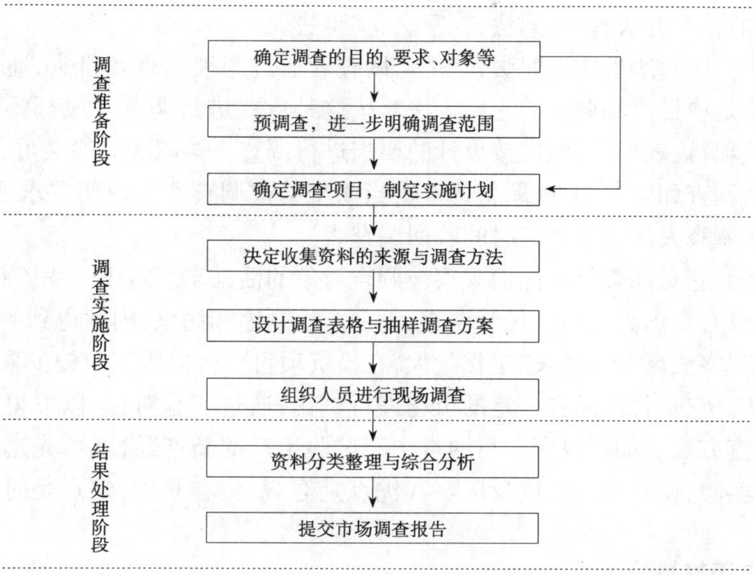

图 7-1 市场调查程序

7.1.2.2 市场调查的内容

从投资项目评价的角度看,市场调查的内容主要是:需求调查、商品购买力和供给量调查、竞争调查。具体来说,有市场环境调查、技术发展调查、产品需求量与供给量调查、消费调查、产品品种与质量需求调查、产品需求价格调查、竞争调查等。现分述如下:

(1)市场环境调查。其主要目的是调查企业无法控制的影响市场的外界因素。其主要的调查内容有:政治环境、经济环境、社会文化环境等。

(2)技术发展调查。其主要内容是:了解国内外新技术、新工艺、新材料的发展趋势和发展速度;了解国内外新产品的技术现状和发展趋势和发展速度。

(3)产品需求量与供给量调查。调查相关产品现有和潜在的购买人数与购买数量;市场需求量的变化趋势;市场上同类产品的销售总量与本企业的销售量;同行业相同产品的供给量等等。

(4)消费调查。主要调查消费者的类型、购买能力、居住地区、购买动机、购买习惯、消费嗜好等;调查对消费者消费行为起决定作用的主要因素。

(5)产品品种与质量需求调查。产品品种需求调查主要是调查消费者对具体产品规格、型号、款式、花色等的需求;产品质量需求调查一般要调查消费者对产品的内在质量(如性能与结构、可靠性等)需求、对产品外观质量的需求、对产品包装装潢质量的需求和对产品技术服务的需求。

(6)产品价格需求调查。调查消费者对产品价格变化的反应,了解消费者最乐意接受的价格水平,分析产品的需求价格弹性,以及产品价格构成和特性等。

(7)竞争调查。竞争调查就是对投资项目在市场上的竞争能力和竞争对手数量的调查。

它包括投资项目产品的品种、质量、价格、交货方式、技术服务、包装装潢、销售方式的调查，以及生产同类产品企业的生产技术水平和经营特点的调查。

7.1.2.3 市场调查的基本方法

市场调查的基本方法有：访问法、观察法、实验法。

(1)访问法。访问法也称询问法，它是指调查者通过与被调查者口头、通话或书信等方式了解情况，这是项目市场调查的主要方法。按这种方式进行调查一般都要事先设计好需要调查的内容、项目、表格等，然后按设计的要求进行调查。访问法一般又可分为面谈调查、邮寄调查、电话调查和留置调查（即将调查表当面交给被调查者并说明要求后，由被调查者事后自己回答，调查人员再按规定时间收回调查表）。

(2)观察法。它是调查者从侧面观察被调查对象的活动来获得第一手资料的调查方法。由于被调查者没有意识到自己在接受调查，不会产生顾虑和约束，因此得到的资料具有一定的客观性。但观察法需要时间长、工作量大，在投资项目可行性研究中较少采用。

(3)实验法。它是将产品在一定的市场进行试销，通过实验对比，以取得有关市场信息资料的一种调查方法。如对投资项目通过中间试验生产的新产品，就可先选一个小型的市场进行“试销”实验，调查消费者的反应。其优点是客观、资料真实，缺点是时间长、费用高，难以实施。

7.1.3 市场趋势分析

市场趋势是指市场运动、变化、发展的特点和规律。市场趋势分析就是在市场调查、市场预测的基础上，把市场现状和未来有机的结合起来，研究其发展的规律，对市场的整体结构进行系统的描述。市场趋势分析对把握投资的大方向，提高投资决策的正确性有重大意义。

7.1.3.1 市场需求趋势分析

需求是人们有支付能力的欲望和要求。在一定价格水平条件下，市场上所有消费者愿意购买某一商品的总量就是这种商品的**需求量**。因此，研究需求是投资项目可行性研究的必要前提条件。

在人类社会发展的过程中，人类的需求总是不断发展变化的，随着社会经济与技术的发展，需求在形式、层次和水平上都会发生变化，具体表现为需求的多样性、层次性和发展性等。由于需求的这些特点，研究市场需求变化趋势，必须用系统和发展的眼光，从社会、经济、文化、法律等角度来进行。而从影响投资项目产品需求的角度来看，市场需求趋势可从影响产品需求和需求量的因素、供求规律来分析。

A 影响产品需求的主要因素

(1)产品价格。一般情况下价格上涨，消费者对商品的需求量减少；价格下降，则消费者对商品的需求量增加。产品的价格是对需求量影响最大的直接因素，对投资项目未来的销售收入来说，价格也是最敏感的影响因素。

(2)相关商品价格。在现实生活中，许多商品之间存在互补和替代关系。互补关系的商品（即两种或两种以上的商品满足同一种需求，如录像机与录像带），当一种商品价格上涨时，对另一种商品的需求量就减少，反之亦然；替代关系的商品（即两种或两种以上的商品可互相替换来满足同一种需求，如大米与面粉），当一种商品的价格上涨时，对另一种商品的需求量就增加，反之亦然。

(3)消费者的收入水平。消费者的收入多少直接影响对商品的购买力,从而影响商品的需求量。一般来说,收入增加,对商品的需求量上升,尤其当人均收入达到一定水平后,对高档商品的需求量上升更快。

(4)消费者的消费习惯与嗜好。如不同国家、不同地区有不同的饮食、着装的习惯,相同的商品在不同消费习惯的市场,其需求量往往差别很大。随着市场经济的发展,经济开放程度扩大、相互交往增多,人们的消费习惯与嗜好会有所改变,这会对某些商品的需求有所改变。

(5)企业的商品促销手段。对于许多商品,尤其是人们日常生活的最终消费品,消费者的消费行为受广告等促销手段影响很大。因此,对商品的需求也有很大影响。

此外,还有政治、文化、法律等社会因素,金融政策、人们对市场物价变化的期望等因素,这些因素都会对市场需求产生影响。

B 供求规律

供给与需求是市场经济中相互对立、相互联系的两种现象,是人们研究市场活动、分析市场趋势的基本要素。研究供求规律主要是分析需求、供给与价格的相互关系及变化趋势。

市场需求与市场价格一般按反方向变动,商品的价格上升,则需求量下降;反之,价格跌落,需求量上升,此规律可用图 7-2 表示。市场供给与市场价格一般按同方向变动,商品的价格上升,则供给量上升;反之,价格跌落,供给量下降,此规律可用图 7-3 表示。

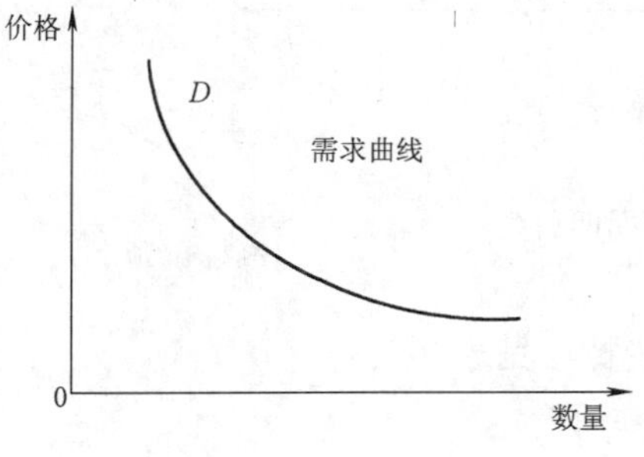

图 7-2 需求与价格的关系

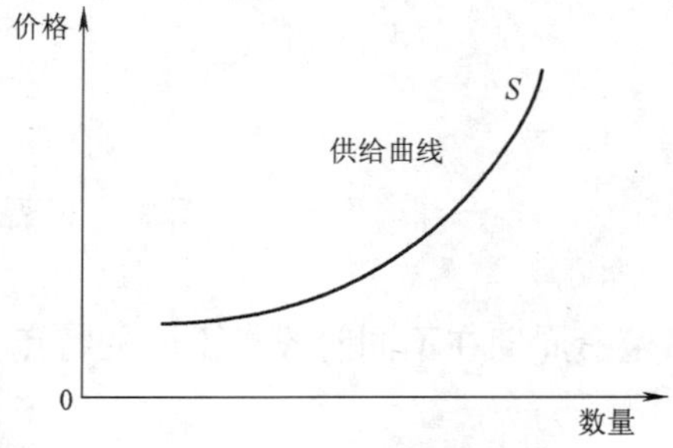

图 7-3 供给与价格的关系

需求与供给这对矛盾的统一体,在市场活动过程中同时起作用:当某种商品的市场价格过高,生产者愿意生产更多的产品,市场供给量增加,而需求量减少,就会出现供过于求的状况,此时,生产者之间出现激烈竞争,为更大数量的出售产品就必然要降低价格;相反,当某种商品的市场价格偏低,生产者不愿意多生产产品,市场供给量减少,而需求量增加,就会出现供不应求的状况,此时,消费者之间出现激烈竞争,导致市场价格上升。需求与供给这对矛盾运动的最终结果,商品的市场价格必然落在需求与供给曲线的

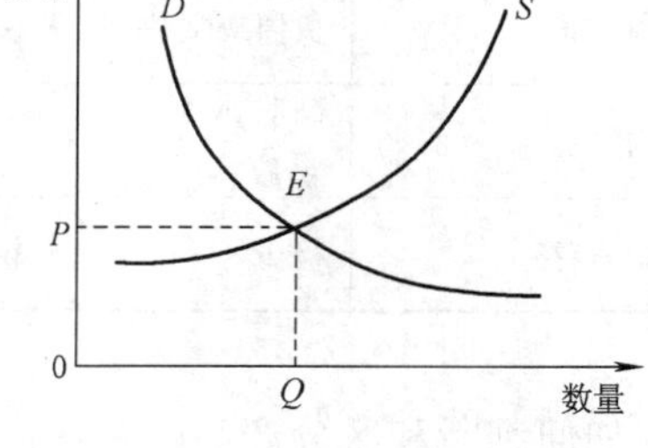

图 7-4 需求与供给的均衡

均衡点上(见图 7-4 的 E 点),即市场上生产者愿意提供商品的数量与消费者对商品的需求量相等,实现了供求的均衡。供求均衡时的价格称**均衡价格**,它是市场上惟一能持久的价格。在投资项目评价时,所选用的价格应该是在商品供求平衡时的均衡价格。按供求均衡的原则进行项目的可行性研究,是供求规律的一般要求。

7.1.3.2　产品生命周期分析

产品生命周期是指从新产品研制成功投入市场开始,到被市场淘汰为止的时间间隔。它是从市场营销的角度出发,考察产品在市场上的经济寿命,这与反映产品耐用性的自然使用寿命有本质区别。产品的经济寿命在市场营销策略和投资项目评价中有重要作用,它是确定投资项目寿命期的重要依据。

产品生命周期按产品的销售额或利润额在不同时间变化的特点,一般分为五个阶段,即投入期、成长期、成熟期、饱和期和衰退期。典型的产品生命周期可用图 7-5 的曲线来表示。

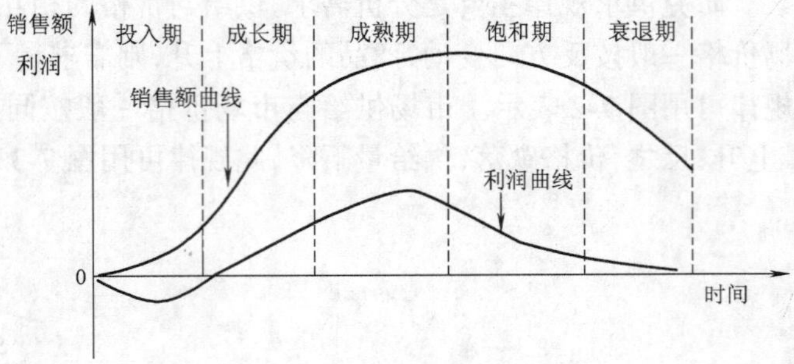

图 7-5　产品生命周期曲线

产品生命周期在不同阶段有不同的特点,这些特点见表 7-1。

表 7-1　产品生命周期各阶段的特点

阶段 / 特点	投入期	成长期	成熟期	饱和期	衰退期
销售额	低、增长慢	快速增长	较快速增长	达峰值、开始下降	快速下降
利　润	负值或微利	快速增长	达峰值、开始下降	快速下降	微利
购买者	高收入者与求新者	中等收入者加入	大众	大众	后随者及低收入者
竞争者	极少	较多	多	很多	减少

如何判断和区分产品生命周期的各个转折点和所处阶段,是产品生命分析的一个难题。图 7-5 中各阶段的划分只是一种示意,有很大的随意性,基本上是定性的判断。但如果等到一种产品从市场淘汰后,再把它的生命周期曲线完整画出,已失去对项目评价的意义。因

此，一般可用下面几种方法进行产品生命周期的分析。

(1)类比法。根据类似的产品发展的情况来对比分析，从而判断出新产品生命周期的发展趋势。如参照黑白电视机的资料判断彩色电视机的发展趋势。

(2)相关法。根据产品的相关性(如互补和替代产品)，从一种产品的生命周期情况来推断相关产品的发展趋势。如汽车和汽油为互补产品，汽油价格上涨，汽车的销售量则会减少。

(3)销售增长率法。用实际销售额随时间变动的动态分布曲线进行整体描述，以销售增长率的大小确定其阶段。如可做下边的阶段划分：销售增长率在0%～10%之间为投入期，销售增长率大于10%为成长期，销售增长率在1%～10%之间为成熟期，销售增长率在0%～1%之间为饱和期，销售增长率小于0为衰退期。

(4)模型法。根据市场需求变化决定产品的经济寿命(即产品生命周期)，可用某一产品的市场销售量(额)近似体现市场需求变化，把与此有关的信息收集、整理，再运用数学方法建立数学模型，然后用数学模型对产品生命周期进行分析。较为常用的数学模型是S型的生长曲线，如**龚珀兹(Gompertz)曲线**，它是采用市场绝对饱和量控制来导出某类新产品的生命曲线，它既做到了事前描述，又反映出产品市场趋势，龚珀兹曲线的数学模型是：

$$Y = L \cdot e^{-c \cdot e^{-kt}} \tag{7-1}$$

式中 Y——市场拥有量(需求量)函数；

L——市场绝对饱和量(需求量)；

c、k——待定参数；

t——时间变量。

在上式中，L 是确定分析曲线的关键，可通过市场调查、预测得出，它反映了市场对某一商品的最高需求量。c、k 求解可先将式(7-1)两边取对数，然后采用线性回归方法得出，具体解法略。当式(7-1)模型确定后，结合图7-5，可用数学求导的办法判断 Y 取得最大值的时间(即产品处于生命周期的饱和期)、以及判断产品生命周期的各个时期。

7.2 需求预测基本方法

预测是指对未来的预计和推测。**需求预测**就是以市场调查的信息资料为依据，运用科学的方法和手段，对产品的市场需求变化规律和趋势进行分析与揭示，从而推断出未来市场对产品的需求情况。在投资项目可行性研究中，产品需求预测是关键。因为它直接涉及到项目建设的必要性，如投资项目生产的产品没有市场需求，马上可以中断可行性研究。需求预测的主要内容有：国内需求预测、出口需求预测、国内外产品可供量预测、市场占有率预测、产品价格趋势预测、产品生命周期预测等。通过预测确定合理的投资规模和生产经营规模。

7.2.1 需求预测原则、程序与方法

7.2.1.1 需求预测的基本原则

(1)延续性原则。指产品的市场需求经常按一定规律发展、变化，并且在一定时期内以这种规律持续发展。

(2)相似性原则。指许多不同产品的需求存在着类似的演变规律，可以用一些已知的产

品需求发展、变化规律来类推相似新产品的需求情况。

(3)相关性原则。指与产品市场需求有关的各种因素之间存在着相互依存、相互制约、相互促进的因果关系。

7.2.1.2　需求预测程序

预测的程序因预测的对象、目标的不同而有所区别,一般产品的需求预测程序如下:

(1)确定预测目标。即根据决策所提出的要求确定预测所要达到的目标,具体包括预测的内容与结果精度要求、预测期限等。

(2)收集、分析资料。根据预测目标,全面系统地收集相关的各种原始数据、资料,并对各种资料进行分析、判断,从中选择真实、可靠的资料。

(3)选择预测方法、建立预测模型。根据预测目标和所得到的资料,以及自身所具备的条件,选择相适应的预测方法和建立预测模型。

(4)预测结果评价与检验。通过对数据、资料与预测结果的进一步对比分析,找出预测结果与实际可能产生的误差及误差产生的原因,利用统计检验的准则与方法,进行模型参数估计与模型检验,从而进一步确定最终选用的模型。

(5)修正预测结果。即使再好的定量预测模型,常常也会有一些因素由于数据不足或无法定量表示,或因为忽略了一些必要的因素,使预测结果精度没有满足要求。此时需要用定性的方法对预测结果加以修正,当然对于一些定性预测的结果也可用定量的预测方法加以修正。

(6)预测结果输出与分析。运用合理的模型和数据对未来进行预测,并把预测结果以规定的格式输出,然后从市场活动的规律性与经济理论对预测结果进行理论的分析、阐述,为决策提供依据。

7.2.1.3　需求预测分类

从预测涉及的范围大小看,一般的产品需求预测均属于微观经济预测范畴。而按预测期限的长短可分为:短期预测、中期预测、长期预测。对产品的需求预测来说,短期预测期限一般在1年以内;中期预测期限一般在2~5年;长期预测期限一般在5年以上。

按预测方法与结果的要求一般可分为定性预测与定量预测。定性预测是根据一定的经济理论,对经济发展、市场变化等的历史和现状作出解释、分析和判断,从而推断出未来发展趋势的一种或多种可能性。定性预测主要是利用经验的分析判断方法,但并非不运用数据,而是不运用成套的数学模型。定量预测也是建立在一定的经济理论基础上,利用历史和现状的数据,建立有关的数学模型,对未来经济发展、市场变化作出数量化的预测,并以数学模型来表述经济发展、市场变化的规律。在实际运用上这两者各有优势,又各有缺点,实际预测时应把它们有机结合,以提高预测的可信度。

具体说来,定性预测方法可分为:专家调查法与德尔菲法,市场调查法,类推法(历史类比法);定量预测方法可分为:时间序列分析法(如移动平均法、指数平滑法、季节指数法),因果关系分析法(如线性回归法、非线性回归法、经济计量模型法、模拟法)。

7.2.2　专家调查法

7.2.2.1　专家调查法概述

专家调查法是一种传统的古老预测方法,但至今在各类预测方法中仍占有重要地位。所谓专家预测法是运用一定的方法,将专家们个人分散的经验和知识进行综合、整理与分析,从而对预测对象的发展趋势和规律、未来状况作出主观的的判断与推测。这里所指的"专家"是指对预测问题的有关领域或学科有一定专长或有丰富实践经验的人。实践证明,在管理基础工作不完善,数据不完备、不可靠,或预测所用样本数据与未来出入较大时,用定量的方法往往达不到预期的效果,而用专家预测法则可有效进行的预测。

专家调查和收集数据、信息的方式有多种多样,常用的有专家个人判断法、专家会议法、德尔菲(Delphi)法。

(1)专家个人判断法。这是最早出现的专家调查法,它是以征求专家个人意见的形式为主,其优点是简单易行,专家个人不受外界干扰,没有心理压力,最大限度的发挥个人的创造性。但仅依据个别专家的判断,容易受到专家知识面、知识深度、资料占有的限制,以及对预测问题是否感兴趣的影响,预测结果易带片面性。

(2)专家会议法。召开专家会议时,可互相启发,通过讨论或辩论,互相取长补短,求同存异,同时由于会议参加的人多,占有的信息量大,考虑的因素会更加全面,有利于得出正确的结论。但专家在面对面的讨论时,容易受到一些心理压力,如屈服权威和多数人的意见,以及不愿公开发表自己的观点,反而不利于得出合理的预测结果。

(3)德尔菲(Delphi)法。德尔菲法是在专家个人判断法和专家会议法的基础上发展起来的一种专家调查法。在 20 世纪 50 ~ 60 年代美国兰德公司(RANDCo.)开始使用这种方法进行技术预测,后来这种方法便被世界各国预测人员广泛采用。据发达国家的统计,专家会议法和德尔菲法在各类预测中所占比重约为 1/4。其中德尔菲法已逐渐成为一种重要的预测方法,以下将着重介绍德尔菲法。

7.2.2.2 德尔菲(Delphi)法

德尔菲法是采用匿名函询的办法,通过一系列简明的调查函询表向专家们进行调查,并通过有控制的反馈,取得尽可能一致的意见,从而对事物发展的未来作出预测。

A 德尔菲法的特点

(1)匿名性。即专家们以"背靠背"的方式接受匿名的函询调查,参加预测的专家互不接触,免除心理因素影响;专家间的讨论、信息传递由预测组织者以匿名书面方式进行,专家可以修改上一轮自己的意见。

(2)反馈性。德尔菲法的书面讨论至少要经过两轮,后一轮调查表附有前一轮的调查结果。即在每一轮调查表返回以后,由预测组织者将专家们的意见和提供的信息、资料进行综合、整理和分类,再随同下一轮调查表一起函送给专家,使各位专家了解预测调查的全面情况。因此,每次反馈都会促使专家的再思考,完善或改变自己的观点,作出新的判断。

(3)收敛性。多轮的调查与反馈,专家们在匿名状况下互相启发,言之有理的意见会逐步被多数专家所接受,分散的意见趋于集中。同时为使预测的结果更加科学,使用适当的数理统计方法进行统计分析,可得出有统计规律的收敛预测结果。

B 德尔菲法预测的步骤

(1)组成预测工作组。用德尔菲法进行预测是一项组织性非常强的活动,必须事先成立一个调查预测小组,其主要任务是负责整个调查预测的组织工作。具体任务有:确定调查和预测的主题、设计预测的程序、选择专家、设计调查表、调查组织实施、调查结果汇总和处理、提交预测报告。调查小组的成员应对德尔菲法的实质有一定的理解,并具备必要的专业知识、统计与数据处理知识。

(2)选择专家与设计调查表。专家选择在德尔菲法中显得非常重要,它直接关系到最终的预测结果。选择专家应注意:与预测主题的学科领域相关,且领域面、知识面要广泛一些;不仅要有本部门的专家,还要有其他部门的专家;专家在各领域中要有一定的代表性和知名度;专家的数量一般不少于20名,有的重大预测问题还需要更多的专家,在实施过程中为避免某些专家的信息无法返回,专家人数可多一些;事先要征得专家本人同意。调查表格的设计要便于专家对预测事件的了解,回答方式简单。一般常见的调查表有:需求量预测、预测某事件实现的时间与概率、选择性预测、排序性预测、相对结构比重预测、简明询问。

(3)调查组织实施与收集预测信息。以函询方式向专家们进行多轮次的信息索取和反馈。轮次的多少视需要而定,轮次越多,工作越繁,不一定就能取得好的结果,一般可采用2~3轮。第一轮将研究确定的预测主题及相应预测事件的表格发给专家,并留有大量的余地,让专家自由发挥,提供资料;第二轮将第一轮的统计结果和修正过的调查表发给专家,让专家对较为集中的预测事件进行评价、判断,有必要时提出进一步的理由和意见,预测工作组进行整理、统计,形成初步预测意见;第三轮根据第二轮形成的初步预测结果制定第三轮预测表,再重复第二轮的工作(有必要时)。

(4)调查结果汇总和处理。把调查结果汇总,进行进一步的统计分析和数据处理。据研究表明,专家的意见一般符合或接近正态分布,据此可用数理统计方法进行处理。对于定量指标的统计分析常用均值、期望值、中位数、上下四分位点等指标来表示;对评分、排序调查结果常用加权综合评价指标;对预测事件发生概率的调查一般用专家判断的平均主观概率来表示。近十几年来国内外数理统计学家把一些新的统计分析方法与德尔菲法结合应用,效果很好,如层次分析法(AHP)的应用。

7.2.3 时间序列分析法

时间序列分析法是根据预测对象的时间序列数据,找出预测对象随时间变化的规律,通过趋势外推预测未来的一种方法。时间序列数据是某一经济变量按时顺序排列起来的一组连续观察值,并且相邻观察值的时间间隔相等。如表7-2,表示某种商品1999年1~11月的销售量。

表7-2 某商品1999年1~11月的销售量 单位:万件

时间 t/月	1	2	3	4	5	6	7	8	9	10	11
销售量	47	51	57	59	56	63	55	61	48	47	45

由于不同的经济变量受到影响因素的差别,时间序列也会表现出不同的特征,但通过对大量的时间序列数据分析,时间序列数据的特征主要有四种,即趋势性、季节性、周期性、随机不规律性。根据这些特征(尤其是前三种特征),可用有关的方法进行时间序列的分析。

7.2.3.1 移动平均法

A 基本公式

设 x 为时间序列中始点 i 的观测值,其样本数为 N;每次计算移动平均值的数据个数 n;则 t 时点的移动平均值 M 为:

$$M_t = \frac{1}{n}(x_t + x_{t-1} + \cdots + x_{t-n+1}) = \frac{1}{n}\sum_{i=t-n+1}^{t} x_i \tag{7-2}$$

M_t 可当作第 $t+1$ 时点的预测值 Y_{t+1}，即 $Y_{t+1}=M_t$ 或 $Y_t=M_{t-1}$。

由式(7-2)可导出：

$$M_t=\frac{1}{n}(x_{t-1}+x_{t-2}+\cdots+x_{t-n+1}+x_{t-n})+\frac{1}{n}(x_t-x_{t-n})$$

即得

$$M_t=M_{t-1}+\frac{1}{n}(x_t-x_{t-n}) \tag{7-3}$$

用式(7-3)可迭代计算出 M_t。

例 7-1 某商品1999年1~11月的销售量如表7-2所示。当 $n=3$ 和 $n=6$ 时，用移动平均法预测12月的销售量。

解 根据式(7-3)，计算过程见表7-3。

表 7-3 某商品 1999 年 1~11 月的销售量及移动平均预测值 单位：万件

t/月	1	2	3	4	5	6	7	8	9	10	11
销售量 x_t	47	51	57	59	56	63	55	61	48	47	45
$M_t(n=3)$			51.7	55.7	57.3	59.3	58	59.7	54.7	52	46.7
$M_t(n=6)$						55.5	56.8	58.5	57	55	53.2
12月份销售量预测值/万件					$Y_{12}=46.7$ ($n=3$)						
					$Y_{12}=53.2$ ($n=6$)						

B 均方差(MSE)检验

如表7-3，可取多个 n 值进行移动平均，获得相应的 M_t 数列及其近期预测值，从中可看出，当 n 值越大，M_t 数列越均匀；极端情况如 $n=N$ 时，只取得一个平均值；$n=1$ 时，M_t 数列与原数列相同。n 的合理选取可用均方差(MSE)检验，MSE 计算公式如下：

$$MSE_{(n)}=\frac{1}{N-n}\sum_{t=n+1}^{N}(x_t-M_{t-1})^2 \tag{7-4}$$

对表7-3的数列计算得

$$MSE_{(3)}=\frac{1}{11-3}\sum_{t=4}^{11}(x_t-M_{t-1})^2=17.23$$

$$MSE_{(6)}=\frac{1}{11-6}\sum_{t=7}^{11}(x_t-M_{t-1})^2=55.29$$

因此，用 $n=3$ 时的移动平均较合适，12月份销售额预测值取46.7万件。

从移动平均法的计算过程可知，它是对时间序列加以修匀，以消除不规则的随机变动。如感到一次移动平均得出的 M_t 数列还不够均匀，可对 M_t 数列再进行一次移动平均，即二次移动平均，这样可表示长期的趋势性。但预测时间序列的长期趋势性，二次移动平均法不如以下介绍的二次指数平滑法。一次移动平均法在时间序列数据较平稳时，可直接用作短期预测。

7.2.3.2 指数平滑法

指数平滑法是对移动平均法的改进。其基本思路是：在预测研究中越近期的数据越受到重视，时间序列数据中各数据的重要性由远及近呈指数规律递增，因此对时间序列数据的处理应采用加权平均法。

A 一次指数平滑法

设时间序列数据是一个无穷序列：$y_t, y_{t-1}, y_{t-2}, \cdots$，其加权平均值为：

$$\beta_0 y_t + \beta_1 y_{t-1} + \beta_2 y_{t-2} + \cdots + \beta_i y_{t-i} + \cdots$$

其中 $0 \leqslant \beta_i \leqslant 1 \qquad (i = 0, 1, 2, \cdots)$

且 $\sum_{i=0}^{\infty} \beta_i = 1$

令 $\beta_i = \alpha(1-\alpha)^i$

则
$$\sum_{i=0}^{\infty} \beta_i = \alpha(1-\alpha)^0 + \alpha(1-\alpha)^1 + \alpha(1-\alpha)^2 + \cdots$$
$$= \alpha[1 + (1-\alpha) + (1-\alpha)^2 + \cdots]$$
$$= \frac{\alpha}{1-(1-\alpha)} = 1$$

用 $\beta_i = \alpha(1-\alpha)^i (i = 0, 1, 2, \cdots)$ 对时间序列数据加权计算，设加权平均值为 $S_t^{[1]}$，则有

$$S_t^{[1]} = \alpha y_t + \alpha(1-\alpha) y_{t-1} + \alpha(1-\alpha)^2 y_{t-2} + \cdots$$
$$= \alpha y_t + (1-\alpha)[\alpha y_{t-1} + \alpha(1-\alpha) y_{t-2} + \cdots]$$

即
$$S_t^{[1]} = \alpha y_t + (1-\alpha) S_{t-1}^{[1]} \qquad (7\text{-}5)$$

式中 $S_t^{[1]}$——第 t 周期的一次指数平滑值；

y_t——预测对象第 t 周期的实际值；

α——指数平滑系数。

α 的含义为近期与远期数据的权重分配比例，α 值越大表明新数据在 $S_t^{[1]}$ 中的权重越大。α 取值大小对预测结果影响较大，一般时间序列数据长期趋势比较稳定，α 应取较小值（如 0.05～0.20）；而时间序列数据具有迅速变动倾向，α 应取较大值（如 0.3～0.7）。

实际上时间序列数据是有限的，一般情况下，$\sum \beta_i < 1$，但只要这个时间序列足够长，上式可作为有限时间序列数据加权平均值的近似值。式（7-5）计算的加权平均值就是我们所要求的一次指数平滑计算公式。

式（7-5）是一个递推公式，计算第一个 $S_1^{[1]}$ 时需要一个初始值 $S_0^{[1]}$。当实际数据较多时，初始值对预测结果影响不大，可用 y_1 作为初始值；如果实际数据较少（<20 个），初始值可用前几个周期的数据平均值作初始值。

如实际时间序列数据的变动是随机变动，即无明显的周期变化或上升、下降趋势时，可直接用最近一个周期的指数平滑值 $S_t^{[1]}$ 作为下一周期的预测结果；反之须在一次指数平滑值的基础上计算二次指数平滑值，然后建立相应的预测模型。

B 二次指数平滑法

二次指数平滑法是对一次指数平滑值序列再作一次指数平滑计算，其计算公式为：

$$S_t^{[2]} = \alpha S_t^{[1]} + (1-\alpha) S_{t-1}^{[2]} \qquad (7\text{-}6)$$

式中 $S_t^{[2]}$——第 t 周期的二次指数平滑值。

式（7-6）的计算初始值 $S_0^{[2]} = S_0^{[1]}$，也可用前几个一次指数平滑值的平均值来作二次指数平滑的初始值。

在二次指数平滑法的基础上，可建立线性预测模型：

$$Y_{t+T} = a_t + b_t T \qquad (7\text{-}7)$$

式中　T——由目前到预测周期的周期间隔数。

$$a_t = 2S_t^{[1]} - S_t^{[2]} \tag{7-8}$$

$$b_t = \frac{\alpha}{1-\alpha}(S_t^{[1]} - S_t^{[2]}) \tag{7-9}$$

例 7-2　某商品 1999 年 1～11 月的销售量如表 7-2 所示。当 $\alpha = 0.5$ 时，用指数平滑法预测 12 月的销售量。

解　设初始值

$$S_0^{[2]} = S_0^{[1]} = \frac{1}{3}(y_1 + y_2 + y_3) = 51.7$$

根据式(7-5)、式(7-6)分别计算一次指数平滑值与二次指数平滑值，计算结果见表 7-4。

表 7-4　某商品 1995 年 1～11 月的销售量及指数平滑预测　　单位：万件

t/月	1	2	3	4	5	6	7	8	9	10	11
销售量 y_t	47	51	57	59	56	63	55	61	48	47	45
$S_t^{[1]}(\alpha=0.5)$	49.3	50.2	53.6	56.3	56.1	59.6	57.3	59.1	53.6	50.3	47.6
$S_t^{[2]}(\alpha=0.5)$	50.5	50.3	52.0	54.1	55.1	57.4	57.3	58.2	55.9	53.1	50.4
12 月份销售量预测值/万件					一次指数平滑法：$Y_{12} = S_{11}^{[1]} = 47.6$						
					二次指数平滑法：$Y_{11+1} = 42.2$						

线性预测模型的截距

$$a_{11} = 2S_{11}^{[1]} - S_{11}^{[2]} = 2 \times 47.6 - 50.4 = 44.9$$

线性预测模型的斜率

$$b_{11} = \frac{\alpha}{1-\alpha}(S_{11}^{[1]} - S_{11}^{[2]}) = \frac{0.5}{1-0.5} \times (47.6 - 50.4) = -2.73$$

线性预测模型为

$$Y_{11+T} = 44.9 - 2.73T$$

$T = 1$ 时，预测出 12 月的销售量为 42.2 万件。

将上例与例 7-1 比较，一次指数平滑法预测值与移动平均法相差不大，而二次指数平滑法结合线性模型的预测值要小得多，这是由于重视近期数据后，销售额有明显下降趋势。

二次指数平滑法预测模型仅适用于预测对象的变动趋势呈线性的情况。如果预测对象的变动趋势是非线性的，则可在求三次指数平滑的基础上建立非线性预测模型(具体模型见参考文献[4])。

7.2.4　回归分析法

在客观世界中，一个事物的发展变化，常常与其他事物存在着直接或间接的联系。如在经济系统中，劳动、资本的投入和科学技术进步共同作用，影响系统产出的增加；居民收入水平的提高，导致多数商品(尤其是高档商品)的销售量增加；建筑业的发展，使钢材、水泥和其他建筑材料需求量的增长，等等。事物发展变化过程中的这种相互关系称为相关关系。

相关关系中应用最广的是因果关系，它的特点是原因在前，结果在后，原因与结果之间常存在类似数学函数的密切联系,这为利用因果关系建立数学模型进行预测提供了方便。但是经济系统中的各种现象之间的相关关系很难用确定性的函数关系来描述,它们大多是随机性的,要通过统计分析才能找出其中的规律。**回归分析法**是描述、分析随机因素间相关关系的一种重要数理统计方法,用这一方法可建立一个或一组自变量与相关随机变量的回归预测模型,然后将其用来预测相关随机变量的未来值。

根据回归分析中自变量的个数,可分一元回归与多元回归;而按自变量与因变量的关系性质,可分为线性回归与非线性回归。非线性回归方程可通过取对数的办法,转化为线性回归方程,在此不专门介绍。下面简要介绍一元线性回归预测法与多元线性回归预测法。

7.2.4.1　一元线性回归预测法

一元线性回归预测法工作程序如下:

(1)建立一元线性回归预测模型。设有一组反映预测对象与某一自变量之间因果关系样本数据如下:

$$\begin{matrix} x_1 & x_2 & \cdots & x_i & \cdots & x_n \\ y_1 & y_2 & \cdots & y_i & \cdots & y_n \end{matrix}$$

通过散点图观察,两者间有明显的线性相关关系,则可建立如下一元线性回归模型:

$$y = a + bx \tag{7-10}$$

式中　y——因变量(预测对象);

x——自变量;

a, b——回归系数。

(2)由已知样本数据,根据最小二乘法原理求出回归系数。计算公式为:

$$b = \frac{n\sum x_i y_i - \sum x_i \sum y_i}{n\sum x_i^2 - (\sum x_i)^2} \tag{7-11}$$

$$a = \frac{\sum y_i - b\sum x_i}{n} \tag{7-12}$$

式中　$\sum$——表示 $\sum\limits_{i=1}^{n}$,下同;

n——样本数(一般最好≥20);

x_i、y_i——样本数据(对样本数据应经过分析,去掉不可靠和明显不合理数据)。

(3)计算相关系数 r,进行相关检验:

$$r = \frac{n\sum x_i y_i - \sum x_i \sum y_i}{\sqrt{(n\sum x_i^2 - (\sum x_i)^2)(n\sum y_i^2 - (\sum y_i)^2)}} \tag{7-13}$$

$0 \leqslant |r| \leqslant 1$,$|r|$ 愈接近1,说明 x 与 y 的相关性愈大,预测结果可信程度愈高。一般可用相关系数 r 与相关系数临界值 r_0 比较,进行显著性检验,具体过程参考数理统计学有关书籍。

(4)求置信区间(略,请参考数理统计学有关书籍,见参考文献[10])。

(5)分析情况,做出预测。回归方程是按历史数据建立的,利用它做预测的前提是确认预测对象与自变量的关系及影响预测对象的环境条件没有发生重大变化,因此必须对此作认真分析,必要时对预测模型进行修正。在此基础上可用回归方程进行预测。

7.2.4.2 多元线性回归预测法

如果影响预测对象变动的主要因素不止一个,可采用多元线性回归预测法。多元线性回归的原理与一元线性回归基本相同,但运算过程要复杂一些,一般可借助计算机完成。

多元线性回归方程的一般形式为:

$$Y = b_0 + b_1 x_1 + b_2 x_2 + \cdots + b_m x_m \tag{7-14}$$

式中 Y ——因变量(预测对象);

$x_1, x_2, \cdots, x_m$ —— m 个互不相关的各个自变量;

$b_0, b_1, \cdots, b_m$ ——回归系数。

其中 $b_i(i=1,2,\cdots,m)$是 Y 对 $x_1, x_2, \cdots, x_m$ 的偏回归系数,其含义是当其他自变量保持不变时,x_i 变化一个单位所引起的 Y 的变化量。

多元线性回归用于预测的详细过程参见有关数理统计学书籍与预测学书籍,见参考文献[10]。

*　　　*　　　*

问题与思考

7-1 市场调查的程序与内容是什么?

7-2 产品生命周期的含义与各阶段有何特点?

7-3 如何应用定性和定量的预测方法进行需求预测?

第 8 章 技术分析方法

*　　　*　　　*

本章要点：

- 生产与建设条件评估的内容。
- 技术评估的原则、程序和方法。
- 工艺评估与设备评估的内容、方法。
- 项目生产规模与产品结构确定。

*　　　*　　　*

投资项目进行可行性研究的一个重要内容就是从项目的生产与建设条件，项目选用的技术、工艺、设备，以及项目生产规模、产品结构等方面进行技术分析，以确定项目的内部条件，进一步从技术的角度分析项目的可行性。

8.1 生产和建设条件评估

8.1.1 项目和企业概况审查

对项目的生产和建设条件进行评估分析，首先要对拟建项目和企业概况进行审查，通过审查，初步弄清项目建设的背景和目的，找出项目存在的主要问题，为进一步详细分析拟建项目的必要性和可行性打下基础。

8.1.1.1 项目概况审查

对投资项目概况审查，主要按项目实地调查的资料，结合可行性研究报告的有关内容，做好以下几项审查内容：

(1)项目目标审查。投资项目的目标主要表现为：增加产量、扩大出口或替代进口；提高产品质量、增加花色品种；改善产品生产薄弱环节和提高设施配套能力；节约能源、降低成本；拓宽经营领域、开发新产品等等。按我国投资决策的层次，投资项目的目标也按国民经济与社会总体发展目标、行业或地区发展目标、企业发展目标三个层次确定。项目目标审查既要分析确定项目目标的必要性，也要评估其实现的可能性。

(2)项目的必要性。一般从两个方面分析项目的必要性，一是项目在国民经济和社会发展中的地位和作用；二是项目是否符合行业规划与产业政策。此外，还需从市场需求和项目规模经济角度进行项目必要性分析。

(3)项目前期工作状况。进行项目审查时，已经过“建议书”与“可行性研究”阶段，此时要求了解一下有关内容，如：项目建议书批准时间；项目可行性研究的承办单位、负责人、过程、对项目的主要结论及依据，经过了哪些方案比较。

8.1.1.2 企业概况审查

除独立的新建项目外，一般投资项目(如改扩建与更新改造)都是在原有企业基础上进行，拟建项目与原有企业有着密切的关系。对这类项目的评估，还须从企业审查入手。依据项目调查和可行性研究报告中的资料，从以下几个角度对企业进行审查：

(1)历史概况。了解企业的历史及发展过程，经营机制与体制变化情况，把握企业的特点。

(2)现实状况。对企业的投入——转换——产出进行系统分析，掌握企业产供销各环节与人财物各方面的基本状况，并对发展趋势做预测分析。

(3)影响企业发展的主要问题。重点从产品产量、质量、品种规格、获利能力等方面进行分析，并提出相应的改善措施。

(4)已具备的建设条件。改扩建和更新改造项目相对新建项目而言，投资少，见效快。这种优点正是因为原有企业已具备了许多建设条件，才使其变为现实。因此，一方面分析原来进行基本建设时，是否留有余地，是否要新建厂房或征地；另一方面分析在增加设备投资时，是否需要增加土建投资以及新增投资的构成。

8.1.2 资源条件评估

广义地说资源条件包括矿产等自然资源条件与技术、人才等社会资源条件。狭义上指自然资源条件。一般在工业化初期，人们评价资源条件只重视矿产资源的储量多少，以及如何更多、更快地开发的问题，在这种思想指导下，逐步形成了一些过分依赖自然资源的粗放型开发的“资源开发型城市或地区”。从世界各国成功或失败的经验看，不重视资源的深加工，不重视资源开发过程中的资源保护，盲目加快开采速度，往往使经济与社会的持续发展陷入困境。

8.1.2.1 资源在投资项目中的作用

投资项目，尤其是大型投资项目，必须以一定的资源为物质基础。例如投资兴建大型的钢铁企业，必须有铁矿石、煤、水等资源作保障，否则投资项目就无法存在。因此，资源是投资项目赖以生存的重要基础。资源评估过程，就是查明资源、探讨资源合理利用的过程。为正确认识资源和更好利用资源，必须注意几点：

(1)资源的有限性。地球上绝大部分资源，尤其是矿产资源，都是有限的，并且都是不可再生的资源。这一点在资源评估时需充分重视，使有限的资源创造出更多的财富。

(2)资源分布的不均匀性。不同国家或地区自然条件、地质条件的差别，使得资源的分布呈现出不均匀性。如我国北方地区煤矿储量较多，而南方煤矿储量很少；水资源则反过来。因此在投资项目的资源评估时要注意这一特点。同时，有些资源国内较少或国际市场上价格较便宜，不一定就要立足本国的资源，必要时可大量引进某些资源，来加快我国某些行业的发展，如我国钢铁行业进口国外铁矿石的成功实践就证明这一点。

8.1.2.2 资源评估的环节

(1)资源种类与性质分析。如矿产资源的矿床规模、类型特征、矿体形态及大小、埋藏条件、矿石品位、采选及加工难易等。同时还要分析矿床所处的自然经济地理环境。

(2)资源的开采条件分析。即资源的开采方式和供应方式；资源的可供数量、质量及服务年限；成本高低及运输条件等。

(3)技术进步对资源优化使用的影响。如石油化工随着技术进步,不断提高加工深度,走石化与精细化工、医药等相结合的发展模式,可使石油资源获得更高的经济效益,产品具有更高的附加价值。

(4)稀缺资源的替代分析。对项目所需的稀缺资源,一种途径是设法从别的国家或地区购进;另一种办法就是开发可替代的新资源。

(5)对农产品资源的市场发展变化趋势进行分析。如我国蚕茧的供应,原东部地区较充足,这一地区丝绸行业的发展水平较高,近几年因东部地区农村经济水平提高很快,劳动力成本上升,植桑养蚕已获利甚微,我国丝绸生产中心已开始西移(如四川)。

8.1.3 工程和水文地质条件评估

工程和水文地质条件,是厂址选择的重要条件之一,它对投资项目的建设与生产有长时间的影响。

8.1.3.1 工程地质条件评估

(1)分析项目所处地段的自然地理现象,岩石、土壤的力学性质,及其这些条件能否满足项目建筑物的要求。

(2)分析工程地质条件与建筑物相互的作用与影响,合理选择相适应的地质环境,保证建筑物的稳定性与安全性。

(3)分析项目所在位置是否具有可工业开采价值的矿床。

8.1.3.2 水文地质条件评估

(1)对项目所在地段水文地质条件进行评估,着重了解地下水文的形成、分布及运动规律,以及它的物理、化学性质等。

(2)分析不同时期水位变化、流向、流速和水质等条件。如项目是否在洪水淹没区、塌陷区、滑坡区;地下水位是否低于地下的建筑物基准面,以及相应的治理方案;供水保障等。

8.1.4 原材料、燃料、动力供应条件评估

8.1.4.1 原材料供应条件评估

工业生产所需的原材料及投入物,一般分为:原料(未加工或半加工)、中间材料产品、制造件(零件、配件、部件等)、辅助材料,它们可统称为原材料。对投资项目的原材料供应条件评估,主要是根据项目产品的类型、性质来研究原材料供应的可能性及其对产品成本和质量的影响。在分析一个项目的原材料供应条件时,着重对其中主要或关键性的原材料的供应数量、质量、价格、来源、运输距离、仓储设施等进行分析。具体分析要从以下几个方面进行:

(1)供应数量应满足生产能力的需要;

(2)原材料的质量要适应生产工艺的要求;

(3)选择价廉物美的原材料;

(4)注意开发国内外两个原材料供给市场;

(5)为节约运费尽可能就地取材;

(6)原材料仓储设施的建设及条件。

此外,对原材料供应商的情况也要进行评估,如本地区、国内、国外与项目所需原材料的供应商是谁,有多少供应商的质量体系通过了 ISO9000 认证(或其他认证),供应商中有多少合格(免检)的产品(投资项目所需的原材料)。

8.1.4.2 燃料、动力供给条件评估

项目所需燃料种类主要有煤炭、石油和天然气;动力的种类包括水、电、风、汽、气等。对燃料、动力供应条件的评估,一般从以下几个方面进行:

(1)燃料种类的选择。根据项目产品的生产过程、成本与质量、环保等的要求,根据燃料供应政策、供应数量、质量及方式的要求,选择适当的燃料;

(2)水的工业用途和供应条件分析。水的工业用途大致可分:原料用水、锅炉用水、冷却用水、工艺用水、冲洗用水。水的来源有:地表水、地下水、海水。项目评估要分析水的来源、水质的要求、用水量计算与预测、供水价格等,并从环保角度分析是否有水循环设施等;

(3)电的供应条件分析。如计算日电耗量、年电耗量,及其对成本的影响;计算变电、输电设施的大小及投资;最大负荷与启动负荷、冲击负荷的计算等;

(4)其他动力供应条件分析。

8.1.5 交通运输条件评估

大型工业投资项目,一般都需要有较大的运力相配套。交通运输是项目物资供应的先行官,是产品在生产过程中运送及产品销售等环节的重要组成。因此,一定要对交通运输条件进行分析评估。交通运行条件评估的内容如下:

(1)厂内外的运输方式与运输设备选择。厂内运输方式常见的有水平运输和垂直运输,根据被运物体的形状、性质与工艺要求等,确定具体厂内运输方式和设备。厂内运输要纳入生产过程的设计与组织中,统一研究处理。厂内运输设备除火车、汽车之外,还有如起重设备、皮带机、电梯、天车、管道等等。厂外运输方式与设备选择,主要取决于运输物资的类型、形态、运量、运距等。固态物资常用火车、汽车与轮船,液态、气态物资还可用管道。

(2)装、卸、储、运等运输环节的能力配套与组织管理。

(3)运进量、运出量对生产过程和生产成本的影响。

8.1.6 厂址选择条件评估

投资项目具体厂址的确定,一般要经过宏观的地区经济布局、布点和厂址选择三个层次。厂址选择关系到不同地区投资分配、区域经济发展、产业结构、生态环境、项目建设条件、生产要素市场与产品销售市场等全局性、长远性的问题。此外,还涉及到政治、国防等因素。因此,要运用系统的观点,全面来评价厂址选择。

8.1.6.1 项目布局中的地区选择原则

(1)综合平衡,共同发展。根据地区经济发展不平衡的规律,合理处理发达地区与落后地区关系,布局要有利于促进地区间的专业化生产与区域经济协调发展,要有利于先进地区带动后进地区共同繁荣,缩小差距。

(2)突出优势,合理分工。按社会劳动地域分工规律,合理发挥地区自然资源优势与社会资源(如科技、劳动力、资金等)优势。

(3)减少运量,靠近市场。投资项目尽可能靠近原材料、能源、劳动力丰富的生产资料市场,尽可能靠近产品消费量大的生活资料市场,以减轻运输负担;或者靠近运输条件好的地区,有利于原材料、能源的供应和产品的外运。

(4)平衡生态,适度规模。工业基地与城镇规模要适当控制,使之符合经济发展的规律和满足生态平衡的要求。

(5)社会稳定,国家安全。要从地区的社会安定、国家国防需要的高度出发,考察投资项目的布局。

8.1.6.2 投资项目的布点要求

(1)按原料产地原则布点。对多数农产品、矿产品的初加工工业(如榨油厂、洗煤厂、选矿厂),由于原料在加工过程中失重比例大,消耗原料量比产出成品量大很多倍,这种类型的工业布点,应接近原料产地;同时,有些原料在运输过程中耗损大,外运成本高,布点也应接近原料产地。

(2)按消费地原则布点。对于生产过程中原料失重程度小,甚至增重,或成品不便运输,成品运输损耗大,如玻璃厂、食品厂、家具厂等,一般应按接近消费地原则布点。

(3)按能源基地原则布点。对耗能大户(如铁合金厂、电解铝厂、特殊钢厂等),由于单位产品耗能比重高,应布点在能源基地、大型电站等附近。

(4)按劳动力原则布点。对劳动密集型的产业或工厂,由于劳动消耗占产品成本比重高,其布点应在劳动力资源丰富的地区。

(5)按技术与知识原则布点。对于技术密集型和知识密集型的产业或企业,如新材料工业、核工业、航天航空工业、电子信息产业、汽车工业等,布点应更多考虑靠近科技条件好、技术协作能力强的地区。

8.1.6.3 具体厂址的选择

A 厂址选择的原则

(1)控制大城市规模,合理发展中等城市,积极发展小城市;

(2)服从区域规划、城市总体规划及其功能分工的要求;

(3)保护环境和生态平衡,节约使用土地;

(4)有利于专业化协作;

(5)满足生产建设与职工物质文化生活要求。

B 厂址应具备的条件

(1)工程与水文地质、地形、气象等自然条件要符合建厂要求,占地面积和地形要符合项目厂房和各种构筑物布局的要求,同时要满足生产工艺流程的需要;

(2)原材料、燃料等物质资源的供应要落实可靠;

(3)交通运输、电力、水源等外部协作条件要可靠,并经济合理;

(4)符合国防及安全要求(如易燃易爆产品的厂址选择问题);

(5)厂址位置要符合当地机场、电网、通信设施间隔距离的要求;

(6)有利于环境保护(如厂址位于河流上游、上风口位置对城市可能带来的污染,尤其是对有毒、有害气体、液体可能的排放与泄漏等问题要做到未雨绸缪);

(7)生活、文化教育、商业网点、公共交通等基础设施的配套与统一规划、合理布局。

此外,还要在综合分析基础上,对厂址的选择进行多方案比较、选择,比较选择的方法与前面章节所述多方案评价方法相似。当然,厂址选择有很多不便定量的因素,这时可用专家评分法来确定厂址的优劣;如果运输为主要限制环节,可用最小运费的模型法求解,得出最佳的厂址。

8.1.7 环境保护措施评估

现代工业,如冶金、化工、造纸等工业,在生产过程中排放的废渣、废液、液气等都是环境污染的重要来源。进入20世纪80~90年代,发达国家工业发展的模式已由先污染后治理向“清洁生产”转变。因此,一定要把节约资源、保护环境放到投资项目评价的重要位置。

8.1.7.1 污染源分析

工业投资项目对生态平衡的破坏、造成自然环境的污染原因,主要有以下几个方面:

(1)项目的投入物。如有毒、有害、放射性的投入物,由于密封和安全措施不完善,在运输、储备过程中,已污染了环境。

(2)生产过程的排放物。许多工业生产过程不可避免地产生废渣、废气、废水、噪音等,如处理不当,或项目投资时没有规划好污染物的处理问题,在生产中必然会排放有污染的物质。

(3)项目的产出物。项目的产品本身就有可能对生态环境造成破坏,如某些化肥、农药,许多食品的包装物等。这就要求在产品的使用过程中严格按规则使用,或者用经济手段,加重有关产品的税赋。

(4)对自然资源的过度开采。如地下水资源过度开采,森林资源的过度开采,都会带来严重的生态失衡。

8.1.7.2 项目环保措施的评估内容

(1)全面分析投资项目对环境的影响,提出治理对策与规划;

(2)环保工程与主体工程同时投资与建设,以达到清洁生产的目标;

(3)严格执行环保标准,控制污染物排放量;

(4)建立项目污染物排放的成本、费用评价模型,从环境与经济结合的角度综合评价投资项目的经济性。

8.1.7.3 综合利用,减少污染物排放

综合利用和清洁生产是环境保护的最根本措施。为此,从投资方案设计时,就要考虑:

(1)合理选择燃料,改进燃料使用方式,加强废渣(如煤渣)利用,防止排放污染;

(2)推广清洁生产工艺,组织封闭式生产,防止有害气体、液体泄漏;

(3)污水的净化与循环使用,排放的废水一定要达到国家规定的有害物质含量标准;

(4)采用先进技术,减少噪声污染。

8.2 技术评估的一般问题

8.2.1 技术评估的原则

在科学技术不断发展的条件下,投资项目应该选择什么样的技术最妥当,对此国内外有各种各样的理论和标准。有人认为,只要项目能够取得理想的收益,这项技术就是可行的;还有人认为,项目选择的技术越先进越好。结合我国投资项目建设的实践,一般可按下列原则进行投资项目的技术选择。

8.2.1.1 先进性

先进性是指项目采用的技术应是先进技术。先进技术是指对当代生产的发展起主要作用,并在技术领域中居领先地位的技术。先进技术首先是一个世界性的概念,即在世界范围的居于领先地位的技术;就一个国家或一个地区而言,也有在此局部范围内居领先地位的技术。我国在跨世纪发展过程中,在投资领域中积极推广和采用先进技术,对于改变我国技术基础现状有很大意义。因此,拟建项目的技术应该具有先进性。如果是引进项目,至少应该

比国内现有的技术先进;如果是国内项目,则应该是国内已经成熟的先进技术。

项目的先进性是通过各种技术经济指标来体现的。不同行业,由于特点不同,评价技术水平的指标也不尽相同。在评估中,应结合行业具体情况,选用相应的指标,作为衡量先进性的标准。

8.2.1.2　适用性

适用性是指项目所采用的技术必须适应其特定的技术条件和经济条件,可以很快消化,并能取得良好的经济效益。

随着科学技术的发展,人们掌握的技术越来越多,为了达到某一经济目的,往往有多种技术可供选择采用。但是,不同的技术,经济效益是不同的,即使是同一种技术,由于条件不同,经济效益也不一样。因为任何一项技术在实际应用中,都要消耗一定的人力、物力、财力,都要凭借当时的具体条件,包括自然条件、技术条件、社会条件和经济条件等。选择技术,无论是国内的,还是国外的引进技术,都要结合这些条件考虑它的适用性。否则,即使是先进技术,也不一定能带来好的经济效益。

但是,适宜的技术决非只是与先进技术的相对应的一种技术,适宜技术包括先进技术、中等水平的中间技术和较低水平的改良技术。一个建设项目根据自己的条件,采用国际上最先进的技术,能取得良好的经济效益,这种技术同样也是适宜的。

结合我国国情,适宜技术应符合以下基本条件:

(1)有利于综合利用本国、本地的资源;

(2)有利于提高能源、原材料的利用率;

(3)有利于安全生产、"清洁生产"、维护生态平衡;

(4)有利于充分发挥原有技术装备和技术力量;

(5)能够与当地技术水平相适应;

(6)实施中可行,能取得最佳经济效益。

技术适宜性要求项目的决策者克服两种倾向:一种是片面追求技术的先进性,认为技术越先进越好;另一种是以选择适宜技术为借口,迁就劳动力就业的要求,降低项目技术先进性,从而影响技术现代化的速度。这两种情况都是评估人员应该注意的。

8.2.1.3　经济性

经济性是指所采用的技术,应该以一定的消耗获得最大的经济效益。在评估过程中,要分析达到同一目的的若干不同技术方案,结合财务分析和国民经济分析进行比较判断,从中找出经济效益最佳的技术。

上述三项原则,先进性是选择技术的前提,经济性是选择技术的目标,适用性是采用技术的条件。三者在评估不同性质的项目中所处地位是不一样的。但它们是一个相互联系的有机体,应体现在项目技术评估的全过程中。

8.2.2　技术评估程序

技术评估是一项专业性强,难度大的工作,估评部门应尽可能选派熟悉技术分析的专家参加和组织这方面的工作。设立一个由评估人员、项目技术人员和聘请的专业技术人员组成的评估小组,以便对可行性研究报告中的技术论证做出客观的评价。

技术评估的一般程序是:收集资料;分析技术发展趋势;划分技术问题层次,明确评估重点;对工艺和设备进行具体评估。

8.2.2.1 收集资料

技术评估能否顺利进行，收到良好的效果，在很大程度上取决于资料的收集工作。技术评估要收集的资料包括以下几方面。

(1)多种技术方案。这里所说的技术方案，主要是指工艺和设备的方案。在现代科学技术的条件下，为了达到某种目标，往往可以采用不同的技术方案。就一个建设项目来说，即使是在总体的工艺方案确定的情况下，各阶段的工艺、各种设备仍有一定范围的选择性。

在收集技术方案和进行方案比较的过程中，要注意方案在三个方面的一致性：

第一，技术目标的一致性。拟建项目选择的技术方案，是为了满足市场的某种需求。市场需求千差万别，如果收集的方案在技术目标上不一致，就失去了比较的意义。

第二，技术经济指标的一致性。各种方案的比较是通过各项技术、经济指标实现的。在比选各类方案时，应以相同的技术经济指标为尺度，它们的含义、范围应是相同的，否则应予换算。不能甲方案用一种指标，乙方案用另一种指标。例如，衡量消耗的指标，就不能一个用重量，一个用体积。

第三，时间的一致性。用于比较的方案，必须要有相同的时间起点。时间不同，技术的实施环境就不一样，各种技术性能和经济效益也会有很大差别。例如，把一个目前就要实施的技术方案和一个两年后才能实施的新技术方案进行比较，就难以评价两种方案的优劣。

此外，根据资金时间价值的原理，不同时间范围的技术方案的经济效益也会不一样。

(2)收集和熟悉可行性研究报告。可行性研究报告对项目所做的技术论证，是评估的出发点。同时，可行性研究报告是关于项目全部情况的研究文件，它概括了项目的市场、建设条件、财务、经济等多方面的内容，只有全面了解这些内容，才可能把技术评估和其他部分有机衔接起来。

(3)收集基本技术资料。包括：工艺方案、工艺流程、工艺说明书、设备性能说明书、引进项目各次的报价单等。上述资料可以为技术评估提供各种参数，如材料、能耗定额、生产规模、质量、设备规格等。

8.2.2.2 分析技术发展趋势

项目的技术评估是对技术在项目整个寿命期可行性的预测。当前，新技术革命方兴未艾，新技术、新设备不断出现。如不注意对项目所应用技术的发展趋势进行分析，在投资项目建设中就可能出现这样的情况：项目建成之时，就是项目技术方法和主要设备淘汰之日。这一严峻的现实说明，必须把分析技术发展趋势的问题放在首位。分析项目技术发展趋势，要做好以下工作：

(1)收集并认真研究国内外有关技术发展趋势的资料。国内、外许多资料都有对技术发展趋势的预测，如《中国2000年研究资料》、《中国科技发展蓝皮书》、《中国产业发展报告》以及其他有关的专业技术杂志等。评估人员应该注意收集和利用这些资料，分析项目所属行业的技术发展趋势。

(2)预测技术的寿命期。与工业产品一样，技术也有寿命期。任何一项应用技术，都要经过产生、成长、成熟、衰退四个时期。产生时期的技术处于前工业生产阶段，一些基本的技术问题尚未解决，风险性大，建设项目不能采用；成长、成熟时期的技术，正处于推广、应用和完善阶段，经济效益好，是拟建项目应该采用的技术；衰退时期的技术是落后的技术，其生产经济性差，产品的市场已逐渐被新技术所生产的产品取代，经济效益不断下降，拟建项目不宜采用。

8.2.2.3 划分技术问题的层次,明确评估重点

建设项目所涉及到的技术问题十分丰富,由于种种原因,评估人员不可能、也没有必要对每一个技术问题都进行一番详细的分析论证。为了节省时间,突出评估重点,可以将各种技术问题按其影响的范围和作用,分成三个层次:

(1)对环境有影响的技术问题。这是指对整个国家、地区、行业有影响的技术问题。例如:采用的技术是否符合国家的技术政策;是否符合行业技术发展规划;是否影响生态平衡;项目的技术水平与协作企业是否适应;是采用国内技术还是采用引进技术等。虽然这类问题不是单纯技术问题,从技术的角度来说并不复杂,但它们牵涉面广、影响大,关系到项目全局。因此,它们是技术评估中首先应该明确的问题。

(2)主要技术问题。这是指对投资项目存在有决定性影响的内在技术因素。例如:工艺方案,主要工艺环节(工序),主要设备,关键性的零部件、配件等,这类问题是技术评估的主要对象。

(3)一般性技术问题。这类问题对项目总体影响不大,如果可行性研究报告中已经予以明确,就可以不再进行评估。

当然,究竟哪些是主要问题,哪些是一般问题,要根据项目的具体情况确定。

此外,对工艺和设备的评估是技术评估的重要内容与程序,在8.3中将作重点介绍。

8.2.3 技术评估的方法

进行技术评估可以运用多种方法,归纳起来有以下几种。

8.2.3.1 功能评价法

这种方法是对实现技术目标的工艺、设备的各种技术功能进行比较分析。功能可以通过各种技术参数来体现,例如:额定功率、生产效率、精度、维修性等,比较工艺和设备的这些参数,就可以从中选择功能优胜者。

8.2.3.2 费用评价法

工艺和设备在发挥功能的同时,必然发生各种费用,如操作工艺和设备工人的工资、原材料消耗、机物料费、运转的能耗费等。因此只做功能比较,还不能决定项目的取舍,要进一步分析它们的耗费,才能得出正确的结论。

费用评价的过程一般是将各方案的费用汇总相加,以费用消耗最少者为优,然后,再结合功能评价做出结论。

8.2.3.3 核查计算法

核查计算法是将方案的各种重要参数和指标对照原始资料进行查证、计算。由于各种原因,项目的组织者所提供的一些技术经济指标往往与原始资料不符。例如,有一个评估小组在审查一个塑料投资项目时,发现企业所提供的可行性研究报告所列的生产能力比评估人员依据设备原始资料所计算的生产能力高出三分之一,从而导致了可行性研究报告中经济分析的全部错误。技术评估并不完全是为了选择一个最优方案,还有一个很重要的目的,就是为了检查可行性研究报告,避免出现各种技术失误和纠正片面的结论。因此,核查计算法是技术评估中的一个重要方法。

8.2.3.4 评分分析法

一个技术内容,往往有多种技术指标,在实际的方案比较中,难以出现各种经济指标一

边倒的情况。以设备为例,可能甲设备的转速、输出功率比乙设备的好,而乙设备的可靠性、耐磨性比甲设备的好,在这种情况下,应采用专家评分法,分别计算各设备所得的功能总分,以总分最高者为优。

8.3 工艺评估及设备评估的主要方面

8.3.1 工艺评估

工艺是指工人利用生产工具,对原材料、半成品进行加工处理,最后使之成为成品的方法,如炼铁工艺是将铁矿石还原为生铁,机加工工艺是对零件进行车、铣、刨、磨等。

工艺评估的目的,就是要确定产品生产过程技术方法的可行性。工艺评估的主要内容有以下几个方面。

8.3.1.1 可靠性

即所选择的工艺必须是成熟的、在实践中能发挥预期效益的工艺。可靠性是选择工艺的重要前提。不可靠的工艺会给建设与生产留下隐患,甚至造成重大损失。一般新技术、新工艺进入工业生产领域,须经过实验阶段,经实验解决各种应用技术问题,经权威机关评审、鉴定后,才能进入生产阶段。

8.3.1.2 工艺流程的合理性

工艺流程也叫工艺路线,指劳动者使用生产工具改变劳动对象的形状和性能,使之形成有使用价值产品的过程。合理的工艺流程要满足下列要求:

(1)加工过程的连续性。从原材料投入加工到形成产品的过程要顺畅,并且原材料及半成品在生产线的行程最短,这样可提高生产效率,提高设备利用率,降低资金占用,降低成本,为企业在市场竞争中创造条件。

(2)使每件、每批产品都能满足技术所规定的要求。

(3)良好的适应性。如为适应市场需求多变的特点,有些产品的加工按工艺专业化原则组织工艺流程,可提高单件、小批量生产的效率。

(4)经济性。即工艺流程有利于节能降耗,提高产出的效率和效益。

8.3.1.3 对产品质量的保证程度

可按 ISO9000 族标准对企业质量体系进行质量保证程度评估。同时从技术标准、工艺方案角度审核、查证、对比产品的各种质量指标、判断产品的质量水平,以及选用相应的产品标准对产品进行质量认证。

8.3.1.4 产品生产成本或工艺成本

产品生产成本也称制造成本或工艺运营费用。在满足相同的产品质量水平可能有多种不同的工艺方案,但由于其制造成本的差异,使经济效益有差别。产品生产成本是产品总成本费用的重要组成部分,是工艺“经济性”原则的具体体现,降低生产成本,选择较低生产成本的工艺方案,就必须对工艺的生产成本进行分析。

生产成本主要有:原材料、燃料和动力、工资及职工福利费、废品损失、制造费用等。其中原材料、燃料与动力消耗、废品损失、制造费用的大小,与工艺方案关系更密切。要对这些内容进行重点评估。

评价不同工艺的生产成本可直接用费用比较法,将各备选方案的各项工艺费用分别计算、汇总,年工艺生产成本最低者为“最经济”的工艺。

例如,某项生产工艺有三种方案,各自的工艺费项目见表8-1,从三个方案的工艺费用总计(即生产成本)中可看出 B 方案生产成本最低。

表8-1 不同工艺方案的生产成本比较 单位:万元

费用项目	A 方案	B 方案	C 方案
原材料	318.60	325.80	336.50
燃料与动力	186.80	190.40	194.10
工资及附加	38.50	40.70	42.20
制造费用	108.30	93.20	90.40
合计	652.20	650.10	663.20

8.3.1.5 工艺与原材料的适应性

相同的产品,由于原材料不同,工艺会有所区别;反之,由于工艺不同,对原材料的要求可能会不一样。如铁精矿产品的生产,原料是磁铁矿,可直接采用磁选工艺。但原料如为赤铁矿时,直接用磁选工艺就不合适,此时可选择先将赤铁矿预处理(焙烧磁化,转为磁铁矿)再进入磁选;也可选用浮选工艺处理。因此,某些原材料来源不稳定或没有来源,会影响工艺的经济效果,在一定情况下,甚至成为限制工艺实施的主要因素。

在评价工艺的可行性时,必须审查工艺与所需要的原材料是否适应,尤其是在改扩建项目,当改造后工艺有很大变化,原来需要原材料与后来需要的原材料差别较大时,有可能因原材料的差异,导致工艺方案由可行变为不可行。例如某塑料厂原生产用原料是普通的聚乙烯,企业改扩建后,新工艺要求用低压高密度聚乙烯。两种原料名称大同小异,但他们的性质不同,价格差异也很大,若在工艺评价时,没有讨论这一问题,待项目建成后可能是“无米之炊”或者是成本大大上升了。

8.3.1.6 工艺对实施条件的要求

一定的工艺是在相应的条件下运转,有些生产工艺对实施条件无严格要求,而有的则要求很严格。如电子、电器、精密仪器等产品的生产,工艺在实施过程中除尘、净化、温度等条件要求较严格。如我国一电冰箱企业在引进德国电冰箱生产线时,工艺在冬天实施过程中,突然发生运行故障,生产线无法运转,经多方检查,才发现是环境温度过低造成的,此时方把取暖设施列入日程。因此,在工艺评估中要落实、检查工艺对其实施条件有什么具体要求,可行性报告是否已考虑,采取的措施是否可行,以免工艺实施中发生失误。

8.3.2 设备评估

机器设备是现代大工业生产的重要物质技术基础。工业企业的设备按其在生产过程中所处的环节或作用不同,一般可分为生产工艺设备、辅助设备和服务设备。

生产工艺设备是用于改变劳动对象的形状和性质,使原材料变为半成品、成品的那部分设备,如钢铁生产中高炉、转炉、轧机等;辅助设备是直接保证生产工艺设备运转的各种设备,如动力设备、仪器仪表、专用工具与检测工具等;服务设备是指间接为生产服务的管理、安全、生活等设备。生产工艺设备和辅助设备是工业企业的主要设备,是设备评估的主要对象。

生产工艺要通过设备来体现,先进的工艺往往要求先进的设备相适应。工艺与设备是相辅相成、缺一不可的。因此,评估设备时,首先应以确定的工艺要求为基准,并重点从以下几个方面进行评估。

8.3.2.1 生产能力的协调与设备的配套

A 按比例配置各环节生产能力

为保证生产过程的连续性,提高生产效率与经济效益,在生产过程中工序、工艺阶段设备的定额生产能力必须按一定比例配置,并且额定生产能力刚好是项目设计的生产能力。这样上一工序或工艺阶段的产出量正好等于下一工序或工艺阶段的投入量。

当然,上述的是一种理想的配置。在实践中做到这一点仍需做大量的工作。投资项目的设计生产能力一般是根据在市场调查与预测基础上所确定的生产规模来确定,这里讲的生产规模常常是最终产品的额定主体生产能力。而对于多环节生产过程来说,各工序之间生产力需要从最终产品的主体生产能力逐步往前推算,从而得出各环节的设计生产能力与设备配置的数量。因此,在审核各环节(工序或工艺阶段)额定生产能力时要从设备技术参数、生产组织与管理等角度进行考察,力求做到各环节设备额定生产能力按比例合理配套,避免一些环节出现"大马拉小车",另一些环节能力过小而形成"瓶颈"的现象。

核定各环节设备配置的步骤大致是:第一,按最终产品设计生产能力,以及各工序或工艺阶段之间物质投入与产出的比例关系,并分别核定各环节的设计生产能力;第二,以设计生产能力为标准,根据收集到有关设备的资料,核定单台设备的生产能力;第三,计算各环节设备配置数量;第四,结合实际及有可够的生产组织与管理措施,核实设备实际配置台(套)数。下面以钢材生产为例,核定各环节设备配置数量。

例 8-1 某公司拟新建钢铁厂,用以生产建筑用小型材、线材。设计年产小型材、线材38万t,轧钢拟采用半连续小型线材轧机一套(设备额定年生产能力与项目设计能力相符),分析计算连铸、炼钢、炼铁、烧结几个主要工艺阶段的设备选型与配置数量(按年工作360d,设备利用率80%计算)。

解 分析过程如下:

(1)核定各环节年生产能力。

根据技术资料与工艺参数量,可知各环节投入产出比例关系如下:

轧钢:连铸:炼钢:炼铁:烧结 = 1:1.053:1.105:1.126:1.895

由此比例关系,可核算出各环节设计生产能力为:连铸40.0万t(方坯),炼钢42.0万t(钢水),炼铁42.8万t(生铁),烧结72.0万t(烧结矿)。

(2)单台(套)设备生产能力确定。

单台(套)设备生产能力 = 设备有效工作时间 × 设备单位时间产量定额

经调查与资料分析,各环节拟选用设备的类型如下:连铸采用三机三流方坯连铸机,每天(24h)生产产量定额为700t/d·台;炼钢选用30t氧气顶吹转炉,产量定额为730t/d·座;炼铁采用750m^3高炉(利用系数为2.0t/m^3·d);烧结机选用50m^2烧结机,产量定额1350t/d·台。

所以单台(套)设备年生产能力如下:

连铸机生产能力 = 360 × 0.80 × 700 = 20.2万t/年·台

炼钢30t转炉生产能力 = 360 × 0.8 × 730 = 21.0万t/年·座

炼铁750m^3高炉生产能力 = 360 × 0.80 × 2.0 × 750

$=43.2$ 万 t/年·座

烧结机($50m^2$)生产能力 $=360\times0.80\times1350$

$=38.0$ 万 t/年·台

(3)各环节设备配置量确定。

连铸(三机三流方坯连铸机):40.0/20.2≈2 台

炼钢(30t 转炉):42.0/21.0=2 座

炼铁($750m^3$ 高炉):42.8/43.2≈1 座

烧结($50m^2$ 烧结机):72.0/38.9≈2 台

经进一步分析核定,上述主体设备的选型与生产能力方面基本协调。其他辅助设备可按相关环节的主体设备生产能力选择,并与之配套。

B 设备实际生产能力与项目设计生产能力的吻合

项目设计生产能力虽然以设备额定生产能力为依据计算,但在有些情况下,设备实际生产能力与设计能力并不完全一致。在有些情况下,从组织管理角度入手,提高工时利用率,或从技术角度出发,提高设备利用效率,都可能使设备实际生产能力提高;反之,有些设备在项目实施过程中,一些相关因素(如管理不善、原材料达不到要求等)变坏,可使设备实际生产能力达不到设计的要求。如上例的 $750m^3$ 高炉的生产能力,若采取富氧鼓风使利用系数由 2.0 提高到 2.2,炼铁实际年生产能力上升为 47.5 万 t;若实施过程中,由于烧结矿品位达不到要求,使高炉利用系数由 2.0 降为 1.8,炼铁实际年生产能力下降为 38.9 万 t。

此外,还可能存在如设备制造厂为推销产品夸大设备生产能力或项目组织者为获得贷款夸大项目生产能力的情况。这就需要严格核定设备的实际生产能力,若在项目投资后,问题才暴露出来,为时就晚了。

以上的情况,在设备评估时,需对实际生产能力作认真分析。核查提高设备生产能力的措施是否可行;设备达到生产能力所必须的条件是否具备;列报生产能力是否有虚假等等。以保证投资项目经济评价的准确。

C 设备的配套性

设备的配套性是指相关联设备、器具之间数量、各种技术指标和参数的吻合程度。具体可分为单机配套、机组配套、项目配套。

单机配套是指一台机器中各种工具、附件、部件要配备齐全;机组配套是指一大机器的主机、附属设备要配备成套(如数控机床的主机与微机控制系统的配套);项目配套是指一个建设项目所需各种设备要配备成套(如生产工艺设备、辅助设备、服务设备的配套)。

对设备配套性的评估,除了考核其数量上的吻合程度外,还要考核它们在质量上的适应程度。如我国一些地区近几年大量引进国外较先进的釉面砖生产炉窑,但有的没有引进与之相配套的原料处理设备与计算机控制系统,使得生产出来的产品质量很难保证,项目建成后产品的销售过程中就暴露出问题。

8.3.2.2 设备的可靠性与灵活性

对设备可靠性的要求:设备有高的可靠程度,能够在规定时间内无故障工作,并满足工艺要求,高质量完成本工序的加工任务。设备可靠程度是指在规定的时间内,在规定使用条件下,设备无故障地发挥规定功能的概率。它是评价选择设备的重要参数。

此外,在选择设备时,应可能选那些结构紧凑、重量轻、体积小、操作使用方便的设备,以及可拆卸运输的重型设备。也就是说,选择那些在运输、安装、使用方面具有灵活性的设备。

8.3.2.3 设备的经济寿命

设备在投入使用过程中,用三个寿命来反映其使用期限的长短,即设备的自然寿命、技术寿命与经济寿命(参见本书第12章)。

设备的经济寿命是评估设备的一个重要指标,对相同用途的设备,经济寿命越长,其经济性越好。它同时代表了设备的技术先进性与使用经济性两层含义。因此在分析投资项目所用的设备时,一定要选经济寿命较长的设备。

8.3.2.4 设备的维修性

设备在使用过程中因发生物质磨损,不可避免的要进行维修。因此,维修性好的设备一般是结构简单,零部件组合合理,维修时零部件易于接近;可迅速拆卸,易于检验;标准化程度高,互换性好。

评估设备的维修性一般可采用观察比较设备的修理复杂系数;或且对不同类型设备按其复杂系数的计算公式、计算复杂系数等办法来评价。

设备维修性是相对的,一般高档引进设备比国内设备维修性差;技术构成低的行业比技术构成高的行业的设备维修性好;从可靠性看,一般可靠性高的设备费维修性要差一些。因此,我们要综合考虑不同地区、不同企业的特点,选择适当维修性的设备。此外,还应从零部件的互换性,来落实设备维修部件的可能性。

8.3.2.5 设备的经济性

设备的经济性是指在满足工艺对设备功能要求的条件下,设备在使用过程中,生产产品时生产成本的高低状况。由于采用不同设备,生产成本高低有别。因此,有必要比较和评价设备使用的经济性。评价、比较设备经济性通常有下面两种方法。

A 运营成本比较法

与工艺成本的费用项目相似,设备运营成本也分成若干费用项目。评价时可分项分析计算,然后汇总评价(参见工艺成本的比较)。

B 费用效率(*CE*)分析法

费用效率分析法又称寿命周期费用法,它的基本原理是:在选择设备时,主要考虑设备的系统效率(*SE*)和设备寿命周期总费用(*LCC*)两个因素,以此求出费用效率(*CE*),*CE* 用于方案比较。*CE* 计算公式如下:

$$CE = \frac{SE}{LCC} \tag{8-1}$$

式中 *SE*——系统效率,指某一设备的运营效益。它可以是定量的销售收入、利润等等,也可是难以定量的指标,如启动性、可靠性、舒适性、维修性、灵活性等;

LCC——寿命周期费用,指设备寿命期中的总费用,由设备的购置费和运营费组成。如果设备由企业自行研制,则包括研制费;

CE——费用效率,指每一单位费用消耗所获得的设备效益。

在式(8-1)的计算中,一般 *LCC* 可易求出,*SE* 则难确定。*SE* 的确定有两种方法(以下结合一个例子分别说明):

(1)以一个综合要素作为系统效率。例如,有三类能达到同一目标的设备,它们的系统效率可用“生产效率”这一综合指标表示,其具体内容见表8-2。

表8-2 设备费用效率比较表

设备类别	生产效率/$t\cdot d^{-1}$	寿命周期费用/万元
A	375	300
B	330	300
C	330	275

按式(8-1)计算,得

$$CE_A=\frac{375}{330}=1.25$$

$$CE_B=\frac{330}{330}=1.10$$

$$CE_C=\frac{330}{275}=1.20$$

由此看出,付出单位的费用,A 设备的费用效率最高(每万元支出的日产量最高),因此 A 为经济性最好的设备。

(2)用多个单一性要素作为系统效率。如当某些工艺不能用一个综合要素表示时,就必须取几个单项要素,请有关专家进行权重评分,然后加权平均计算出系统效率,最后计算费用效率。计算过程如下:

第一步,确定各要素所占权重。通常先设计好权重调查表,请专家填写,回收汇总,有必要时要反馈回去,进行多轮调查(见 Delphi 法),最后根据专家调查的结果,用有关方法(如层次分析法)确定各要素的权重;

第二步,分别确定评价要素与对应设备的要素得分值。得分值也可用专家评价法得到。

第三步,按设备汇总计算要素综合得分值,并以此数作为系统效率。计算公式如下:

$$PS_j=\sum_{i=1}^{n}r_{ij}PF_{ij} \tag{8-2}$$

式中 PS_j——j 设备要素综合得分值(系统效率);

r_{ij}——j 设备第 i 要素权重值;

PF_{ij}——j 设备第 i 要素得分值;

$i=1,2,\cdots,n$——(n 为要素个数);

$j=1,2,\cdots,m$——(m 为设备(方案)数)。

第四步,计算各设备(方案)的费用费率(CE),并做出评价。

例8-2 某投资项目有三种设备选择方案,各设备的寿命周期费用分别是:A 设备9.8万元:B 设备9万元;C 设备9.4万元。系统要素由6个要素组成,各设备对应要素得分(按10分制评分)和要素权重经专家调查,结果如表8-3。

表 8-3 设备系统效率专家调查评价表

序号	系统要素	权重 %	A 设备		B 设备		C 设备	
			评价	得分	评价	得分	评价	得分
1	可靠性	30	95%	9	90%	7	92%	8
2	安全性	15	安全	10	较安全	8	一般	6
3	耐用性	20	13 年	7	18 年	10	15 年	9
4	维修性	15	一般	6	较好	8	很好	10
5	环保性	10	很好	10	很差	0	很好	10
6	灵活性	10	良好	9	较好	8	一般	6
合计 PS		100		51		41		49

解 (1)系统效率计算：

$PS_A = 0.3 \times 9 + 0.15 \times 10 + 0.2 \times 7 + 0.15 \times 6 + 0.1 \times 10 + 0.1 \times 9 = 8.4$

同理 $PS_B = 7.3$ $PS_C = 8.2$

(2)费用效率计算：

$$CE_A = \frac{8.4}{9.8} = 0.86$$

$$CE_B = \frac{7.3}{9} = 0.81$$

$$CE_C = \frac{8.2}{9.4} = 0.87$$

因此，C 设备费用效率最高，经济性最好。

8.3.2.6 其他因素评价

包括设备的安全性(如对人身安全的保障、对人生理与心理正常需求的保障等)、环保性等因素。

评价设备只要抓住了上述环节，就基本达到了设备评估的要求。

8.4 项目生产规模及产品结构的确定

生产规模是指生产要素在企业的集中程度。衡量生产规模有多种指标，如生产能力或产值大小、销售收入大小、企业人数、固定资产价值等，项目生产规模的评价指标通常用项目的生产能力。

产品结构是企业的不同种类、不同品种的产品组合。一般来说，企业的产品结构有按产品种类划分的，有按某类产品的品种、规格与型号划分的，还有可能是以上两者的结合。

8.4.1 企业规模、产品结构与经济效益的关系

8.4.1.1 企业规模的技术经济差异

即使是同类型企业，由于其生产规模的差别，企业的生产技术经济指标仍存在差异。在生产力水平不断提高、技术进步加速、市场需求多变的今天，企业规模的发展趋势呈现出不同的特点：一是生产社会化水平与技术水平的提高，社会化大生产的要求，使生产过程连续

性、均衡性、节奏性不断增强，企业规模有越来越大趋势；二是由于社会分工越来越细，各行业、企业之间协作关系越来越紧密，需要许多专业化的中小企业与大企业协作配套；三是技术进步速度加快，新产品层出不穷，人们的需求也随之变化多端，使转向快、善于拾遗补漏的中小企业应运而生。因此，在经济发展过程中，大中小规模的企业将长期共存。

A　大型企业的有利因素

(1)有利于生产设备的合理使用。在选择主导设备时，设备的额定生产能力与设备的价值并非同步增加，生产能力增大，单位生产能力的设备购置费用有下降趋势；同时，由于大型企业大多按大量生产方式组织生产，设备及厂房等负荷充分，管理效率与生产效率高，可以降低单位生产能力的固定费用与单位产品的成本；此外，与主导设备相配套的设备(辅助设备、设施等)也可有效利用。

(2)有利于原材料、能源消耗的降低，节约经营费用。大型企业一般都采用先进的技术和生产工艺，实行原材料、能源的集中采购、运输与储存、处理，使单位产品的原材料、能源消耗降低，并节约采购费用、储存费用和运输费用，从而降低经营成本。

(3)有利于提高劳动生产率。在大规模生产条件下可以在企业内部进行精细的分工，提高操作工人的熟练程度和技术水平，有助于采用机械化、自动化的高效率设备，按流水线方式组织生产等等。这些必将大大提高劳动生产率。

(4)有利于技术创新与新产品开发，确立在市场竞争中的有利地位。由于大型企业技术人才、管理人才较多，资金雄厚，可以在高新技术领域开拓创新，使其开发的新产品有高技术含量和高附加价值，在竞争中保持领先地位。

大型企业在生产技术经济方面的优势，使得它们成为工业发展和国民经济中的骨干力量。但是大型企业的优势不是绝对的，比如需要投入大量资金和较高的技术力量，并且产品转型慢、市场适应性差、建设周期长、原材料配套要求高(如原材料、能源资源分布散，有可能带来运输费用增加)等。

B　中小企业的有利因素

(1)投资少，见效快。

(2)能充分利用分散的自然资源，有利于生产力均衡布局，有利于调动各方面积极性，促进落后地区经济发展。

(3)有利于按多品种、小批量方式组织生产，发挥船小好调头的特长，市场适应性强。

(4)有利于发展零部件、标准件的专业化生产，为大型企业提供配套能力。

8.4.1.2　产品结构与经济效益

在企业的产品结构中，产品种类、品种、规格、型号越少或是单一，越有利于生产过程的组织，有利于提高产品生产的经济性，其优点与大型企业相似。但是从经营风险角度出发，产品结构过于单一，市场适应性就差，一旦企业主要产品的市场需求减少，企业亏损或破产的风险就大。这种特点在人民生活的最终消费品上体现更加充分。此外，由于企业各种资源的限制，不同产品对资源的需求有一定的差别，有限的资源用于产品的生产，也会有一个合理搭配与最佳利用的问题。

因此，产品结构与经济效益是矛盾运动中的统一体，要综合考虑，寻求长远、整体的经济效益最佳情况下的产品结构。

8.4.2 影响项目规模与产品结构的主要因素

评价与确定投资项目的规模与产品结构,需要从宏观和微观角度加以分析,其中最主要的因素是市场因素(如消费者对产品数量、质量和品种的需求),以及资源条件的限制。具体分析应当考虑以下因素。

8.4.2.1 市场对产品数量的需求

确定项目的生产规模,首先要考虑社会、消费者对产品的需求,以及市场需求的时间范围与目标市场等。只有在产品的市场调查和需求预测基础上,才能确定投资项目的生产规模。

8.4.2.2 市场对产品品种、质量的需求

这是确定项目产品结构的重要依据。对产品品种、质量需求的市场调查主要是了解消费者在产品消费过程中,对产品性质、款式、花色的需求,以便项目建成投产后,能够生产出适销对路的产品,提高项目的经济性与贷款偿还能力等。

8.4.2.3 项目的行业与技术特点

行业与技术特点对项目的生产规模和品种结构有很大制约作用。如采掘业的企业规模主要取决于矿山地质条件和矿石储量、品位等,其品种结构也较为单一。钢铁工业如采用高炉、转炉技术生产,其规模一般为大型联合企业,钢材品种以普碳钢种为主;若以电炉、炉外精炼技术为主,则可以按中小型企业组织生产,产品一般为特殊钢,其品种规模相应的就更多一些。轻纺工业则宜大中小并存。

8.4.2.4 产品的生产组织特点与市场需求特点

(1)市场需求最大、产品规格简单、品种少,应以大型规模的企业为主。

(2)产品制造工艺(工序)集中程度高(如钢铁、石油化工、汽车等)应以大型企业为主;反之,(如纺织、服装工业)可以按较多中小规模企业与少数大型企业相配套形式建设。

(3)市场需求变化快、生命周期短的产品,则适合按小规模方式组织企业生产;反之,可建较大规模的企业。

8.4.2.5 资源特点与自然环境的容量

自然资源的种类、分布、储量、地质条件和技术资源的构成与水平,以及资金状况,等等,对项目规模和产品结构都会产生影响。而自然环境的容量限制,在一些地区不允许建规模过大、污染物排放可能超量的企业。

8.4.3 最佳经济规模的确定

投资项目的最佳经济规模是指项目在一定的自然、社会、市场条件下,经济效益达到最优的生产规模。因此,投资建设的最佳经济规模,应该在综合考虑了以上各种因素和约束条件后,才能确定。常见的最佳经济规模确定方法有:年最小费用法和最大利润法(或最大净现值法)。

8.4.3.1 年最小费用法

为满足相同的市场需求,可以有多种建设规模的方案,如只建一个大厂来满足所有的需求;或分散建若干个小厂来满足需求。将各种方案发生的各项相关费用汇总,从中进行比较,选择总费用最小的生产规模方案为最佳经济规模方案。

例 8-3 根据市场预测,某地近年建筑业发展迅速,未来几年水泥需求量比目前有较大增加,预计供需缺口为 300 万 t/年,需要新建水泥厂来满足需求。经初步分析,可能采用的

投资方案有三个：

方案1：建设3个年产量为100万 t的水泥厂（分散布点）；

方案2：建设2个年产量为150万 t的水泥厂（分散布点）；

方案3：建设1个年产量为300万 t的水泥厂（集中建厂）。

各方案的总费用见表8-4。用年最小费用法确定最佳的经济规模方案。

表8-4　各方案年最小费用比较

序　号	费　用　项　目		方案1 100万 t×3	方案2 150万 t×2	方案3 300万 t×1
1	单位产品	内部成本①/元	420	398	388
2		原材料运输费用/元	30	40	54
3		产品销售运输费用/元	8	12	14
4		合计/元	458	450	456
5	全部产品(300万 t)总成本/亿元		13.74	13.50	13.68
6	方案投资总额/亿元		25.50	25.25	25.00
7	资本回收系数[即($A/P,i,n$)](按基准收益率8%，计算期20年计算)		0.1019	0.1019	0.1019
8	投资换算成年费用(6×7)/亿元		2.60	2.57	2.55
9	方案年费用(5+8)/亿元		16.37	16.07	16.23

①是指扣除了原材料运输、产品销售运输后的其他成本项目的合计。

解　计算过程（略）

分析：表8-4表明，项目建厂规模从100万 t上升到300万 t时，单位产品的内部成本从420元下降到388元，但原材料、产品销售的运输费用则有所上升（见表）。投资总额则是集中建厂的最低，建两个厂的次之，建三个厂的最高。对计算结果进行比较，可见方案2是经济规模最佳的方案。

8.4.3.2　最大利润法

一般地说，随着企业生产规模的扩大，产品销售收入上升，而单位产品成本则有所下降，这是“规模效益”递增规律的体现。但是企业生产规模大到一定限度以后，增加单位产品所获得的收入开始下降，单位产品成本便开始上升。根据企业规模与成本、销售收入之间存在的某种函数关系，可构造企业的利润函数。

设企业总成本 TC 与生产规模 x（以产量或产值表示）的函数关系为 $TC=f_1(x)$；总收入 TR 与生产规模 x 的函数关系为 $TR=f_2(x)$。则利润函数为

$$B=TB-TC=f_2(x)-f_1(x) \tag{8-3}$$

对利润函数求一阶导数，得

$$\frac{dB}{dX}=\frac{dTR}{dx}-\frac{dTC}{dx}=MR-MC=0 \tag{8-4}$$

式中　$MR=\dfrac{dTR}{dx}$为边际收入（每增加一个单位的产品带来的收入增加额）；

$MC=\dfrac{dTC}{dx}$为边际成本（每增加一个单位的产品带来的成本增加额）。

式(8-4)是利润函数式(8-3)取得最大值的必要条件。按照“边际收入递减”规律，在产

量达到一定的规模以后，边际收入随着规模的上升而减少。当 $MR > MC$，增加产量仍有利可图；当 $MR < MC$ 时，每增加一个单位的产量都会带来利润总额的减少，增产是不利的；只有当两者相等时，利润达到了最大值。因此，在利润函数存在最大值的情况下，最佳的生产规模就是边际收入等于边际成本。以上分析过程用图形可更形象的表示（见图 8-1），图中 E 点总收入曲线与总成本曲线的斜率相等（即 $MR = MC$），利润达到最大值，此时的生产规模是最佳规模。

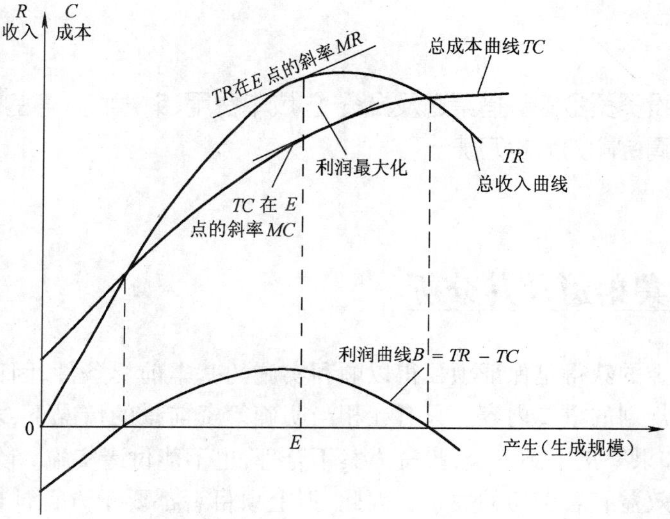

图 8-1　利润最大的最佳生产规模确定

8.4.4　产品结构优化

产品结构优化是研究在一定资源限制的条件下，如何安排不同的产品种类、产品品种与规格的生产，使企业达到盈利最大的目的。一般的产品结构优化问题可利用线性规划等数学模型来解决。在实用上，当产品品种较多时，可借助相应的计算机软件求解。因篇幅限制，在此不进一步介绍，请参阅有关最优化方法的书籍。

*　　　　*　　　　*

问题与思考

8-1　资源条件评估与原材料、燃料、动力供应条件评估的主要内容是什么？

8-2　环境保护措施评估如何进行？

8-3　如何确定项目的最佳规模？

第 9 章　资金规划与基础数据预测

*　　　　*　　　　*

本章要点：

- 项目投资资金的筹措渠道及投资、总成本费用、销售收入等的估算方法。
- 项目清偿能力分析方法。

*　　　　*　　　　*

9.1　投资筹集渠道及其分析

项目投资资金的获得是保证项目得以顺利实施的基本前提条件，因而投资筹措也就成为投资项目资金规划的重要内容。只有在相当明确筹资前景的情况下，才有条件进行项目的可行性研究，如果筹集不到资金，投资方案不合理，也不能付诸实施。除此之外，资金筹措还与项目的经济效益有着密切的关系。因此，拟上项目者都要千方百计地开拓资金筹措渠道，认真比较分析各种资金来源的使用代价，以提高资金的使用效益。

在我国现行体制下，项目投资来源有多种渠道，包括企业资本金、国家和地方财政拨款、国内银行贷款、企业发行债券和股票、向国外筹集资金（如国外银行贷款、向外国政府贷款、从国际金融机构贷款、利用外国银行的出口信贷、补偿贸易、吸收国外投资）等。

9.1.1　企业资本金

我国现行的《企业财务通则》要求建立资本金制度。资本金制度是围绕资本金的筹集、管理以及所有者的权责利等方面所做的法律规范。随着我国改革开放的深入和社会主义市场经济的发展，建立资本金制度，明确产权关系，具有多方面的意义。

简言之，资本金是创办企业的本钱。我国《企业财务通则》规定，资本金是指企业在工商行政管理部门登记的注册资金。根据投资主体的不同，将资本金划分为国家资本金、法人资本金、个人资本金以及外商资本金等。企业资本金是企业项目投资资金的来源之一。

9.1.2　财政拨款

财政拨款是指由财政预算内直接拨给项目建设单位无偿使用的项目建设资金。我国自 1979 年开始试行、1985 年全面实行凡是由国家预算安排的项目建设资金，均由财政拨款改为银行贷款（简称“拨改贷”）。国家对企业的投资逐步改无偿拨款为有偿贷款，只有国防科研项目，各级各类学校项目、医院、科研、行政机关和物资储备项目，防洪、排涝工程，市政工程和国防公路，边境县以下邮电通信项目，以及其他非经济部门所属非营业性等无偿还能力的项目的贷款，不计利息，免于归还全部本金。

国家贷款在目前我国企业的资金筹措中不仅占有重要地位，而且这部分资金往往是低息的、贴息的，还款期限也长，有利于提高资金运用效果。企业的项目筹资应把这部分资金作为重要的对象。

9.1.3 国内银行贷款

国内银行贷款是指银行采取有偿的方式向项目建设单位提供的资金。从我国的现实情况来看，银行贷款是项目筹资的主要渠道。长期以来，基本建设贷款主要由建设银行提供，更新改造贷款和流动资金贷款主要由工商银行提供，外汇贷款主要由中国银行提供，农业贷款主要由农业银行提供。随着改革的深入和市场经济的发展，我国四大专业银行已逐渐开始向商业银行的方向发展，业务交叉量不断扩大，均开办各种类型的贷款。

银行贷款筹资的主要特点是银行贷款筹资管理比较简单，且银行种类繁多，分布广泛，贷款类型、期限多种多样，所以利用银行贷款筹资相对来说比较方便、灵活；银行贷款筹资风险适中，一般不涉及税务问题；银行作为企业，也是追求利润最大化，一般贷款利率较高；银行贷款筹资不涉及企业资产所有权的转移，但一旦企业无力偿还贷款，则可能使企业陷入困境，甚至导致企业破产。

9.1.4 企业发行债券和股票

企业项目投资所需资金，在经过有关部门批准后，也可通过发行债券和股票的方式向社会集资。这种筹集资金的方式目前已成为我国企业投资项目的重要资金来源。

企业债券代表债券持有人与企业的一种债权债务关系。债券筹资除具有期限性、偿还性和固定利率等特点以外，对发行债券的企业来说，其主要优点是企业发行债券筹集资金一般不涉及企业资产的所有权、经营权，企业债权人对企业资产、经营都没有控制权；债权人不能参加企业盈利的分配，企业债券的发行费用也不很高；债券本金，利息可在税前分发，可享受税收优惠；企业可以回收债券，调节企业资产结构。企业通过发行债券筹资时必须注意的几个问题是发行债券增加企业负债和破产的风险；发行债券的规定比较严格，筹资数额受到限制；债券本金和利息都需要偿还，所以在发行债券时必须做好计划。

企业股票证明股票持有人对企业资产享有相应的所有权。股票又分普通股和优先股。

普通股是企业为了筹措长期资金而发行的一种没有固定股息和任何优先权的有价证券。同其他筹资方式相比，发行普通股筹资的主要优点是可使企业股东增加，资产亏损的风险和经营风险可以由更多的股东分担；可以获得大量的资金，企业一般在急需扩大生产规模而资金短缺时发行普通股股票；可以调动更多的人参与企业生产经营活动的积极性；不需要支付固定的股息；在企业发生亏损时，普通股必须优先用于补偿亏损，所以发行普通股可以提高企业的信誉，增加从银行取得贷款的能力。

优先股是相对普通股而言的，是企业为筹措资金而发行的一种混合性证券，它兼具股票和债券双重属性，但一般视为股票的一种。同普通股相比，优先股的主要特点是优先股可以在普通股之前分取企业盈利和资产，具有固定股息，对投资者来说比普通股安全，所以对需要资金的企业来说，发行优先股更容易吸引保守的投资者；优先股持有者一般没有投票权，没有对企业重大活动的控制权以及取得额外红利的权利，因此对企业原有股东威胁较小，对企业资产所有权损害较小；企业经营不佳时，可以不发优先股的股息，而且一般优先股没有期限，因此发行优先股不会迫使企业负债破产，风险较小；同普通股一样，优先股一般也列为权益资本，股息也要用税后净值发放，得不到免税优惠。

9.1.5 利用外资

企业利用外资是指企业筹措利用不属于我国组织和个人所有的资金,它是一种参与国际经济合作的重要形式,也是国内建设资金的补充来源。外资不仅指货币资金,也包括机器、设备、原材料、零部件等硬件资本货物和专利、商标、技术图纸等软件的一切外国资本。企业利用外资的方式可以归纳为利用直接投资和利用间接投资两大类。

9.1.5.1 利用国外直接投资

利用国外直接投资的方式主要表现为创办"三资企业"(即中外合资企业、中外合作企业和外商独资企业)。吸引国外直接投资不仅可以弥补我国资金不足,还可以学习国外的先进技术和管理经验,利用外资的直接投资方式一般不需对外负债,但企业需要让渡部分资产所有权和支配权,并要同外方分享利润,所以虽然利用外资风险不大,但却需付出一定的代价,企业需要慎重选择。

9.1.5.2 利用国外间接投资

A 政府贷款

政府贷款是指一国政府利用财政资金向另一国政府提供的优惠性贷款。目前,尽管政府贷款在国际间接投资中并不占据主导地位,但其独特的作用和优势是其他国际间接投资方式所无法替代的。

政府贷款是友好国家经济交往的重要形式,具有优惠的性质。但同时也应当看到,投资国的政府贷款也常常是其实现对外政治经济目标的重要工具。政府贷款除要求贷以现汇(即可自由兑换外汇)外,有时还附带有物资采购、规定合格资源国等限制条件。

政府贷款的期限较长,一般为20~30年(宽限期一般不超过10年);由于具有经济援助性质,其贷款利率较低,一般为3%左右,有的是无息贷款;贷款具有特定的使用范围。

尽管政府贷款的程序较为复杂,但利率极为优惠,应尽力积极争取。

B 国际金融机构贷款

国际金融机构是指为了达到共同的目标,由数国联合经办的在各国间从事金融活动的机构。包括联合国的专门机构及其他地区性的国际金融机构,如国际货币基金组织、国际复兴开发银行(世界银行)及属于世界银行集团的国际开发协会和国际金融公司,以及亚洲开发银行等。

国际货币基金组织一般只提供几种类型的中、短期贷款,且利率随时间递增。

世界银行的贷款必须用于一定的建设项目,如交通运输及公共建设等具体项目。贷款期限较长,平均为十几年,长的可达30 ~50年,宽限期4年左右。贷款利率参照资本市场利率。

国际开发协会主要是向低收入水平的发展中国家提供无息贷款(仅收取0.75%的手续费),贷款期限可长达50年,主要用于电力、交通运输以及农业等建设项目。

亚洲开发银行的贷款分普通贷款和特别贷款。普通贷款主要用于较富裕的发展中国家,贷款期限为12~15年(宽限期为2~7年),利率不固定;特别贷款是向年人均国民生产总值400美元以下的国家提供的无息贷款,贷款期限为25~30(宽限期为10年)。

C 出口信贷

出口信贷是指商品出口国的官方金融机构或商业银行以优惠利率向本国出口商、进口方银行或进口商提供的信贷,是争夺国际市场的一种融资手段。出口信贷主要是工业发达国家为支持扩大本国工业品(尤其是大型成套设备)出口,加强在国际市场上的竞争能力,由政府采取对银行贴息并提供担保的办法,鼓励本国银行对出口商(卖方)或国外进口商(买方),提供较低利息的贷款,以解决买方支付的需要。出口信贷分为卖方信贷和买方信贷两种。

a 卖方信贷

卖方信贷是指在出口国商品出口时,为便于出口商以延期付款的方式出口商品,由出口商本国的银行向出口商提供的信贷。其程序是签订合同之后,买方先支付10%~15%的定金,其余贷款在全部交货或项目投产后陆续偿还。出口商一般要把利息、保险费、承诺费、管理费等加在货价上。

b 买方信贷

买方信贷是指由出口方银行直接向进口商或进口方银行所提供的信贷。一般是由买方与出口商签订贸易合同,买方银行与卖方银行签订贷款合同。买卖双方以即期现汇成交。签约后,买方向卖方先付15%的定金,其余85%的贷款由卖方银行贷给买方银行,再由买方银行转贷给买方,买方用此贷款按现汇条件支付给卖方,买方通过买主银行分期向卖方银行还本付息。使用买方信贷,进口商容易了解商品的真实价格,便于比较选用,买方信贷是我国利用外资的一种形式。

D 商业信贷

商业信贷是指国际资金市场上筹措的自由外汇贷款。诚然,政府贷款和国际金融机构贷款条件优惠,但其数量有限,不易争取。因此,商业信贷成为各国利用国外间接投资的主要形式。以商业信贷方式获得的贷款在使用方向上没有什么约束,不受与一定进口项目相联系的限制,也叫自由外汇。商业信贷利率较高,一般按国际金融市场资金需求情况浮动,货币不同,利率也不同,如美元贷款利率一般按伦敦银行同业拆放利率为基础,再依期限长短分别加上一个附加利率,加息幅度反映了借款人的资信;其他各种货币贷款一般按国内市场利率加上加息率。

国际间银行贷款可划分为短期贷款、中期贷款和长期贷款,期限在1年以内的为短期贷款(金额一般在1亿美元以下);1~5年的为中期贷款(金额一般在1亿美元左右);5年期以上的为长期贷款(金额一般为1~5亿美元或更高)。中长期贷款除收取利息以外,还要收取管理费、代理费、承诺费和杂费等。

E 补偿贸易

补偿贸易是指国外厂商以向进口国提供设备、专利技术等作价的资金作为贷款,此贷款用该建设项目的全部或部分产品或进口国其他项目的产品补偿。这是在信贷基础上发展起来的一种特殊的贸易形式。

采取补偿贸易方式筹集资金的主要优点是可以突破现汇不足的障碍,从而扩大设备物资的进口;利用产品补偿的机会在国际市场上建立信誉,可以开拓商品进入市场的销售渠道,增加出口。这种筹资方式的局限性在于外商不一定接受返销产品作为补偿,另外,不容易引进比较尖端的技术设备。

利用国外间接投资除有以上几种方式外,对外发行股票、债券等有价证券也是利用外资的重要形式,只是条件要求较高,程序也比较复杂,非一般投资者所能做到。

利用国外间接投资一般不涉及企业所有权与控制权,但需要用外汇还本付息。所以除了一些国际性或政府间优惠贷款外,间接利用外资的投资方式的风险是比较大的。

投资项目可行性研究需编制投资计划与资金筹措表,以表明投资的使用计划与筹措渠道。投资计划与资金筹措表的格式见表 9-1。

表 9-1　投资计划与资金筹措表　　单位:万元

序号	年限/年 项目	建设期								投产期								合计
		1				2				3				4				
		外币	折人民币	人民币	小计	外币	折人民币	人民币	小计	外币	折人民币	人民币	小计	外币	折人民币	人民币	小计	
1	总投资																	
1.1	建设投资																	
1.1.1	固定资产投产																	
1.1.2	无形资产投产																	
1.1.3	开办费																	
1.2	流动资金																	
1.3	建设期利息																	
2	资金筹措																	
2.1	自有资金																	
	其中:用于流动资金																	
2.2	借款																	
2.2.1	长期借款																	
2.2.2	流动资金借款																	
2.2.3	其他短期借款																	
2.3	其他																	

注:如有多种借款方式时,可分项列出。

9.2　投资估算

投资估算,即估算投资方案所需要的投资额,是投资决策工作的重要内容之一。它的准确程度直接影响投资的经济效果,是决定方案是否可行、银行是否贷款的主要依据,并直接影响到工程项目能否顺利进行。

9.2.1　投资估算的级别及质量

对一个建设项目从开发设想及至施工图设计,这期间各个阶段的项目投资的预计额均称估算,只是各阶段设计深度不同,技术条件不同,投资估算的质量也有所不同。

按美国成本工程师协会(AACE)所下定义,投资估算分为以下五种类型:

第一类估算——毛估(或称比照估算)。即以设想的装备条件为依据。可用来判断一个项目是否还要做进一步的工作。其估算投资的精确度通常取决于以前是否有类似的费用资料,其可能的误差大于30%。

第二类估算——研究性估算(或称因素估算、粗估)。一般是根据概念性设计编制的,与将来实际采用的装备可能有较大的出入。这类估算的精确度优于毛估,可指导进一步的研究,但不能满足概算的要求,其可能的误差为30%。

第三类估算——初步估算(或称认可估算)。是根据概念设计和将来可能建设的装备条件编制的。由于有足够的资料进行估算,有时能达到概算的要求,其可能的误差为20%。

第四类估算——确定性估算(或称控制估算)。此类估算所根据的设计和资料,是将来要实际建设的装备,可能的变化应保持在最小的范围内。除非经过前阶段的工作充分证明了这个项目的可行性,否则不进行这类估算。这种设计和估算工作,是前几个阶段的研究和估算的继续,虽缺图纸和技术规范说明,但有相当多的可利用资料。其可能的误差为10%。

第五类估算——详细估算(或称投标估算)。根据完整的技术规范说明、图纸以及现场勘测调查资料编制的估算。其精确度最高,可能的误差为5%。

一般说来,毛估可用于否定一个项目,但用于肯定一个项目则是远远不够的;研究性估算可以表明一个项目是否可行,但不能作为列入投资计划的依据;根据初步估算可以决定项目是否可行,并且可以据此把项目列入投资计划;虽然筹资时对估算详细程度的要求因不同的投资政策而异,但一般可以根据确定性估算进行项目筹资,并可以做出进行设计和施工的决定,然而详细的设计尚待编制。详细估算可用来管理工程项目的实际建设。

建设项目投资估算的级别、质量及其作用等,详见表9-2。

表9-2 投资估算概况一览表

序号	估算的种类	允许误差	作　用	估算所需要的技术条件	相当于我国的设计阶段
1	毛估	>30%	判断是否进行下一段工作	产品大纲、工厂规模、工厂厂址和布置(包括车间组成)	项目规划阶段
2	研究性估算或称粗估	<30%	设想列入投资计划	产品大纲、工厂规模、工厂厂址和布置(包括车间组成)、设备表及设备各价格表	初步可行性研究阶段
3	初步估算	<20%	据此列入投资计划	产品大纲、工厂规模、工厂厂址和布置(包括车间组成)、设备表及设备各价格表,马达功率,管线及仪表示意图,电气原理单线图	可行性研究阶段
4	确定性估算	<10%	确定投资额	产品大纲、工厂规模、工厂厂址和布置(包括车间组成)、设备表及设备各价格表马达功率表,管线及电气线路系统图,建筑结构一览表,现场施工条件	初步设计阶段
5	详细估算	<5%	投标订合同拨款	同前,另外应有:详细的施工图和技术说明书	施工图设计阶段

9.2.2 投资估算方法

9.2.2.1 固定资产投资估算方法

A 详细估算法

详细估算法是指先将构成固定资产投资的各个组成部分分别加以估算,然后汇总得出固定资产投资总额的估算方法。采用这一方法,固定资产投资估算可由工程投资估算、设备购置费估算、工程建设其他费用估算及预备费估算四部分组成。

a 工程投资估算

(1)建筑工程投资估算。建筑工程投资一般根据投资项目建筑面积与相应的概算指标加以估算。其计算公式如下:

$$建筑工程投资 = 项目建筑面积(单位:m^2) \times 每平方米造价 \tag{9-1}$$

式中,项目建筑面积根据其生产能力来确定;每平方米造价根据有关部门制定的概算指标或经验数据来确定。

运用上述公式时应当注意,不同类型的建筑物或构筑物,其单位造价是不同的,应分别加以估算,并与相应的每平方米造价相乘,最后汇总得出总建筑工程投资。

(2)安装工程投资估算。安装工程投资一般根据设备购入价与相应的安装费率或设备重量与相应的安装费加以估算,其计算公式如下:

$$安装工程投资 = 设备购入价 \times 安装费率 \tag{9-2}$$

$$安装工程投资 = 设备重量(单位:t) \times 每吨设备安装费 \tag{9-3}$$

设备购入价、设备重量通过向生产厂家或贸易公司了解而得,安装费率、每吨设备安装费根据国家有关规定或经验数据加以确定。

b 设备购置费估算

拟建项目所需的设备既可能来源于国内生产厂家,也可能是从国外引进的。从不同渠道购置的设备,其购置费用的计算方法是不同的。

国内制造的设备,其购置费用的计算较为简单,就标准设备而言,其购置费用的计算公式如下:

$$设备购置费 = 设备出厂价 + 运杂费 \tag{9-4}$$

设备出厂价通过向厂家多方询价来加以确定,运杂费包括运输费、装卸费和保险费等,根据设备供应厂家到项目的距离、供货方式、运输方式等加以确定。

对于非标准设备,其购置费用的计算公式如下:

$$设备购置费 = 设计费 + 制造费用 + 计划税金 + 计划利润 + 运杂费 \tag{9-5}$$

式中,设计费、制造费用由建设单位与供货厂家根据预计支出额加以确定,运杂费的确定方式同上,计划税金与计划利润根据下列公式计算:

$$计划利润 = (设计费 + 制造费用) \times 成本利润率 \tag{9-6}$$

$$计划税金 = \frac{设计费 + 制造费用 + 计划利润}{1 - 税率} \times 税率 \tag{9-7}$$

式中,成本利润率、税率均取同行业平均水平。

对于从国外进口的设备,其购置费用的计算公式如下:

$$设备购置费 = 到岸价格 + 进口关税 + 进口增值税 + 银行与外贸手续费 + 国内运杂费 \tag{9-8}$$

在估算进口设备购置费时,首先应估算设备的到岸价格,在此基础上估算以后各项费用。

在国际贸易中,根据交货方式的不同,设备的交货价主要有三种形式:一是离岸价格(FOB),即以设备装上运输工具为条件的价格。采用离岸价格时,卖方负责在装运港将设备装上运输工具前的一切费用和风险,由启运港到目的港的运输费和保险费则由买方负责。二是离岸加运费价格(C&F),亦称成本加运费价格,即卖方将设备装上运输工具,并支付启运港到目的港运费为条件的价格。采取离岸加运费价格时,卖方负责在装运港将设备装上运输工具、支付运费,由买方自行保险。三是到岸价格(CIF),亦称成本加运费、保险价格,以卖方将设备装上运输工具,并支付启运港到目的港运费、保险费为条件的价格。除上述三种主要形式外,国际贸易中设备的交货价格还可以采取一些其他的形式,如装运地交货价格、装运港交货价格、工厂交货价格、飞机上交货价格、内陆交货价格、产地交货价格、到岸加汇费价格、到岸加利息价格、到岸加佣金价格等。

从上述关于三种设备价格的讨论可以看出:

$$到岸价格 = 离岸价格 + 海运费 + 海运保险费 \tag{9-9}$$

$$到岸价格 = 离岸加运费价格 + 海运保险费 \tag{9-10}$$

式中,离岸价格通过向外商询价情况来加以确定,海运费、海运保险费的计算公式如下:

$$海运费 = 离岸价格 \times 海运费费率 \tag{9-11}$$

$$海运保险费 = 离岸价格 \times 海运保险费费率 \tag{9-12}$$

海运费费率视设备的价格、运输距离而定,可向外贸部门调查获得;海运保险费费率视设备价值、类别、易损程度而定,可向外贸、商检、海关或保险公司等部门调查获得。

进口设备关税的计算公式如下:

$$应纳关税额 = 到岸价格 \times 关税税率 \tag{9-13}$$

设备进口关税税率有两种:普通税率和最低税率。对于产自与我国未定有关税互惠条约或协定国家的进口设备,照普通税率征税;对于产自与我国订有关税互惠条约或协定国家的进口设备,照最低税率征税。关税税率可向海关等部门调查获得。

进口设备应纳增值税的计算公式如下:

$$应纳增值税额 = \frac{到岸价格 + 关税税额}{1 - 增值税税率} \times 增值税税率 \tag{9-14}$$

进口增值税税率查阅国家颁布的有关进口增值税的条例或规定。

银行手续费的计算公式如下:

$$银行手续费 = 合同价格 \times 银行手续费率 \tag{9-15}$$

式中,合同货价既可能是离岸价格,还可能是到岸价格,根据项目建设单位与外商的意向而定;银行手续费率可向有关银行调查而得。

外贸手续费的计算公式如下:

$$外贸手续费 = 到岸价格 \times 外贸手续费率 \tag{9-16}$$

外贸手续费率可向外贸部门调查而得。

国内运杂费包括运输费、装卸费和保险费等。根据设备重量、体积、运输方式及运费标准加以估算。

在上述估算中,应根据预计使用的币种分别加以计算,外币一般以美元计算,并按当时的汇率将其中的外汇调整为人民币。

c　工程建设其他费用估算

工程建设其他费用所包括的内容很多,主要有:

(1)土地征用费。即项目在设计范围内征用的土地和施工临时征用的土地按照国家有关规定所支付的土地补偿费、树木和水井等附着物补偿费、迁坟费、安置补助费以及土地管理费、耕地占用税等。

(2)居民迁移费。即因项目建设需要拆迁、建房屋所发生的补偿费与安置费。

(3)旧有建筑拆除和补偿费,即建设场址拆除时发生的拆除费用和支付给原物主的补偿费。

(4)建设单位管理费。即建设单位在项目实施过程中发生的管理费用。

(5)生产筹备费。即生产筹备人员费用和投产前进厂人员费用。

(6)生产职工培训费。即项目投产前对职工进行培训所支付的费用。

(7)办公和生活家具购置费。即为项目投入正常运行而购置的各种家具、用具所支付的费用。

(8)联合试车费。即项目竣工验收前,根据设计规定的工程质量标准,进行整个车间负荷或无负荷联合试运行所发生的费用大于收入的亏损部分、必要的工业炉烘炉费,不包括在设备安装费用开支的试车费用。

(9)生产工器具和生产家具购置费。即为保证项目投产后正常运行而购置生产工器具、生产家具、消防工器具、机电调试工器具而支付的费用。

(10)场地绿化费。即项目移交验收前进行绿化所支付的费用。

(11)研究试验费。即为验证项目有关设计数据而进行实验、研究所支付的费用。

(12)勘察设计费。即委托设计单位进行项目设计时按规定支付的费用;委托有关咨询机构进行项目可行性研究而支付的费用;由建设单位自行勘察设计而支付的费用。

(13)供电贴费。即根据国家有关规定而应支付的供电工程贴费、施工临时用电贴费。

(14)施工机构迁移费。即施工机构经有关部门批准而成建制地由原驻地迁移到另一地区所发生的一次性搬迁费用。

(15)维护费。即锚喷支护巷道、木支巷道和工业场地外部分路建成后、移交生产前,由施工单位代管期间所发生的维修费和施工单位利用永久性建筑工程的维修补贴费。

(16)引进设备和技术的其他费用。如出口联络费、招待费等。

(17)凿井措施工程费。即为矿井建设施工服务所采取的特殊井、矿井提升、排水等措施工程所发生费用。

(18)施工技术措施费。即在项目实施过程中为了保证施工人员安全而发生的安全设施费和设备购置费。

(19)其他费用。

上述19项费用可根据各级政府有关规定以及项目的具体情况加以估算。

d　预备费估算

不同类型项目的复杂程度不同,预备费的提取比例也不同。基本预备费一般以除预备费之外的固定资产投资和无形资产投资总和为计算基础,一定的预备费率计算;涨价预备费的估算按不同类型的设备和材料价格指数,结合工程特点、建设期限等综合计算。

将上述 a、b、c、d 部分合计，即可得出拟建项目固定资产投资总额。

固定资产投资估算表见表 9-3。

表 9-3 固定资产投资估算表 单位：万元、万美元

序号	工程或费用名称	估算价值						占固定资产投资的比例/%	备注
		建筑工程	设备购置	安装工程	其他费用	合计	其中外币		
1	固定资产投资								
1.1	工程费用								
	·								
	·								
	·								
1.2	其他费用								
	·								
	·								
	·								
1.3	预备费用								
1.3.1	基本预备费								
1.3.2	涨价预备费								
2	建设期利息								
	合计（1+2）								

注：工程或费用名称，可根据本部门的要求分项列出。

B 生产规模指数估算法

生产规模指数估算法又叫 0.6 指数法，是利用已知建成项目的投资额或建成项目的设备投资额，来估算同类而不同生产规模的项目投资或项目的设备投资的方法。其估算数学公式为：

$$Y_2 = Y_1(X_2/X_1)^n \cdot cf \tag{9-17}$$

式中 Y_2——拟建项目（或设备）的投资额；

Y_1——已知同类型项目（或设备）的投资额；

X_2——拟建项目（或设备）的生产规模；

X_1——已知同类型项目（或设备）的生产规模；

n——生产规模指数；

cf——物价换算指数。

采用生产规模指数估算法估算拟建项目的投资时，生产规模指数 n 是一个关键因素。不同行业、不同性质、不同工艺流程、不同建设水平、不同生产率水平的项目，应取不同的指数值，通常情况下指数 n 的取值小于 1。对于多数工程来说，生产规模指数的确定是很困难的。因此各国一般采用 n 的平均值，即 $n=0.6$，可用于工厂投资的估算，只要工厂类型相似，仅是规模上的增加，且增加的幅度不大于 50 倍就行。

国外在多年的实际工作中，总结出选取 n 值的以下基本原则：

(1)当靠增大设备或装置的尺寸(规格)扩大生产规模时，n 取0.6～0.7；

(2)当靠增加相同的设备或装置的数量扩大生产规模时，n 取0.8～1.0；

(3)化工系统 n 取0.6～0.7；

(4)高温高压项目 n 取0.3～0.5。

例9-1　某矿山企业采选建设规模为1800万 t贫铁矿石，该工程概算投资为56925万元，现有同类矿山，其采选建设规模为2250万 t，在不考虑物价因素的条件下，试计算固定资产投资。

解　设 $n=0.66$

$$Y_2 = Y_1(X_2/X_1)^n = 59625\times(2250/1800)^{0.66} = 69085.8(\text{万元})$$

C　设备系数法

设备系数法，又称比例法。是指根据已有的同类项目主要设备投资占整个项目固定资产投资总额的比例等统计资料，估计拟建项目固定资产投资额的一种方法。其计算公式如下：

$$I = \frac{1}{K}\sum_{i=1}^{n} Q_i P_i \tag{9-18}$$

式中　I——拟建项目的固定资产投资额；

K——拟建项目主要设备占其总固定资产投资的比例(%)，根据同类企业的经验数据获得；

n——设备种类数；

Q_i——拟建项目中第 i 种设备的数量；

P_i——拟建项目中第 i 种设备的单价(到厂价格)。

一个工业建设项目，设备投资在项目固定资产投资中所占的比例较大并与其他投资呈正相关关系，且通常是先确定企业规模和产品的生产工艺及选用工艺设备，然后根据生产工艺要求配置相关专业。因此，当项目的工艺设备已经选定，其他有关专业尚未设计时，采用设备系数法估算拟建项目的投资额比较方便。这一方法的缺点是准确性差一些。

例如：某项目主要设备的种类、数量、到厂价格见表9-4。

表9-4　设备数量、价格表

设　备	甲	乙	丙	丁
数量/台	5	8	4	10
价格/万元	10	22	12	14

再假定同类项目主要设备占其总投资的比例为50%，拟建项目的固定资产投资额为：

$$I = \frac{1}{50\%}\times(10\times5+22\times8+12\times4+14\times10)$$

$$=828(\text{万元})$$

D　设备及厂房系数法

一个工业工程项目，工艺设备投资和厂房土建投资之和占了整个建设项目投资的绝大部分。如果工程设计方案一经确定了生产工艺,初步选定了工艺设备并进行了工艺布置,这也就有了厂房的高度和面积,那么工艺设备投资和厂房土建投资可以分别估算出来。所需的其他投资,凡与设备关系较大的按设备投资系数计算,凡与厂房土建关系较大的则以厂房土建投资系数计算,两类投资加起来就得出整个工程项目所需的投资额。在项目初步可行性研究阶段,使用此法估算拟建项目所需的投资额是比较合适的。

例 9-2 某650 mm 中型轧钢车间,各专业工程投资系数与车间投资估算方法简介如下:

(1)与设备有关的专业投资系数:

1)工艺设备	1
2)起重运输设备	0.09
3)加热炉及烟囱	0.12
4)气化冷却	0.01
5)余热锅炉	0.04
6)供电及传动	0.18
7)自动化仪表	0.02
系数合计	1.46

(2)与厂房土建有关的专业投资系数:

1)厂房土建(包括设备基础)	1
2)给排水工程	0.04
3)采暖通风	0.03
4)工业管道	0.01
5)电气照明	0.01
系数合计	1.09

那么 650mm 中型轧钢车间所需投资额为

$$整个车间投资 = 设备及安装费 \times 1.46 + 厂房土建费 \times 1.09$$

9.2.2.2 *流动资金需要量的估算方法*

建设项目流动资金的需要量,常用定额计算法进行计算。用定额计算法确定流动资金需要量,主要取决于两个因素:一是以货币形式表现的各项流动资产费用的年需要总额;另一个是各种流动资产的定额周转天数(或称量小储备天数、最低周转天数)。具体计算如下:

(1)确定企业各项流动资产费用的年需要额。

确定流动资产费用的年需要额的主要依据是项目的达产计划、生产大纲和有关消耗定额。

(2)确定各项流动资产的最低周转天数。

通过分析研究各种流动资产的生产消耗量与供应条件和可能发生的情况,以及某些流动资产的预计占用情况,拟定出各种原材料、在制品、产成品等的最小储备库存天数。

(3)分别计算各项流动资产的年周转次数。

计算数学式为:

$$年周转次数 = 全年工作天数/最小储备天数 \tag{9-19}$$

(4)分别计算各项流动资产费用的实际需要额。

根据各项流动资产费用的年需要额和年周转次数,分别计算出各项流动资产费用的实

际需要额,即周转一次的需要额,其计算公式为:

$$某项流动资产需要额 = \frac{该项费用年总需要额}{该项费用的年周转次数} \tag{9-20}$$

(5)建设项目流动资金需要量。

将各项流动资产费用周转一次的需要额汇总在一起,再减去流动负债,即为该建设项目流动资金的需要量。

流动资金估算表见表9-5。

表9-5　流动资金估算表　　单位:万元

序号	年限/年 项目	最低周转天数	周转次数	投产期		达到设计能力生产期				合计
				3	4	5	6	…	*n*	
1	流动资产									
1.1	应收账款									
1.2	存货									
1.2.1	原材料									
1.2.2	燃料									
1.2.3	在产品									
1.2.4	产成品									
1.2.5	其他									
1.3	现金									
2	流动负债									
2.1	应付账款									
3	流动资金(1-2)									
4	流动资金本年增加额									

注:1.原材料、燃料栏目应分别列出具体名称,分别计算。

其中:

(1)应收账款 $= \frac{年经营成本}{周转次数}$

(2)存货 = 外购原材料、燃料 + 在产品 + 产成品

1)外购原材料、燃料应分项计算,其计算公式为:

$$外购原材料、燃料 = \frac{年外购原材料、燃料费}{周转次数}$$

2)在产品

$$= \frac{年外购原材料、燃料及动力费 + 年工资及福利费 + 年修理费 + 年其他制造费用}{周转次数}$$

3)产成品 $= \frac{年经营成本}{周转次数}$

(3)现金 $= \frac{年工资及福利费 + 年其他费用}{周转次数}$

年其他费用 = 制造费用 + 管理费用 + 财务费用 + 销售费用 - (工资及福利费 + 折旧费 + 维简费 + 摊销费 + 修理费 + 利息支出)

上式中括号内项目是指制造费用、管理费用、财务费用及销售费用中的有关项目。

(4)应付账款 $= \frac{年外购原材料、燃料及动力费用}{周转次数}$

建设项目流动资金需要量,除用上述的定额计算法进行计算之外,在实际工作中还常采用按企业销售收入(或产值)、固定资产价值、经营成本等某个百分点估算。例如:矿山建设项目为年经营成本的35%左右;钢铁企业为年销售收入的20%左右;铜矿建设项目为年销售收入的30%左右;火力发电厂为固定资产价值的2%左右;化工厂为总成本费用的25%左右,或销售收入的12%左右;水泥厂为销售收入的20%左右;化纤厂为销售收入的20%左右;涤纶厂为销售收入的15%左右;港口建设项目为服务收入的11%左右;重型汽车厂为销售收入的30%左右。

9.3 总成本费用的估算

投资项目的成本估算的准确性是极为重要的,它将影响到建设项目未来的生命力。成本是反映项目产品生产所需物质资料和劳动力消耗的主要指标,是预测建设项目获利能力的重要依据。

在实际投资项目评估中,总成本费用的估算是按总成本费用要素分项估算(见表9-6)。

表9-6 总成本费用估算表 单位:万元

序号	项目 \ 年限/年	投产期		达到设计能力生产期				合计
		3	4	5	6	…	n	
1	外购原材料 · · ·							
2	外购燃料及动力 · · ·							
3	工资及福利费							
4	修理费							
5	折旧费							
6	维简费							
7	摊销费							
8	利息支出							
9	其他费用 其中:土地使用税							
10	总成本费用 (1+2+…+9) 其中:1.固定成本 2.可变成本							
11	经营成本 (10-5-6-7-8)							

按照总成本费用估算表的内容,总成本费用计算公式为:

总成本费用=外购原材料+外购燃料动力+工资及福利费+修理费+折旧费+维简费+摊销费+利息支出+其他费用　(9-21)

9.3.1　外购原材料成本估算

原材料成本是总成本费用的重要组成部分,应加以科学地估算。

原材料成本=全年产量×单位产品原材料成本　(9-22)

式中,全年产量可根据测定的设计生产能力和投产期各年的生产负荷加以确定;单位产品原材料成本是根据原材料消耗定额和单位确定的。

工业项目生产所需要的原材料种类繁多,在评估时,可根据具体情况,选取耗用量较大的、主要的原材料为估算对象,依据国家有关规定和经验数据估算原材料成本。

9.3.2　外购燃料动力成本估算

燃料动力成本估算公式为:

燃料动力成本=全年产量×单位产品燃料和动力成本　(9-23)

公式中有关数据的确定方法同上。

9.3.3　工资及福利费估算

如前所述,工资和福利费包括在制造成本、管理费用、销售费用和财务费用之中。为便于计算和进行项目经济评价,而将工资和福利费单独估算。

9.3.3.1　工资估算

工资是按全厂职工定员数和人均工资额计算的年工资总额。其计算公式为

年工资成本=全厂职工定员数×人均年工资额　(9-24)

9.3.3.2　福利费估算

职工福利费是按照职工工资总额的14%提取的。职工福利费主要用于职工的医药费、医务经费、职工生活困难补助以及按国家规定开支的其他职工福利支出,不包括职工福利设施的支出。

9.3.4　折旧费估算

如前所述,折旧费包括在制造成本、管理费用、销售费用之中。为便于进行项目经济评价,应将折旧费单独估算和列出。

根据国家有关规定,计提折旧的固定资产范围是:企业的房屋、建筑物,在用的机器设备、仪器仪表、运输车辆、季节性停用和大修理停用的设备;通过局部轮翻大修实现整体更新的固定资产;生产任务不足,处于半停产企业的设备。

根据国家有关规定结合我国企业的管理水平,将工业企业固定资产分为3大部分,22类,按大类实行分类折旧。在评估时可分类计算折旧,也可综合计算折旧,要视项目的具体情况而定。

我国现行固定资产折旧方法,一般是采用平均年限法或工作量法。有些企业经财政部批准,其机器设备的折旧可采用双倍余额递减法或年数总和法。折旧的具体计算方法可参看本书第3章。

在采用平均年限法和工作量法计算折旧时,净残值率按固定资产原值3%~5%确定,净残值率低于3%或高于5%的,由企业自主确定,并报主管财政机关备案;折旧年限(即项目的生产期),国家有关部门在适当缩短了现行规定的折旧年限的基础上,对各类固定资产

折旧年限规定一个最高限和最低限，制定了折旧年限的弹性区间，允许企业根据实际情况，在这个区间内自行确定折旧年限；固定资产原值是根据固定资产投资额和建设期利息计算求得。

9.3.5 修理费估算

与折旧费相同，修理费也包括在制造成本、管理费用、销售费用之中。在进行建设项目经济评价时，可以单独计算修理费。修理费包括大修理费用和中小修理费用。其计算公式如下：

$$修理费 = 固定资产原值 \times 修理费用率 \tag{9-25}$$

在评估时，为简化计算，也可按折旧额的一定比率计算修理费。该比率可参照同类企业的经验数据加以确定。

9.3.6 维简费估算

维简费是指采掘、采伐工业按生产产品数量（采矿按每吨原矿产量，林区按每立方米原木产量）提取的固定资产更新和技术改造资金，即维持简单再生产资金，简称“维简费”。企业发生的维简费直接计入成本，其计算方法和折旧费相同。这类采掘、采伐企业不再计提折旧。

采煤工业（全国统配和重点煤矿）从 1985 年起，改变按吨煤从成本中提取维简费和国家拨款的办法，恢复计提固定资产折旧费。

9.3.7 摊销费估算

摊销费是指无形资产和递延资产在一定期限内分期摊销的费用。

无形资产的摊销关键是确定摊销期限。无形资产应按规定期限分期摊销，即法律和合同或者企业申请书分别规定有法定有效期和受益年限的，按照法定有效期与合同或者企业申请书中规定的受益年限孰短的原则确定；没有规定期限的，按不少于 10 年的期限分期摊销。

递延资产中的开办费按照不短于 5 年的期限分期摊销。

无形资产和开办费是发生在项目建设期和筹建期间，而应在生产期分期平均摊入管理费用中，在经济评价时，也可单独列出。

9.3.8 利息支出估算

利息支出是指筹集资金而发生的各项费用，包括生产经营期间发生的利息净支出，即在生产期所发生的建设投资借款利息和流动资金借款利息之和。

建设投资借款在生产期发生的利息计算公式为：

$$每年支付利息 = 年初本金累计额 \times 年利率 \tag{9-26}$$

为简化计算，还款当年按年末偿还，按全年计息。

流动资金借款利息计算公式：

$$流动资金利息 = 流动资金借款累计额 \times 年利率 \tag{9-27}$$

9.3.9 其他费用估算

其他费用一般是根据总成本费用中前 8 项费用之和的一定比率计算的，其比率应按照同类企业的经验数据加以确定。

将上述各项合计，即为总成本费用。

9.4 销售收入及税金、利润估算

销售收入及税金、利润的估算参见本书第3章(3.3)。产品销售(营业)收入和销售税金及附加估算表见表9-7。

单价单位:元、美元
销售收入单位:万元、万美元

表9-7 产品销售(营业)收入和销售税金及附加估算表

序号	产品名称	单位	单价		生产负荷××%						生产负荷××%						生产负荷100%					
			外销(外币)	内销(人民币)	销售量			销售收入			销售量			销售收入			销售量			销售收入		
					外销	内销	小计	外销	内销	小计	外销	内销	小计	外销	内销	小计	外销	内销	小计	外销	内销	小计
1	产品销售(营业)收入																					
	⋮																					
2	销售税金及附加																					
2.1	增值税																					
	营业税																					
	消费税																					
	⋮																					
2.2	资源税																					
2.3	城市维护建设税																					
2.4	教育费附加																					

9.5 项目清偿能力预测

项目清偿能力预测主要是指在进行投资项目经济评价时,预测项目计算期内各年的财务状况及偿债能力。项目投资的资金构成中,贷款往往占有很大比重,这样,借、贷双方都必然十分关心项目的财务状况及偿还债务的能力。当然,清偿能力预测和分析也就成为投资项目经济分析的一个重要方面。预测项目清偿能力可通过计算反映项目清偿能力的指标来进行,主要有借款偿还期、资产负债率、流动比率和速动比率。

9.5.1 借款偿还期

借款偿还期是指项目建设投资借款偿还期。如果项目不涉及国外借款，只计算国内借款偿还期；如果项目涉及国外借款，则还需计算国外借款偿还期。

国内借款偿还期是指在国家政策规定及项目具体财务条件下，以项目投产后可用于还款的利润、折旧及其他收益偿还固定资产投资借款本金和建设期利息（不包括已用自有资金支付的建设期利息）所需要的时间。其表达式为

$$I_d = \sum_{t=1}^{P_d} R_t \tag{9-28}$$

式中 I_d——固定资产投资国内借款本金和建设期利息之和；

P_d——固定资产投资国内借款偿还期，一般从借款开始年算起；

R_t——第 t 年可用于还款的资金，包括：利润、折旧、摊销及其他还款资金。

借款偿还期可直接由资金来源与运用表推算，以年表示，计算公式为：

$$借款偿还期(P_d)=借款偿还后开始出现盈余年份数-开始借款年份+\frac{当年偿还借款额}{当年可用于还款的资金额} \tag{9-29}$$

涉及外资的项目，其国外借款部分的还本付息，应按已经明确的或预计可能的借款偿还条件（包括偿还方式及偿还条件）计算。

计算出的借款偿还期，可与贷款机构的要求期限进行对比，等于或小于贷款机构提出的要求期限，即认为项目是有偿还能力的。否则说明项目偿还能力不足，即从项目清偿能力角度考虑，可认为项目是不可行的。

关于贷款利息的计算，如果按实际提款、还款日期计算将十分繁杂，为简化计算，一般假定借款发生当年均在年中支用，按半年计算，其后年份按全年计息；还款当年按年末偿还，按全年计息。每年应计利息的近似计算公式如下：

$$每年应计利息=(年初借款本息累计+\frac{本年借款额}{2})\times 年利率 \tag{9-30}$$

借款还本付息计算表见表 9-8。

表 9-8 借款还本付息计算表 单位：万元

序号	项目 \ 年限/年	利率/%	建设期		投产期		达到设计能力生产期			
			1	2	3	4	5	6	…	n
1	借款及还本付息									
1.1	年初借款本息累计									
1.1.1	本金									
1.1.2	建设期利息									
1.2	本年借款									
1.3	本年应计利息									
1.4	本年还本									
1.5	本年付息									
2	偿还借款本金的资金来源									
2.1	利润									
2.2	折旧									
2.3	摊销									
2.4	其他资金									
	合计(2.1+2.2+2.3+2.4)									

例9-3 某厂生产的某种产品供不应求,经市场调查和预测,其市场前景十分看好。为扩大产量,增加品种,提高质量,拟扩大生产规模,购进先进设备和技术对工厂进行改造。经预测改造项目期初一次性投资665万元,全部来源于贷款,年利率为8%。项目建设期1年,第2年可用于还款的资金为180.49万元,第3年可用于还款的资金为225.28万元,以后各年均为290.14万元,试计算贷款偿还期。

解 贷款偿还过程的计算见表9-9。

表9-9 贷款偿还计算表 单位:万元

项目 \ 年限/年	1	2	3	4
年初贷款累计(1)	0	665	484.51	259.23
本年借款(2)	665	0	0	0
本年偿还贷款利息(3)	26.6	53.2	38.76	20.74
本年可用于还款的资金(4)	26.6(自有资金)	180.49	225.28	290.14
本年偿还贷款本金(5)	0	180.49	225.28	259.23
偿债后的余额(6)	0	0	0	30.91

表中第(1)行(年初贷款累计)为上年尚未归还的贷款本利和;第(4)行(本年可用于还款的资金)是由当年的利润、折旧及其他还款资金计算得来的。第(3)、(5)行(本年偿还贷款利息、本金)是按每年付息并按能力还本的方式计算的。根据计算公式:

第1年:借款:665万元

当年利息:$665/2 \times 8\% = 26.6$(万元)

第2年:年初应付本金总额:665(万元)

当年利息:$665 \times 8\% = 53.2$(万元)

当年偿还本金:180.49(万元)

⋮

依次类推以后各年的计算。表的第(6)行(偿债后余额)开始出现大于零的数值时即为还清贷款年份。根据公式(9-29)计算的贷款偿还期为:

$$4 - 1 + \frac{259.23}{290.14} = 3.89(年)$$

9.5.2 资产负债率、流动比率、速动比率

资产负债率、流动比率、速动比率全部依据资产负债表计算。在计算这三个比率性指标时,既可以计算项目计算期内前几年的,也可以计算整个计算期的。

9.5.2.1 资产负债率

资产负债率是反映项目各年所面临的财务风险程度及偿还能力的指标。计算公式为:

$$资产负债率 = \frac{负债合计}{资产合计} \times 100\% \tag{9-31}$$

一般可接受的资产负债率应是在100%以下,若大于100%,表明企业已资不抵债,已达到破产的警戒线。

9.5.2.2 流动比率

流动比率是反映项目各年偿付流动负债能力的指标。计算公式为：

$$流动比率=\frac{流动资产总额}{流动负债总额}\times 100\% \tag{9-32}$$

计算出的流动比率，一般应大于200%，即1元的流动负债至少2元的流动资产作后盾，保证项目按期偿还短期债务。这也才是提供贷款的机构可以接受的。

9.5.2.3 速动比率

速动比率是反映项目快速偿付流动负债能力的指标。计算公式为：

$$速动比率=\frac{流动资产总额—存货}{流动负债总额}\times 100\% \tag{9-33}$$

计算出的速动比率，一般应接近于100%，即1元的流动负债有1元的流动资产以资抵偿。

* * *

问题与思考

9-1 投资项目的资金筹措渠道有哪些？各有什么优缺点？

9-2 固定资产投资和流动资金投资的估算方法各有哪些？它们的分项详细估算法的操作过程是怎样的？

9-3 总成本费用的估算过程是怎样的？

9-4 反映项目偿还能力的指标有哪些？

第 10 章　财务效益评价

*　　　*　　　*

本章要点：

- 投资项目财务评价总体过程。
- 基本财务报表的编制、分析方法及项目外汇运用效果的分析指标。

*　　　*　　　*

如前所述，评价一个投资项目是否可行，一般要进行市场分析、技术分析、财务分析和国民经济分析。其中，财务分析即财务效益评价，它是项目评价的重要组成部分。项目财务效益评价是从企业的角度出发，依据国家现行财税制度、现行价格和有关法规，研究和预测投资项目在建成投产以后所能给企业带来的经济效益，并根据经济效益大小，来决定拟建的项目或不同技术方案的取舍。进行项目财务评价首先要估算或计算出项目的投资、成本、收入、各项税金和利润等基础数据，然后据此编制财务报表，计算相应的技术经济指标，并与有关标准进行对比，判断拟建项目是否可行，或从中选择最佳方案。

10.1　财务效益评价概述

10.1.1　财务效益评价的意义

财务评价对企业投资决策、金融机构提供贷款及有关部门审批项目都具有十分重要的意义。

(1)财务评价是企业进行投资决策的重要依据。

企业进行长期投资与企业从事生产活动的目标是一致的，主要是为了盈利。通过财务评价，就可以科学地分析拟建项目的盈利能力，进而做出是否投资的决策。

(2)财务评价是金融机构确定贷款的重要依据。

金融机构是经营特殊商品——货币的企业，其经营活动的主要目标也是盈利。项目投资贷款具有数额大、周期长、风险大等特点，稍有不慎，就有可能不能按期收回贷款本息，甚至收不回贷款本金。通过财务评价，金融机构可以了解并可以科学地分析拟建项目的贷款偿还能力，进而确定是否予以贷款。

(3)财务评价是有关部门审批拟建项目的重要依据。

我国是社会主义市场经济，国有经济在整个国民经济中占据主导地位，国有企业投资项目的财务效益如何，不仅和企业自身的生存和发展息息相关，而且还会对国家财政收入状况产生影响，企业投资发生的损失最终很可能会通过补贴、核销等形式转嫁给国家。因此有关部门在审批拟建项目时,必须将财务效益作为项目决策的重要依据。

10.1.2 财务效益评价的基本目标

财务效益评价的结果应该能够回答的是项目投产后盈利情况怎样、贷款偿还期长短和财务外汇平衡情况如何等问题,所以财务评价目标可归结为以下几点。

(1)了解项目盈利能力。

盈利能力是反映项目财务效益的主要标志。财务评价中的重要工作之一应当是分析拟建项目建成投产后是否有盈利,盈利能力有多大,盈利能力是否足以使项目可行。项目的盈利主要是项目投产后所产生的利润和税金等。

(2)了解项目清偿能力。

从广义来说,拟建项目的清偿能力应该包括两个层次:一是项目的财务清偿能力,即项目收回全部投资的能力。投资者总是希望能在最短的时间内收回全部投资;二是指债务清偿能力,主要是指项目偿还建设投资借款和清偿债务的能力。提供贷款的金融机构不但应考察项目是否具有债务清偿能力,还应考察投资贷款的偿还期是否符合有关规定,项目是否具备所要求的清偿债务的能力。从狭义来说,项目清偿能力是指其第二层含义,实际当中常常这样来用。

(3)了解项目财务外汇平衡情况。

对于有进口设备、原材料用汇或产品出口创汇等涉及外汇收支的项目,还应通过财务评价,编制财务外汇平衡表,掌握项目的外汇平衡情况,并把其作为财务评价的重要目标。

10.1.3 财务效益评价的基本程序

项目财务效益评价的基本程序可归纳如下:

第一步,估算和分析项目的财务数据。

需估算和分析的财务数据主要包括对项目总投资、资金筹措方案、产品成本费用、销售收入、税金和利润,以及其他与项目有关的财务数据进行预测、估算、分析。它是整个财务评价的基础。财务数据估算在本书第9章已做论述。

第二步,编制和分析财务报表。

财务报表是根据财务数据填列的,也是计算反映项目盈利能力、清偿能力和财务外汇平衡情况的技术经济指标的基础,所以,在估算和分析财务基础数据之后,就该进入财务报表的编制和分析工作,主要包括现金流量表、损益表、资金来源与运用表、资产负债表以及财务外汇平衡表。

第三步,计算财务效益评价指标。

编制完基本财务报表之后,就可以利用报表中汇集的数据资料计算财务效益评价指标。所计算的财务效益指标应包括反映项目盈利能力的指标和反映项目清偿能力的指标。这些指标已分别在本书的第4章和第9章做了详细论述。如果投资项目涉及到外汇,还应对外汇效果分析指标进行计算和分析,本章10.3节将介绍这些指标。

第四步,进行不确定性分析。

不确定性分析如本书第5章已介绍的盈亏平衡分析、敏感性分析和概率分析,不再赘述。

第五步,提出财务评价结论。

将计算出的经济效果评价指标值与国家有关部门公布的基准值加以比较,并充分考虑不确定性分析的结果,综合分析,最终从财务角度提出项目可行与否的结论。

由于如何估算和分析财务数据、计算财务效益评价指标、进行不确定性分析等内容已做过介绍,所以本章下面主要介绍如何编制基本财务报表。

10.2　基本财务报表的编制

10.2.1　现金流量表

现金流量表是反映项目在计算期内各年的现金流入、现金流出和净现金流量的表格。它可以反映项目对企业和国家的贡献,也可以反映项目收回全部投资的时间。通过现金流量表可以计算项目的财务内部收益率、财务净现值和投资回收期等反映项目盈利能力的指标。根据投资计算基础不同,现金流量表可分为全部投资现金流量表和自有资金现金流量表。

10.2.1.1　全部投资现金流量表

全部投资现金流量表是不分投资资金来源,以全部投资作为计算基础,用以计算全部投资所得税前及所得税后的财务内部收益率、财务净现值和投资回收期等评价指标,考察项目全部投资的盈利能力,为各个投资方案(不论其资金来源及利息多少)进行比较建立共同基础。全部投资现金流量表的格式见表10-1。

表10-1　现金流量表(全部投资)　　单位:万元

序号	年限/年 项目	建设期		投产期		达到设计能力生产期				合计
		1	2	3	4	5	6	…	n	
	生产负荷/%									
1	现金流入									
1.1	产品销售(营业)收入									
1.2	回收固定资产余值									
1.3	回收流动资金									
2	现金流出									
2.1	建设投资									
2.2	流动资金									
2.3	经营成本									
2.4	销售税金及附加									
2.5	所得税									
3	净现金流量(1-2)									
4	累计净现金流量									
5	所得税前净现金流量(3+2.5)									
6	所得税前累计净现金流量									

　　　　　　　　　　　　　　　　　　　　所得税后　　　　所得税前

计算指标:财务内部收益率:

　　　　财务净现值:　　　　　　　　　　(i_c=　%)　　　(i_c=　%)

　　　　投资回收期:

注:1.根据需要可在现金流入和现金流出栏里增减项目;

2.生产期发生的更新投资作为现金流出可单独列项或列入建设投资项中。

全部投资现金流量表中的现金流入包括产品销售(营业)收入、回收固定资产余值和回收流动资金;现金流出包括固定资产投资、流动资金、经营成本、销售税金及附加、所得税等。其中除回收固定资产余值可用固定资产净残值代替外,其他各项数据可分别依据"产品销售(营业)收入和销售税金及附加估算表"及"建设投资估算表"、"流动资金估算表"、"投资计划与资金筹措表"、"总成本费用估算表"、"损益表"等有关报表填列。

10.2.1.2 自有资金现金流量表

自有资金现金流量表是从投资者角度出发,以投资者的出资额作为计算基础,把借款本金偿还和利息支付作为现金流出,用以计算自有资金的财务内部收益率、财务净现值等评价指标,考察项目自有资金的盈利能力。自有资金现金流量表的格式见表 10-2。

表 10-2 现金流量表(自有资金) 单位:万元

序号	年限/年 项目	建设期		投产期		达到设计能力生产期				合计
		1	2	3	4	5	6	…	n	
	生产负荷/%									
1	现金流入									
1.1	产品销售(营业)收入									
1.2	回收固定资产余值									
1.3	回收流动资金									
2	现金流出									
2.1	自有资金									
2.2	借款本金偿还									
2.3	借款利息支付									
2.4	经营成本									
2.5	销售税金及附加									
2.6	所得税									
3	净现金流量(1-2)									

计算指标:财务内部收益率:

财务净现值:(i_c = %):

注:1.同表 10-1 的注;

2.自有资金是指项目投资者的出资额。

自有资金现金流量表与全投资现金流量表的现金流入项目相同;现金流出包括自有资金(固定资产投资和流动资金)、借款本金偿还、借款利息支付、经营成本、销售税金及附加和所得税等。现金流入与现金流出的有关数据可依据"产品销售(营业)收入和销售税金及附加估算表"、"投资计划与资金筹措表"、"总成本费用估算表"、"借款还本付息计算表"和"损益表"等有关报表填列。

以上两种现金流量表各有其特定的目的。全部投资现金流量表在计算现金流量时,假定全部投资均为自有资金,因而不必考虑借款本金的偿还和利息的支付,为各个投资项目或投资方案(不论其资金来源如何)进行比较建立了共同的基础;自有资金现金流量表主要考察自有资金的盈利能力和向外部借款对项目是否有利。在对拟建项目进行评价时,要分别编制两种现金流量表,并计算相应的评价指标。

10.2.2 损益表

损益表反映项目计算期内各年的利润总额、所得税及税后利润的分配情况。用以计算投资利润率、投资利税率和资本金利润率等指标。损益表的格式见表10-3。

表10-3 损益表 单位:万元

序号	项目 \ 年限/年	投产期		达到设计能力生产期				合计
		3	4	5	6	…	n	
	生产负荷/%							
1	产品销售(营业)收入							
2	销售税金及附加							
3	总成本费用							
4	利润总额(1-2-3)							
5	所得税							
6	税后利润(4-5)							
7	可供分配利润							
7.1	盈余公积金							
7.2	应付利润							
7.3	未分配利润							
	累计未分配利润							

注:利润总额应根据国家规定先调整为应纳税所得额(如减免所得税、弥补上年度亏损等),再计算所得税。

损益表包括产品销售(营业)收入、销售税金及附加、总成本费用、利润总额、所得税、税后利润、可供分配利润、盈余公积金、应付利润和未分配利润等项目,其结构可用下列三个公式表示。

利润总额=产品销售(营业)收入-销售税金及附加-总成本费用 (10-1)

税后利润=利润总额-所得税 (10-2)

税后利润=可供分配利润=盈余公积金+应付利润+未分配利润 (10-3)

损益表中,盈余公积金即为法定盈余公积金,根据有关规定,按照税后利润扣除被没收的财物损失、支付各项税收的滞纳金和罚款以及弥补以前年度亏损后的10%提取。当盈余公积金已达到注册资本的50%时可不再提取;应付利润即为按规定应付给投资者的利润,包括对国家投资分配利润、对其他单位投资分配利润、对个人投资分配利润等。分配比例往往依据投资者签订的协议或公司的章程等来确定;未分配利润即为可供分配利润减盈余公积金和应付利润后的余额;表中其他各项目可依据"产品销售(营业)收入和销售税金及附加估算表"、"总成本费用估算表"等填列。

10.2.3 资金来源与运用表

资金来源与运用表反映项目计算期内各年的资金盈余或短缺情况,用于选择资金筹措方案,制定适宜的借款及偿还计划,并为编制资产负债表提供依据。资金来源与运用表的格式见表10-4。

表10-4 资金来源与运用表 单位:万元

序号	年限/年 项目	建设期		投产期		达到设计能力生产期				合计
		1	2	3	4	5	6	…	n	
	生产负荷/%									
1	资金来源									
1.1	利润总额									
1.2	折旧费									
1.3	摊销费									
1.4	长期借款									
1.5	流动资金借款									
1.6	其他短期借款									
1.7	自有资金									
1.8	其他									
1.9	回收固定资产余值									
1.10	回收流动资金									
2	资金运用									
2.1	建设投资									
2.2	建设期利息									
2.3	流动资金									
2.4	所得税									
2.5	应付利润									
2.6	长期借款本金偿还									
2.7	流动资金借款本金偿还									
2.8	其他短期借款本金偿还									
2.9	盈余资金									
2.10	累计盈余资金									

资金来源与运用表分三大项,即资金来源、资金运用和盈余资金,且存在下式:

资金来源 - 资金运用 = 盈余资金("+"表示当年有资金盈余,"-"表示当年资金短缺)

资金来源与运用表中,利润总额、所得税和应付利润依据"损益表"填列;折旧费、摊销费依据"总成本费用估算表"填列;各种借款、自有资金、建设期利息和流动资金等依据"投资计划与资金筹措表"填列;各种借款本金偿还依据"借款还本付息计算表"填列。

10.2.4 资产负债表

资产负债表综合反映项目计算期内各年年末资产、负债和所有者权益的增减变化及对应关系,以考察项目资产、负债、所有者权益的结构是否合理,用以计算资产负债率、流动比率及速动比率,进行清偿能力分析。资产负债表的格式见表10-5。

表10-5 资产负债表 单位:万元

序号	项目 \ 年限/年	建设期		投产期		达到设计能力生产期				合计
		1	2	3	4	5	6	…	n	
1	资产									
1.1	流动资产总额									
1.1.1	应收账款									
1.1.2	存货									
1.1.3	现金									
1.1.4	累计盈余资金									
1.2	在建工程									
1.3	固定资产净值									
1.4	无形及递延资产净值									
2	负债及所有者权益									
2.1	流动负债总额									
2.1.1	应付账款									
2.1.2	流动资金借款									
2.1.3	其他短期借款									
2.2	长期借款									
	负债小计									
2.3	所有者权益									
2.3.1	资本金									
2.3.2	资本公积金									
2.3.3	累计盈余公积金									
2.3.4	累计未分配利润									

计算指标:1.资产负债率(%);
2.流动比率(%);
3.速动比率(%)。

资产负债表主体结构包括三大部分,即资产、负债和所有者权益,其基本关系为:

$$资产 = 负债 + 所有者权益$$

资产负债表中的项目,有些可依据财务数据估算表中的金额直接填列,有些则要经过分析整理综合后才能填列。可直接填列的有:应收账款、存货和现金可依据“流动资金估算表”填列;累计盈余资金可依据“资金来源与运用表”填列;各项借款可依据“投资计划与资金筹措表”填列;累计盈余公积金和累计未分配利润可依据“损益表”填列;固定资产净值、无形及递延资产净值可依据“固定资产折旧费估算表”和“无形及递延资产摊销估算表”填列。经过分析整理综合填列的有在建工程和资本金可依据“投资计划与资金筹措表”分别整理综合后填列;资本公积金要经过分析综合后填列。资本公积金包括资本溢价和赠款两大项,具体有四个来源,即:(1)投资者实际缴付的出资额超过资本金的差额;(2)法定财产重估增值,即重估价值与账面净值的差额;(3)资本汇率折算差额,即资本账户与实收资本账户的折合汇率不同而产生的折合记账本位币差额;(4)接受捐赠的财产。

10.2.5 财务外汇平衡表

财务外汇平衡表适用于有外汇收支的项目,用以反映项目计算期内各年外汇余缺程度,进行外汇平衡分析。用财务外汇平衡表中的数据可以计算外汇净现值、换汇成本和节汇成本等指标。财务外汇平衡表的格式见表 10-6。

表 10-6 财务外汇平衡表 单位:万美元

序号	年限/年 项目	建设期		投产期		达到设计能力生产期				合计
		1	2	3	4	5	6	…	n	
	生产负荷/%									
1	外汇来源									
1.1	产品销售外汇收入									
1.2	外汇借款									
1.3	其他外汇收入									
2	外汇运用									
2.1	建设投资中外汇支出									
2.2	进口原材料									
2.3	进口零部件									
2.4	技术转让费									
2.5	偿付外汇借款本息									
2.6	其他外汇支出									
2.7	外汇余额									

注:1.其他外汇收入包括自筹外汇等;
2.技术转让费是指生产期支付的技术转让费。

财务外汇平衡表主体结构包括两大部分,即外汇来源与外汇运用,且有恒等式:外汇来源 = 外汇运用。

发生外汇收支的项目需要编制财务外汇平衡表。在财务外汇平衡表中,外汇来源包括产品外销的外汇收入、外汇贷款和自筹外汇等,自筹外汇包括在其他外汇收入项目中。外汇运用包括建设投资中的外汇支出、进口原材料和零部件的外汇支出、在生产期支付的技术转让费、偿付外汇借款本息和其他外汇支出。各项均按相应表中的外汇收入和外汇支出数据填列。

10.2.6 投资项目财务评价主要报表的处理及相互间关系

在投资项目财务评价中需要对财务评价的主要报表进行大量的数据处理。由于数据的流向、数据之间的逻辑关系、数据处理过程较为复杂,使不少人望而却步。其中关键的两个问题是:

(1)投资项目财务评价的处理流程;

(2)财务评价中“借款还本付息计算表”、“总成本费用表”与“损益表”三者间的关系。

投资项目财务评价的处理流程始于评价部门和评估人员对基础财务数据收集、估算。这些数据一般包括:通过市场分析预测得出的有关产品销售数量、价格的数据;通过技术分析得出的关于设备报价、工艺与设施建造数量与投资的数据;通过资产评估或分析得出的无形资产、递延资产的价值、现有资产的价值;预测各种财务数据(如流动资金需要量、原材料消耗、燃料与动力消耗、工资与福利费、期间费用等)。在此基础上进行各种数据分类、整理、计算、汇总,最终形成完整的财务评价报表。具体流程见图 10-1。在实际评价中,若用手工处理财务评价报表的数据是很难的,尤其是在进行敏感性分析时,手工计算量太大,一般难以在短时间内完成。因此,最好应用计算机软件中的电子表格软件解决,目前值得推荐的是用 Microsoft Excel 进行投资项目的财务评价。

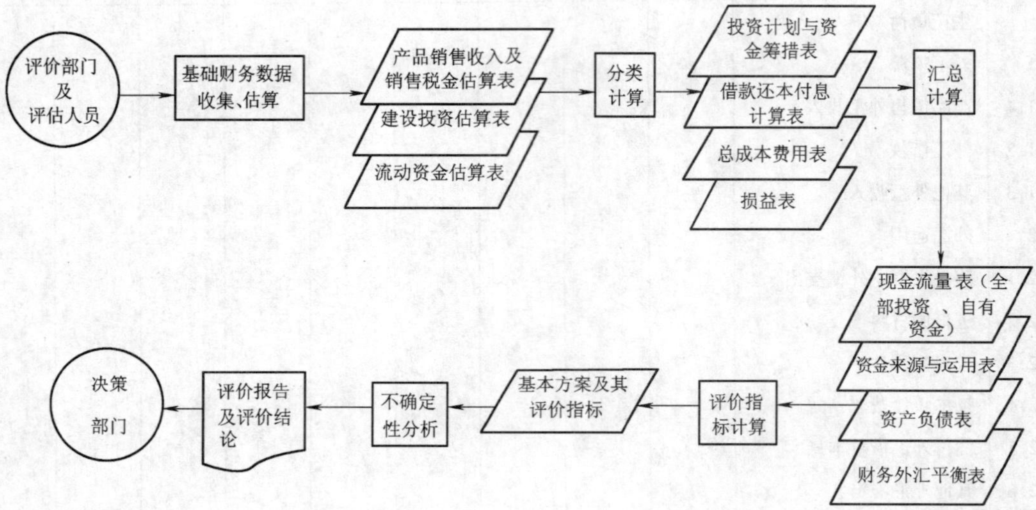

图 10-1　投资项目财务评价流程图

投资项目财务评价的数据处理过程中,借款还本付息计算表、总成本费用表、损益表三者关系是较为复杂的。如在投产期后借款还本付息计算表中计算每年可用于还款金额时,须有当年的利润、折旧、摊销的金额(涉及损益表、总成本费用表);在损益表中计算当年利润时需要知道当年的总成本;而总成本费用表中的利息支出项又需要知道当年初的借款余额;借款余额的计算又需要知道用于还款的利润、折旧、摊销的金额。因此,在运用电子表格软件(如 Microsoft Excel)解决财务评价报表编制问题时,这三个表的关系有一个循环处理的顺序问题。具体的关系见图 10-2。

图 10-2 中的①、②、③表示当年处理的先后顺序。

“借款还本付息计算表”中建设期各年利息按有关规定计算,并按“利息资本化”原则当本金处理,一般用自有资金支付。

具体处理顺序为:

(1)见图中①,即在投产期、生产期各年按年初借款余额计算本年利息,加上流动资金本年计息额,一起计入“总成本费用表”中的“利息支出”项(此时只计算出本年的利息支出),并得出本年的总成本费用;

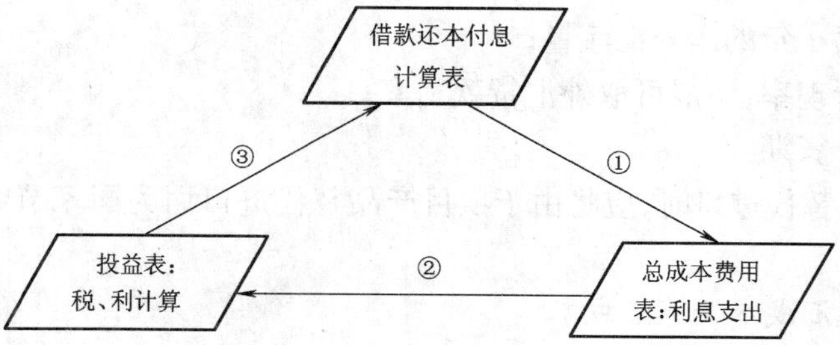

图 10-2 借款还本付息计算表、总成本费用表与损益表三者间的关系

(2)见图中②,即根据本年总成本费用额,计算出"损益表"本年的利润、所得税,并得出本年可以用于偿还长期借款本金的金额;

(3)见图中③,即表示计算出下一年长期借款的年初余额,填入"借款还本付息计算表"。

(4)进入下一年后,重复①、②、③。

在此有一个假设:每年还款发生在年末,投产期、达产期的利息从年初计算。

具体请见本书附录的财务评价案例。

10.3 财务效益评价指标

10.3.1 反映项目盈利能力的指标

依据国家计委颁布的《建设项目经济评价方法与参数》,在进行投资项目财务评价时,应计算的反映项目盈利能力的静态指标有投资利润率、投资利税率、资本金利润率、静态投资回收期;应计算的反映项目盈利能力的动态指标有财务净现值、财务内部收益率。这些指标的计算和分析见本书第 4 章。

10.3.2 反映项目清偿能力的指标

在进行投资项目财务评价时,主要计算的反映项目清偿能力的指标有项目借款偿还期、资产负债率、流动比率和速动比率。这些指标的计算和分析见本书第 9 章。

10.3.3 项目外汇效果分析指标

投资项目涉及到外汇时,如涉及产品出口创汇替代进口节汇等,应进行项目的外汇效果分析,这也是项目经济效果分析的一个重要部分。项目外汇效果分析的主要指标是财务外汇净现值、换汇成本及节汇成本等。这些指标是分析、评价投资项目实施后,对国家创汇和用汇情况的影响程度。

10.3.3.1 外汇净现值

外汇净现值是按一定的折现率,由投资项目各年的净外汇流量计算的净现值。净外汇流量是外汇流入与外汇流出的差。这个指标是用以衡量项目对国家外汇的净贡献或净消耗。其计算公式为:

$$NPV_f = \sum_{t=0}^{n}(FI - FO)_t(1 + i)^{-t} \tag{10-4}$$

式中 FI——外汇流入量;

FO——外汇流出量；

$(FI-FO)_t$——第 t 年的净外汇流量；

i——折现率，一般可取外汇贷款利率；

n——计算期。

当项目有产品替代进口时，应将由于项目产品替代进口而为国家节约的外汇额考虑进去。

10.3.3.2 换汇成本及节汇成本

换汇成本是项目计算期内生产出口产品所投入的国内资源现值与生产出口产品的外汇净现值之比。即是换取1美元外汇收入所需要付出的人民币额。其表达式为：

$$换汇成本=\frac{\sum_{t=0}^{n}DR_t(1+i)^{-t}}{\sum_{t=0}^{n}(FI-FO)_t(1+i)^{-t}} \tag{10-5}$$

式中 DR_t——项目在第 t 年生产出口产品投入的国内资源；

其余符号意义同式10-4。

产品虽然内销，但经主管部门批准可按替代进口考虑的项目，应计算节汇成本。**节汇成本**是项目计算期内生产替代进口产品所投入的国内资源现值与生产替代进口产品的外汇净现值之比。即节约1美元外汇所需要的人民币金额。

* * *

问题与思考

10-1 财务评价的程序是怎样的？

10-2 财务评价需要编制哪些基本报表？这些报表相互之间的关系是怎样的。

第 11 章　国民经济分析

*　　　　*　　　　*

本章要点：

- 了解国民经济评价的必要性及国民经济评价与财务评价的主要不同点。
- 了解外部效果、影子价格的含义及分析方法。

*　　　　*　　　　*

项目的国民经济分析又称项目的国民经济评价，它与项目的财务分析一道，共同组成了完整的项目经济分析。项目的国民经济分析旨在把国家有限的各种投资资源用于国家最需要的投资项目上，使全社会可用于投资的有限资源能够合理配置和有效利用，使国民经济能够持续稳定的增长。

11.1　国民经济分析和财务分析的区别

项目的财务分析和国民经济分析都是项目的盈利性分析。但是，由于这两类分析所代表的利益主体不同，使得这两类分析在分析的目的、任务和作用上不尽相同。

11.1.1　评价目标和范围不同

财务分析是评价项目的净财务结果，从财务角度考察货币收支和盈利状况及借款偿还能力；国民经济分析则要反映出该项目对国家长远计划的基本发展目标的贡献，是从国家整体的角度考察项目的投入产出。财务分析只考察项目的直接收益和成本，而国民经济分析，除了计算直接的经济效益和费用外，还考察项目的间接效益和费用。

11.1.2　评价的角度不同

财务分析是站在企业立场上所进行的盈利性分析，而国民经济分析是站在国家或社会立场上所进行的盈利性分析。

兴办项目的企业是相对独立的商品生产者，具有独立的利益要求。从企业利益出发的财务分析，把项目自身的盈利作为基本追求目标，对项目自身的盈利水平和生存能力作出评价。显然，这样的财务分析对于作为独立经济实体的项目及企业来说是不可或缺的。

项目的国民经济分析是从国民经济的角度对项目得失即其盈利水平作出评价，不涉及项目自身的财务生存能力。由于项目对整个国民经济的影响不仅仅表现在项目自身的财务效果上，还会对国民经济其他部门和单位产生影响，因而从全社会合理配置资源的角度而言，从项目局部利益出发的财务分析不能确保资源的合理配置和有效利用。

11.1.3　费用与效益的识别不同

由于目标和范围不同，国民经济分析中费用与效益的概念，与财务分析中成本和收益的概念是有区别的。国民经济分析中的费用和效益,反映出国家必需的支出和能够得到的收益,既要包括项目直接投入所需的支出和产出所带来的收益,又要包括该项目所引起的各项外部费用和外部效益。就外部效果来说,其考察的范围较广,既有生产者之间的外部效果,又有生产者对消费者产生的外部效果。

11.1.4 采用的价格不同

由于国民经济分析计算费用和效益的原则,是追求资源最优分配和使用。而只有在完全竞争的市场机制下所形成的价格,才代表了资源最优分配条件下价格。而在财务分析中采用的价格背离价值的情况是普遍存在的。因此,国民经济分析不采用市场价格进行定量分析,而是采用影子价格。

11.1.5 采用的评价参数不同

财务分析选用基准收益率作为评价判据,而国民经济分析采用社会贴现率;财务分析采用官方汇率换算外贸货物价格,而国民经济分析则采用影子汇率;如此等等。

11.1.6 评价作用不同

就我国情况而言,国民经济分析结论较之财务分析结论更加重要。当两种分析结论一致时,不难对项目做出取舍,或可行,或不可行。但是,倘若两种评价结论不一致时,一般应以国民经济分析为最终结论。

11.2 费用和收益的识别

正确识别项目的费用和收益,对于项目的财务分析和国民经济分析都是至关重要的。在财务效益分析一章中,我们已经了解了财务费用和财务收益的具体构成,为了便于理解和把握国民经济分析中的费用和收益,采用对比的方法进行介绍。

11.2.1 识别费用和收益的基本原则

费用和收益都是相对目标而言的。收益,就是对目标的贡献;费用,就是对目标的负贡献。财务分析以企业(项目)净收入最大化为目标,凡是增加企业(项目)收入的就是财务收益;凡是减少企业(项目)收入的就是财务费用。国民经济分析以社会资源的最优配置从而使国民收入最大化为目标,凡是增加国民收入的就是国民经济收益;凡是减少国民收入的就是国民经济费用。

上述定义为正确识别费用和收益提供了基本准则,并具体体现在以下两个方面。

11.2.1.1 系统的边界

财务分析从项目(或企业)自身的利益出发,其系统分析的边界就是项目(或企业)自身。凡是流入项目的资金,就是财务收益,如销售收入;凡是流出项目的资金,就是财务费用,如投资支出,经营成本和税金。财务收益和费用统称为项目的直接经济效果或内部经济效果。

国民经济分析从国民经济的整体利益出发,其系统分析边界是整个国家。国民经济分析不仅需要识别项目自身的直接经济效益,而且需要识别项目对国民经济其他部门和单位产生的间接效益,即外部效益;不仅应当识别可用货币计量的有形效益,而且应当识别难以用货币计量的无形效益。

11.2.1.2 追踪的对象

财务分析在考察财务收益和费用的过程中,其追踪的对象是货币。凡是由项目(企业)

之外流入项目之内的货币就是财务收益;凡是由项目之内流出项目(企业)之外的货币就是财务费用。识别国民经济分析中的费用和收益就没有财务识别这样简单。国民经济分析以实现资源最优配置从而保证国民经济收入最大增长为目标,而国民收入是由全社会最终产品的总和所决定。对于一个投资项目来说,项目的资源投入意味着减少了这些资源在国民经济其他方面的可用量,从而减少了国民经济其他方面的最终产品产出量,正是从这种意义上说,该项目对资源的使用产生了国民经济费用。同理,我们说项目的产出是国民经济收益,是由于项目的产出能够增加社会资源——最终产品的缘故。由此不难理解,在考察国民经济费用和收益的过程中,其追踪的对象不是货币,而是由项目投入和产出所产生的社会资源的变动。凡是减少社会资源的项目投入都产生国民经济费用;凡是增加社会资源的项目产出都产生国民经济收益。

理解国民经济分析追踪的对象是物质流而不是货币流,是正确识别其费用和收益的关键。

11.2.2 外部效益的识别及处理

每个投资项目,除了会产生与其投入和产出所对应的直接费用和直接收益外,还会对社会其他部门产生间接费用和(或)间接收益,这种间接费用和间接收益统称项目的外部效益。外部效益是国民经济分析所特有的费用或收益项,其识别和计量都是比较困难的。

11.2.2.1 外部效益的类别

外部效益通常分为技术外溢效益和价格连锁效益。

项目的技术外溢效益是指项目的投建和运行带给项目外部的实际影响。例如,建设钢铁厂时修建了一套运输系统,这套系统除为钢铁厂服务外,还可以为当地经济建设服务,降低该地区的运输费用,则是技术外溢收益的例子。而化工厂排放的污水可使附近江河的鱼类资源骤减等等,都是技术外溢费用的例子。

项目的价格连锁效益分为逆连锁效益和顺连锁效益。

项目对投入品的使用可能促使这些投入品的价格上升。投入品价格上升,会给使用这些投入品的其他厂家带来影响,迫使他们不得不以比先前更高的价格购买这些投入品,从而造成这些厂家的生产成本上升,净收入下降。另一方面,投入品价格的升高又会给生产这些投入品的厂家带来额外净收入。这种由项目投入引起的价格外部效益,称为价格逆连锁效益。

当项目的产出增加了有效供给,满足了增长的需求时,对项目产品(例如某种机床)社会使用量的增加可能促使对其辅助配套产品(如机床配件)的需求随之增加,倘若该辅助配套产品供不应求,其价格会随之上升。这样,生产该辅助产品的厂家即使不增加产量,也会因其产品价格升高而获利。与此同时,那些生产该项目产出品的替代品(例如另外一种功能相近的机床)的厂家,则可能由于产品替代效应的存在而不得不降低价格以维持需求,从而又使生产这些替代品的企业的收入下降。这种由项目产出而引起的价格外部效益,称为价格顺连锁效益。

还有一种与利用闲置生产能力有关的“乘数效益”。在我国产业结构失衡、某些产业部门存在过剩生产能力的情况下,如果项目的投建能够促使与此项目的投入和产出有关的产业部门的闲置生产能力得以利用,就会带来外部收益。例如,国家的重型机械设备制造能力过剩,大量设备闲置无用或利用率很低。现在国家拟改造某大型钢铁基地,需要重型机械部门提供大型高炉等设备,使该部门原先不能提供产出价格的闲置生产能力得以启用,从而大大降低了实际制造费用(因为利用闲置设备和人员进行生产,几乎不发生真正的固定成本,仅仅发生原材料、燃料动力投入等可变成本,所以产品的实际总成本会大大下降)这种费用的减少就是项目带来的外部收益。而且,由于重型机械设备制造厂家的生产扩大,还会带动与它相关联的其他生产部门的剩余生产能力得以启用,这种启用同样会带来降低生产费用的外部收益。这种由项目导致的一系列相关部门启用过剩生产能力以及由此带来的一系列资源节约效果,就是项目的乘数效果。

11.2.2.2 外部效果的处理

虽然从理论上说,应当在全社会范围内考察外部效果,但从实践上看,这样做几乎是不可能的,而且从费用效益分析的角度看,也是得不偿失的,考察外部效果,应当着眼于项目主要投入和产出紧密相关的部门,为了避免高估外部收益、低估外部费用或者相反的情形发生,对外部收益和外部费用的考察应在同一相关部门内进行。

技术外溢效果反映生产消费和社会福利的真实变化,应在项目的国民经济分析中加以反映。

技术外溢效果又可分为两类,一类是有形效果,一类是无形效果,它们主要是:

(1)环境和生态效果。工业项目对环境和生态的影响是一种日益引起社会关注的外部效果。一个以环境保护和生态平衡为目的的项目会带来正的环境和生态效果(效益),但很难用货币单位计量这种效果的大小。这种项目的经济分析,多以互斥方案间费用比较的方式进行。即在各方案环保和生态效果基本相同的情况下,费用小的方案就是优选方案。这种比选的实质是把被拒绝方案的较高经济费用作为一种被避免的损失从而视作被采纳方案的经济收益,但这样做并未真正表明项目的环保和生态效果。因此,环保项目的实施不论是出于执行环保法令,还是出于价值判断,其效果如果不能用货币单位计量时,则应采用相应的环保指标加以衡量(如噪声分贝、废物和有害物质的排放量等)。对于非环保项目,对其负的环保效果也应力争采用环保指标加以计量,特别是当这种外部效果不容忽视的时候。

(2)技术扩散和示范效果。这是难以用价值计量的无形外部效果。一个技术先进适用,管理水平高的项目,能培养和造就高水平的技术人员和管理人员,其技术扩散和示范效应会给社会其他方面带来益处,从而产生外部收益。例如我国兴建首批核电站就应考虑这种外部效果。由于计量上的困难,对这类效果仅做定性描述。

乘数效果是利用剩余生产能力生产项目投入品所导致的固定生产成本的节约,这些被节约的成本费用是项目的外部收益。但在本书的经济分析系统中,对利用剩余生产能力生产的项目投入品的价格,用可变成本确定,这就意味着已经计量了节约固定成本的乘数效果,无须另行计算。

在不影响社会生产和消费水平的情况下,由项目投入产出引发的价格连锁效果仅仅是社会成员之间的货币转移性的分配变动,社会资源没有发生增减变化,国民收入也没有增加或减少,因而国民经济分析无需考虑这种外部效果。当然,价格的变化或多或少都会影响社会生产和消费水平的变动,从而也会影响资源和国民收入的变动。但是,一方面,如在下一节中所阐明的那样,我们使用影子价格计量项目的投入产出价值,其中已经部分地包括了这种价格外部效果。另一方面,价格连锁效果的作用机理十分复杂,且正负效果并存和相互抵消,要进一步识别和计量都十分困难,所以在项目分析实践中可不考虑。

11.2.2.3 外部效果内部化

在相互关联的多个项目中,彼此之间常会相互作用、相互影响,因而相互之间常会出现难以计量的外部效果问题。在这种情况下,若有可能,最后把这些项目作为一个项目组合体进行整体考察,这样,项目之间的外部效果就变成了内部效果,从而避免了外部效果的识别和计量上的困难。上述处理办法称之为外部效果内部化。

外部效果内部化的处理方法,对于妥善处理改、扩建和技术改造项目的外部效果尤其重要。这些项目的新增投资与原有可利用的有形资产与无形资产一起,对未来的生产经营共同发挥作用,这种情况下,想单独识别和计量项目投资的经济效益就会十分困难。因为人们很难说得清原有资产为这些项目提供了多少贡献。避免识别和计量项目与原有资产之间产生的外部效果的一种有效办法,就是把经济分析的对象从项目扩大到原有整个企业,只去考察整个企业改扩建、技术改造比不进行改扩建和技术改造的增量效益,就可得出这些项目的真实效益。这种把新上项目与原有企业作为分析整体的处理方式,把二者之间相互的外部效果予以内部化,从而消除了识别和计量这些外部效果的必要性。

11.2.3 消费者剩余

消费者剩余也是一种外部效果,由于它的特殊性,这里单作叙述。

11.2.3.1 何谓消费者剩余

消费者剩余是指消费者对商品的支付意愿和实际支付的差值。它是消费者获得的一种收益。所谓**"消费者支付意愿"**,就是商品用户愿意支付的价格,它度量了商品的真实价值。

当项目的产出量很大,且占有相当大的市场份额的时候,为了扩大市场需求,往往需要降低销售价格。当项目产出品的价格因项目投产出现实质下降的时候,应当使用消费者剩余的概念去分析这种情况对国民经济的影响。

在图 11-1 中,横坐标代表商品需求量,纵坐标代表商品价格,AD 为市场需求曲线,需求与价格呈反向变动关系。

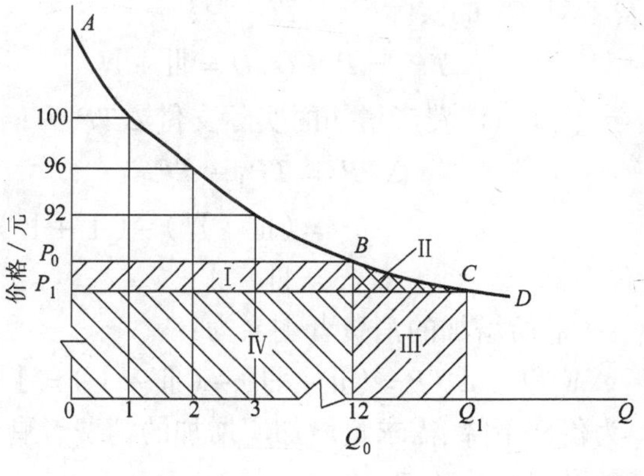

图 11-1 消费者剩余

需求曲线表明,如果第一个单位产品的价格是 100 元,将有消费者购买这第一个单位产品。换句话说,消费者愿意为这第一个单位产品支付 100 元钱,这 100 元钱代表了这第一个单位产品的实际价值。然而,假定该产品的销售价格 P_0 低于 100 元钱,那么,消费者购买这第一个单位产品将获得额外收益,其数额为($100-P_0$)元。这就是消费者购买这第一个单位产品所获得的"消费者剩余"。与此同理,购买第二个单位产品可以获得($96-P_0$)元的剩余,购买第三个单位产品的消费者剩余是$(92-P_0)$元,如此等等。购买第12个单位产品的消费者剩余是零,即这一个单位产品的消费者支付意愿等于产品价格P_0。在P_0价格水平下,消费者的需求总量(即购买总量)为12个单位产品,这是因为第13个单位产品及其以后的消费者支付意愿低于产品销价,消费者必然拒绝购买。

消费者购买12个单位产品的消费者剩余总和可以用面积ABP_0表示,面积ABP_0即为消费者购买这12个单位产品所获得的净收益。由于消费者愿意支付的总额(即这12个单位产品的实际价格)为面积ABQ_0O,而他们实际支付了P_0BQ_0O,因而:

$$ABP_0 = ABQ_0O - P_0BQ_0O$$

现在假定拟建项目的产出将使价格由P_0降至P_1,从而使需求总量由Q_0增加到Q_1。从图中可以看出,在项目产出前,需求总量为Q_0,消费者支付意愿总额为面积ABQ_0O;在项目产出后,需求量增为Q_1时,消费者的支付意愿总额为面积ACQ_1O。若用WTP代表消费者支付意愿,用TP代表消费者实际支付,并记:

$$WTP_0 = ABQ_0O$$

$$WTP_1 = ACQ_1O$$

则当需求量由Q_0增至Q_1时,消费者支付意愿的增加额ΔWTP为:

$$\begin{aligned}\Delta WTP &= WTP_1 - WTP_0\\ &= ACQ_1O - ABQ_0O\\ &= BCQ_1Q_0\end{aligned}$$

即
$$\Delta WTP = \text{Ⅱ} + \text{Ⅲ}$$

消费者在项目产出前对Q_0的实际支付TP_0为:

$$TP_0 = P_0BQ_0O = \text{Ⅰ} + \text{Ⅳ}$$

项目产出后,消费者对Q_1的实际支付TP_1为:

$$TP_1 = P_1CQ_1O = \text{Ⅲ} + \text{Ⅳ}$$

需求量由Q_0增至Q_1时,消费者增加的实际支付ΔTP为:

$$\begin{aligned}\Delta TP &= TP_1 - TP_0\\ &= (\text{Ⅲ} + \text{Ⅳ}) - (\text{Ⅰ} + \text{Ⅳ})\\ &= \text{Ⅲ} - \text{Ⅰ}\end{aligned}$$

而项目产出(Q_1-Q_0)所增加的消费者剩余为:

$$\Delta WTP - \Delta TP = (\text{Ⅱ} + \text{Ⅲ}) - (\text{Ⅲ} - \text{Ⅰ}) = \text{Ⅰ} + \text{Ⅱ}$$

即面积P_0BCP_1为价格下降、需求量增加所增加的消费者剩余。

11.2.3.2 对消费者剩余的处理

对由项目产出所产生的消费者剩余(图11-1中的Ⅰ和Ⅱ),应采取不同的处理原则。

剩余Ⅰ是由项目产出所导致的社会其他原有生产厂家收入上的减少,这部分利益为用户(消费者)所得,是原有厂家的收入向用户的转移。从全社会角度看,这是一种得失相当的货币转移,是一种收入分配的变动,社会资源没有增减,故在项目的国民经济分析中不予考虑。

剩余Ⅱ则不然。当项目产出(Q_1-Q_0)时,项目的销售收入是$P_1(Q_1-Q_0)$,即为Ⅲ。但项目产出的实际价值须用其产品的支付意愿度量,即为Ⅱ+Ⅲ,所以,如果仅以销售价格P_1计量项目的产出价值(Ⅲ),便少记了消费者剩余Ⅱ。Ⅱ的近似值为:

$$\frac{1}{2}\times(P_0-P_1)(Q_1-Q_0)$$

故项目总产出价值为：

$$\text{Ⅱ}+\text{Ⅲ}=\frac{1}{2}\times(P_0-P_1)(Q_1-Q_0)+P_1(Q_1-Q_0)$$

$$=\frac{1}{2}\times(P_0+P_1)(Q_1-Q_0)$$

所以，只要以项目产出前后的价格平均值$\frac{1}{2}\times(P_0+P_1)$作为项目产品的计算价格，则所计算的产出收益就包含了相应的消费者剩余。

11.2.4　直接转移支付

项目财务分析中的某些财务费用和财务收入，并未伴有资源的相应投入和产出，不影响社会最终产品的增减，因而不反映国民收入的变化。它们只表现为资源的支配权力从项目转移到社会其他实体，或者从社会其他实体转移给项目。这种转移，只是货币在项目和社会其他实体之间的转移，并不同时发生社会资源的相应变动。项目与社会实体之间的这种并不伴随有资源变动的纯粹货币性质的转移，称为项目的直接转移支付，在项目的国民经济分析中，有四种常见的直接转移支付，它们是税金、补贴、国内贷款和其债务偿还(还本付息)。

11.2.4.1　税金

在财务分析中，税金是一种财务支出。但是，企业纳税并未减少国民收入，并未发生社会资源的变动，只不过是将企业的这笔货币收入转移到政府手中而已。所以，从整个社会角度看，税金并不是经济费用。为此，在国民经济分析时，把所有的税收都当成转移支付，从项目的费用和效益中剔出。

本书的国民经济分析系统，是从资源增减的角度考察项目的收益和费用的，税金既然不对应于资源的变动，因而，也不能把税金作为收益项列入国民收入账户。

总之，在项目的国民经济分析中，不管税金的名目和具体形式如何，即不论它是营业税、增值税或进口关税，还是所得税，都是项目的转移支付，都不能列为项目的费用和收益。

11.2.4.2　补贴

补贴是一种货币流动方向与税金相反的转移支付。政府如果对某些产品实行价格补贴，可能会降低企业投入的支付费用，或者会增加企业的收入，从而增加企业从项目获得的净收益。但是，从社会资源变动的角度看，补贴既未增加社会资源，也未减少社会资源，国民收入并未因补贴的存在而发生变化，仅是货币在项目和政府间的转移，因而补贴不被视作国民经济分析中的费用和收益。

11.2.4.3　贷款及其还本付息

项目的国内贷款及其还本付息也是一种直接转移支付。从企业(项目)角度看，从银行得到贷款就是货币流入，因而在自有资金的财务效益分析中，贷款视作收入(现金流入)项。还本付息则是与贷款相反的货币流动过程，因而被视作财务支出(现金流出)项。从整个国民经济角度看，情况则不同。贷款并没有增加国民收入，还本付息也没有减少国民收入，这种货币流动过程仅仅代表资源支配权力的转移，社会实际资源并未增加或减少，因而它们不是国民经济分析意义上的收益和费用，只不过是一种转移支付。

利用国外贷款的投资项目，国外贷款构成财务分析中的收益(现金流入)项，还本付息构成财务分析中的费用(现金流出)项。而其国民经济分析应以国内投资经济效益评价为主,在这种评价中,国外贷款及其还本付息分别视为收益和费用。如果不是指定项目的国外贷款,则还应进行全投资经济效益评价,在这种评价中,国外贷款及其还本付息既不视作收益,也不视作费用。指定项目的国外贷款,可只进行国内投资经济效益评价。

11.2.5 无形效果

几乎所有的投资项目都有无形费用和无形效益,它们统称为无形效果,它们包含了各个方面的因素,诸如收入分配、地区均衡发展、就业、教育、健康、生态平衡、社会安定、国家安全等等。这些无形效果是真实存在的,是进行项目选择时需要考虑的,因此需要仔细地进行识别。

由于不存在相应的市场和价格,无形效果一般很难赋予货币价值。长期以来,经济学家们一直在试图寻找使用货币单位估价无形效果的方法,并把它们纳入自己的费用——效益分析系统中去。例如,把减少发病率所避免的工作损失和医药损失以及提高工作效率所增加的产出作为卫生保健效果的价值,把受教育者与未受教育者的收入差额作为衡量教育效果的价值等等,虽然这方面的工作(特别是对环境保护问题的关注)还在继续之中,但是很难说这些以货币形态估价无形费用和无形收益的方法已经到了可被普遍接受的地步。其原因之一,就是这类方法往往低估无形效果,从健康的体魄中所获得的益处要远远超过多工作几小时所创造的经济价值和医疗费用的节约——职工寿命的延长、免除疾病所获得的精神愉快与舒适,又该如何估价呢?同样,教育的价值不仅仅在于工资收入上的那点增加,教育对人的自我发展和自我完善更具有难以估量的作用。

当无形效果是项目的主要效果或不容忽视的重要效果时,经济分析人员首先应当努力尝试用货币形态计量无形效果;难以货币化的,应当尽力采用非货币单位计量,如项目的就业人数,受教育的人数,受益于劳动条件改善的人数等。对于不能数量化的无形效果,例如建筑物的美学价值,自然风景和文物古迹的保护效果等,则应尽量通过文字、图形图表的方式给以定性描述。

11.3 影子价格

为使社会资源能够合理配置和有效利用,就必须使价格能够真实反映其经济价值,这样才能正确计算项目的投入和产出的相应费用和收益,才能正确地进行收益和费用的比较。为此,在项目的国民经济分析中采用一种新的价格体系——影子价格体系。

影子价格是指当社会处于某种最优市场状态下,能够反映社会劳动的消耗、资源稀缺程度和对最终产品需求情况的价格。**影子价格**的定义是:商品或生产要素可用量的任一边际变化对国家基本目标——国民收入增长的贡献值。这就是说,影子价格是由国家的经济增长目标和资源可用量的边际变化赖以产生的环境决定的。

11.3.1 影子价格的来源

国民经济分析虽然不能简单地采用交换价格,但是现实经济中的交换价格毕竟是对资源价格的一种估价,而且这种价格信息又是最大量、最丰富地存在于现实经济之中,所以获得影子价格的基本途径是以交换价格为起点,将交换价格调整为影子价格。

一般而言,项目投入品的影子价格就是它的机会成本——资源用于国民经济其他用途时的边际产出价值,即资源用于该项目而不能用于其他用途所放弃的边际收益,项目产出品的影子价格就是用户的支付意愿——用户为取得产品所愿意支付的价格。

对项目进行国民经济分析的着眼点是整个国民经济,因而确定影子价格的过程是对国民经济在生产、交换、分配和消费过程中的全部环节及其相互制约相互依赖关系的全面考察过程,因此,要正确确定商品和劳务等的影子价格是相当困难的,再考虑到社会资源可用量、政策变动及社会经济未来变动等各种不确定性因素的存在及影响,要精确测定影子价格是异常困难的。

根据简便实用的原则,我们把资源分为外贸品、非外贸品和生产要素(土地、资金和劳动力)三大类。外贸品的定价基础是国际市场价格。虽然国际市场价格并非就是完全理想的价格,存在着诸如发达国家有意压低发展中国家初级产品的价格,实行贸易保护主义,限制高技术向发展中国家转移以维持高技术产品的垄断价格等问题。但在国际市场上起主导作用的还是市场机制,各种商品的价格主要由于供需规律所决定,多数情况下不受个别国家和集团的控制,是在市场竞争中形成的,一般比较接近商品的真实价值。因此,按国际市场价格确定外贸货物的影子价格,不仅反映了一个从事国际贸易的国家面临的经济环境和约束条件的真实影响,而且也为正确确定外贸货物与非外贸货物之间的比价关系奠定了基础。利用国际市场价格作为影子价格的重要来源,使影子价格的确定真正变得相对简单和可行。

11.3.2 影子价格的类型

项目的投入和产出按其类型,可分为:外贸货物、非外贸货物、特殊投入物、资金、外汇等。

在确定某种货物的影子价格之前,应先区分该货物的类型。一种货物的投入或产出,如果主要影响国家进出口水平,应划为外贸货物;如果主要影响国内供求关系,则应划为非外贸货物。根据我国具体情况,区分外贸货物和非外贸货物,宜采用以下原则:

(1)直接进口的投入物和直接出口的产出物,应视为外贸货物。

(2)项目投入物和产出品中可以外贸而没有外贸的货物,按外贸货物处理。例如一个将国产原油作原料投入的化工项目,它所用的原油本来是可以出口的,因而这些原油就是可出口而没有出口的出口占用品。再如,由于全国小麦增产,将使小麦的进口数量减少,顶替进口的这部分小麦就是本应进口而没有进口的进口替代品。

(3)非外贸货物是指其生产或使用不影响国家出口或进口的货物。符合下列情况货物。应视为非外贸货物。

1)天然非外贸货物系指其使用和服务天然地限于国内,包括国内施工和商业以及国内运输和其他国内服务。

2)由于经济原因或政策原因不能外贸的货物,包括由于国家贸易政策和法令限制不能外贸的货物。

3)还包括这样的货物:其国内生产成本加上到口岸的运输、贸易费用后的总费用高于离岸价格,致使出口得不偿失而不能出口,同时,国外商品的到岸价格又高于国内生产同样商品的经济成本,致使该商品也不能从国外进口。

(4)特殊投入物一般指劳动力的投入和土地的投入。

(5)资金。

(6)外汇。

11.3.3 影子价格的确定

11.3.3.1 影子汇率

影子汇率是在国民经济分析中应用的区别于官方汇率的外汇率。官方汇率是由本国政府规定的单位外币(如1美元)的国内价格(合本国货币单位数)。**影子汇率**则是外币与本国货币的真实比价。

由于实施进口关税、出口补贴及其他贸易保护主义措施,因而官方汇率是不能自由兑换的汇率,不能反映外币的真实价值。影子汇率是单位外币用国内货币表示的影子价格,反映外币的真实价值。在项目的国民经济分析中,为了进行收益和费用的比较,需把外币全部折算为本国货币,这种折算不能使用官方汇率而只能使用影子汇率。

影子汇率,实际上也就是外汇的机会成本,即是项目投入或产出所导致的外汇的减少或增加给国民经济带来的损失或收益。

从实用角度出发,影子汇率可由下式求和:

$$SER = \frac{\sum_i X_i(1 + S_i) + \sum_i M_i(1 + t_i)}{\sum_i X_i + \sum_i M_i} OER$$

式中　SER——影子汇率;

OER——官方汇率;

X_i——第 i 种出口货物用外汇(美元)表示的离岸价值总额;

M_i——第 i 种进口货物用外汇(美元)表示的到岸价值总额;

S_i——第 i 种出口货物的补贴率,如果对出口品征收关税,则 S_i 为负数(负补贴);

t_i——第 i 种进口货物的征税率。

另外一种计算影子汇率的方法是通过计算外汇贴水而求得。外汇贴水是外贸货物的实际价值超出按官方汇率计算价值的比例数(用小数表示),有人把它称作外汇溢价。外汇贴水 FP 由下式求得:

$$FP = \frac{\sum_i X_i \cdot S_i + \sum_i M_i \cdot t_i}{\sum_i X_i + \sum_i M_i}$$

式中符号意义同上。对照以上两式不难看出,影子汇率也可用下式求得:

$$SER = OER(1 + FP)$$

影子汇率是国家的统一参数,应由国家适时公布。我国首次于1987年公布的当时的影子汇率为1美元=4.0元人民币。1993年我国只公布影子汇率换算系数(即 $1 + FP$),影子汇率换算系数为1.08,用影子汇率换算系数乘上国家外汇牌价得到影子汇率。

11.3.3.2　社会折现率——资金的影子利率

社会折现率是社会对资金时间价值的估值。对以优化配置资源为目的的国民经济分析来说,社会折现率是从整个国民经济角度对资金的边际投资内部收益率的估值。具体些说,项目使用了资金,这些资金就不能再用于国民经济的其他方面,就要失去这些资金的代价——资金的机会成本。可以设想,在社会用于投资的资金有一定限额的情况下,若按照投资内部收益率从大到小的顺序选择项目,那么由于资金有限而被首先拒绝的边际项目的内部收益率(即边际项目的边际投资内部收益率),就是那些拟建项目使用资金的机会成本。用被拒绝项目的内部收益率和各拟建项目的内部收益率作比较,凡是后者大于前者的,表明项目应当被接受;凡是后者小于前者的,表明项目应当被拒绝。这样就能保证所选择的项目都优于那个被拒绝的边际项目,使社会用于扩大再生产的资源得到合理配置和有效利用。

资金的机会成本,又称资金的影子价格。单位资金的影子价格就叫影子利率。因此,国民经济分析中所用的社会折现率就是资金的影子利率。

在项目的国民经济分析中,社会折现率主要用来作为计算净现值时的折现率,或者用作评判项目国民经济内部收益率高低的基准(即用作基准内部收益率)。此外,当应用分解成本法计算非外贸货物的影子价格时,须使用影子利率计算生产成本中包含的投资费用。

国家计委首次于1987年颁布的社会折现率为10%。1993年第二次颁布的社会折现率为12%。

11.3.3.3 外贸货物的影子价格

到岸价格(Cost Insurance Freight)是指进口货物到达本国口岸的价格,包括国外购货成本(即国外的离境交货价格)及货物运到本国口岸所需要的运输费用和保险费。到岸价格简称CIF或cif。

离岸价格(Free On Board)是指出口货物的离境交货价格,如为海港交货,则指"船上交货价格"。离岸价格简称FOB或fob。

到岸价格与离岸价格统称口岸价格。

本书的经济分析系统,要求口岸价格都按本国货币计算,故口岸价格的实际计算公式如下:

到岸价格(人民币)=美元结算的到岸价格×影子汇率

离岸价格(人民币)=美元结算的离岸价格×影子汇率

我国首次公布的影子汇率只有美元对人民币的比价,对于美元以外的其他外币,应先参照国家外汇管理局公布的该种外币对美元之比价折算成美元,再用影子汇率换算成人民币。

例如,某项目进口设备的到岸价格为360万马克,项目产出品出口的离岸价格为每吨2000美元,美元对马克的比价为1.5马克/美元,若影子汇率为SER=8.3元/美元,则

进口设备到岸价格(人民币)为(360/1.5)×8.3=1992(万元)

出口产品离岸价格(人民币)为2000×8.3=18600(元/t)

项目外贸货物的影子价格按下述公式计算。

A 项目投入物中的外贸货物(投入物到项目所在地的价格)

(1)直接进口品——到岸价格(CIF)+口岸到项目所在地的国内运输和贸易费用。

(2)出口占用品(本可出口,由于项目占用而未能出口的货物——离岸价格FOB)-国内供应地到口岸的运输费用+国内供应地到项目所在地的运输费用和贸易费用。

(3)间接进口品(由于项目的投入,减少了国内生产的这种投入物对其他部门的可供量,导致其他部门增加这种投入物的进口)——到岸价格(CIF)+口岸到原用户的运输费用和贸易费用-国内供应地到原用户的运输费用和贸易费用+国内供应地到项目所在地的运输费用和贸易费用。

B 项目产出品中的外贸货物(项目产出品的出厂价格)

(1)直接出口品——离岸价格(FOB)-国内运输费用和贸易费用。

(2)进口替代品(项目的产出品虽然用于国内,但却能减少同样产品的进口)——到岸价格(CIF)+口岸到用户的运输费用和贸易费用-项目到用户的运输费用和贸易费用。

(3)间接出口品(项目的产出品虽然用于国内,但却能使生产同样产品的其他国内厂家减少对国内的供应而增加出口)——离岸价格(FOB)-原生产厂家到口岸的运输费用和贸易费用+原生产厂家到用户的运输费用和贸易费用-项目到用户的运输费用和贸易费用。

11.3.3.4 非外贸货物的影子价格

非外贸货物的影子价格按下述方法确定。

A 项目投入物中的非外贸货物的影子价格

(1)项目的投入物直接或间接来自国内新增生产能力的,按新增能力的边际生产成本(其中包括新增固定资产投资的回收费用和流动资金占用费)定价。边际生产成本可按以下两种情况分别确定:

1)若生产成本的费用要素中不包含外贸货物,或者包含外贸货物价值量在总成本中所占比例很小,则可以认为交换价格就是对边际生产成本的估值,在一物多价的情况下,取其较高者。

2)若生产成本要素中包含了不容忽视的外贸货物,则应采用非外贸货物和生产要素(劳务、土地和资金)三部分,对其中的外贸货物按口岸价格计算,对非外贸货物按国内交换价格计算,对生产要素按其影子价格计算(参看资金、土地和劳务影子价格部分的论述),然后汇总得到边际生产成本。

在无法识别和得到有关新增生产能力的边际生产成本数据的情况下,作为一种近似,可用该投入物的平均生产成本进行分解计算。

(2)项目投入物直接或间接来自现有企业挖潜或闲置生产能力的利用(不增加投资),则此投入物也按边际生产成本定价。但是,这时的边际生产成本不包含固定成本,仅包含为生产这些投入物所增加的变动成本,故应按变动成本要素的分解成本计算,分解计算的原则和方法同(1)。

(3)项目投入物若不是来自于国内的生产扩大或企业挖潜增产,而是来自于减少对国内其他用户的供应,则这种投入物的影子价格就是其他用户的边际产出价值。这种减少供应所导致的其他用户放弃的边际产出价值就是该投入物的机会成本。在缺乏有关其他用户边际产出价值数据的情况下,取这种投入物的交换价格(在存在国家计划价格和市场价格等多种价格情况下,取其中较高者)作为边际产出价值的估计值。

B 项目产出品中的非外贸货物的影子价格

(1)增加国内消费的产出品(包括最终产品和中间产品),其影子价格分三种情况确定:

国内供需均衡的,用国内各种交换价格(国家计划价格与市场价格)中低者定价,供不应求的,用国内各种交换价格中高者定价;供求状况不明的,用各种交换价格中低者定价(目的在于防止高估项目收益)。

(2)如果项目产出品占全国供应量的份额较大,且会使市场价格下降,则用有项目后的新价格与无项目时的价格平均值作为影子价格的近似值,即

$$P=(P_0+P_1)/2$$

式中 P——产出品的影子价格;

P_0——无项目时该产品的价格;

P_1——有项目时该产品的价格。

上述作价办法是建立在消费者剩余原理和市场供需均衡假设的基础上通过降低市场价

格扩大需求就意味着供需均衡的假设成立。

(3)项目产出导致其他生产厂家减少该种产品生产的,在二者产品质量相同时,项目产出品的经济价值,就是其他厂家少生产这种产品的节省下来的资源的价值,因此,其影子价格可按其他有关厂家的分解成本(通常按变动成本分解)确定;二者质量不同时,按国内市场交换价格定价。

C 成本分解法

下面介绍非外贸货物成本分解的步骤和方法。

成本分解的对象原则上应是边际成本而不是平均成本,但在缺乏边际财务成本资料的情况下,只好采用平均成本进行分解。当社会必须增加投资扩大生产能力以提供项目所需投入物时,应按其全部成本(包括固定成本和变动成本)进行分解;当可以利用国内闲置生产能力生产项目所需投入物而无须依靠新增生产能力提供该种投入物时,应按其变动成本进行分解。分解的步骤如下:

(1)按生产费用要素列出单位非外贸货物的财务成本。

(2)剔除财务成本中包括的税金和补贴。

(3)对费用要素中的原材料、燃料和动力费用,按前述划分外贸与非外贸货物的原则予以划分,且分别按各自影子价格的确定方法进行价值调整。外贸货物可直接按口岸价格计算;非外贸货物的价值量若相对较大,还可对其进行第二轮分解以获得调整后的新价值(参见价格调整简例)。

(4)工资和提取的职工福利基金原则上可不加调整,即以财务价值作为经济价值的估计值。对于这里没有提到的费用要素中的其他支出,若占总成本的比重不大,可不加调整。

(5)剔除财务成本中的折旧和流动资金利息。当项目的非外贸货物投入是由国内增加投资扩大生产能力而获得供应时,应计算固定资产的投资回收费用和流动资金占用费,以取代财务成本中的折旧和流动资金借款利息。为此需要知道单位货物的固定资产投资额及其占用的流动资金。在缺少固定资产投资数据的情况下,可按生产厂家的固定资产原值和固定资产形成率计算出固定资产投资费用;或者根据该货物财务成本中的折旧额及该生产厂综合折旧率等数据进行推算。

固定资产投资回收费用的计算公式如下:

$$MC_{fe} = I_{fe}(A/P, i_s, n) \tag{11-1}$$

式中 i_s——社会折现率;

n——服务年限;

I_{fe}——单位货物的固定资产投资;

MC_{fe}——单位货物的固定资产投资回收费用;

$(A/P, i, n)$——资本回收系数,其值为 $i_s(1+i_s)^n/[(1+i_s)^n-1]$。

严格说来,固定资产投资 I_{fe}是按经济价值(影子价格)计算的,不一定等于财务投资费用。因此,当折旧在财务成本中占有相当比重(资金密集产品),且数据条件具备时,应对财务投资的构成进行分析,对其中的建筑安装及设备费用按影子价格进行调整,以求得固定资产投资的经济费用 I_{fe}。

在不直接掌握固定资产投资数据的情况下,可按下式计算:

$$I_{fe} = K_{fe}/a$$

或 $$I_{fe} = C_{DE}/d \cdot a$$

式中 I_{fe}——固定资产投资(单位货物的);

K_{fe}——单位货物的固定资产原值(按影子价格调整过的);

a——固定资产形成率;

C_{DE}——单位货物的折旧(按影子价格调整过的);

d——非贸易货物生产厂的综合折旧率。

流动资金占用费为:

$$MC_1 = w \cdot i_s \tag{11-2}$$

式中 w——单位货物占用的流动资金。

如果非外贸货物投入基本上来自国内剩余生产能力的启用,则可酌情计算追加的流动资金占用费,但不计算固定资产投资回收费用。

(6)将以上各步的调整计算结果进行加总,即得到非外贸货物的单位分解成本。

(7)单位货物的上述分解成本与财务价格的比值,称作该货物的价格换算系数。将非外贸货物的财务价格乘以换算系数即为其经济价值——影子价格。故在分解成本过程中,如果事先已知其换算系数(如由国家公布的),就可直接用其财务价格乘以换算系数求得经济价值。

D 价格调整范例

例 11-1 某投资项目所投入的一种主要原料 X 被视作非外贸货物。据调查分析,此原料是靠增加国内生产能力获得供应的。根据这种原料的费用在成本中所占的重要地位及其来源,需将其财务成本进行分解以求得影子价格。每吨 X 原料的财务成本数据如表 11-1 所示。同时,已知国内生产每吨 X 原料占用的固定资产原值为 1164 元,生产这种原料的厂家的固定资产形成率为 0.95,固定资产使用年限为 20 年,生产每吨原料占用的流动资金为 180 元。项目建设期为 2 年,各年投资比为 1:1,发生在各年末。固定资产投资中建筑工程费用占 20%,根据估算的三材(钢材、木材、水泥)用量、三材影子价格与财务价格的差价,测算出调整后的建筑费用与调整前的建筑费用换算系数为 1.35。试用分解成本法确定 X 原料的影子价格。

表 11-1 货物 X 的单位财务成本

序 号	项 目	单 位	耗用量	耗用金额/元	调整后的耗用金额/元
1	外购原材料、燃料和动力			704.53	
	原料 A	m^3	4.42	412.37	1944.36
	原料 B	t	0.25	21.64	8.00
	燃料 C	t	1.40	65.82	109.82
	燃料 D	t	0.07	13.04	73.90
	电力	kWh	330	28.74	49.50
	其他			94.31	94.31
	铁路货运			59.24	142.77
	汽车货运			9.37	9.47
2	工资			39.62	39.62

续表 11-1

序 号	项 目	单 位	耗用量	耗用金额/元	调整后的耗用金额/元
3	提取的职工福利基金			4.19	4.19
4	折旧费			58.20	186.04
5	大修理基金			23.24	23.24
6	利息支出			7.24	21.60
7	其他支出			26.48	26.48
	单位成本			863.50	2733.57

分解计算步骤如下：

(1)删除财务成本中的折旧费和流动资金贷款利息支出，代之以固定资产投资回收费用和流动资金占用费。

按财务价值计算的固定资产投资为 1164/0.95 = 1225(元/吨原料)。将其调整为经济价值时，设其中的建筑费用需调整，其余部分无需调整。因已知建筑工程财务费用占固定资产投资(财务值)的 20%，建筑费用的换算系数为 1.35，则单位固定资产投资调整为

$$1225\text{ 元}\times 20\%\times 1.35+1225\times 80\%=1310.75\text{ 元}$$

取社会折现率为 12%，根据式(11-1)及式(11-2)可算出每吨 X 原料的固定资产投资回收费用 MC_{fe} 为

$$MC_{fe}=I_{fe}\times 0.5(F/A,12\%,2)(A/P,12\%,20)$$
$$=1310.75\times 0.5\times 2.120\times 0.1339=186.04(\text{元})$$

流动资金占用费 MC_1 为

$$MC_1=w\cdot i_s=180\times 12\%=21.60(\text{元})$$

故每吨货物包含的总投资回收费用(固定资产投资回收费用与流动资金占用费用之和)为 18

$$6.04+21.60=207.64(\text{元})$$

(2)在 X 原料的成本要素中，原料 A 为外贸货物，B、C 为非外贸货物。

1)外购原料 A 为外贸货物，直接进口，到岸价 50 美元/m^3，SER = 8.3 元/美元，贸易费率为 6%。用影子价格重新计算该项费用为

$$50\times 8.3\times 1.06\times 4.42=1944.36(\text{元})$$

2)外购燃料 C 为非外贸货物，影子价格 74 元/t，另加贸易费用，重新计算该项费用为：

$$74\times 1.06\times 1.40=109.82(\text{元})$$

3)燃料 D 为出口占用品。每吨离岸价格扣减贸易费用和运费后为 120 美元。考虑国内贸易费用，故每吨 X 原料所含燃料 D 的经济价值为

$$120\times 8.3\times 1.06\times 0.07=73.90(\text{元})$$

4)电力为非外贸品，其分解成本为 0.15 元/kWh，用其作为影子价格，故每吨 X 原料耗用电力的经济价值为

$$0.15\times 0.33\times 10^3=49.5(\text{元})$$

5)铁路货运价格换算系数为 2.41,用影子价格计算铁路货运费用

$$59.24\times 2.41=142.77(元)$$

6)汽车货运价格换算系数为 1.04,用影子价格计算汽车货运费用。

7)工资换算系数为 1,所以工资和提取的职工福利基金不作调整。

8)原料 B 为非外贸货物,由国内生产厂家挖潜增加生产来供应,所以现按表 11-2 所列财务变动成本进行分解计算。

表 11-2　原料 B 的单位财务可变成本

项　目	单　位	耗用量	耗用金额/元	调整后的耗用金额/元
f	m^3	0.01	0.62	4.52
g	t	0.002	1.59	5.93
m	t	0.01	0.44	0.81
n	t	0.12	0.78	1.37
电　力	kWh	60	3.79	9.00
其　他			8.57	8.57
可变成本合计			15.79	30.20

对原料 B 的进一步分解步骤如下:

(1)原料 f 为进口品,到岸价每立方米 50 美元,由口岸到用户厂的运费及贸易费为口岸价的 9%,故每吨 B 原料所用原料 f 的经济价值为:

$$50\times 8.3\times 1.09\times 0.01=4.52(元)$$

(2)原料 g 为外贸货物,到岸价 328 美元/t,由口岸到用户厂的运费及贸易费为口岸价的 9%,故每吨 B 原料所用原料 g 的经济价值为:

$$328\times 8.3\times 1.09\times 0.002=5.93(元)$$

(3)原料 m 是非外贸货物,影子价格为 74 元/t,用影子价格计算的经济价值为

$$74\times 10.9\times 0.01=0.81(元)$$

(4)燃料 n 为非外贸货物,换算系数为 1.61,每吨原料 B 所用原料 n 的经济价值为:

$$0.78\times 1.61\times 1.09=1.37(元)$$

(5)电力的影子价格已知为 0.15 元/kWh,故每吨原料 B 耗电经济费用为:

$$0.15\times 0.06\times 10^3=9(元)$$

(6)其他费用不必调整。

综合以上调整结果,每吨原料 B 的变动经济成本为 30.20 元(4.52 元 + 5.93 元 + 0.81 元 + 1.37 元 + 9 元 + 8.57 元)。于是货物 X 中使用每吨原料 B 的经济费用(由于货物 X 中的财务成本中已将运输费用单列,所有原料单价中都不含运输费用):

$$30.20\times 1.06\times 0.25=8.00(元)$$

至此,非外贸品 X 的成本分解已经完成。各项费用要素调整后的经济价值见表 11-1,由表 11-1 得出,每吨 X 原料的影子价格为 2733.57 元。其价格换算系数为:

$$2733.57/863.50=3.166$$

11.3.3.5 劳动力的影子工资和土地的影子价格

A 影子工资

项目职工工资作为企业生产成本的构成要素被视作财务费用，而影子工资是从项目招收职工会使国民经济其他部门付出多大代价这一机会成本的角度而被视作国民经济费用的。

影子工资包含在调整为经济价值的经营成本之中。影子工资由两部分内容组成:(1)职工从别处转移到项目中来而使别处放弃的劳动力边际产出价值，亦即别处所减少的国民收入;(2)劳动力转移所增加的社会资源耗费。

要具体确定影子工资，必须对项目所处的经济环境做深入的调查分析。例如，如果不考虑劳动力转移可能增加的社会消费，一个由人浮于事的单位转移到项目中来的职工，可能丝毫不影响原单位的产出，那么这种人力转移所放弃的边际产出价值为零，即这种转移的机会成本——影子工资为零。倘若项目职工来自某人手短缺的企业，从而使该企业另招收1名城市待业青年顶替缺员，生产没有下降，那么，项目招收该企业职工对国民经济的影响就表现在这个行业青年(而不是项目职工)所放弃的产出上。如果这个行业青年在就业前有一些劳动收入，并以此衡量他行业时的劳动产出价值，项目招收职工的影子工资就是待业青年所放弃的原有收入。可见，要准确确定项目职工的影子工资，就需探究项目招收职工所导致的社会劳动力转移的全部连锁过程。显然，这是一件十分困难的任务。不过，从项目评价的实际需要来说，计算影子工资只要求相对准确即可，对其计算无需花费过多的时间和精力，否则既不经济，意义也不大。确定影子工资和确定其他影子价格一样，必须事前进行很好的判断:如果项目的影子工资总量不大，不会对项目的评价结论产生实质性影响，那就没有必要对其进行大量调整计算，例如对那些资金密集、高度自动化的项目和工资总量占总成本比重很小的项目就应如此。所以，在一般情况下，可以将财务成本中的工资及提取的职工福利基金作为影子工资的估计值。对于劳动密集型项目，若其影子工资总量占总成本份额较大，那么对其影子工资进行细致的计算就是必要的。

在将财务工资调整为影子工资时，为了简便易行，一般可把项目职工分为管理和技术人员、熟练工人、非熟练工人三种类型，分别进行调整。

此外，在进行影子工资调整时，如果劳动力转移导致社会增加投资以改善交通设施和其他公共服务设施，则应把不能回收的投资所对应的资源消费折算到影子工资中去。

B 土地的影子价格

在我国，投资项目占用的土地可能具有也可能不具有财务费用(征购费)，但是占用土地的经济费用几乎总是存在的。项目占用土地致使这些土地对国民经济的其他潜在贡献不能实现，这种因有了项目而不能实现的贡献就是项目占用土地的经济费用。因此，土地的影子价格也是建立在被放弃的收益这一机会成本的概念上的。

土地的影子价格与它可供选择的用途有关。从理论上说，项目用地的经济价值应以其最佳替代用途的贡献来估价，但这种最佳替代用途，事实上只能由项目评价人员作出具体判断:

(1)如果项目新占的是农业用地，那么这些土地的经济价值应以这些土地在项目寿命期内所放弃的净产出收益来估价。这种估价是建立在如下假设(判断)基础上的:倘若没有该项目，则在项目寿命期内这些土地将一直用于农业生产。这样，从这些土地每年的农业产出经济价值中扣除各项生产投入的费用(用影子价格调整过的)后，这可得到这些土地每年的净收益。然后，或者把其列入评价国民经济效果的现金流出项中的费用项(逐年列出);或者计算其现值费用，把它作为一次性费用计入项目固定资产投资中去（但这种处理方式只适用于净现值指标评价，而不适用于内部收益率法评价），以取代购置土地的财务支出。第二种处理方式的计算公式如下：

$$C_{L_0} = \sum_{t=1}^{n} C_{L_t}(1 + i_s)^{-t}$$

式中 C_{L_0}——土地的经济价值现值；

C_{L_t}——第 t 年的土地净收益；

i_s——社会折现率；

n——项目寿命，年。

（2）如果项目占用城市用地，应以项目以外的其他单位愿意支付的最高财务价格作为土地经济价值的估计值。如果无法获得这种数据，可以参照附近或类似地区的土地财务价格确定。

（3）项目用地若是没有其他用途的偏僻荒野地，可认为其经济价值为零。

例 11-2 某投资项目占农业用地500市亩（每市亩 = 666.7m²）。项目建设期 2 年，生产期 18 年。占用前每市亩土地平均产稻谷 0.6t，每吨国内收购价为 400 元，出口口岸价每吨 180 美元。设这块土地的稻谷产量每年以 4% 的比率增长，生产稻谷的经济成本约为收购价的 40%，影子汇率 $SER = 8.3$ 元/1 美元，试计算该地经济价值。

步骤如下：

（1）稻谷为外贸货物，须按口岸价格计算其影子价格（每吨）：

离岸价格（每吨）		180 美元
折合人民币	180 × 8.3 =	1494 元
减产地至口岸运费		9 元
减贸易费用（按收购价 6% 计算）		
	400 × 6% =	24 元
		1461 元

（2）每吨稻谷的经济成本（按收购价 40% 算）为

$$400 \times 40\% = 160 \text{ 元}$$

（3）每市亩土地的经济价值即为它被项目占用后所放弃的边际产出（收益），故每市亩土地在项目寿命期内各年的经济价值为

$$(1461 - 160) \times 0.6(1 + 4\%)^t \qquad t = 1,2,\cdots,20$$

500 市亩土地各年的经济价值为：

$$(1461 - 160) \times 0.6 \times 500(1 + 4\%)^t \qquad t = 1,2,\cdots,20$$

（4）项目占用 500 市亩土地 20 年的经济费用现值为

$$\begin{aligned} TP &= \sum_{t=1}^{20}(1461_t - 160) \times 0.6 \times 500(1 + 4\%)^t(1 + i_s)^{-t} \\ &= \sum_{t=1}^{20}(1461 - 160) \times 0.6 \times 500(1 + 4\%)^t(1 + 12\%)^{-t} \\ &= 392.13(\text{万元}) \end{aligned}$$

11.4 国民经济分析的基本报表和评估指标

11.4.1 基本报表

11.4.1.1 国民经济效益费用流量表(全部投资)

国民经济效益费用流量表(全部投资)格式见表11-3,其栏目与财务现金流量表(全部投资)基本相同。编制方法的不同在于:

(1)表中的效益流量和费用流量,原则上应以影子价格计算,外币换算采用影子汇率。

(2)销售税金和所得税因系国民经济内部的转移支付,所以既不作为费用(费用流量),也不作为效益(效益流量)。

(3)由于从国民经济角度考察项目的效益和费用,因此在费用流量和效益流量中分别增加了"项目外部费用"和"项目外部效益"。

11.4.1.2 国民经济效益费用流量表(国内投资)

国民经济效益费用流量表(国内投资)格式见表11-4。同样,其栏目与财务现金流量表(国内投资)基本相同。编制方法的不同在于:

(1)表中的效益流量和费用流量,原则上应以影子价格计算,外币换算采用影子汇率。

(2)销售税金和所得税因系国民经济内部的转移支付,所以既不作为费用(费用流量),也不作为效益(效益流量)。

表11-3 国民经济效益费用流量表(全部投资) 单位:万元

序号	年限/年 项目	建设期		投产期		达到设计生产期				合计
		1	2	3	4	5	6	…	n	
	生产负荷/%									
1	效益流量									
1.1	产品销售(营业)收入									
1.2	回收固定资产余值									
1.3	回收流动资金									
1.4	项目间接效益									
2	费用流量									
2.1	固定资产投资									
2.2	流动资金									
2.3	经营成本									
2.4	项目间接费用									
3	净效益流量(1-2)									

计算指标:经济内部收益率:%

经济净收现值:(i_s= %)

注:生产期发生的更新改造投资作为费用流量单独列项或列入固定资产投资项中。

(3)由于从国民经济角度考察项目的效益和费用,因此在费用流量和效益流量中分别增加了"项目外部费用"和"项目外部效益"。

表 11-4 国民经济效益费用流量表(国内投资) 单位:万元

序号	项目 \ 年限/年	建设期		投产期		达到设计生产期				合计
		1	2	3	4	5	6	…	n	
	生产负荷/%									
1	效益流量									
1.1	产品销售(营业)收入									
1.2	回收固定资产余值									
1.3	回收流动资金									
1.4	项目间接效益									
2	费用流量									
2.1	固定资产投资中国内资金									
2.2	流动资金中国内资金									
2.3	经营费用									
2.4	流至国外的资金									
2.4.1	国外借款本金偿还									
2.4.2	国外借款利息支付									
2.4.3	其他									
2.5	项目间接费用									
3	净效益流量(1-2)									

计算指标:经济内部收益率:

经济净收现值:(i_s = %)

11.4.1.3 经济外汇流量表

涉及外汇收支的项目,需编制经济外汇流量表,其栏目与财务外汇流量表基本相同,见表11-5。

表 11-5 经济外汇流量表 单位:万美元

序号	项目 \ 年限/年	建设期		投产期		达到设计生产期				合计
		1	2	3	4	5	6	…	n	
	生产负荷/%									
1	外汇流入									
1.1	产品销售外汇收入									
1.2	外汇借款									
1.3	其他外汇收入									
2	外汇流出									
2.1	固定资产投资中外汇支出									
2.2	进口原材料									
2.3	进口零部件									

续表 11-5

序号	年限/年 项目	建设期		投产期		达到设计生产期				合计
		1	2	3	4	5	6	…	n	
2.4	技术转让费									
2.5	偿付外汇借款本息									
2.6	其他外汇支出									
3	净外汇流量(1-2)									
4	产品替代进口收入									
5	净外汇效果(3+4)									

计算指标:经济外汇净现值:(i_s =　　%)

经济换(节)汇成本:(i_s =　　%)

注:技术转让费是指生产期支付的技术转让费。

11.4.2 经济评价基本报表的编制

经济评价报表的编制可以在财务分析的基础上进行。这主要是通过费用与效益范围的和数值的调整,重新算出各项费用与效益的调整值,进而完成基本报表的编制。

11.4.2.1 费用与效益范围的调整

(1)转移支付的处理。应从费用和效益中剔除。

(2)确定外部费用和外部效益。结合项目具体情况确定是否需要计算“外部效果”。既要考虑“外部效果”,又要注意防止“外部效果”的重复计算。

11.4.2.2 投资的调整

A 固定资产投资调整的内容

(1)调整范围。剔除属于国民经济内部转移支付的部分,如引进设备材料关税和增值税。

(2)调整引进设备价值。包括调整汇率和国内运输费用、贸易费用。

(3)调整国内设备价值。包括采用影子价格计算设备本身的价值和运输费用、贸易费用。

(4)调整建筑费用。一般可只调整三材(钢材、木材、水泥)费用。根据需要也可调整某些其它材料和建筑用电等费用。一般的做法是按“三材”耗用数量,分别采用实际财务价格与影子价格计算建筑费用调整额。如果统一颁发的参数中有建筑费用换算系数,则可直接采用换算系数进行调整。

(5)安装费用的调整可主要考虑安装材料(主要指钢材)采用影子价格所引起数值的变化。如果使用引进的安装材料,还要考虑采用影子汇率所引起的数值调整。

(6)土地费用按项目占用土地的机会成本重新计算。

(7)其他调整,如其他工程费用中的外币采用影子汇率带来的数值变化。

上述调整之后,将调整后的各项数值列入固定资产投资估表。见表 11-6。

表 11-6 建设投资估算表

序号	项目或费用名称	估算价值					占总估算价值的百分比%
		设备购置费	安装工程费	建筑工程费	其他费用	合计	
一	工程费用						
1	主要生产项目						
2	辅助生产项目						
3	公用工程						
4	服务性工程						
5	生活福利设施						
6	厂外工程						
	第一部分费用合计						
二	其他费用						
	第一、二部分费用合计						
三	预备费						
四	总估算值						

B 流动资金调整的内容

(1)首先应进行费用范围的调整。在流动资金构成中,定额流动资金系数指项目投入物和产出物中库存、或产出物中加工过程中所占用的资金,它既是项目的实际费用,又是国家为项目所付出的代价,因此在国民经济评价中仍然作为费用。而非定额流动资金中的资金货币资金的现金,结算资金是购货人和供货人之间的转移支付,项目占用非定额流动资金使用。因此按照国民经济评价费用识别原则,不应把非定额流动资金作为费用,在投资调整中应注意剔除这部分资金。

(2)其次应进行数值的调整。它又分为两种情况:

1)如果在财务评价中流动资金是用扩大指标估算的,则国民经济评价中的流动资金可按调整后的销售收入、经营成本或固定资产价值乘以相应的资金率进行调整。此时需注意剔除非定额流动资金部分。

2)如果在财务评价中流动资金是按分项详细估算的,则在国民经济评价中也应采用影子价格分项详细估算流动资金。

11.4.2.3 经营成本的调整

(1)确定主要原材料及燃料、动力的影子价格,用影子价格重新计算该项成本。

(2)根据调整后的固定资产投资计算出调整后的固定资产原值,注意国内借款的建设期利息不应计入固定资产原值。然后按与财务评价相同的方式和比率重新计算年折旧费和年维修费。

(3)确定工资换算系数,计算影子工资。

11.4.2.4 销售收入调整

销售收入用产品的影子价格来计算即可。

11.4.2.5 外汇借款还本付息数额的确定

列入国内投资现金流量表的外汇借款还本付息是以人民币表示的,因此要用影子汇率替代官方汇率。

11.4.2.6 技术转让费的确定

当各项指标都做了调整之后,将调整后的数值分别填入相应的栏目,即可得到全部投资和国内投资的现金流量表。

经济外汇流量表是以美元为计量单位的。表中栏目的数值均可直接取用财务评价各项外汇金额,不需作任何调整。只是产品替代进口收入一项数值可能有所不同。亦即在财务外汇流量表中不作为替代进口的产品,在经济外汇流量表中也有可能作为替代进口产品。

此时,在经济外汇流量表中,可按产品的进口到岸价计算产品替代进口收入。

为了计算经济换汇成本或节汇成本,尚需编制国内资源流量表。该表格式与财务评价中的国内资源流量表格式相同(见表 11-5),只是数值需经调整。该表固定资产投资中的国内资金、流动资金中国内资金和经营成本(扣除其中可能存在的外汇部分)等各项数值,可直接取自经济现金流量表(国内投资)中相应年份的数值,分年加总即可得到各年的国内资源流出。

关于财务数据向经济数据的转换,请参看图 11-2。

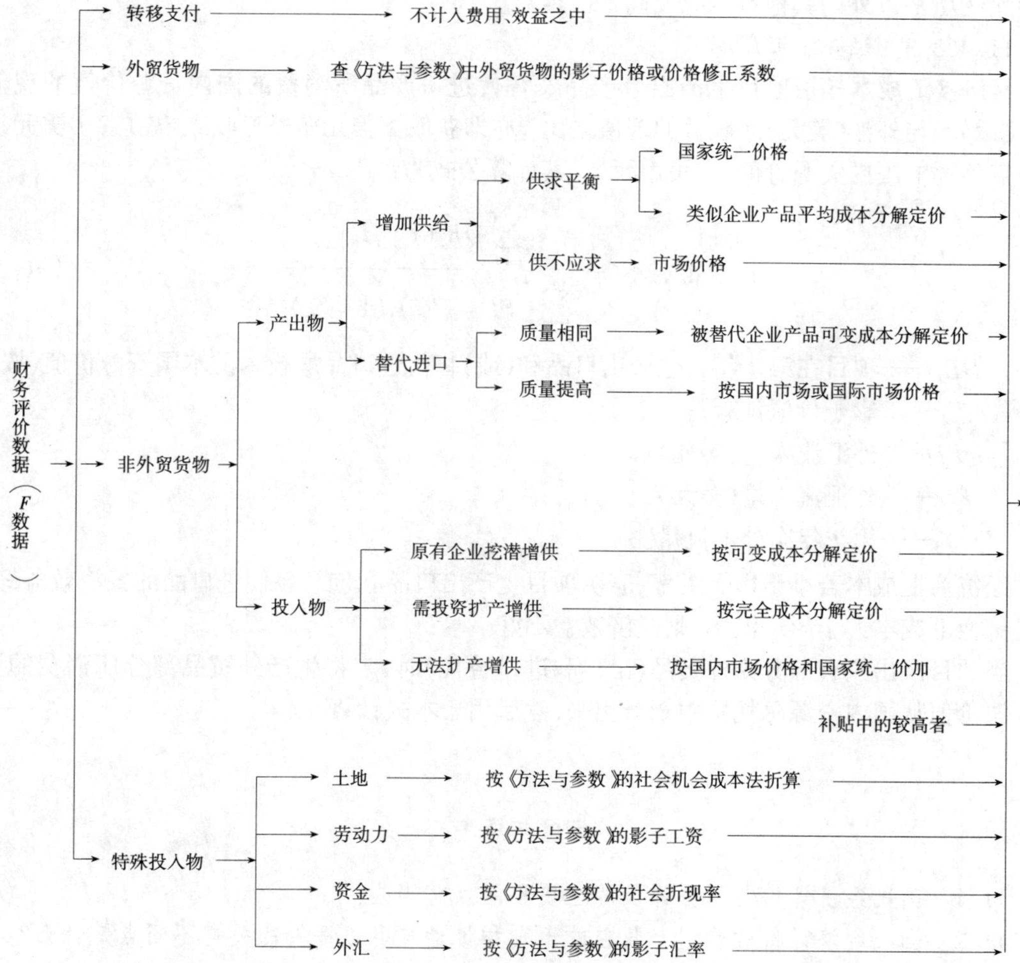

图 11-2 $F \rightarrow E$ 变换决策树

11.4.3 经济分析指标

11.4.3.1 经济净现值 $ENPV$

$$ENPV = \sum_{i=0}^{n}(CI - CO)_t(1 + i_s)^{-t} \tag{11-3}$$

式中 CI——用影子价格计量的现金流入；

CO——用影子价格计量的现金流出；

i_s——社会折现率。

判别准则：若 $ENPV \geqslant 0$，项目可以接受；否则应予以拒绝。

11.4.3.2 经济内部收益率 $EIRR$

经济内部收益率就是经济净现值为零时的内部收益率。经济内部收益率是反映投资效率的指标。如果方案的经济内部收益率大于或等于社会折现率，则方案从国民经济角度看可以接受；反之，就应拒绝。

求解经济内部收益率 $EIRR$ 的方程式为：

$$ENPV = \sum_{i=0}^{n}(CI - CO)_t(1 + EIRR)^{-t} \tag{11-4}$$

式中除 $EIRR$ 以外的其他符号意义同式(11-3)。

11.4.3.3 经济换汇成本

经济换汇成本是指项目生产出口产品及替代进口产品所消费的国内资源价值的现值(人民币元)与外汇(美元)净收益的现值之比，亦即获取1美元净外汇收入或节省1美元消费所需消耗的国内资源价值(人民币元)。其计算公式为：

$$经济换汇成本 = \frac{\sum_{t=1}^{n} DR_t(1 + i_s)^{-t}}{\sum_{t=1}^{n}(FI - FO)_t(1 + i_s)^{-t}} \tag{11-5}$$

式中 DR_t——项目在第 t 年为生产出口品和(或)替代进口品所投入的本国资源价值(按影子价值计算)；

FI——外汇流入量(美元)；

FO——外汇流出量(美元)；

$(FI - FO)_t$——第 t 年净外汇流量。

经济换汇成本若小于影子汇率，表明项目生产出口品和(或)替代进口品的经济效益好；若经济换汇成本大于影子汇率，则经济效益不好。

当项目产出只有部分为外贸品(出口和进口替代)时，应将生产外贸品部分所消费的国内资源价值从国内资源总耗费中划分出来，然后用于本式计算。

*　　　*　　　*

问题与思考

11-1 国民经济评价与财务评价的主要不同点有哪些？

11-2 国民经济评价的费用与收益的识别和计量与财务评价的关键不同点是什么？

11-3 影子价格的含义是什么？国民经济评价中影子价格的类别有哪些？

第12章　利用现有资产的投资项目分析

*　　　　*　　　　*

本章要点：

- 改扩建与技改项目财务分析的总量法、增量法。
- 设备更新的经济分析。
- 资产评估的收益现值法、重置成本法和现行市价法。

*　　　　*　　　　*

在投资项目中有一类项目是在利用企业原有的基础设施、生产线、机器设备等来建设的，如企业改建与扩建项目（简称改扩建项目）、技术改造项目（简称技改项目）、设备更新项目等。这些项目与新建项目有许多不同，其最大的区别在于：新建项目的现金流量只涉及新增的收益和费用，而改扩建项目、技改项目和设备更新项目的现金流量除了涉及新增的收益和费用外，还涉及原有资产所产生的收益和费用问题。这类项目，我们称为利用现有资产的投资项目，利用现有资产投资项目的评价是投资项目评价中较为复杂的问题。

12.1　改扩建与技改项目的财务分析

如果改扩建和技改项目所涉及的费用、收益可以清楚地从企业原有基础产生的费用和收益分离出来，那么这样的项目就和新建项目没有区别，其评价方法已作了充分讨论。在一定条件下，这种分离是可能做到的。但是，对多数改扩建和技改项目来说，实现这种分离是困难的，下面着重讨论这种情形。

改扩建和技改项目效果评价方法总的原则是：考察项目建设与不建设两种情况下费用和收益的差别，这种差别就是项目引起的，也就是其效果所在。评价方法有两种：总量效果评价法（简称总量法）和增量效果评价法（简称增量法）。

12.1.1　总量法

不进行改扩建和技改与进行改扩建和技改实际上是有待决策的两个方案，这两个方案是互相排斥的。因此，这类项目评价的实质是对互斥方案比较的研究。对于互斥方案，我们可以首先计算各方案的绝对效果（如 NPV），然后进行比较。所以，我们可以首先分别计算改扩建、技改与否两种情况下的净现值，然后加以比较，这就是我们所说的**总量法**，其含义是，从总量上衡量各自的效果。很显然，分别考察各种情况下的效果时，不涉及费用、收益的划分问题，即不需要判断它们是属于新上项目还是属于原有基础。

12.1.1.1　总量法的现金流量和评价指标

让我们结合一个例子来说明总量法现金流量的鉴别。

例 12-1　某企业现有固定资产500万元,流动资产 200 万元,若进行技术改造须投资140 万元,改造当年生效。改造与不改造每年的收益与费用见表 12-1。假定改造、不改造的寿命期均为 8 年,基准收益率 $i_c = 10\%$。问该企业是否应当进行技术改造?

表 12-1　某企业改造与不改造的收益、费用预测　　单位:万元

方　案	不改造		改　造	
年限/年	1~7	8	1~7	8
销售收入	600	600	650	650
资产回收		250		300
费用支出	495	495	520	520

对于这样一个问题,人们可能画出如图 12-1*a* 那样的现金流量图;也可能画出如图 12-1*b* 那样的现金流图。两者的区别在于原有资产是否当作投入处理。从两方案比较的角度来看,如果要在两个互斥方案中挑选一个较好的方案,那么各方案中相同的现金流量都可以省略,例如,两方案收益相同,只要比较费用就行了,即省略了收入的现金流。但是,这样做已经谈不上是总量评价了,因为这样计算出来的任何一个被比较方案的效果已不是绝对效果。图 12-1*a* 中的现金流略去了原有资产部分,改造和不改造的现金流都已不是完整的现金流,按照这样的现金流计算出来的改造、不改造的效果就不是总量效果,因而其方法也不是我们所说的总量法。

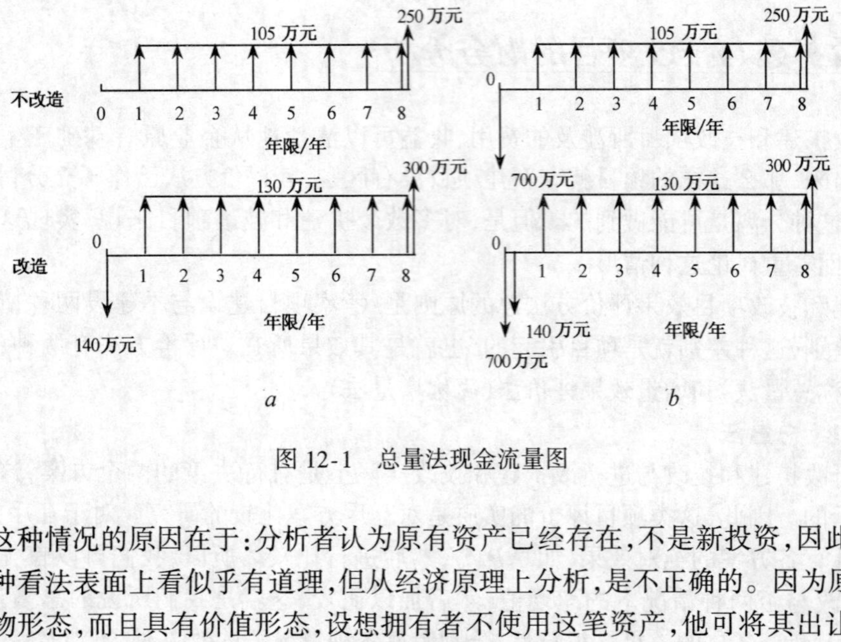

图 12-1　总量法现金流量图

出现这种情况的原因在于:分析者认为原有资产已经存在,不是新投资,因此不必当作流出。这种看法表面上看似乎有道理,但从经济原理上分析,是不正确的。因为原有资产不仅有其实物形态,而且具有价值形态,设想拥有者不使用这笔资产,他可将其出让从而获得相当于资产价值的收入;现在,拥有者不出让,就意味着他失去了获得这笔收入的机会,这是一种机会损失,在经济分析中应将其视为支出才能反映出使用这笔资产的效果。

项目评价的目的是为了正确的决策,如果按照图 12-1*a* 的分析方法不会导致错误的决

策,那么这种方法仍然是有效的。为此,我们来进一步讨论其结论的正确性。

按图 12-1a 的现金流量,可计算出不改造的净现值 NPV_1;和改造的净现值 NPV_2:

$NPV_1 = 105(P/A,10\%,8) + 250(P/F,10\%,8) = 676.8$(万元)

$NPV_2 = 140 + 130(P/A,10\%,8) + 300(P/F,10\%,8) = 693.5$(万元)

如果按此结果判断,因为 $NPV_2 > NPV_1 > 0$,所以应当改造。按图 12-1b 的现金流量,计算结果为:

$NPV_1 = -700 + 105(P/A,10\%,8) + 250(P/F,10\%,8) = -23.2$(万元)

$NPV_2 = -840 + 130(P/A,10\%,8) + 300(P/F,10\%,8) = -6.5$(万元)

此时,虽然 $NPV_2 > NPV_1$,但两者都不能通过绝对效果检验,因此我们不能轻易地作出应当改造的结论。

从以上分析可以看出,省略被比较方案的相同现金流(在改扩建和技改项目评价中最常见的是省略原有资产)的最主要危害在于可能将实际上不可行的项目判断为可行。因此,在总量法中必须将原有资产视为投资列入现金流出中。总量法的优点也正在于它不仅能够显示出改扩建、技改与否的相对效果,而且能够显示其绝对效果。

在评价改扩建和技改项目的总量效果(以及增量效果)时,还应注意企业部分原有资产转让出售的可能性。如果由于改扩建与技改而使部分原有资产不再有用并能转让出售或作其他有价处理,应把转让资产的收入视作现金流入。

总量法是对改扩建、技改与否的总量效果指标进行比较,按照互斥方案比较的要求,只能使用价值型指标(如净现值等),而不能使用效率型指标(如内部收益率等)。

12.1.1.2 寿命不等问题的处理

如果进行改扩建、技改与不进行改扩建、技改两种情况下的项目寿命不等,则不能简单地比较各自的净现值指标。

对于某些改扩建、技改项目来说,可采用互斥方案比较中对寿命不等问题的处理方法,如寿命期最小公倍数法、年值法,或经变换的净现值法(先计算年值,再将年值按计算期折算成现值),其计算公式已在以前章节已作阐述,在此不再重复。对很多改扩建和技改项目来说,假定对原企业或技改方案作多次重复往往是不合理的,此时比较可行的办法是设定一个不长于方案寿命的分析期(计算期),一般可以用寿命短的方案的寿命期作为分析期,长寿命方案分析期末的资产残值计入现金流量中。资产残值可凭经验估算或将初始投资按年等值分摊再计算出分析期末残值。

一般说来,进行改扩建、技改方案的寿命期比不进行改扩建、技改方案的寿命期长。综合考虑原有资产处理和寿命期不等问题,两种方案净现值的计算公式可表示如下:

$$NPV_1 = -V_a + \sum_{t=0}^{n_1}(BK_{1t} + CI'_{1t} - CO_{1t})(P/F,i_c,t) + S_1(P/F,i_c,n_1) \quad (12\text{-}1)$$

$$NPV_2 = -V_a + \sum_{t=0}^{n_1}(BK_{2t} + CI'_{2t} - K_t - CO'_{2t})(P/F,i_c,t) + S_2(P/F,i_c,n_1) \quad (12\text{-}2)$$

式中 NPV_1——不进行改扩建和技改的净现值;

NPV_2——进行改扩建和技改的净现值;

V_a——原有资产价值；

BK_{1t}——不进行改扩建和技改第 t 年可获得的资产转让收入；

BK_{2t}——进行改扩建和技改第 t 年可获得的资产转让收入；

CI'_{1t}——不进行改扩建和技改第 t 年的现金流入(不含资产转让收入和期末资产残值回收)；

CO_{1t}——不进行改扩建和技改第 t 年的实际现金流出；

CI'_{2t}——进行改扩建和技改第 t 年的现金流入(不含资产转让收入和期末资产残值回收)；

CO'_{2t}——进行改扩建和技改第 t 年的现金流出(不含改扩建和技改投资)；

K_t——第 t 年的改扩建和技改投资；

S_1——不进行改扩建和技改 n_1 年末的资产残值；

S_2——进行改扩建和技改 n_1 年末的资产残值；

n_1——不进行改扩建和技改的项目寿命期；

i_c——基准折现率。

其中，按投资分摊法计算的 S_2 为：

$$S_2 = \left[V_a + \sum_{t=0}^{n_1} K_t(P/F, i_c, t) \right] (A/P, i_c, n_2)(P/A, i_c, n_2 - n_1) \tag{12-3}$$

式中　n_2——进行改扩建和技改的项目寿命期。

12.1.2　增量法

总量法虽有同时显示方案绝对效果和相对效果的优点，但是需要将原有资产视为投资，从而需要对原有资产进行估价，而资产估价是一件十分复杂和困难的工作，其工作量和难度往往超过项目评价本身。另外，总量法不能显示用于改扩建、技改的投资可达到的收益水平，因而只能对进行改扩建、技改与不进行改扩建、技改两种方案的相对优劣做出判断，无法揭示当存在其他投资机会时改扩建、技改项目是否最优。因此，总量法并不是改扩建和技改项目评价的理想方法。

增量法是对改扩建和技改项目所产生的增量效果进行评价的方法。

12.1.2.1　增量法的效果计算和适用范围

增量法的程序是：首先计算改扩建和技改项目产生的增量现金流，然后根据增量现金流进行增量效果指标计算，最后根据指标计算结果做出决策判断。增量法可采用净现值和内部收益率指标，称为增量净现值和增量内部收益率。当出现寿命不等问题时，可采取与总量法相同的方法处理。我们仍沿用总量法公式的符号，则增量净现值 NPV_d 计算公式如下：

$$NPV_d = \sum_{t=0}^{n_1} [- K_t + (BK_{2t} - BK_{1t}) + (CI'_{2t} - CI'_{1t}) - (CO'_{2t} - CO'_{1t})] \times (P/F, i_c, t) + (S_2 - S_1) \times (P/F, i_c, n_1) \tag{12-4}$$

增量内部收益率 IRR_d 可按以下方程求解：

$$\sum_{t=0}^{n_1} [- K_t + (BK_{2t} - BK_{1t}) + (CI'_{2t} - CI'_{1t}) - (CO'_{2t} - CO'_{1t})]$$

$$\times(P/F,IRR_{\mathrm{d}},t)+(S_2-S_1)\times(P/F,IRR_{\mathrm{d}},n_1)=0 \tag{12-5}$$

式(12-4)和式(12-5)中的 S_2 仍可按式(12-3)计算。

由于进行改扩建和技改与不进行改扩建和技改两种情况下都有相同的原有资产 V_a,在进行增量现金流计算时互相抵消,在公式(12-4)和式(12-5)中不再出现 V_a,这样就不必进行原有资产的估价,这是我们所希望的。按照通常的理解,在计算出增量效果指标后,若 $NPV_{\mathrm{d}}>0$,或 $IRR_{\mathrm{d}}>i_c$,则应进行改扩建和技术改造投资。然而,能否这样下结论仍然是个有待讨论的问题。

仍用例 12-1 的数据来分析,不难看出,其 NPV_{d} 为:

$$NPV_{\mathrm{d}}=-140+(130-105)(P/A,10\%,8)+(300-250)(P/F,10\%,8)=16.7(\text{万元})$$

如果根据 $NPV_{\mathrm{d}}=16.7>0$ 就做出应当改造的结论是过于草率了,因为无论改造与否,该项目都未通过绝对效果检验。问题在于:增量法所体现的仅仅是相对效果,它不能体现绝对效果。相对效果只能解决方案之间的优劣问题,绝对效果才能解决方案能否达到规定的最低标准问题。从理论上说,互斥方案比较应该同时通过绝对效果和相对效果检验。

不难证明,在若干个互斥方案中,若前一方案通过了绝对效果检验,后一方案与前一方案比较通过了相对效果检验,那么后一方案必然通过绝对效果检验。因此,在改扩建和技改项目评价中,若满足下列条件之一就是完善的。

(1)不进行改扩建和技改的方案通过了总量评价,进行改扩建和技改的方案通过了增量效果评价;

(2)进行改扩建和技改的方案同时通过总量效果和增量效果评价。

这样,我们仍至少要做某一种情况的总量效果评价。这与我们希望回避资产估价的愿望是不相符的。为此,我们来做进一步的分析,以寻求新的可能性。

假定增量效果已经计算出来,而总量效果尚不清楚。我们列出增量效果和总量效果的全部可能性于表 12-2,表中"+"表示通过评价标准,"-"表示不能通过评价标准。

表 12-2 增量效果和总量效果的可能性排列

效果类别 / 效果序号	增量效果①	总量效果		按增量效果应作的决策④
		不进行改扩建和技改②	进行改扩建和技改③	
1	+	+	+	改扩建和技改
2	+	-	+	同上
3	+	-	-	同上
4	-	+	+	不进行改扩建和技改
5	-	+	-	同上
6	-	-	-	同上

全部排列应有 8 种,但是显然按表中①②③的顺序,"+","+","-"和"-","-","+"的可能性不存在,因此可能性只有 6 种。

在 1、2、5、6 等 4 种情况下,增量效果和改扩建、技改后的总量效果方向一致,根据增量效果决策不会发生错误。在第 4 种情况下,尽管通过了总量效果评价,但由于不能通过增量效果评价,仍不应进行改扩建和技改,即根据增量效果决策不会发生错误。现在只剩下第 3 种情况有待讨论。从总量效果看,在这种情况下进行改扩建和技改与不进行改扩建和技改,企业的总体经济效益都不好,但改扩建和改造后有所改善。此时企业可选择的决策方案有:

方案一:不进行改扩建和技改,继续生产经营;

方案二:进行改扩建和技改;

方案三:关闭工厂,拍卖现有资产。

方案一和方案二比较,由于增量效果好,所以后者优于前者,即方案一应淘汰。现在可供选择的只剩下方案二和方案三。它表明:当需要判断是否应关闭、拍卖工厂时,需要作总量评价。而这种情况在现实经济生活中并不具有普遍性,多数情况下可以不困难地排除关闭、拍卖工厂这种选择。

据以上分析可知:在改扩建和技改项目评价中,一般情况下只需要进行增量效果评价;只有当现有企业面临亏损,需要就将企业关闭、拍卖还是进行改扩建和技术改造做出决策时,才需要同时作增量效果评价和总量效果评价(只需对上述方案二做总量评价)。

12.1.2.2 增量现金流的计算

增量现金流的计算是增量法的关键步骤。常见的计算增量现金流量的方法是将进行改扩建和技改后(简称项目后)的现金流减去改扩建和技改前(简称项目前)的对应现金流,这种方法称为“前后”比较法,或**前后法**。方案比较中的现金流比较必须保证诸方案在时间上的一致性,即必须用同一时间的现金流相减。前后法用项目后的量减项目前的量,实际上存在着一个假设:若不上项目,现金流将保持项目前的水平不变。当实际情况不符合这一假设时,就将产生误差。因此,前后法是一种不正确的方法。计算增量现金流量的正确方法是**“有无”法**,即用进行改扩建和技改(有项目)未来的现金流量减不进行改扩建和技改(无项目)对应的未来的现金流量。有无法不做无项目时现金流量保持项目前水平不变的假设,而要求分别对有、无项目未来可能发生的情况进行预测。

按前后法计算增量现金流,可能在以下几种情况下发生错误(参看图 12-2):

(1)市场需求和企业自身有潜力,在没有项目的条件下也能通过改进技术和生产经营使企业净收益逐年增加;有了项目则会使净收益增加更多。如果按前后法计算,则会把本属于靠挖掘潜力增加的收入归入有项目的收入,即高估了增量效果。如图 12-2*a* 所示,按有无法计算的增量净收益为 ABC,而前后法计算的增量净收益为 ADC,多算了 ADB。

(2)由于种种原因若不进行改扩建和技改,企业净收益将逐年下降,有项目则可保持原来的净收入水平或减缓下降。此时按前后法计算,增量效果为零或负值,而按有无法计算则增量效果为正值。如图 12-2*b* 和 *c* 所示。

(3)无项目时企业净收益逐年下降,有项目时净收益逐年上升,按前后法计算也会低估增量效果。如图 12-2*d* 所示。

很明显,当无项目的企业未来净收益保持项目前的水平不变时,有无法和前后法的结果相同。因此前后法仅是有无法的一种特例。

例 12-2 某企业现有固定、流动资产 800 万元,技改前(即现在,第 0 年)和假定不改造未来 8 年的有关预测数据如表 12-3 所列。如果进行技改,须投资 180 万元,假设改造当年生效,其未来 8 年的预测数据见表 12-4。若基准折现率 $i_c = 10\%$,该企业不存在关停并转问题,问该厂是否应当进行技术改造?

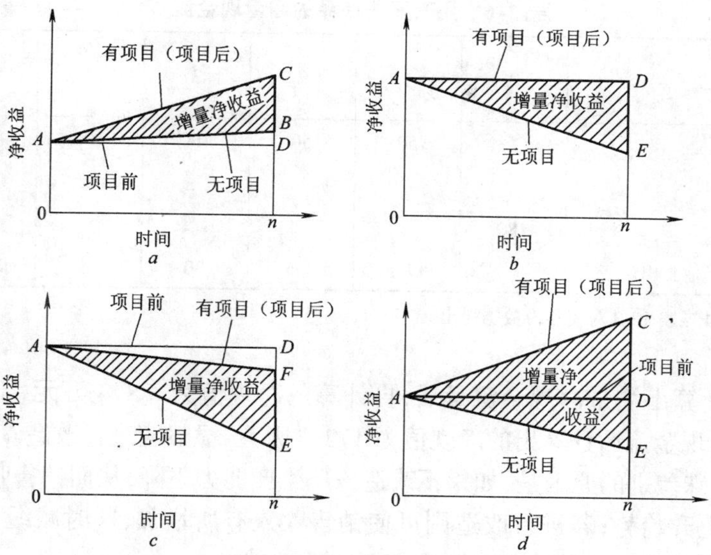

图 12-2 用前后法和有无法计算增量净收益的比较

表 12-3 某企业不改造和未来 8 年数据 单位:万元

年限/年 费用、收益项	0	1	2	3	4	5~7	8
销售收入	600	600	600	550	550	500	500
资产回收							200
经营成本和其他支出	430	430	440	417.5	417.5	385	385

表 12-4 某企业进行技改未来 8 年数据 单位:万元

年限/年 费用、收益项	1	2	3	4	5~7	8
销售收入	650	650	650	650	650	650
资产回收						250
经营成本和其他支出	447.5	447.5	447.5	452.5	457.5	457.5

表 12-5 用前后法计算的增量现金流 单位:万元

年限/年 费用、收益项	0	1	2	3	4	5~7	8
销售收入	50	50	50	50	50	50	50
资产回收							50
投资	180						
经营成本和其他支出		17.5	17.5	17.5	22.5	27.5	27.5

注:本表数据由表 12-4 对应年份减表 12-3 第 0 年(技改前)得出。

表12-6　用有无法计算的增量现金流　　　　单位:万元

年　限/年 费用、收益项	0	1	2	3	4	5~7	8
销售收入		50	50	100	100	150	150
资产回收							50
投资	180						
经营成本和其他支出		17.5	7.5	30	35	72.5	72.5

注:本表由表12-4减表12-3对应年份数据得出。

由表12-5计算出增量净现金流量后,再计算的净现值为-8.4万元,不应改造。由表12-6算出增量净现金流后计算出的净现值为172.7万元,显然应进行改造。

产生以上悬殊差别的原因是,如果不改造该厂生产能力下降,从而销售收入呈逐年减少趋势,且成本呈上升趋势;若进行改造则可使销售收入有所增加,同时减缓了成本的上升。因此,实际上该厂技改的效果是相当好的,应当进行改造。

由这个例子可以看出,前后法有时会造成严重偏差,导致决策的错误。

12.2　设备更新的技术经济分析

企业的设备在使用或闲置过程中,都会发生各种各样的磨损。设备的磨损,必须以各种形式进行补偿。设备磨损的补偿方式一般有三种:修理、更新和改造。这就向人们提出了这样几个问题:采用何种方式补偿最佳?各种补偿方式之间的经济界限是什么?何时大修?何时更新?何时改造?这也是技术经济分析中要研究解决的问题。

12.2.1　设备的磨损及其计算

设备在使用和闲置过程中不可避免地发生的实物形态的变化及技术性能的低劣化,这一现象称之为设备磨损。设备磨损有两种形式——有形磨损和无形磨损。

12.2.1.1　有形磨损

设备由于实际使用和自然力的作用而造成的磨损称为**有形磨损**,或物质磨损。

A　使用磨损

引起设备有形磨损的主要原因是设备在生产过程的使用。运转中的机器设备在外力作用下,机器设备的零部件会发生摩擦、振动和疲劳现象,致使机器设备的实体产生磨损。这种磨损叫做**使用磨损**。

B　自然磨损

由于自然力作用造成设备有形磨损称为**自然磨损**,这种磨损与设备是否在生产过程使用无关。因此,设备闲置或封存也同样产生有形磨损。自然磨损常见形式如:机器生锈、金属腐蚀、橡胶和塑料老化等。设备自然磨损情况下会丧失精度和工作能力。

C　有形磨损的计算

正确计算磨损程度,是确定设备更新方式的重要依据。设备有形磨损的估价,采用经济指标的度量方法,以在计算个别零部件磨损程度 α_i 的基础上确定出整机平均磨损程度 α_p。

若零部件的磨损是因摩擦而引起的,则零部件磨损程度 α_i:

$$\alpha_i = \frac{\delta_{pri}}{\delta_{mi}} \tag{12-6}$$

式中 α_i——i 零部件的磨损程度；

δ_{pri}——i 零部件的实际磨损量；

δ_{mi}——i 零部件最大允许磨损量。

若零部件的磨损是由于疲劳而引起的，则零部件磨损程度 α_i：

$$\alpha_i = \frac{T_{pri}}{T_{mi}} \tag{12-7}$$

式中 α_i——i 零部件的磨损程度；

T_{pri}——i 零部件的实际服务期；

T_{mi}——i 零部件的疲劳周期(设备丧失工作能力的时间极限)。

因此，整机的平均磨损程度 α_p：

$$\alpha_p = \frac{\sum_{i=1}^{n} \alpha_i k_i}{\sum_{i=1}^{n} k_i} \tag{12-8}$$

式中 α_p——设备有形磨损程度；

k_i——i 零件的价值；

n——磨损零件的总数。

也可用如下公式：

$$\alpha_p = \frac{R}{K_1} \tag{12-9}$$

式中 α_p——设备有形磨损程度(用占其再生产价值的比重表示)；

R——修复全部磨损零部件所用的修理费用；

K_1——在确定设备磨损时该种设备再生产的价值。

12.2.1.2 无形磨损

A 无形磨损的概念

由于科学技术的进步，生产同类型同功能设备的价值降低而引起的原有设备价值的降低或由于出现同类型高功能、高效率的设备而引起原有设备价值和使用价值的降低称之为设备的**无形磨损**。

无形磨损的形式与造成无形磨损的原因：

(1) 第一种无形磨损。由于制造工艺不断改进，成本不断降低，劳动生产率不断提高，生产同样机器设备所需的社会必要劳动时间少了，因而使原有机器设备相应贬值。这种无形磨损虽然使现有设备产生部分贬值，但设备本身的技术性能并不受影响。这种无形磨损叫**第一种无形磨损**。

(2) 第二种无形磨损。在技术进步影响下，出现性能更加先进、生产效率更高、耗费原材料和能源更少的新型设备，而使原有设备陈旧落后而贬值，叫做**第二种无形磨损**。在这种无形磨损作用下，设备不仅产生价值贬低，而且使原设备使用价值局部或全部丧失。这是因为新技术发明和应用后，虽然旧设备还未达到物理寿命，也能正常工作，但它的生产效率已大大低于社会平均水平,如果继续使用,产品的个别成本会大大高于社会平均成本。在这种情况下,旧设备虽可使用,用新设备代替过时的旧设备,经济上也是合算的。

B 无形磨损的计算

$$\alpha_l = \frac{K_0 - K_1}{K_0} = 1 - \frac{K_1}{K_0} \tag{12-10}$$

式中 α_l——设备无形磨损程度;

K_0——设备的原始价值;

K_1——设备的再生产价值。

在计算无形磨损 α_l 时,K_1 必须反映技术进步的两个方面对现有设备贬值的影响:一是相同设备再生产价值的降低;二是具有较好功能和更高效率的设备的出现。可用下面公式计算 K_1 的值:

$$K_1 = K_n\left(\frac{q_o}{q_n}\right)^{\alpha}\left(\frac{C_n}{C_o}\right)^{\beta} \tag{12-11}$$

式中 K_n——新设备的价值;

q_o、q_n——使用相应的旧设备、新设备时的年生产率;

C_o、C_n——使用相应的旧设备、新设备时的单位产品耗费;

α、β——分别为劳动生产率提高和成本降低指数。

指数取值范围:$0 < \alpha < l$,$0 < \beta < l$,可根据相应设备的实际材料获得。

在式(12-11)中,当 $q_o = q_n$,$C_o = C_n$,即新旧机器的劳动生产率及使用成本均相同时,$K_1 = K_n$,表示发生第一种无形磨损。

若式(12-11)中出现下述三种情况之一,即表示发生第二种无形磨损。

当 $q_o > q_n$,$C_n = C_o$,此时 $K_1 = K_n\left(\frac{q_o}{q_n}\right)^{\alpha}$;

当 $q_o = q_n$,$C_n < C_o$,此时 $K_1 = K_n\left(\frac{C_n}{C_o}\right)^{\beta}$;

当 $q_o > q_n$,$C_n < C_o$,此时 $K_1 = K_n\left(\frac{q_o}{q_n}\right)^{\alpha}\left(\frac{C_n}{C_o}\right)^{\beta}$。

12.2.1.3 综合磨损

A 设备综合磨损的概念

设备在使用期内,既遭受有形磨损,又遭受无形磨损。这两种磨损同时作用于机器设备形成**设备的综合磨损**。

设备综合磨损的形式不同,补偿的方式也不同:若有形磨损程度较轻,可通过中、小修理进行补偿;如果有形磨损严重,则应进行大修理;如果修复费用过高,应进行更新和现代化改装。对三种补偿方式应进行经济分析并加以比较,以确定恰当的补偿方式。对无形磨损也应视具体情况确定补偿方式。如果无形磨损使得设备的使用价值降低,应采用局部更新即现代化改装。有形磨损和无形磨损的完全补偿是更换。设备磨损及补偿方式关系如图 12-3 所示。

B 设备综合磨损的计算

设备有形磨损后尚余部分(百分数)为 $1 - \alpha_p$;

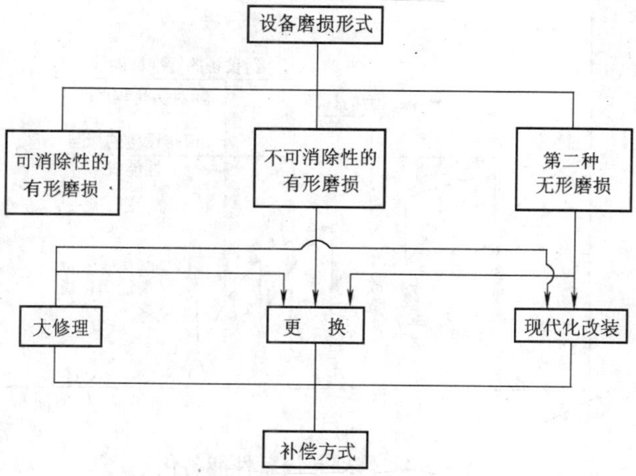

图 12-3　设备磨损与补偿方式

设备无形磨损后尚余部分(百分数)为 $1-\alpha_l$;

两种磨损同时发生后尚余部分(百分数)为$(1-\alpha_p)$与$(1-\alpha_l)$之积。

设备综合磨损程度可用下式计算:

$$\alpha = 1-(1-\alpha_p)(1-\alpha_l) \tag{12-12}$$

式中　α——设备综合磨损程度;

α_p——设备的有形磨损程度;

α_l——设备的无形磨损程度。

任何时候设备在两种磨损作用下的净值 K 可用下式计算:

$$\begin{aligned} K &= (1-\alpha)K_0 \\ &= [1-1+(1-\alpha_p)(1-\alpha_l)]K_0 \\ &= \left(1-\frac{R}{K_1}\right)\left(1-\frac{K_0-K_1}{K_0}\right)K_0 \\ &= K_1-R \end{aligned} \tag{12-13}$$

式(12-13)中符号意义同式(12-9)、式(12-10)和式(12-12)。

12.2.2　设备大修理及其经济界限

12.2.2.1　大修理的概念

大修理是指通过调整、修复或更换磨损的零部件的办法恢复设备的精度、生产效率以及整机的全部功能,以达到原有的技术性能。

大修理的优点能够利用被保留下来的零部件,与购置新设备相比在成本有一定优势。但是,设备修理是有限度的,长期无止境的修理,会导致设备性能的逐步劣化。见图 12-4 所示。在图中 OA 表示设备的标准性能线,设备在使用时其性能是沿 AB_1 线下降的,如不修理仍继续使用,寿命一定很短。如果在 B_1 点进行修理,设备的性能又恢复至 B 点。如此多次反复修理直至 G 点,设备就不能再修理了,其物理寿命宣告终结,把图中 A、B、C、D、E、F、G 各点相联,就形成了设备使用过程中的性能劣化曲线。

随着修理次数的增加,设备性能越来越低且修理费用越来越高,随性能降低各种消耗

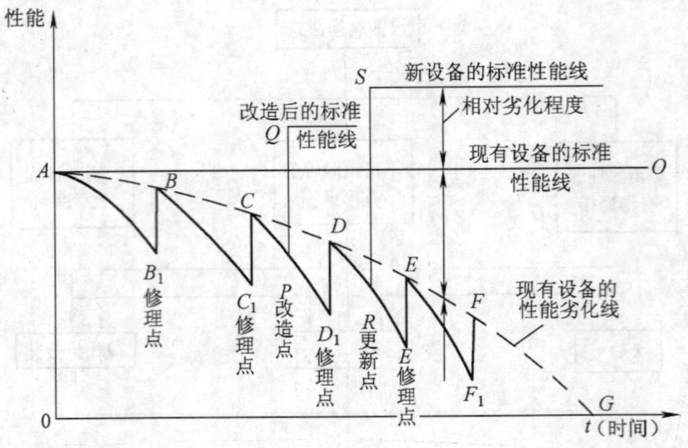

图12-4　修理与设备性能劣化

随之增加，在经济上不合理。同时严重阻碍技术进步。因此，不能只靠修理或大修理来维持生产，应对设备修理进行经济分析，依靠技术进步来发展生产。

12.2.2.2　设备大修理的经济界限

设备大修理的基本条件是：

$$R < K_1 - K_L \tag{12-14}$$

式中　K_L——设备的残值。

其余符号意义同式(12-9)和式(12-10)。即大修理费用小于新置设备的价值扣除其残值的费用，则大修理合理。

符合上述条件的大修理，在经济上是不是最佳方案，要看大修理后使用该设备生产的单位产品成本，如果下式成立：

$$C_1 > C_0 \tag{12-15}$$

式中　C_1——使用新设备生产的单位产品成本；

C_0——旧设备大修理后生产的单位产品成本。

即大修理后的单位产品成本小于使用新设备的单位产品成本，则大修理合理。

12.2.3　设备更新及其经济分析

12.2.3.1　设备更新的概念

从广义上讲，补偿因综合磨损而消耗掉的机器设备，称为设备更新。它包括三个方面：设备修理、设备更换和设备现代化改装。设备修理和设备现代化改装属于局部更新，而设备更换属于全部更新的性质。

从狭义上讲，用结构更加先进、技术更加完善、生产效率更高的新设备去代替物理上不能继续使用及经济上不宜继续使用的旧设备，称为**设备更新**。

12.2.3.2　设备经济寿命与更新时机选择

A　设备的寿命

设备的寿命，由于研究角度的不同其含义也不同，设备的寿命一般分设备的物理寿命、折旧寿命、技术寿命与经济寿命四种。它们的含义见表12-7。

表 12-7 设备寿命的分类与含义

设备寿命分类	各种设备寿命的含义及其影响因素
设备的**物理寿命**	设备从全新状态投入使用开始,到不能再使用而报废为止的全部时间。设备使用时间的长短与维修保养有关
设备的**折旧寿命**	根据规定的折旧原则和方法,将设备的原值通过折旧的形式转入产品成本,直到使设备净值接近于零的全部时间。折旧寿命与提取折旧的方法有关,它与物理寿命不等
设备的**技术寿命**	设备在市场上能维持其自身价值而不显陈旧落后的全部时间。技术寿命的长短与技术进步有关
设备的**经济寿命**	设备从开始使用(或闲置)时起,至由于遭受有形磨损和无形磨损(贬值),再继续使用在经济上已不合理为止的全部时间。设备经济寿命主要与设备寿命周期费用有关

在对设备更新进行经济分析时需要对以上几种不同的寿命加以区别,并且主要是根据设备的 经济寿命进行设备更新。设备的经济寿命可以定量化计算,即设备从全新状态安装投入使用之日起,到其年寿命周期总费用(以下简称年总费用)最低年份而被迫退出原定服务功能(包括降低使用、转作它用、转让或报废等)为止的时间(见图 12-5 所示,图中 t^* 为设备经济寿命)。

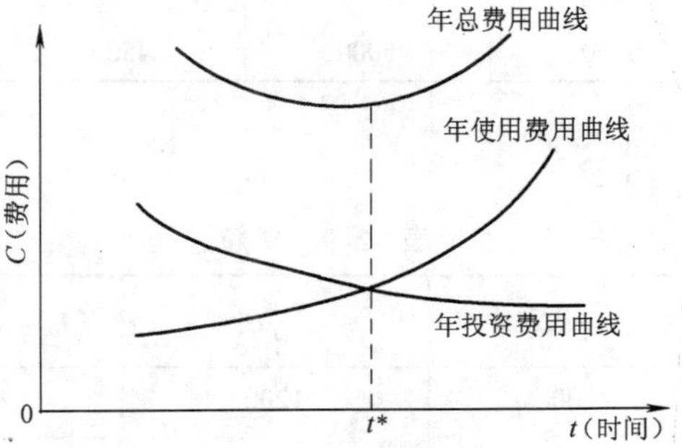

图 12-5 设备的经济寿命示意图

设备寿命周期总费用包括设备投资和使用费用。设备投资包括购买价格、运杂费、安装费及调试费用。设备使用费用包括维修保养、燃料动力、操作人员工资、废品损失等费用。

B 经济寿命的一般算法

(1)若不考虑残值,则:

静态

$$CA_t = \frac{I_0}{t} + \frac{1}{t}\sum_{k=1}^{t} C_k \tag{12-16}$$

动态

$$AC_t = \left[I_0 + \sum_{k=1}^{t} C_k(P/F, i_c, k)\right](A/P, i_c, t) \tag{12-17}$$

式中 CA_t——静态年总费用;

AC_t——动态年总费用；

I_0——设备投资；

C_k——第 t 年设备的使用费用；

i_c——基准收益率；

t——设备使用时间，$t=1,2,\cdots,n$。

(2)若考虑设备使用 t 年后有残值 L_t，则：

静态 $$CA_t = \frac{I_0 - L_t}{t} + \frac{1}{t}\sum_{k=1}^{t} C_k \quad (12\text{-}18)$$

动态 $$AC_t = [I_0 - L_t(P/F,i_c,t) + \sum_{k=1}^{t} C_k(P/F,i_c,k)](A/P,i_c,t) \quad (12\text{-}19)$$

例 12-3 A 设备投资 10000 元，使用年限为 5 年，有关数据见表 12-8，试用静态法计算该设备的经济寿命。

表 12-8 设备费用与残值数据

t（年 限）/年	1	2	3	4	5
C_t（使用费用）	1200	1400	1600	2000	2400
L_t（残 值）	6000	5000	4500	3800	3900

解 求解过程见表 12-9。

表 12-9 求解过程

t（年 限）/年	$I_0 - L_t$	$\sum_{k=1}^{t} C_k$	$(I_0 - L_t) + \sum_{k=1}^{t} C_k$	CA_t
1	4000	1200	5200	5200
2	5000	2600	7600	3800
3	5500	4200	9700	3233
4	6200	6200	12400	3100
5	7100	8600	15700	3140

根据以上计算结果，设备使用到第 4 年末时，年总费用最低，经济寿命为 4 年。从此例可以看出，经济寿命的确定实际上是从设备使用 1 年、2 年、…、n 年的方案中选择一个最有利的方案。

依使用费用与残值变化的不同，还有其他经济寿命的计算方法，因篇幅有限，在此不一一介绍。

C 更新时机选择

更新时机的选择，是分析设备在什么时候更新最恰当的问题，一般有下面两种情况：

(1)按经济寿命确定更新时机。这种方法比较简单，即计算设备的经济寿命，以经济寿命为其更新时机。适用于长期生产同一类型产品的企业或进行周期性重复更换的设备。

(2)按项目任务期内总费用最低原则确定设备的更新时机。如某项目需要某种设备服务的年限已确定。在确定的任务期内,一台设备不能服务到确定的年限,需用另一台设备更新,且任务期又小于两台设备可服务年限之和。在这种情况下,用后一台设备替换前一台设备的时机就会有多个。而什么时候替换呢?要用在确定的任务期内总费用最低原则进行更新时机的选择。

设某项目寿命为 N 年,正在使用的设备的使用年限为 t 年,则在任务期内替换设备的可使用年限为($N-t$)年。显然,前台设备的使用时间越长,后一台设备的使用时间越短。其总费用计算公式如下所述。

1)静态计算公式:

$$\begin{aligned} TC_N &= TC_{0t} + TC_{1(N-t)} \\ &= [(I_0 - L_{0t} + \sum_{k=1}^{t} C_{0k})] + [(I_1 - L_{1(N-t)} + \sum_{k=1}^{N-t} C_{1k})] \end{aligned} \tag{12-20}$$

式中 TC_N——任务期内两台设备的总费用;

$TC_{0t}, TC_{1(N-t)}$——分别为使用中的设备和替换设备在项目寿命期内的总费用;

I_0, I_1——分别为使用中的设备和替换设备的投资;

C_{0t}, C_{1k}——分别为使用中的设备和替换设备第 k 年的使用费用,$k=1,2,\cdots,t$;

$L_{0t}, L_{1(N-t)}$——分别为使用中的设备第 t 年末的残值和替换设备第($N-t$)年末的残值。

2)动态计算:

对上式考虑资金的时间价值,代入相应的复利公式即为:

$$\begin{aligned} PVC_N &= PVC_{0t} + PVC_{1(N-t)} \\ &= [I_0 - L_{0t}(P/F, i_c, t) + \sum_{k=1}^{t} C_{0k}(P/F, i_c, k)] \\ &\quad + [I_1 - L_{1(N-t)}(P/F, i_c, N-t) + \sum_{k=1}^{N-t} C_{1k}(P/F, i_c, k)](P/F, i_c, t) \end{aligned} \tag{12-21}$$

式中 PVC_N——任务期内两台设备的现值成本;

$PVC_{0t}, PVC_{1(N-t)}$——分别为使用的设备和替换设备的现值成本。

由以上公式可以看出,只要 t 变化,则 $N-t$ 也相应变化,根据预测的数据用以上公式进行计算比较,就可找出 N 年内总费用最低的 t,即为正在使用设备的最佳更新时机。如果替换设备的效率与使用中设备的效率不同(考虑技术进步),只要计算出效率比代入以上公式即可。现举例说明。

例 12-4 设备 B 的投资为 20000 元,使用期为 6 年,其他数据见表 12-10。

表 12-10 设备费用与残值数据 单位:元

设备使用年限/年	1	2	3	4	5	6
使用费用	1500	1600	1900	2300	3000	4000
年末残值	13000	11000	9000	6000	4000	2000

已知 B 设备的效率是 A 设备的(见例 12-3 数据)的 2 倍,若该项目已用 A 设备服役了两年,任务期为 6 年,现在拟用 B 设备更换,试选择最佳更新时机。

解 由题意可知,项目的任务期为 6 年,因 A 设备已使用了 2 年,则用 B 设备替换的更新时机有 4 个,即 A 设备使用 2 年、3 年、4 年或 5 年再更新。对这 4 个更新时机组合,我们用以上公式,分别计算它们在任务期内的总费用,找出效率相同时总费用最低的年限,就是最佳更新时机,计算结果见表 12-11。表中 β 为 B 设备与 A 设备的效率比,此例 $\beta=2$。

表 12-11 计算结果 单位:元

T	TC_{0t}	$N-t$	$TC_{1(N-t)}$	$TC_N = TC_{0t} + \frac{1}{\beta}TC_{1(N-t)}$
2	7600	4	21300	18250
3	9700	3	16000	17700
4	12400	2	12100	18450
5	15700	1	8500	19950

计算结果表明,在任务期内 A 设备使用 3 年后用 B 设备替换的总费用最低,因此 A 设备使用 3 年后更新为最佳时机。以上是静态计算,读者可以用动态方法试算。

12.2.4 设备现代化改装及其经济分析

12.2.4.1 设备现代化改装

现代化改装是指应用现代化的技术成就和先进经验,对设备进行局部改革,以改善性能、增加功能、提高精度和生产效率,使其达到新设备的水平。现代化改装是将科技新成果应用于现有设备,克服其技术陈旧状况,消除无形磨损影响,促进现有设备技术进步的方法之一,是提高设备现代化水平的重要手段,也是扩大设备的生产能力,提高设备质量的重要途径。

现代化改装是现有企业进行技术改造,提高老企业的经济效益,节约基建投资的有效措施。在对现有设备的部分零构件、装置、附件等进行改装的同时,可充分利用设备的原有基础,以达到投资少,时间短,见效快的目的。并且,在某些情况下,改装后的设备在满足生产需要的程度和技术特性方面,可以超过新设备。

设备现代化改装不是在任何情况下都可行的。对性能、结构全新的设备不存在现代化改装的问题。另外,当现代化改装致使现有设备结构有重大改动,甚至是整机的改动时,也不宜进行现代化改装。

12.2.4.2 设备现代化改装决策

设备现代化改装是广义设备更新的一种方式。因此,现代化改装的经济分析不能孤立地进行,应与设备更新的其他方式相比较。一般与现代化改装并存的更新方式有:设备大修理、原设备继续使用、用相同结构的新设备更换、用全新设备更换。因此,需对几种更新方式进行比较选优。一般采用总费用法:即计算各更新方式的总费用,从中选择总费用最低的更新方式。计算公式如下:

$$TC_0 = I_0 - L_{0n} + \sum_{t=1}^{n} C_{0t} \tag{12-22}$$

$$TC_d = \frac{1}{\beta_d}\left(I_d + I_0 - L_{dn} + \sum_{t=1}^{n} C_{dt} \right) \tag{12-23}$$

$$TC_s = \frac{1}{\beta_s}\left(I_s + I_0 - L_{sn} + \sum_{t=1}^{n} C_{st} \right) \tag{12-24}$$

$$TC_g = \frac{1}{\beta_g}\left(I_g + I_0 - L_{gn} + \sum_{t=1}^{n} C_{gt} \right) \tag{12-25}$$

式中 TC_0、TC_d、TC_s、TC_g——分别为继续使用、大修理、现代化改装、更换设备在 n 年内的总费用；

I_0——原设备继续使用的投资，即决策时原有设备实际能实现的估价；

I_d、I_s、I_g——分别为大修理、现代化改装、更换设备的投资；

L_{0n}、L_{dn}、L_{sn}、L_{gn}——分别为继续使用、大修理、现代化改装、更换的设备在第 n 年末的残值；

C_{0t}、C_{dt}、C_{st}、C_{gt}——分别为继续使用、大修理、现代化改装、更换的设备、在第 t 年的使用费用；

β_d、β_s、β_g——分别为大修理、现代化改装、更换设备的效率比。

现值成本(动态计算)公式，只要将相应的复利系数代入即可，请读者自行列出。

例 12-5 某设备现在处理可得5000元，估计仍可使用 4 年，届时残值为 1000 元，4 年中各年的使用费分别为 1000 元、1200 元、1400 元、1600 元。现在考虑对该设备进行更新，提出了大修理、现代化改装和更换三种方式，具体数据如表 12-12 所示。若该项目尚需服务 4～8年，应选用哪种方式？

表 12-12 数据表 单位：元

方式	投资 I	效率 β	年使用费的增额 G	第一年的使用费	残值				
					4	5	6	7	8
大修理	8000	1	200	500	5000	4000	3000	2000	1000
现代化改装	10000	1.1	150	400	6000	5000	4000	3000	2000
更新	25000	1.2	100	350	8000	7000	6000	5000	4000

解 将相应数据代入公式(12-22)～式(12～25)，进行计算比较，结果见表 12-13。

表 12-13 各种更新方式费用表 单位：元

尚需服务年限	4	5	6	7	8
继续使用	9200 *				
大修理	11200	13500	16000	18700	21600
现代化改装	10455	12273 *	14227 *	16318	18545
更 新	11667	13125	14667	16292 *	18000 *

注：* 为该服务年限内各更新方式中总费用最低者。

由计算结果可以看出,如果项目尚需服务年限为4年时,原设备继续使用最经济。若尚需服务年限为5年至6年,选择现代化改造为最佳。若尚需服务为7年至8年,则用高效率新结构设备替换旧设备为最佳更新方式。

12.3 投资项目评价中的资产评估问题

投资项目评价经常会涉及资产评估问题。例如,当需要对技术改造项目进行总量评价和进行设备更新评价时,就需要对现有资产进行评估。

资产评估是指由专门的机构和人员,依据国家规定和有关资料,针对特定目的,遵循适用的原则和标准,按照法定程序,运用科学方法,对资产在某一时点的价值进行评定和估价。资产评估主要由六大要素组成,即资产评估的主体、评估对象、特定目的、程序、标准和方法。在此,主要讨论资产评估的方法。

资产评估方法是指按一定的评估思路,完成评估任务的技术规程和方式。根据我国《国有资产评估管理办法》的规定,我国资产评估的方法有:收益现值法(简称收益法);重置成本法(简称成本法);现行市价法(简称市场法);清算价格法以及国家国有资产主管部门规定的其他方法。而其中的收益现值法、重置成本法和现行市价法是一般进行资产评估的主要方法,以下分别对这三种方法作简要介绍。

12.3.1 收益现值法

12.3.1.1 收益现值法的适用条件及评估程序

收益现值法是将评估对象剩余寿命期内每年的预期收益,用适当的折现率折现到评估基准期,累加得出得现值,以此估算资产价值的一种方法。在使用收益现值法时,对被评估对象有以下要求:第一,被评估资产的未来预期收益可以预测,并可以用货币来计量;第二,与获得资产未来预期收益相联系的风险报酬也可以估算出来。

采用收益现值法进行资产评估的程序是:

(1)调查、分析影响资产未来收益的企业内部和外部因素;

(2)收集、验证与资产未来预期收益有关的经营、财务、市场、风险等数据资料;

(3)分析、测算与预期收益有关的经济参数;

(4)估算资产的未来预期收益;

(5)确定折现率;

(6)计算资产未来预期收益的现值;

(7)确定被评估资产的评估值。

12.3.1.2 收益现值法的计算公式

A 收益现值法的基本计算公式

收益现值法的基本计算公式,或称原理公式,可表示如下:

$$PV = \sum_{t=1}^{N} R_t (1+i)^{-t} \tag{12-26}$$

式中 PV——被评估资产收益现值(资产估值);

R_t——被评估资产第 t 年的预期收益;

N——被评估资产的预期剩余寿命,年;

i——折现率。

实际操作中,根据资产经营的期限、收益的估计方式不同,可应用资金时间价值原理对以上公式进行变换。

B 有限期收益折现

当被评估资产在未来的经营期限是有限的,或需要评估有限期间的资产价值时,(12-26)式中的 N 是一个具体数字,此时可直接按公式(12-26)进行计算。

C 永续年金收益折现

如果一项资产可以永久性经营下去,则可获得永续性收益的企业、土地等就是这类资产。当资产的收益可认为是每年保持不变时,根据等额分付现值公式,公式(12-26)可变换成:

$$PV = R(P/A, i, N)$$

$$= R\frac{(1+i)^N - 1}{i(1+i)^N} = R\frac{1 - \dfrac{1}{(1+i)^N}}{i}$$

若期限 N 很大,即经营期限很长时,上式中分子的第 2 项近似为零,因此:

$$PV = R \times \frac{1}{i} \tag{12-27}$$

公式(12-27)中的 R 实际上是等额年金,i 为折现率,在这里又称为资本化率。

例 12-6 一块土地,每年可稳定获得 4 万元租金净收入。评估人员分析,资本化率可定为 10%,则该地块的估价值为:

$$PV = 4 \times \frac{1}{0.10} = 40(\text{万元})$$

D 有限期限收益和年金资本化结合的计算方法

一般说来,资产的近期收益可以比较准确地预测,预测的期限越长,越难作出准确判断,而只能做出趋势性估计。由资金时间价值的概念和等值计算公式可以看出,近期收益的准确度远比远期收益的准确度对资产价值的估计重要。根据这种情况,可将收益分段计算,近期采用有限期公式,远期采用年金资本化公式。综合起来,可用以下公式表示:

$$PV = \sum_{t=1}^{T} R_t \frac{1}{(1+i)^t} + R' \frac{(1+i) - 1}{i(1+i)^N} \times \frac{1}{(1+i)^T} \tag{12-28}$$

式中 PV 为资产估价值;R_t 为前 T 年中第 t 年收益;T 为近期年份数;R' 为远期年金(假定每年相等);N 为资产经营期限,当 N 可视为无限大(实际操作中 N 超过一定年数,如 40 年,即可视为无限大)时,公式(12-28)可写为:

$$PV = \sum_{t=1}^{T} R_t \frac{1}{(1+i)^t} + \frac{R'}{i} \times \frac{1}{(1+i)^T} \tag{12-29}$$

例12-7 被评估对象为一经营中企业,企业前 4 年预期净收益为 10 万元、11 万元、10 万元、12 万元;预计从第 5 年起每年净收益与第 4 年相同,经营期限可认为是无限的,折现率取 10%。

解 该企业的评估值为:

$$PV = 10 \times \frac{1}{1 + 0.1} + 11 \times \frac{1}{(1 + 0.1)^2}$$

$$+ 10 \times \frac{1}{(1+0.1)^3} + 12 \times \frac{1}{(1+0.1)^4}$$

$$+ 12 \times \frac{1}{0.1} \times \frac{1}{(1+0.1)^4} = 115.85(\text{万元})$$

如果远期预测收益呈增长趋势,则可先估计增长率,再进行综合计算。在公式(12-27)基础上,如果远期年增长率为 g,则其评估公式可写成:

$$PV = \sum_{t=1}^{T} R_t \frac{1}{(1+i)^t} + \frac{R_T(1+g)}{(i-g)} \times \frac{1}{(1+i)^T} \tag{12-30}$$

式中 g 为年收益增长率,从第 $T+1$ 年开始,以第 T 年收益为基数,逐年递增,其余符号意义同前。

例12-8 上例中若从第5年开始年净收益逐年递增4%,其余数据与例12-7相同。

解 该企业的评估值为:

$$PV = 10 \times \frac{1}{1+0.1} + 11 \times \frac{1}{(1+0.1)^2}$$

$$+ 10 \times \frac{1}{(1+0.1)^3} + 12 \times \frac{1}{(1+0.1)^4}$$

$$+ \frac{12 \times (1+0.04)}{0.10-0.04} \times \frac{1}{(1+0.1)^4} = 175.96(\text{万元})$$

12.3.1.3 收益现值法涉及的主要经济参数

A 收益额

资产的收益额指因获得资产而取得的收益扣除为取得资产收益而发生的各种费用后的余额。资产收益额的计算与评估角度、被评估对象的具体情况、资产权益人的性质等有关,需根据实际情况处理,涉及收益额计算的方法有:税前收益和税后收益。

B 折现率

折现率或资本化率,就是投资的最低希望收益率,本书以前章节已作讨论。在资产评估中,要特别重视折现率中包含的风险报酬率的选取。需要指出,折现率的确定必须和收益计算相对应,例如,税前收益的折现率与税后收益折现率不同,收益计算中考虑涨价因素与否直接影响折现率是否应包含通货膨胀率等。

12.3.2 重置成本法

12.3.2.1 重置成本法的基本概念

A 重置成本法的原理公式

重置成本法的基本思路是:一项资产的价格不应高于重新建造的具有相同功能的资产的成本,否则投资者将选择后者。因此,当被评估资产价值不易直接评估时,可用重新建造的具有相同功能的资产的成本来估计。重新建造的全新资产与已用多年的现有资产不能认为是完全相同的,为此必须进行适当扣除。用重置成本法评估的原理公式可表示为:

资产评估值 = 重置成本 − 实体性贬值 − 功能性贬值 − 经济性贬值

可见,采用重置成本法的关键在于估算重置成本和贬值大小。

B 重置成本

重置成本,又称重置全价,指重新建造或购买相同或相似的全新资产的成本或价格。按照重置的不同方式,又可将重置成本分为两种:

(1)复原重置成本。又称复制成本,它是指使用与被评估资产相同的材料、相同的建造工艺,按照现行价格建造结构、功能与被评估资产完全相同的新资产的成本。显然,采用这种方法是在被评估资产未发生显著的技术进步的前提下才是合理的。如果市场上已出现新型的更先进的资产,则不能采用这种方法。

(2)更新重置成本。它是指采用新材料、新工艺、新设计,按现行价格建造与被评估资产功能相同或相似的全新资产的成本。它适用于资产已出现明显技术进步的情形。

C 资产贬值

资产的贬值主要有实体性贬值、功能性贬值和经济性贬值三种:

(1)实体性贬值。又称有形磨损贬值,它是指资产在使用中或闲置中磨损、变形、老化等造成实体性陈旧而引起的贬值。

(2)功能性贬值。又称无形磨损贬值,它是指由于技术进步,出现性能更优越的新资产而使原有资产部分或全部失去使用价值而造成的贬值。

(3)经济性贬值。它是指由于外界因素引起的与新置资产相比较获利能力下降而造成的损失。市场需求的减少、原材料供应的变化、成本的上升、通货膨胀、利率上升、政策变化等因素都可能使原有资产不能发挥应有的效能而贬值。

12.3.2.2 重置成本的估算

估算重置成本的方法有:重置核算法、功能成本法、规模成本法、物价指数法等。

A 重置核算法

重置核算法是按资产的成本构成,以现行市价为标准,计算重置成本的一种方法。这种方法要求先对资产成本进行分解,然后逐项进行核算。资产成本可分为直接成本和间接成本两大类,对于直接成本,如原材料及燃料消耗、直接人工费等,可根据资产结构、制造工艺进行分析估算;对于间接成本,如管理费用等,可根据一定的分摊办法分摊求得。常用的分摊办法有:按工时分摊,按直接成本比例分摊等。

例 12-9 被评估资产为一台2年前购置的机床,据了解,该型号机床现尚无换代产品。该机床账面原值6.8万元,经查验资料,机床购买价为6万元,运输、安装、调试费为0.8万元。据对同类型机床制造成本调查,现有机床材料、人工费及其他间接成本比2年前上涨20%;另外,运费上涨80%,安装费上涨40%,调试费上涨20%。据分析,运输、安装、调试费的比例为25:50:25。

解 根据以上资料,该机床的重置分解成本可作如下核算:

$$\text{购置成本} = 6 \times (1 + 20\%) = 7.2(\text{万元})$$

$$\text{运输费用} = 0.8 \times 25\% \times (1 + 80\%) = 0.36(\text{万元})$$

$$\text{安装费用} = 0.8 \times 50\% \times (1 + 40\%) = 0.56(\text{万元})$$

$$\text{运输费用} = 0.8 \times 25\% \times (1 + 20\%) = 0.24(\text{万元})$$

则重置全价为:$7.2 + 0.36 + 0.56 + 0.24 = 8.36$(万元)

B 功能成本法

如果被评估资产已出现换代产品,且新资产的功能优越于被评估资产,那么,就必须采用更新重置成本法,即按新型资产的成本进行估算。具体做法是:先估算新型资产的重置成本,然后折算成与被评估资产的功能相应的成本。

当新旧资产的功能差别主要表现为生产效率时,可用以下公式计算:

$$被评估资产重置全价 = 参照的新资产重置全价 \times \frac{被评估资产年产量}{参照的新资产年产量}$$

例 12-10　被评估的资产为一台年加工50000件零件的车床，重新购置安装一台新型车床的成本为 6 万元，新车床一年可加工同类零件 80000 件。

解　则被评估车床的重置成本为：

$$6 \times \frac{50000}{80000} = 3.75(万元)$$

当新旧资产的功能差别不表现为生产效率或除生产效率以外还有其他方面时，就要根据情况进行分析。这里介绍一种功能成本分析方法。

一般说来，功能越好，成本越高。通过调查统计，可以建立功能与成本之间的关系函数，即功能成本函数。为此，先要对功能进行评价，将同类资产的功能按一个或多个指标划分为可量化的等级；然后对各相应功能资产的成本进行调查分析；将获得的成组数据标在平面直角坐标图上，如图 12-6 中的各离散点；用一条最近似于离散点的函数曲线拟合功能成本关系，即可得到功能成本函数。根据得出的功能成本函数即可求出相应于某一功能的被评估资产的重置成本。功能成本函数曲线拟合可采用最小二乘法等方法。

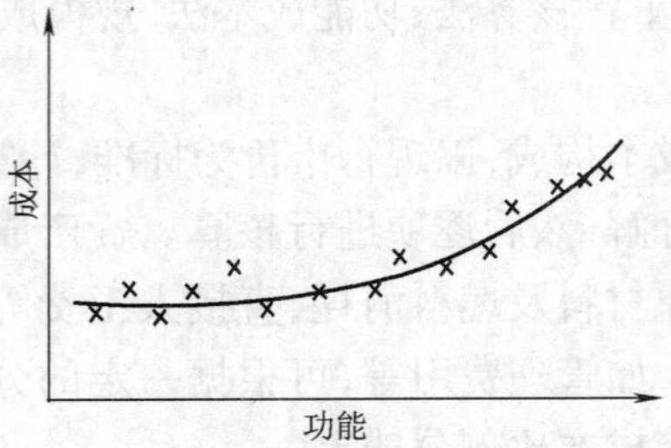

图 12-6　功能成本关系图

例 12-11　被评估资产为一台经改进的锻压设备。该设备由 50t 压力机改装而成，能力为 70t。经调查，市场上有系列压力机出售，其能力与价格如表 12-14 所示。

表 12-14　锻压设备能力与市场价格表

能力 F/t	3	5	10	30	50	80	100	150
价格 P/万元	33	35	40	60	85	115	130	175

解　将调查所得能力与价格的各组数据标在功能价格平面图上，如图 12-7 所示。从图中线条的趋势看，能力与价格的关系呈直线，由此可用一条直线近似两者的关系。

设直线方程为：

$$P = a + bF$$

用最小二乘法求得系数 $a = 31.67$，$b = 0.98$，则直线方程为：

$$P = 31.67 + 0.98F$$

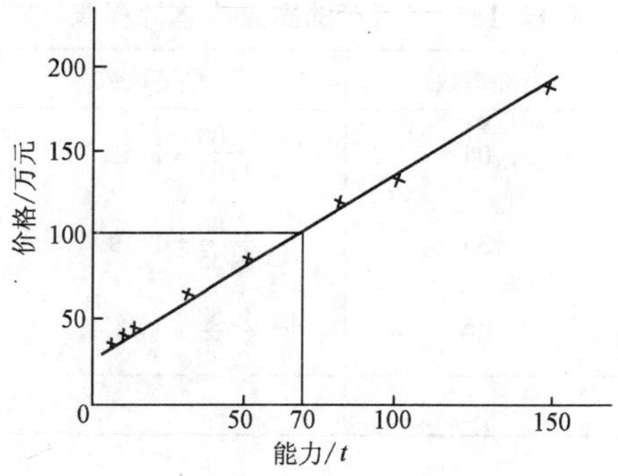

图 12-7　锻压设备的功能价格图

被评估设备能力为 $F = 70(t)$，代入上式，即可得到其重置成本：

$$P = 31.67 + 0.98 \times 70 = 100.27\text{（万元）}$$

C　规模成本法

具有不同生产规模的资产的成本与规模之间存在一定的关系，这种关系可能是线性的，也可能是非线性的。常遇到的情况是：成本的增加比规模增加的速度要慢，即存在规模经济现象。假如 A 资产和 B 资产属同类资产但具有不同的生产能力规模，若已知两资产的规模和 B 资产的重置成本，则 A 资产的重置成本可用以下公式表示：

$$A\text{ 资产的重置全价} = B\text{ 资产的重置全价} \times \left(\frac{A\text{ 资产生产能力}}{B\text{ 资产生产能力}}\right)^{a}$$

指数 a 一般取值在 0.4～1.0，a 可通过统计分析获得，不同行业 a 值不同。通过行业分析可得到 a 的经验数据。据国外分析，一般行业的 a 在 0.7 左右，房地产的 a 值在 0.9 左右。

规模成本法主要用于企业整体资产的评估，它是较为粗略的评估方法。在形式上，它是功能成本法的变型，但功能成本法更适合于单项资产的评估。

例 12-12　已知某被评估资产生产能力为50万件/年；与其相似的资产生产能力为 40 万件/年，重置成本为 600 万元，指数 a 为 0.7。

解　则被评估资产重置成本为：

$$600 \times \left(\frac{50}{40}\right)^{0.7} = 600 \times 1.169 = 701\text{（万元）}$$

D　物价指数法

这是用资产价格变动指数估算重置全价的方法。价格变动指数主要有定基价格指数和环比价格指数。定基价格指数是以某一年份价格为基数确定的指数，环比价格指数是逐年与前一年相比的指数。物价指数法可用于按账面历史成本调整为现价的重置成本计算。

例 12-13　被评估资产于1993年购置安装，账面原值为 12 万元，1995 年进行过一次改造，改造费用为 2 万元，若定基物价指数 1993 年为 1.05，1995 年为 1.35，1998 年为 1.60。

解　采用物价指数法计算该资产 1998 年的重置全价结果见表 12-15。

表12-15　某资产的重置成本计算表

年份	投入费用/万元	物价指数	调整系数	重置成本/万元
1988	12	1.05	$\frac{1.60}{1.05}=1.52$	$12\times1.52=18.24$
1990	2	1.35	$\frac{1.60}{1.35}=1.19$	$2\times1.19=2.38$
1993		1.60	$\frac{1.60}{1.60}=1$	
	合计			20.62

12.3.2.3　各种贬值的估算

A　实体性贬值的估算

实体性贬值可通过对资产技术状态的观察、测量、分析估算或通过对使用年限的估计来估算。

(1)观察法。通过有丰富经验的评估人员和工程技术人员的观察和技术鉴定,估计资产磨损程度,判断成新率,其公式为:

$$资产实体性贬值=重置成本\times(1-成新率)$$

若被评估资产的贬值仅需考虑实体性贬值,则重估值为:

$$\begin{aligned}资产重估值&=重置成本-实体性贬值\\&=重置成本-重置成本\times(1-成新率)\\&=重置成本\times成新率\end{aligned}$$

例12-14　例12-9所分析机床因尚无换代产品,因此可不考虑功能性贬值,假设也不存在经济性贬值,现经分析,其成新率为0.8。

解　该机床的实体性贬值为:$8.36\times(1-0.8)=1.67$ 万元

重估值为:$8.36\times0.8=6.69$ 万元

(2)使用年限法。通过观察和技术分析,估计被评估资产的使用年限,以此估算它的实体性贬值。计算公式为:

$$\begin{aligned}资产的实体性贬值&=重置成本\times\frac{实际已使用年限}{总使用年限}\\&=重置成本\times\frac{实际已使用年限}{实际已使用年限+尚可使用年限}\end{aligned}$$

式中　实际已使用年限=名义已使用年限×资产利用率。

名义已使用年限是指资产自交付使用后到评估日为止的时间长度。尚可使用年限可通过预计的实体性损耗速度和技术进步的影响分析进行估计。

例12-15　被评估对象为一条机械加工生产线,经评估,其重置成本为85万元,安装后投入使用已5年,平均利用率80%,估计还可用6年。

解　该生产线资产实体性贬值 $=85\times\frac{5\times80\%}{5\times80\%+6}=85\times0.4=34$(万元)

该生产线资产重估值 $=85-34=51$(万元)

上述公式经变换可得出成新率:

$$成新率=\frac{尚可使用年限}{实际已使用年限+尚可使用年限}$$

例 12-15 中，成新率为：

$$\frac{6}{5\times80\%+6}=0.6$$

由此可直接求得重估值：85×0.6=51 万元。

B　功能性贬值的估算

若采用功能成本法进行重置成本的计算，那么功能性贬值就全部或部分地在估算重置成本时作了扣除，就不必再另计算功能性贬值，当采用功能成本法只考虑了部分功能贬值因素时，对于其他应计入的因素仍须加以评估。例如，若按生产效率对新旧资产功能作了修正处理，但未计算生产成本上的差异，那么还应对成本加以修正。在重置成本估算中未计入功能性因素的，若功能性贬值不可忽略，则仍应将功能性贬值扣除。

功能性贬值主要从以下几方面考虑：(1)利用被评估资产与利用新型资产在生产产品的成本上的差异；(2)由于新型资产的使用可导致产品质量提高、销售利润增加从而使旧资产相对贬值；(3)由于新型资产效率提高而使旧资产相对贬值。

新旧资产效率上的差异可用类似功能成本法加以处理，这里介绍另两种情况的处理。

当新型资产在生产产品中可节约成本时，被评估资产功能性贬值公式为：

$$\begin{matrix}\text{资产功能}\\\text{性贬值}\end{matrix}=\begin{matrix}\text{被评估资产生产单位}\\\text{产品成本超支额}\end{matrix}\times\text{年产量}\times\begin{matrix}\text{尚可使用年限内}\\\text{的年金现值系数}\end{matrix}$$

当新型资产生产产品质量提高导致利润增加时，被评估资产功能性贬值公式为：

$$\begin{matrix}\text{资产功能}\\\text{性贬值}\end{matrix}=\begin{matrix}\text{被评估资产生产单位}\\\text{利润减少额}\end{matrix}\times\text{年产量}\times\begin{matrix}\text{尚可使用年限内}\\\text{的年金现值系数}\end{matrix}$$

例 12-16　被评估资产为一专用加工设备，据调查，市场上已有性能更好的设备出售，由于新设备在材料利用率、能耗等方面都优于被评估设备，测算出每生产一件产品节约成本 0.52 元，年产量为 1.5 万件，新旧设备产量相同，预计被评估设备尚可使用 6 年，折现率为 12%。

解　该设备功能性贬值为：

$$\begin{aligned}\text{资产功能性贬值}&=0.52\times1.5\times(P/A,0.12,6)\\&=0.52\times1.5\times4.1114=3.2(\text{万元})\end{aligned}$$

C　经济性贬值的估算

经济性贬值可通过比较被评估资产与同类资产在经营环境等方面的差别进行估算。

例 12-17　被评估资产为一专用设备，由于市场竞争激烈，企业销售量将逐年减少，设备利用率因而降低，该设备已使用 6 年，预计尚可使用 4 年，4 年后产品将停止生产，届时该设备将报废。经评估，该设备重置成本为 8 万元。设备未来 4 年利用率分别为 80%、75%、65%、50%，折现率为 10%。

解　对该设备的经济性贬值可作如下分析：

在无经济贬值的情况下，设每年设备的经济贡献为 A，则未来各年的 A 值的现值之和应等于该设备的重估值。根据前面的论述：

$$\begin{aligned}\text{设备的重估值}&=\text{重置全价}\times\frac{\text{尚可使用年份}}{\text{以使用年份}+\text{尚可使用年份}}\\&=8\times\frac{4}{4+6}=3.2(\text{万元})\end{aligned}$$

$$A = 3.2(A/P, 0.10, 4) = 3.2 \times 0.3155 = 1.01(\text{万元})$$

$$\begin{aligned} \text{经济贬值额} &= A \times (1-0.80) \times \frac{1}{1+0.1} + A \times (1-0.75) \times \frac{1}{(1+0.1)^2} \\ &+ A \times (1-0.65) \times \frac{1}{(1+0.1)^3} + A \times (1-0.50) \times \frac{1}{(1+0.1)^4} \\ &= A \times (0.20 \times 0.9091 + 0.25 \times 0.8264 + 0.35 \times 0.7513 + 0.50 \times 0.6830) \\ &= A \times 0.993 = 1.01 \times 0.993 = 1.001(\text{万元}) \end{aligned}$$

在存在经济贬值的条件下，该设备的重估值为：

$$3.2 - 1.0 = 2.2(\text{万元})$$

12.3.3　现行市价法

12.3.3.1　现行市价法的应用条件和评估程序

资产评估的**现行市价法**，是以现行市场价格为依据评估资产的一种方法。其出发点是：构成资产的生产要素如同一般商品一样，可以在市场上交换，而且资产的绝大多数种类也确实在市场上流通。按照替换原则，市场可比较的价格就可作为被评估资产价格的依据。

A　现行市价法的应用条件

用现行市价法评估资产必须具备以下条件：第一，市场上存在与被评估资产相同或相似的商品，这种商品称之为市场参照物。现行市价法的可用性取决于市场参照物的丰富程度，而这不仅有赖于充分发育的商品市场，而且有赖于充分发育的资产市场。第二，被评估资产的市场参照物的经济、技术参数可以获得。

B　现行市价法的评估程序

用现行市价法进行资产评估的主要程序如下：

(1)分析评估对象的特征及表明其特征的主要经济、技术指标；

(2)进行市场调查，收集并分析与被评估资产相同或相似的商品信息，确定参照物；

(3)比较被评估资产和参照物的异同点；

(4)对影响资产价值的差异进行调整计算；

(5)确定被评估资产的重估价值。

12.3.3.2　现行市价法的操作方法

A　直接法

如果在市场上找到的参照物与被评估对象在结构、性能、新旧程度等方面相同，则参照物的市场价格可直接作为被评估对象的评估值。我国的旧自行车市场比较发达，估价旧自行车就可直接按市场成交价评估。类似这种情况，我国近年来旧设备市场日益活跃，其交易记录为资产评估的直接法提供了一定的基础。另外，若被评估资产是全新的或接近全新的资产，也可参照新资产的市场价格评估。

B　市价折余法

当被评估资产是已用若干年的旧资产时，而且如果市场上仍有相同型号的资产出售，则市场参照物价格仍有引用的可能。此时只要将被评估资产的损耗贬值从全新价格中扣除就行了，其办法类似于重置成本法。其公式是：

$$\begin{aligned} \text{资产重估值} &= \text{全新资产现行价格} - \text{实体性贬值} \\ &= \text{全新资产现行价格} \times \frac{\text{尚可使用年限}}{\text{已使用年限} + \text{尚可使用年限}} \end{aligned}$$

例 12-18 被评估资产是一台已使用3年的设备,据调查,市场上同型号新设备每台 12 万元,预计该设备还可使用 5 年。

解 被评估资产重估值为:

$$资产重估值 = 12 \times 5/(3+5) = 7.5(万元)$$

C 类比法

当市场上找不到相同资产作参照物时,可寻找功能相似的资产作参照物。在技术进步快、产品更新换代周期短的情况下,往往市场上可找到的只是换型、换代的参照物。此时,须对被评估资产和参照物进行比较、分析后方可评定被评估对象的价值。在比较时,特别要注意以下因素的对比:功能上的差异;地域上的差异;应用环境上的差异;参照物成交时间与评估时间差异等。

例 12-19 被评估对象为生产一种化工原料的装置,经过市场调查,参照物选定为生产相同产品的另一种装置。参照物购置时间为 2 个月前,可视为全新资产,但经分析,评估时价格约上升 5%,其他比较列于表 12-16。

表 12-16 评估对象与参照物比较表

比 较 因 素	参照物	被评估对象
市场价格/万元	75	
生产工人定员/人	40	35
生产工人平均工资/元·年$^{-1}$	4800	4800
尚可使用时间/年	20	15
成新率	100%	80%

解 分析与计算:

(1) 参照物价格调整:75 ×(1+5%)=78.75(万元)

(2) 功能比较调整:

1)按生产能力比较,采用规模价格指数法,经分析,指数定为 0.65,则:

$$\begin{aligned}被评估对象全新时的价格 &= 78.75 \times \left(\frac{20000}{25000}\right)^{0.65}\\ &= 78.75 \times 0.865\\ &= 68.12(万元)\end{aligned}$$

2)按生产成本比较:参照物效率高,平均单位产品用工少,按参照物类比如下:

$$\begin{aligned}年工资差额 &= [(35 \times 4800)/20000 - (40 \times 4800)/25000] \times 20000\\ &= 14400(元)\end{aligned}$$

年工资差额的 15 年折现值(折现率取 12%):

$$\begin{aligned}工资差额现值 &= 1.44(P/A,\ 12\%,15)\\ &= 1.44 \times 6.8109 = 9.81(万元)\end{aligned}$$

按功能比较后调整的价格为:

$$被评估对象调整全价 = 68.12 - 9.81 = 58.31(万元)$$

3)按成新率计算重估价值:

$$被评估对象重估价值 = 58.31 \times 80\% = 46.65(万元)$$

* * *

问题与思考

12-1 对改扩建与技改项目的财务分析为什么要用“有无法”，而不用“前后法”？

12-2 设备磨损有几种形式？如何补偿设备的各种磨损？

12-3 设备更新时机的选择应主要考虑哪些因素？

12-4 资产评估中的三种方法是否有一种最为合理？

第13章 项目管理

*　　　　*　　　　*

本章要点

- 项目的具体描述、项目经理的职责与项目管理的重要性。
- 项目的组织与控制。
- 项目控制常用的方法——网络图法。

*　　　　*　　　　*

13.1 项目与项目管理概述

在本书第1章曾对项目的概念和特点进行过描述。项目以要达到目标的书面描述和要完成的工作描述为起点,并要确定项目具体的开始和结束等时间计划,同时还要有相关的预算,以及项目产生的具体结果。项目通常被认为是一次性的事件,事实上有些项目是可以重复的,如房屋建筑、大型计算机开发等,但就时间、地点等因素而言,也可认为它们是一次性的。在此将具有项目特性的每一个完整过程及其产出都可看作一个项目。

项目管理主要是对项目的计划、组织和控制。广义的项目管理包含很多内容,如:项目评价与决策;项目的招标、投标;项目的计划与组织管理;项目实施中的指挥、协调、控制,如项目合同管理,项目的投资、进度、质量与成本控制等;项目的竣工验收与项目后评价。此外,项目融资、项目采购、项目风险管理等也是项目管理研究的重要内容。本章研究的项目管理主要是项目在运作过程中组织和控制的具体问题。

项目管理的方法长期以来被认同为如何安排一系列任务的有效途径,如耗费了大量人力、时间及资源的新产品开发工作。最近,项目管理的方法被人们广泛应用并解决了许多难题,特别是在提高质量和让顾客满意方面带来了明显的变化和突破,项目管理的有效性得到了更充分地显示。美国著名质量管理专家朱兰将项目描述为“制定解决问题的进度表”。

项目的概念以及把它作为一个管理对象,引起人们越来越多的注意。项目管理集中关注工作的过程、结果以及取得结果的方法。从时间结构上说,项目管理包括了开始、中间及结尾三个部分。当一个项目成功的完成的时候,一些新东西(如新的产品、新的装置或改进的工艺方法等)将会在以前它们不曾存在的地方出现。

13.1.1 项目特征与项目的具体描述

13.1.1.1 项目的特征

首先,根据项目涵义,对以下(1)、(2)两个示例进行分析,并判断哪个是项目:

(1)为小学生设计开发一种新型英语学习软件,计划在2000年6月1日推向市场。

(2)使用文字处理软件写备忘录。

现需要回答 5 个问题(见表 13-1):

表 13-1 判断项目是或否需要回答的问题一览表

问 题	(1)	(2)
1. 有无具体的开始与结束时间?	有	无
2. 有严格定义的最终目标?	有	无
3. 是否只发生一次?	是	否
4. 是否包括成本及时间?	包括	不包含
5. 能否产生具体结果?	能够	能够

从表 13-1 中可以看出,对(1)、(2)两个示例的回答大多数是不一致。实际上这 5 个问题反映了项目的 5 个基本特征,如果一项活动对这 5 个问题回答都是肯定的,那么它就是一个"项目"。因此,上述示例(1)是项目,而示例(2)不是项目。

项目的特征可具体归纳为如下几点:

(1)具有具体的起始和终止日期;

(2)具有严格定义的最终目标;

(3)只发生一次;

(4)包含成本和时间计划;

(5)可产生具体的结果。

13.1.1.2 项目的工作分解

任务是项目的进一步划分,在时间上一般不超过几个月,并且通常由一个小组完成。根据需要可以对任务再进一步的细分,分解成更有实际意义的子任务、工作包。

工作包是合并在一起分配给某一组织单元完成的一组活动。它同样也符合项目和项目管理应遵循的共同形式:如何时开始、何时结束;应该做什么;工作预算;操作评价指标;某一特定时点所要达到的特定目标——**工作阶段标志(milestone)**。

项目的工作分解可用工作分解图(见图 13-1)来表示。

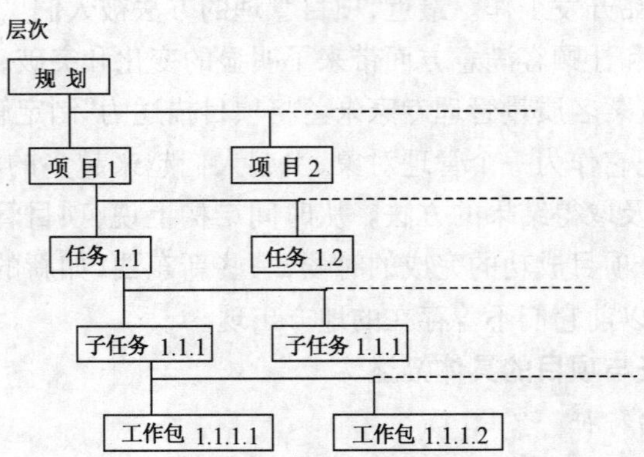

图 13-1 项目工作分解图

13.1.1.3 项目需求的确定

项目的实施是为了满足某种需要。在某些情况下,项目的实施是为了解决某种问题。确定项目需求时需要考虑以下两个重要问题:

(1)我们了解进行本项目的目的吗?

(2)项目的最终产出或结果明确吗?

例如:MP公司打印机在某城市的市场份额已达到20%,研究小组发现售出的打印机中有缺陷的占5%,公司的最终目标是到本年年底前将其市场份额从20%提高到30%。打印机的售后服务是帮助提高市场份额,达到客户满意的最重要因素之一。在该城市将建立一个新的打印机维修部,以处理有缺陷的打印机。

在以上的例子中,项目的可能需求如下:

1) 随着MP公司出售打印机的增多,需要维修的打印机将更多;

2) MP公司在打印机方面的市场份额远远低于既定目标,需要制定新政策;

3) 需要建立MP公司的售后服务信誉;

4) 需要达到顾客满意这一标准。

13.1.1.4 项目目标分解

在进行项目目标分解时,首先需要了解项目的最终目标和阶段目标。

A 项目最终目标与阶段目标的区分

项目的最终目标从总体上描述了最后结果。**最终目标**就是项目的最终结果,即项目最后"交付"的结果。在你确定了目标需求后,通常也就是确定了最终目标。但最终目标并没有表明为了得到最终的"结果"需要采取哪些步骤。

项目的**阶段目标**具体说明了为了达到最终目标需要采取哪些行动。阶段目标主要回答以下问题:

(1)要采取哪些行动?

(2)什么时候采取这些行动?

(3)需要哪些资源?

(4)项目成本是多少?

B 项目目标的细分

项目目标可进一步细分,细分时可用5个字母来代表,即S.M.A.R.T.:

S——明确性(Specific),最终目标是否明确了应该做到哪一步以及何时完成?

M——可度量性(Measurable),你能够在多大程度上了解最终目标的完成情况?

A——可完成性(Achievable),在一定时间内最终目标是否合理,或者是否能够达到?

R——相关性(Relevant),最终目标是否值得进行下去,它是否很重要、很有价值?

T——可跟踪性(Trackable),你能够跟踪整个项目过程吗?

如果你确定的目标能够满足以上标准,则可以放心你的计划并执行自己的项目了。你当然不希望在项目进行一半后,才认识到自己确定的最终目标是不切实际的或者是不可能实现的。

C 建立最终目标以及阶段目标的评估标准

我们为什么要做这个项目?因为完成这个项目可以生产可度量的商业价值。

为了在项目后期对项目加以控制,我们需要建立起与S.M.A.R.T.目标相应的评估标准,评估标准无须太复杂,只需对参与项目的所有人有意义即可。

无论建立什么样的评估标准,它必须回答一个问题,即怎样做才能使无论是我们自己还是客户认为这个项目是成功的? 由于评估标准说明了需要获得的商业价值,因此,它为高层管理人员批准各项资源,以及进行周密计划打下了基础。最重要的是评估标准应该能够量化并可以度量,如果可能,可以用商业价值的形式表达。

每一最终目标以及阶段目标都应具备所建立的某种形式的评估标准,但是没必要使所有的评估标准都占据着均等重要的地位。

在某些情况下建立评估标准时需要具有创造性。而在另一些情况下,如果无法直接评估项目的商业价值,从其他方面进行间接评估也是可以的。

13.1.2 项目管理者——项目经理的作用

项目的直接与主要管理者一般是项目经理。项目经理制自1941年在美国产生以来,在工业发达国家得到普遍推广。我国在1983年3月由国家计委颁布的《关于建立健全前期工程项目经理的规定(草案)》中提出建立项目经理负责制,大大加强了我国的项目管理。

项目经理在项目管理中起决定性作用,其好坏及能力强弱直接关系到项目组织能否高效运行和项目目标能否实现。

项目经理受有关方面委托,对项目实行全面领导,统一指挥,全面负责项目目标的实现。项目经理必须严密组织、灵活协调,对项目资金、进度、质量和其他方面进行控制,才能使项目最终按期、按质完成项目有关方面提出的目标。项目经理在项目管理中处于中心地位,起决定性作用。

13.1.2.1 项目管理者的角色

项目管理者(即项目经理)担任的主要角色如下:

(1)领导与决策者。即要确定项目的最终目标、阶段目标、以及完成时间;

(2)计划者与分析家。即对主要活动和任务进行计划,对所需资源进行估算、预算;

(3)组织者与协调者。即安排工作并分配任务;

(3)管理者与评估人。监督并评估整个计划过程。

13.1.2.2 项目经理的任务、职责和权限

A 项目经理的任务

项目经理的任务与其所担任的角色是对应的,一般概括起来有以下几个方面:

(1)组织。即组织精干的项目管理班子,确定其组成结构、人员配备、规章制度、岗位责任,建立项目内外部沟通渠道。

(2)目标管理。即项目经理根据项目具体情况确定总体目标和阶段目标,进行目标分解,制定总体控制计划并落实实施。

(3)决策。即项目经理需要在项目运作中及时、正确地做出各种决策,调动各放方面的积极性,保证项目目标的顺利实现。

(4)协调。在项目实施阶段,项目经理日常任务就是协调项目班子与各有关单位之间的活动及财务、技术关系。

(5)信息管理。项目经理既是指令的发布者,又是外源信息及基层信息的集中点。因此,他有责任建立一个完善的信息管理系统,确保项目班子内部横向与纵向的信息联系,使项目班子与外部信息联系畅通无阻,从而保证项目管理顺利进行。

(6)资金。为了保证项目和项目管理对资金的需要,项目经理必须取得和收回应当由本项目班子使用的款项;一旦出现合同变更时,应及时结算。项目经理必须处理好合同变更和索赔,确保本项目有足够的资金。

(7)项目经理的内部职责。向有关人员解释和说明项目文件,并以此作为今后检查、控制的依据;落实材料、设备的供应渠道;协调项目各结合部之间的关系;建立畅通的沟通渠道及指挥系统;预见问题、处理矛盾;有效监督、及时检查;组织好关键性的会议。

B 项目经理的责任

项目经理对项目的实施和目标的实现负有最高责任。通过合理组织,周密计划和有效控制,把费用和进度控制在计划目标以内。项目经理最根本的责任是确保项目目标的实现,满足项目有关方面的要求和期望。

(1)科学的组织和协调。项目经理应选择合理的组织形式和组织结构,使项目班子运转顺畅;明确项目班子中费用、进度和质量,并使项目的控制落实到实处。此外,还应当对项目不同部分之间进行协调。

(2)制定周密的项目计划。项目经理应提出多种项目实施方案和计划,在分析比较后确定最优项目计划。利用内部和外部条件,充分发挥各种资源的作用。

(3)有效的控制费用、进度和质量。项目经理应对项目实施进行同步跟踪、收集反馈信息、进行动态调整和控制。

(4)合同和信息管理。项目经理应在签订合同时根据项目的规模、性质和特点选用合适的合同形式,并考虑有关影响因素。在合同执行期间,密切注视合同执行情况。在信息管理中,要重视有关项目计划、资源耗用、任务进展和环境影响信息。知己知彼,才能立于不败之地。

(5)争取项目所需资源。项目经理必须将所有应当用于本项目和项目班子的资源置于自己的控制之下。在确定项目所需资源时,应详细、具体、理由充分。

(6)汇报无法解决的困难。遇到无法解决的困难时,项目经理应向上级部门或其他有关方面及时汇报,争取外援。不能报喜不报忧。上级部门或其他有关方面得知实情后,有可能动用备用或其他资源、放松要求或调整项目目标。

(7)项目班子建设。当项目班子成员缺乏必要的知识或技能时,项目经理可亲自对他们讲解、指教、辅导和训练。例如,告诉他们如何制定计划、如何同他人配合、如何摆脱困境等,或者安排对他们进行培训。

C 项目经理的权限

一定的权限是确保项目经理承担相应责任的先决条件,也是项目管理取得成功的保证。为了履行项目经理的职责,必须授予项目经理应有的权限,并用制度和合同具体确定下来。项目经理应具有以下权利:

(1)用人权。项目经理应有权决定项目管理班子的组成、选择、聘任,对班子成员进行监督、考核、奖惩乃至辞退。

(2)财权。在财务制度允许的范围内,项目经理应有权根据项目需要和计划安排,动用资金,购置和使用固定资产,有权对项目管理班子的报酬和分配做出决策。

(3)进度计划权。项目经理应有权根据项目进度总目标和阶段性目标的要求,对项目进度进行检查、调整,分配资源。

(4)技术质量监督权。项目经理应有权批准有关方案和技术措施,必要时召开讨论会,把好技术和质量关,防止技术失误。

(5)物资采购权。项目经理应有权对采购方案、目标和到货要求,乃至对由此引起的重大问题做出决策,以确保项目顺利成功。

13.1.2.3 项目管理的方式

(1)管理"项目系统"。项目管理是一门具有特定理论、方法的应用性学科。因此,对项目系统的管理要讲科学性,注重利用各种技术手段对项目进行计划、组织,以及使用各种图表、文件对时间、预算、质量进行控制等。

(2)管"人"。由于项目管理主要由人来完成,必须在项目管理中注重解决与项目系统有关的人的问题,例如人际关系的沟通、协调,项目组人员积极性的调动。因此,项目管理需要讲究管理的艺术性。

13.1.3 项目管理的重要性

项目管理在第二次世界大战后被越来越多的人重视,项目管理的理论研究与实证研究也发展很快,项目管理的应用给社会经济的发展带来巨大的影响。无论是大型项目,还是中小型项目,无论是军事、国防项目,还是一般民用项目,项目管理的理论和方法都得到了广泛的使用。

项目管理既是一门科学也是一门艺术,它之所以重要的原因有以下几个方面:

(1)项目管理自身发展的产物。项目管理的理论和方法随着社会、市场环境的变化产生许多变化,并且随着市场经济的建立与完善、世界贸易一体化,以及顾客的要越来越高,给项目管理理论、方法的发展带来了更大的空间,项目管理的发展与应用也显得越来越重要。具体体现在两个方面:一是由于市场环境和各种因素的影响,矩阵组织结构出现,项目管理要迎接更复杂的组织关系的挑战;二是源于项目管理的矩阵组织需要采用项目管理形式来在复杂的组织结构网中实现成功的杰作。

(2)管理者事业发展的需要。项目管理是一名经理应该具备的基本技能之一;项目管理是个人在管理项目之前,应该学习到的一种技巧(当然也可边学边做);项目管理为个人能够与其他部门经理以及同事更好交流提供了共同语言;只有技术理论知识以及个人的聪明才智不足以保证项目的成功完成。因此,优秀的项目管理技巧被认同为管理技巧的一部分。

(3)项目管理科学化的要求。项目管理是一个学科,它也是管理科学中的一个基本要素;只有当对项目进行合理的定义与计划,并科学的组织与控制,才能确保项目的按时完成,同时达到可接受的质量水平。

13.2 项目的组织与控制

13.2.1 项目的组织

13.2.1.1 建立项目的组织机构

在项目开始以前,高层管理者必须确定采用何种组织机构,以便能将该项目的活动与企业的经营活动紧密结合。组织结构的主要类型有:纯项目小组、职能项目组和矩阵制。

A 纯项目小组

有人预测"世界上绝大多数工作都将变为'脑力劳动',这些劳动由按项目划分的半永久性小组来完成,每个小组都是相对独立的工作机构;那里对速度和灵活性的需求决定了我们和我们祖先所一直沿用的层次型管理结构被时代淘汰。”(Tom Peters, Liberation Management (New York: Alfred A. Knopf, 1992), p.5.)。

纯项目小组由一个装备齐全的项目小组负责该项目的全部工作。其优点为:

(1)项目经理拥有充足的权利;

(2)小组成员只向一个上司负责。他们不必担心必须分出部分精力向职能部门管理者负责;

(3)联系线路短,可以迅速做出决策;

(4)小组成员的自豪感、士气和信誉都很高。

缺点是:

(1)资源重复配置,设备和人员都不能跨部门共享;

(2)忽视了组织目标和企业政策,小组成员无论在精神上还是在实质上都与组织发生了偏离;

(3)由于削弱了职能部门的权利使组织在新技术和新知识方面落后了;

(4)因为小组成员没有职能部门的“家”,因此他们缺乏安全感,他们会为项目结束后的生计而担忧,并由此导致项目结束时间的迟缓。

B 职能项目组

与纯项目小组相对的组织形式是职能项目组。**职能项目组**的职能部门为项目提供了一个“家”。如图 13-2 所示。

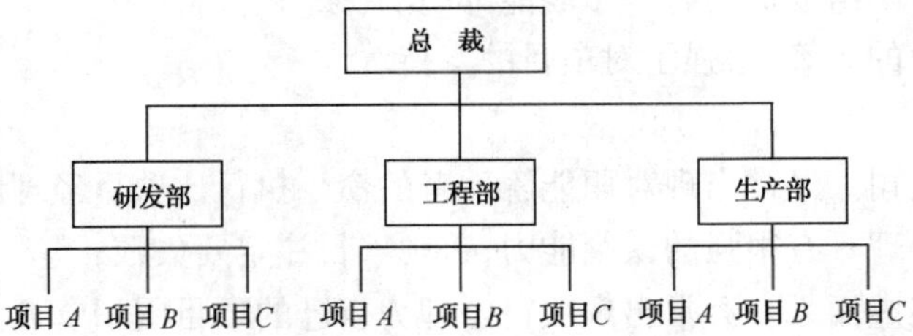

图 13-2 职能项目组的组织结构示意图

职能项目组的优点是:

(1)每个小组成员都可以参加几个项目;

(2)即使技术专家们离开了项目,他们仍留在职能部门中;

(3)职能部门是小组成员在项目结束后的“家”,职能专家可以垂直发展;

(4)特殊领域的职能专家组成一个关键部门,以协同解决项目存在的技术问题;

缺点为:

(1)与职能部门不直接相关的项目各部分缺乏必要的变革;

(2)小组成员的士气经常变得很低落;

(3)顾客的需求被放在了第二位,对顾客需求的反应速度减慢。

C 矩阵制

矩阵制是最专业化的项目管理组织形式,它综合了职能项目组和纯项目小组的优点。

每个项目执行时可从不同的职能部门抽调人员。项目经理(PM——Project Manager)决定执行什么任务以及何时执行,而职能部门管理者则控制可以使用哪些人和技术。矩阵制的项目组织形式如图13-3所示。

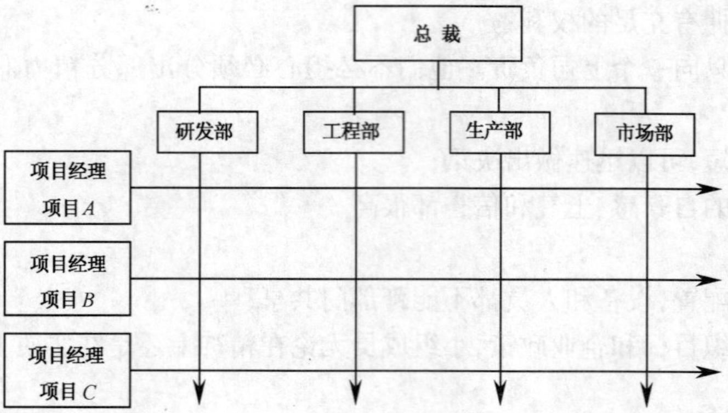

图13-3 矩阵制的项目组织形式示意图

矩阵制项目组织结构的优点是:

(1)加强了不同职能部门的联系;

(2)项目经理对项目的成功负责;

(3)资源的重复配置实现最小化;

(4)项目完成后小组成员还有一个职能部门的"家";

(5)遵循了企业的政策,增强了对项目的支持。

缺点:

(1)存在两个上司。经常出现对职能管理者的命令执行比项目经理的命令优先的情况;

(2)除非项目经理具有很强的谈判能力,否则项目注定要失败;

(3)本位主义乘虚而入。经常出现项目经理为自己的项目囤积资源的现象,并由此损害了其他项目的利益。

对于项目管理来说,无论采用哪种组织形式(结构),与顾客接触的最主要的人是项目经理。当项目经理对一个项目的成功完全负责时,项目的沟通能力和柔性都极大地加强了。因此,项目经理除了对项目本身负责外,还要对顾客的满意、对项目小组成员的发展负责,并要对下属进行适当培训。

13.2.1.2 项目组织的主要内容

A 各项工作的安排

工作安排是根据项目的总体目标和阶段性目标做出的对具体工作先后关系进行布置,并利用各种组织工作的工具进行表述,为项目的有效控制打下基础。

工作安排常用的组织的工具有:

(1)网络图。通过制订网络计划的步骤,绘制网络图,找出关键线路,指明项目的主要瓶颈(Bottle Neck)何在,有利于项目的顺利进行。

(2)项目进度表(甘特图,Gantt Chart)。项目进度表是组织项目时能够使用的另一个非常有用的工具。从项目进度表可以看出完成项目中某项工作需要花费的实际时间。与网络图类似,项目进度表显示了各个事件之间的独立性。

(3)行动计划(Action Plan)。行动计划也是一种基本的项目管理工具,它以表格的形式明确地确定了待做的工作、分工、所需资源(人力)、开始日期以及完成日期。

以上3种工具(方法)也是项目控制的主要方法,我们将在本章的13.3中进行讨论。

B 有效的分工

组织项目时会涉及到使用不同的工具和方法来安排各项工作和正确分工。

我们已经在小组分工上花费了大量时间。为了确保项目的成功完成,我们在分工时一定要做到“人尽其才”。

分工有以下4个步骤:

步骤1:在分工前进行周密计划;

步骤2:决定分工的对象;

步骤3:与接受分工的人沟通;

步骤4:对成功完成所分配任务的人员进行回报。

(1)在分工前进行周密计划:

1)请勿分配有可能省去不做的工作;

2)尊重其他员工的能力和义务;

3)确保不会在琐碎事项或者不重要的事项上浪费员工的时间;

4)切记不要因为某项工作更有趣而优先安排,却延误了更重要的工作;

5)如果可能,一次可以分配多项任务。

(2)决定分工的对象:

1)分工时不要考虑距离远近;

2)在将任务分配给某人时,请先与该员工的主管/老板协商;

3)要使其了解项目情况(例如根据该员工对所分配工作的熟悉程度,决定是否需要多少对其进行一些培训);

(3)与接受分工的人沟通:

1)描述将要分配的任务,并视个人情况予以适当调整;

2)充分提供有关情况,使每位成员都能够完成分配给自己的任务;

3)确定工作时限,以避免引起混乱(例如提出截止日期);

4)按照工作截止日期的先后,确定工作的先后;

5)条件成熟时分工到人,然后就可以讨论如何完成此项工作,谁具体做什么以及预计什么时候会有结果;

6)分工并建立起监控机制后,则可以放心地交给小组成员去完成;

7)在工作进行过程中,请勿干涉。我们已经将权利移交给了员工,因此必须表示出对他们能力的信赖。确保我们在分工的同时也下放了权力。

(4)对成功完成所分配任务的人员进行回报:

1)对成功完成所分配任务——即按计划如期完成任务的人员进行回报。表扬通常是最有效的回报;

2)对于没有成功完成、或者是部分完成所分配任务的人员,要分析失败原因,为将来的成功打下基础。

13.2.2　项目的控制

项目的控制包括建立对项目完成情况的监督、汇报以及纠错等方法。项目计划一旦实施,我们就需要开始密切注意计划的进展情况。

在项目计划中,要专门安排出对进展的监督工作及对计划的检查工作。一般我们通过收集数据并将数据整理成"现状"报告来对计划进行监督。小组成员定期开会,讨论这些报告并评估计划的进展情况。

控制计划的进展情况。控制计划时需要使用的主要资料有:

(1)项目时间表;

(2)项目预算。

13.2.2.1　对项目进行控制的目的

我们对计划进行适当控制的目的在于在工作进行中能够了解计划的各个方面或特征。我们一般要跟踪工作业绩表现、成本以及时间表。主要目的有以下几个方面:

(1)跟踪进程;

(2)检测项目进程与计划的偏差;

(3)采取改正措施。

A　跟踪进程

跟踪进程时,项目经理需要建立定期(至少每隔两周,但是一周一次最好)汇报制度。汇报应包括项目中各项工作自上次汇报以来的进展情况。这些汇报应该总结出目前的项目进展情况以及到现在为止整个项目的进度。

B　检测项目进程与计划的偏差

为了检测项目进程与计划的偏差,就需要将预算与实际支出进行比较。汇报可以为管理人员的决策提供有用的情况,汇报形式应该简洁。

C　采取改正措施

在采取改正措施时,我们需要找出问题所在,同时及时获取有助于处理这些问题的信息。一旦发生了与计划不符的重大偏差,下一步我们就应该决定是否需要改正,然后采取相应的措施。

13.2.2.2　建立进度汇报制度

一旦项目开始实施,我们就希望确保它按计划运行。为了做到这一点,我们需要建立起汇报制度。汇报制度具有以下特征:

(1)提供及时、完整以及准确的现状情况;

(2)不增加过多的时间开销,从而提高效率;

(3)易于被项目小组成员以及高级管理人员接受;

(4)及时提醒我们悬而未决的问题以便采取措施;

(5)对需要阅读报告的人来说易于理解。

13.2.2.3　控制项目的具体做法

在控制项目时,我们可使用各种工具以及方法来对计划进行监督、汇报及调整。其中最有效的控制方法是那些不但能够提供所需的信息量,而且花费精力也最少的方法。

项目控制的具体做法有:编写报告,召集会议,观察与讨论,建立项目进度表。

A 编写报告

从报告中,我们可以获取相当多的有用信息。以下列举了写报告时应该注意的几个关键性问题:

(1)使用适合项目经理需要的格式;

(2)提供所需示例;

(3)设定相应的时限。

B 召集会议

我们对开会非常熟悉,但是却很少想到将会议作为一种控制手段。开会本身确实具有很多好处,列举如下:

(1)会议能够向我们提供比书面报告更详细的信息;

(2)会议具有交互特性,从会议中得来的信息非常易于与会者们共享;

(3)召开会议是解决问题的理想工作方式。

C 观察与讨论

项目经理能够通过观察和讨论获得大量有用的情况,事实上大多数情况是通过观察、讨论了解到的。具体的问题如:

(1)对你看到或感到的那些可以说明问题的线索或事情进行探究;

(2)积极寻找能够反映项目现状的方面;

(3)利用自己与小组成员的亲密关系征集有用的情况。

D 建立项目进度表

项目进度表也被用于组织项目中的各项工作。在项目控制阶段,它被用于跟踪并汇报需做工作的完成情况。项目进度表可以告诉我们实际与计划的时间安排是否一致。同时允许我们采取相应的调整措施。

13.3 常用项目控制方法简介

13.3.1 网络图法

网络图是一套用于对项目的实施进行计划、控制的图形,它以图形的形式显示了项目中各项工作之间的关系,并直观地表示出所有各项工作以及每项工作的运行周期。

在任何给定项目的实施过程中,要考虑的三个最主要因素是工期、成本和资源可用性。人们为了有效地解决这三者之间的关系,使项目实施更为顺利,发明了许多项目管理的方法。在第二次世界大战后,大型高科技项目,以及许多大型军事、民用项目的实施,给传统的项目管理方法提出了挑战。在这样背景下诞生了一些新的项目管理方法,其中最有效的方法之一是网络图法。网络图法通常也称为网络计划技术或关键线路技术,在网络计划技术中,**计划评审技术(program evaluation and review technique, PERT)**和**关键线路法(critical path method, CPM)**是两种最著名的方法。PERT 和 CPM 都产生于 20 世纪 50 年代。PERT 是由美国海军特别计划委员会(the U. S. Navy Special Projects Office)于 1958 年制订北极星导弹研制计划时,作为一种计划与管理技术而最先使用并由此发展起来的。而 CPM 是由雷明顿——兰德公司(Remington - Rand)的 J. E. Kelly 和 M. R. Walker 在 1957 年提出的,当时是为了帮助一个化工厂制订停机期间的维护计划而采用的。

13.3.1.1 网络图的作用

网络图法用网络图形描述一项目的全貌,并提示要将注意力集中在关键线路上。为使网络图能够最大限度发挥作用,须将项目中活动(或称任务、工作,下同)的含义、独立性和逻辑顺序明确下来,使项目小组清楚整个项目情况。具体来说网络图可以起如下作用:

(1)每位小组成员都能够看到自己对于整个项目的成功所起的关键作用;

(2)不切实际的时间安排能够在项目计划阶段被发现并及时调整;

(3)整个小组可以创造性地思考缩短瓶颈任务的方法;

(4)整个小组能够将注意力以及资源集中在真正关键的任务上。

13.3.1.2 制订网络计划的步骤

制作网络图时,先列出项目所有待做的活动,继而画出流程图(网络图)。制定网络计划需要以下4个步骤:

步骤1:确定项目中的全部活动;

步骤2:确定各项活动的先后顺序。先后顺序体现了各项任务间的逻辑关系,直到前一项活动完成后,后一项活动才能进行。根据项目活动一览表,我们可以确定每项活动的先后顺序。

步骤3:绘制逻辑网络图。根据各项活动的先后顺序,我们能够按顺序以及各项活动之间的相互关系,以流程图的形式绘出网络框图。

步骤4:计算有关时间参数、找出关键线路。通过计算项目中各项活动的时间参数,可在网络框图中看出每项活动最早的起始时间与完成时间,以及项目的工期。从而可确定项目的关键线路。

13.3.1.3 网络图的绘制

网络图有两种不同的画法,即箭线式网络图(PERT)和节点式网络图(CPM)。初期的PERT与CPM最基本的差别在于:PERT用箭线表示项目的活动,并对活动所需时间用三点时间估计——乐观时间、悲观时间和最可能时间;CPM用节点表示活动,只使用最可能估计时间。由于这种差别,PERT最初主要应用于研究与开发(R&D)项目,因为R&D项目的主要特点是不确定性;而CPM则用于例行性的或已有先例的工程项目中。但随着时间的推移,PERT和CPM两者的差别已变得不明显,CPM的使用者也用三点时间估计,而PERT的使用者也经常用节点表示活动。

例13-1 *HY*公司经过市场调查认为笔记本电脑市场仍有很大需求,而公司现有的产品设计在体积、重量、尺寸及部分性能不符合用户的要求,为此公司专门成立一个“设计、开发和制造新型笔记本电脑样机”的项目小组。对于瞬息万变的电脑市场,新产品要在尽可能短的时间(如1年内)投入市场。因此,公司希望笔记本电脑项目小组在35周内研制出新型的笔记本电脑样机。该项目小组对此项目的总体计划安排见表13-2。

表13-2 新型笔记本电脑样机设计、开发和制造工作计划

活动描述	代码	紧前活动	时间/周
设计样机	*A*	—	21
样机试制	*B*	*A*	4

续表 13-2

活动描述	代码	紧前活动	时间/周
设备与工艺调查、评估	*C*	*A*	7
样机检测	*D*	*B*	2
编写设备、工艺调查报告	*E*	*C*, *D*	5
编写试制报告	*F*	*C*, *D*	8
编写项目总结报告	*G*	*E*, *F*	2

要求:根据表 13-2 资料完成箭线式网络图与节点式网络图的绘制。

解 项目小组需要建立该项目的网络图。建立网络图步骤如下:

(1)活动识别。项目小组确定该项目的主要活动有:设计样机、试制样机、编写试制报告(在报告中对样机试制方法进行总结)、对生产线的设备与工艺的调查及评估、编写生产线设备与工艺的调查报告、编写项目总结报告(包括设计、设备与工艺等所有方面)。

(2)活动排序。按项目具体要求对所有活动的优先顺序列表(见表 13-2)。

(3)建立项目的网络图。建立网络图时,要确保活动顺序及其逻辑关系的正确性。该项目的网络图分别按 PERT(箭线式网络图)和 CPM(节点式网络图)建立,如图 13-4、图 13-5 所示。

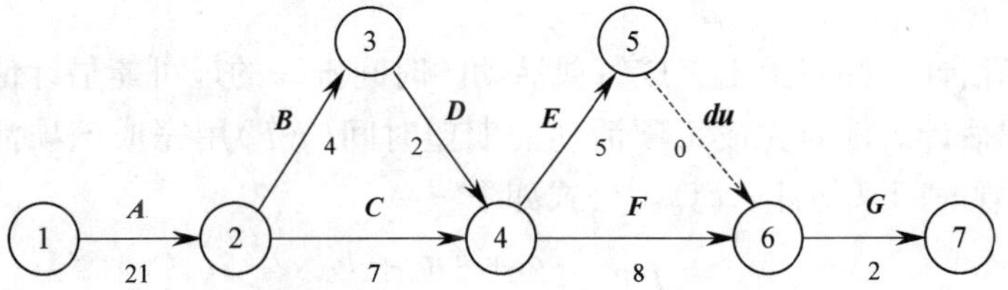

注:*du* 表示虚活动(dummy),它不消耗时间和资源(下同)

图 13-4 新型笔记本电脑样机设计、开发和制造的箭线式网络图

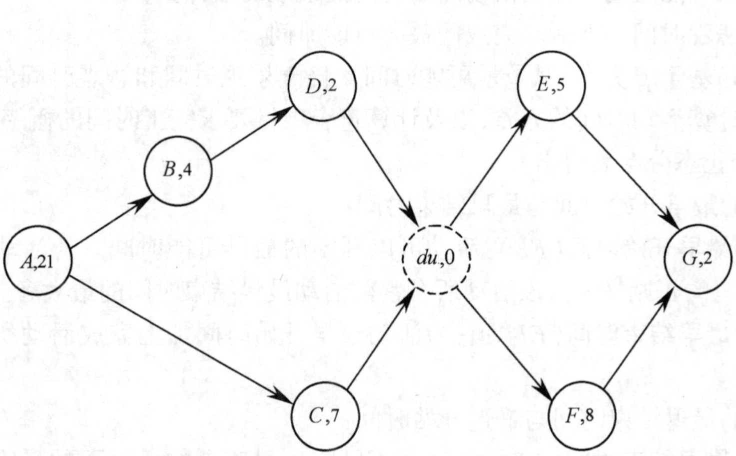

图 13-5 新型笔记本电脑样机设计、开发和制造的节点式网络图

一张完整的网络图由节点、箭线和线路组成。在PERT的网络图中节点只用来表示一项活动的开始或结束，它不消耗任何时间和资源；箭线表示活动，完成活动需要一定的时间和资源，箭头的指向表明活动的先后顺序；线路是指从网络图始点开始，沿箭线箭头指向连续不断地达到网络图的终点的通路，一张网络图通常有多条线路，线路也称路径或路线。

CPM网络图与PERT网络图绘制的差别在于用节点表示活动及其所需要的时间，箭线只表示活动先后的逻辑顺序，其他含义相同。此外，网络图中还有一类称为转折事件(milestone)，如项目的始点、终点，以及一些项目重要的阶段性分界点。

绘制网络图应遵守以下规则：

(1)网络图中不允许出现循环线路；

(2)相邻两个节点之间只能有一条箭线，如需要在相邻两个节点之间画多条箭线时，应增设节点，用虚活动表示(如图13-4所示)；

(3)箭线的两端必须有节点；

(4)节点编号或代码不能重复，在PERT中一般箭头节点编号要大于箭尾节点编号；

(5)一张网络图只能有一个始点、一个终点，除此之外不能出现没有紧前活动或没有后续活动的中间活动。

13.3.1.4　时间参数的确定

网络图的主要时间参数及其计算、说明如下：

(1) 完成每一活动所需的时间。完成活动所需时间用 ET(期望时间)表示，ET有两种估计方法：

1) **单点时间估计**。即只给出完成每项活动的时间惟一的最可能估计值。

2) **三点时间估计**。即对完成每项活动的期望时间(ET)用完成该项活动的乐观时间、最可能时间与悲观时间来估计、计算。公式如下：

$$ET = \frac{a + 4m + b}{6} \tag{13-1}$$

式中　a ——**乐观时间**。即活动完成的最小可能时间；

m——**最可能时间**。即对活动所需时间的最准确估计值；

b——**悲观时间**。即活动完成的最大可能时间。

公式(13-1)基于 β 分布，赋予最可能时间4倍于乐观时间和悲观时间的权重。用三点时间估计仍需计算活动时间的方差，以及计算符合项目要求完工时间的概率(可利用有关的概率变换，并查正态分布表得出)。

(2) 活动的最早开始时间与最早结束时间：

1) 活动的**最早开始时间**(ES)：活动可以开始的最早可能时间。若活动是项目开始点的活动，则 $ES=0$；否则 ES 为该活动所有紧前活动最早结束时间的最大者。

2) 活动的**最早结束时间**(EF)：它为活动最早开始时间加上完成活动所需的时间，即：$EF=ES+ET$。

(3) 活动的最迟结束时间与最迟开始时间：

1) 活动的**最迟结束时间**(LF)：活动在不影响项目工期的情况下的最晚完成时间。若活动是项目的最后一项活动，则该活动的最迟结束时间与最早结束相等，即 $LF=EF$；否则 LF 为所有后续活动最迟开始时间的最小者。

2）活动的**最迟开始时间**（LS）：它是活动最迟结束时间减去完成活动所需的时间，即：$LS = LF - ET$。

（4）活动的**松弛时间**。活动的松弛时间（Slack）也称活动**总时差**。它是在既定的活动不影响整个项目完工的前提下，活动开始时间最大可以延迟的时间限度，也是该活动的最迟结束时间与最早结束时间之差。即 Slack = $LS - ES = LF - FE$。

（5）工期。**工期**指整个项目完工所需的时间，工期一般为终点活动的最迟结束时间或最早结束时间。

例 13-2 网络图时间参数确定（仍用例 13-1 的资料，以节点式网络图为例）。

解 （1）计算 ES、EF、LS 和 LF：

为了方便计算和直观表示起见，在此用$\begin{bmatrix} ES, EF \\ LS, LF \end{bmatrix}$表示 ES、EF、LS 和 LF 的计算结果，所有活动计算结果如图 13-6 所示。

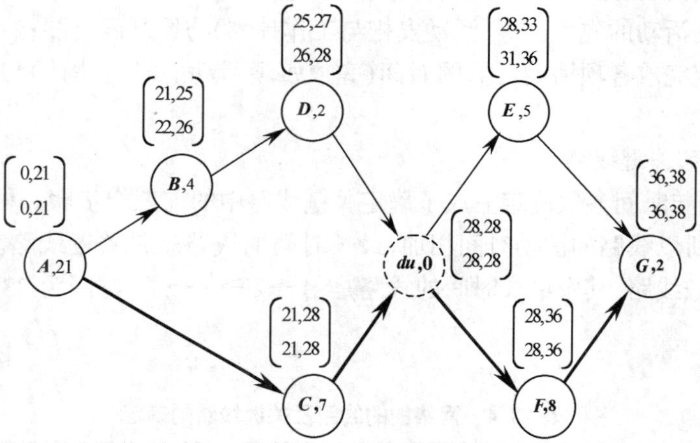

图 13-6 节点式网络图时间参数计算

（2）确定每一活动的松弛时间。计算结果见表 13-3：

表 13-3 松弛时间计算表

活动代码	LS-ES	松弛时间/周
A	0 – 0	0
B	22 – 21	1
C	21 – 21	0
D	26 – 25	1
du	28 – 28	0
E	31 – 28	3
F	28 – 28	0
G	36 – 36	0

注：du 为虚活动，可以省略。

(3) 确定项目的工期。项目工期为 G 活动的最早结束时间(EF)或最迟结束时间(LF),即工期为38周。工期比要求的35周要长3周。

13.3.1.5 转折事件与关键线路

转折事件(milestone)是项目中一些重要阶段分界点,它们无需分配时间或资源。一般情况下,项目开始和结束也是转折事件。如图13-6中的 du,以及在 A 前和 G 后设一个开始点与结束点。

项目中的某些活动经常能够同时进行。例如例13-1中当"样机试制(持续4周)"和"样机检测(持续2周)"这两项活动在进行时,我们还能够进行"设备与工艺调查、评估(持续7周)"。同时完成多项活动被称为并行工作。这样做通常可以节省完成项目所需的时间。

关键线路是完成项目各项活动所使用的最长时间的路径。从本质上讲,它定义了完成整个项目所需的时间(工期)。

在确定关键线路时,需要经过以下四个步骤:

步骤1:确定活动(定义活动与活动划分);

步骤2:排列活动的先后次序(活动安排与工作计划)与绘制网络图;

步骤3:确定完成各项活动所需的时间(完成每项活动的时间估计)与计算各项活动的时间参数;

步骤4:确定"关键线路"。

绘制网络图与时间参数确定完成了确定关键线路中的前三个步骤。根据关键线路的含义,将网络图中所以线路的活动时间相加,最长时间的线路就是关键线路。仍以图13-6为例,图中共有4条线路,其中最长时间的线路是 $A\rightarrow C\rightarrow F\rightarrow G$,时间为38周(见表13-4所示)。

表13-4 网络图的线路及关键线路的确定

序号	图13-6中的线路	活动时间之和/周
1	$A\rightarrow B\rightarrow D\rightarrow E\rightarrow G$	34
2	$A\rightarrow B\rightarrow D\rightarrow F\rightarrow G$	37
3	$A\rightarrow C\rightarrow E\rightarrow G$	35
4	$A\rightarrow C\rightarrow F\rightarrow G$	38

一般较为复杂的网络图,线路有十几条或几十条以上,用表13-4的方法确定关键线路显得繁琐并容易出错。其实关键线路还有一层含义,在关键线路上所以活动的松弛时间为零。因此,根据表13-3,可以知道由活动 A、C、F、G 组成的线路为关键线路,活动 A、C、F、G 称为关键活动。从这个意义上理解,关键线路上所有活动必须严格按计划规定的时间完成,否则将影响整个项目的工期。在网络图中用一些特殊的符号表示关键线路,如图13-6中加粗的字母和箭线。

利用网络图确定关键线路有以下两个方面的好处:

(1) 确定了完成项目所需时间;

(2) 明确了按计划完成项目的所有关键活动。

关键线路是所有活动(无论关键与否)按计划完成的一个参照物。只要关键线路上的活动能够按时完成,则也就保证了项目的按时完成。所以关键线路可以被用于监控项目并跟踪项目的进展情况。

13.3.1.6 网络计划的优化

利用网络图进行项目管理的另一项有意义的内容是进行网络计划的优化。网络计划优化的基本原则是:向关键线路要时间,向非关键线路要资源。网络计划优化主要有时间优化、时间-费用优化、时间-资源优化。

A 时间优化

时间优化就是在人力、设备、设施及资金有保证的条件下,寻求最短的项目工期。它在缩短项目工期的收益大大超过因赶工增加的成本时适用,这样可以争取时间,迅速发挥项目投资的效益。

时间优化的具体措施有:

(1) 利用活动的松弛时间,从非关键线路上抽调人力、物力和财力,集中用于关键线路,以求缩短关键线路的时间;

(2) 进行活动分解,使活动尽可能平行交叉地进行;

(3) 增加人力、设备的投入,采用新工艺、新技术等来缩短关键线路的时间和项目工期。

B 时间-费用优化

将项目的费用支出分为直接费用和间接费用两部分。

直接费用是指与项目各项活动直接有关的费用。一般在采用增加人力、设备的投入来缩短活动时间与项目工期时,要增加直接费用的支出,即工期越短,直接费用越多。

间接费用是指项目的其他管理费用等不与各项活动直接有关的费用支出。间接费用一般随项目工期的变化而变化,项目工期越短,间接费用越少。

时间-费用优化的目标是寻求直接费用和间接费用之和最低时的项目工期。

以下通过举例来说明时间-费用优化的应用。

例 13-3 某项目共有7项活动,其活动顺序、活动时间、活动所需费用以及赶工费用率(每缩短一个单位的时间所增加的费用)如表 13-5 所示。该项目在正常活动时间下的直接费用之和为 40000 元,间接费用为每周 1000 元。现要求直接费用与间接费用之和最低时的项目工期。

解 将时间-费用优化的过程按如下步骤求解:

(1) 绘制网络图,并计算正常时间的有关时间参数,确定关键线路及工期:

网络图及有关时间参数如图 13-7 所示,从图中可知项目的关键线路是:

$A\rightarrow C\rightarrow F\rightarrow G$(见图 13-7 中的粗字母与粗箭线),工期为 23 周。

(2) 计算间接费用与项目总费用:

由于工期为 23 周,故项目的间接费用为:$23\times1000=23000$(元)

正常活动时间下的项目总费用为:

$$项目总费用=直接费用+间接费用=40000+23000=63000(元)$$

表13-5　网络图的时间-费用优化数据表

活动代号	紧前活动	活动时间/周		活动费用/千元		赶工费用率/千元·周$^{-1}$
		正常(1)	赶工(2)	正常(3)	赶工(4)	$(5)=\frac{(4)-(3)}{(1)-(2)}$
A	–	6	5	5	7	2
B	*A*	3	1	4	5	0.5
C	*A*	8	4	6	9	0.75
D	*B*	4	3	3	5	2
E	*B*	5	3	8	11	1.5
F	*C*, *D*	7	4	10	12	0.667
G	*E*, *F*	2	1	4	6	2

注:活动赶工时间表示极限赶工后所用的活动时间。

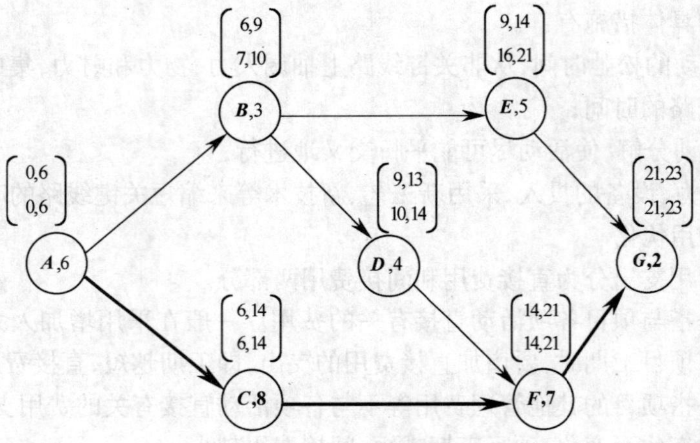

图13-7　某项目的网络图

(3) 选择赶工的活动,确定赶工后的工期及项目费用节约额:

选择赶工的活动时,首先考虑关键线路上赶工费用率最低的活动进行时间压缩。在压缩活动时间时,要注意其他非关键线路的延续时间,压缩后关键线路的延续时间不应低于其他非关键线路的延续时间。

赶工后项目费用的节约额计算公式为:

$$\text{项目费用节约额}=\text{间接费用节约额}-\text{直接费用增长额} \tag{13-2}$$

在各种赶工方案中,式(13-2)取得最大值的方案为时间-费用优化的最优方案,得出的工期为最佳工期。此时,项目总费用最低。

从图13-7可知,该网络图共有3条线路,各线路延续时间如表13-6所示。线路Ⅲ为关键线路。选择压缩时间的线路与活动步骤如下:

1) 选择关键线路(线路Ⅲ)上的活动 *F*(所有赶工费用率小于1的最小者),时间由7周压缩至4周(已达到时间缩短的极限),线路Ⅲ延续时间由23周缩短至20周。此时,需要重新确定关键线路,从图13-7和表13-5中可知,线路Ⅱ延续时间缩短至19周,线路Ⅰ仍为16周,关键线路不变。而项目费用节约额为:

$$项目费用节约额 = 3 \times 1000 - 3 \times 0.667 \times 1000 = 1000(元)$$

2) 重复以上做法，选择线路Ⅲ上的活动 C，时间暂由 8 周压缩至 7 周(考虑到线路Ⅱ的延续时间只比关键线路延续时间少 1 周)。此时线路Ⅲ与线路Ⅱ延续时间都是 19 周(它们均为关键线路)。至此项目工期共缩短 4 周，项目费用节约额为：

$$项目费用节约额 = 4 \times 1000 - (3 \times 0.667 + 1 \times 0.75) \times 1000 = 1250(元)$$

3) 分析是否达到最优工期。目前两条关键线路上只有活动 B、C 的赶工费用率小于 1，但由于 B、C 分别在不同的关键线路上，必须同时压缩它们的时间，才能继续压缩项目工期。而 B、C 同时压缩 1 周的费用之和为 1.25 千元。因此，此时无论如何压缩项目工期，压缩的直接费用增加额都大于间接费用节约额，故项目的最佳工期为 19 周。工期压缩后的项目总费用为：

$$\begin{aligned}项目总费用 &= 正常工期的项目总费用 - 项目费用节约额 \\ &= 63000 - 1250 = 61750(元)\end{aligned}$$

表 13-6 网络图的线路及关键线路的确定

线路编号	图 13-7 中的线路	活动延续时间/周
Ⅰ	(A,6) → (B,3) → (E,5) → (G,2)	16
Ⅱ	(A,6) → (B,3) → (D,4) → (F,7) → (G,2)	22
Ⅲ	(A,6) → (C,8) → (F,7) → (G,2)	23

以上手工运算的办法在较为复杂的项目中是很难进行的，实际使用时，可用专门的项目管理计算机软件来解决。

C 时间-资源优化

时间-资源优化是项目资源管理的重要内容。时间-资源优化有两种思路：一是在人力、物力、财力等资源有限的条件下，寻求最短项目工期；二是在工期要求一定的条件下，通过资源平衡，求得工期与资源配置的最佳结合。

时间-资源优化问题较为复杂，用手工直接算法也很难解决。一般要用数学规划的有关模型来解决。目前也有相关的计算机软件可供选择。

13.3.2 项目进度表——甘特图

项目进度表也叫**甘特图**(Gantt chart)。甘特(Henry L. Gantt,1861～1919)，科学管理的倡导者之一，1887 年结识被称为科学管理之父的泰罗(F. W. Taylor)，并共同工作 14 年。甘特为 20 世纪的科学管理做出了巨大贡献，其中他发明的计划进度控制图表——甘特图被誉为 20 世纪科学管理的重大贡献之一。甘特图是一种用于计划与进度安排的工具，由于它简单明了，至今在企业管理中仍被广泛应用。目前也有甘特图的计算机软件。

在项目管理中，甘特图是经常用来控制项目进程的一种方法。它把项目的计划和进度安排两种职能有效组合在一起。

在建立项目进度表时需要经过以下三个步骤：

步骤1：沿着纵轴列出项目中的各项工作；

步骤2：将横轴分割为适当的时间段；

步骤3：画出代表工作所需时间长度的水平线。

图13-8是一个市场需求研究项目的甘特图。活动在图的左侧纵向列出，每项活动预计需用的时间由表示活动完成预计延续时间长短的线段或横条表示。可在图中加入一列来表示每项活动由谁负责。

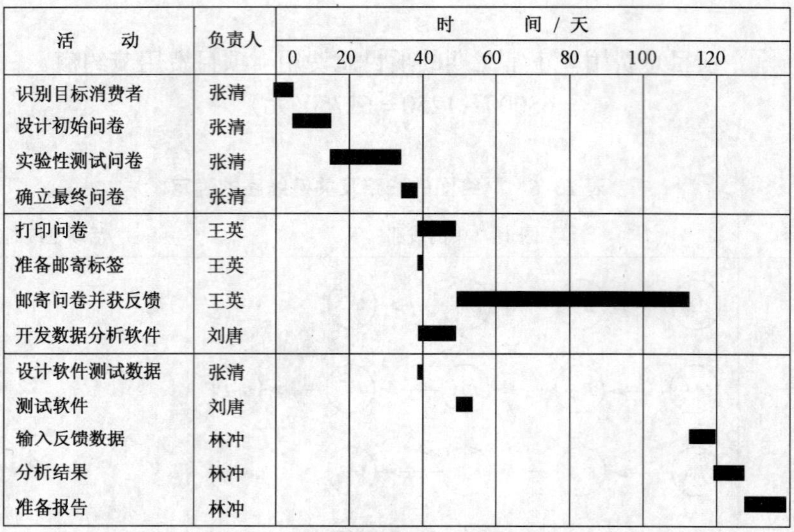

图13-8　市场需求研究项目甘特图

应用甘特图时，活动的计划和进度安排同时进行。将甘特图用于进行项目进度控制时，一般用一道竖线表示此刻的时间（即当天），这样甘特图的使用者可以清楚了解项目目前的进程，便于项目进度控制。有时甘特图中每一活动进程用两条横条表示，一条表示项目计划中活动的时间段，一条表示项目实际进行的活动延续时间段。

在甘特图中，绘制活动线段或横条的人必须清楚活动之间的相互关系，即哪些活动在其他活动开始以前必须完成，哪些活动可以同时进行。传统甘特图的主要缺点之一是它不以图解的方式表达活动之间的相互关系。因此，如果一项活动被延误，其他哪些活动会受到影响不能被明显地表示出来。不过，目前大多数项目管理软件可以提供应用连接箭头表示活动间相互依存关系的甘特图。

甘特图用于进行项目进度控制时，最好与网络图结合才能发挥应有的效力。此外，甘特图在使用时，要经常更新。如果用甘特图的计算机软件进行项目进度控制，可以使甘特图发挥更大作用。

13.3.3　行动计划

行动计划（action plan）是一种基本的项目管理工具，它以表格形式明确地确定了待做的工作、分工、所需资源（人力）、开始日期以及完成日期。

制订行动计划的目的在于将行动计划中所要做的工作具体表示出来。行动计划提出了这样一个问题,即“下面有哪些步骤?”

13.3.3.1 行动计划的内容

行动计划的主要内容如下:

(1)为什么要采取这一行动?(提出问题)

(2)需要做哪些工作以及这些工作会有什么影响?(具体工作)

(3)谁来做?(负责人/小组成员)

(4)何时完成?(预计完成日期)

(5)目前的工作进展如何?(工作现状)

13.3.3.2 行动计划的制订

行动计划由项目经理根据网络图中的信息、关键路径以及项目进度表制订而成。行动计划制订好后,项目经理将召集全体小组成员会议。所有的小组成员均需要了解该计划,并在项目开始之前明确自己的职能和作用。

表 13-7 是某家用电器公司计划在北京建立一个维修服务部项目行动计划。

表 13-7 某家用电器公司建立维修服务部行动计划

开始日期	行动(活动、工作)	负责人	所需资源	预计完成日期	完成状况	成本/元
1999-10-29	挑选、招聘小组成员	李力	应聘者档案	1999-10-29	完成	500
1999-10-30	确定地理位置	刘强	地图、图纸	1999-11-06	完成	2200
1999-11-07	培训小组负责人	王大林	公司计划	1999-11-13	完成	8800
1999-11-07	完成租赁事宜	…	…	1999-11-08		
1999-11-08	确定所需设备			1999-11-10		
1999-11-08	解决供电问题			1999-11-12		
1999-11-08	装修初步计划与粗设计			1999-11-13		
1999-11-11	预订设备、零备件与工具			1999-12-01		
1999-11-13	培训小组所有成员			1999-12-03		
1999-11-14	室内装修			1999-12-25		
1999-11-14	装修跟踪检查(监理)			1999-12-25		
1999-12-01	设备、零备件与工具到货			1999-12-01		
1999-12-02	设备检测			1999-12-04		
1999-12-04	零备件与工具检测			1999-12-06		
1999-12-04	退回有缺陷设备并重新订货			1999-12-04		
1999-12-06	退回有缺陷零备件与工具并重新订货			1999-12-06		
1999-12-26	装修竣工验收			1999-12-26		
1999-12-27	设备安装、调试			1999-12-31		
2000-1-1	维修服务部投入使用					
2000-2-2	评估培训过程与培训结果			2000-2-2		

13.3.3.3 行动计划的更新

行动计划应该通过软件在计算机中做成，而且要让全体小组成员定期查看。当其中某一项内容的状况发生改变时，小组成员应该及时进行更新，同时要将更新的内容告知其他所有成员。因此牢记以下几点很重要：

(1) 行动计划是用于管理的工具，应该定期更新；

(2) 行动计划每项工作都要有专人负责，但要让小组的每一个成员都了解整个项目的行动计划情况；

(3) 行动计划的格式在各个行动过程中应该保持一致。

13.3.3.4 行动计划的优点和局限性

作为管理工具，行动计划具有以下优点：

(1)为通过小组协作解决问题提供了工作重点。

(2)取得小组一致意见和结论。

(3)使全体小组成员了解所有工作安排。

行动计划的局限性大多源于对此工具的错误使用，例如某个人将所有工作都“分配”给了其他人，或者未将计划分发给所有的小组成员。在这种情况下，不能够保证每项工作均可以在计划时间内完成。

13.3.4 新突破——项目管理信息系统

20世纪90年代，在项目管理领域掀起了一股项目管理技术和概念与项目管理软件的供应同步提高的热潮。20世纪90年代初，只有很少几个基于微机的项目管理软件包。现在，已经有100多个项目管理信息系统(Project Management Information System, PMIS)——这些工具的应用也正以指数形式增长着。目前在美国的MBA项目管理班中，大约有一半的学生曾经参加过这类软件的开发；而其余的学生也至少熟悉一种项目管理软件包。常见的项目管理软件包有：Microsoft Project for Windows、Primavera Project Planner、Time Line、Project Scheduler、Milestones、Schedule Publisher、Texim Project、Micro Planer、TimePhaser Global Work Sched.、Open Plan、MicroMan等。

十年前，美国每个MBA班平均有一个学生有使用PMIS的经验，用于教学的软件也不能管理成本、平衡资源，甚至不能显示PERT、CPM或甘特图。以下是给项目管理工具带来新突破的三个PMIS例子。

Microsoft Project软件有一个非常出色的现场指导功能，这就是它能够在中等规模的项目管理中占有绝对优势的原因。该软件包可以辅助编制项目计划、分配和平衡资源、控制项目进度和成本、生成质量图表与报告。

如果项目开始的重点是计划，则KIDSA公司的Milestones软件可以生成能够显示活动间依赖关系的甘特图。因项目的展开和计划的实施需要不断修正，故甘特图上的开始与结束时间需要容易地修改。Milestones软件提供了这些功能。

对于管理大型项目，或由多个项目组成的计划活动，最常用的软件应该是Primavera Project Planner。1993年2月26日纽约世界贸易中心大厦发生爆炸案后，其耗资上亿美元的修复项目，就选择使用了Primavera Project Planner软件。Primavera的蒙特卡洛风险分析程序可以用于在几种假定的环境下，项目存在资金风险的可能性和持续时间。如果读者感兴趣的话，可以在Primavera软件公司的网址(http://www.Primavera.com)上查询该公司软件产品的最新信息。

*　　*　　*

问题与思考

13-1 描述项目的特征。

13-2 项目经理有哪些职责？项目管理有何重要性？

13-3 项目的组织形式通常有几种？它们各自有什么优缺点？

13-4 项目组织与项目控制的主要内容是什么？

13-5 什么是关键线路？如何理解“对项目的控制应把重点放在关键线路上”？

13-6 使用甘特图和行动计划进行项目控制时有何优点？

13-7 一个工程项目的活动和完成各项活动所需时间如下表：

活动	紧前活动	完工时间/周
A		1
B	*A*	4
C	*A*	3
D	*A*	7
E	*B*	6
F	*C*，*D*	2
G	*E*，*F*	7
H	*D*	9
I	*G*，*H*	4

(1)画出项目计划的网络图(PERT 与 CPM 分别绘制)；

(2)标出最早开始时间和最早结束时间；

(3)指出关键线路和工期；

(4)如果活动 *F* 的时间由 2 天变为 4 天，将会发生什么情况。

13-8 以下是一个紧急需求的项目，项目运行时的间接费用为 3000 元/周，完成项目各项活动的正常时间和赶工时间、正常费用和赶工费用见下表：

活动代号	紧前活动	活动时间/周		费用/元	
		正常	赶工	正常	赶工
A		4	2	10000	11000
B	*A*	3	2	6000	9000
C	*A*	2	1	4000	6000
D	*B*	5	3	14000	18000
E	*B*, *C*	1	1	9000	9000
F	*C*	3	2	7000	8000
G	*E*, *F*	4	2	13000	25000
H	*D*, *E*	4	1	11000	18000
I	*H*, *G*	6	5	20000	29000

(1)绘制项目的网络图;

(2)指出关键线路和项目工期;

(3)如果项目工期要求缩短3周,应该缩短哪些活动的时间最合理?此时项目的总费用与正常时间的总费用各是多少?

附　　录

附录 1　投资项目可行性研究报告的撰写

F1.1　构成报告书的内容

在可行性研究中，从开始论证到获得结论有一个固定的程序。根据一些可行性研究编制手册的规定和可行性研究实践，我们归纳这些内容以报告书形式阐述，大致可分成以下 12 部分：

第 1 部分　整体概要与结论
第 2 部分　项目的背景和历史
第 3 部分　市场和项目规模
第 4 部分　主要原料、能源等投入物
第 5 部分　建厂地区和厂址
第 6 部分　工程设计
第 7 部分　组织机构和管理费用
第 8 部分　人工定员
第 9 部分　项目建设
第 10 部分　财务分析
第 11 部分　国民经济分析
第 12 部分　附录

下面分别介绍各部分的主要内容。

F1.1.1　整体概要与结论

本部分采取与报告书的总纲目相同的形式，有顺序地点明各章的要点。读者首先要看到的就是这章，而且有的人只看要点与结论，因此尽可能使这章像完整的报告一样。既不要过长也不要过短，更不要抽象。最好能注明正文中的页数可供参考 。

作为结论，不希望有好几个答案，分析的结果应该是条理清楚，阐述明白，答案应该是肯定的。如：在方案中最优先考虑的应该是 *A*，最佳投资时期应该是 *B* 年，各个时期的投资规模应该是多大，当实施计划时必须有哪些具体的条件准备等。

具体写法可以参照如下提纲。

(1)项目的背景和历史(第 2 部分)。

说明：项目发起人的名称和地址；

项目主向；最终产品(面向市场)或中间产品(面向原料)；

市场方向:国内或出口;

支持该项目的经济政策环境;

项目产生的背景;

(2)市场和生产规模(第 2 部分)。

列表说明:需求预测;

规模销售量;

产品结构及设计生产能力。

(3)原材料、能源和其他投入物(第 4 部分)。

说明以下各项的供应渠道:

原料、辅助材料、燃动力、公用设施等;

将每年的投入物需要、供应量列成表。

(4)建厂地区和厂址(第 5 部分)。

叙述建厂地区并说明厂址。

(5)项目设计(第 6 部分)。

叙述项目的布局和范围;

说明最终选定的工艺;

概括说明选用的设备;

叙述所需的土建工程。

(6)机构和管理费用(第 7 部分)。

(7)人工定员(第 8 部分)。

说明选用劳动力的种类和人数;

说明选用职员的种类和人数。

(8)建设进度安排(第 9 部分)。

项目建设和设备安装期;

开始生产和试车期。

(9)财务评价(第 10 部分)。

将总投资费用(土建工程费、工艺和设备、生产前资本费用、流动资本)分别以本国货币和外汇列出;

说明项目资金筹措来源、筹措费用及负债对项目的影响;

有关资金筹措的政府政策及条例;

各类财务比率;

总生产或制造成本、经营成本;

评价指标:净现值、内部收益率、投资回收期、投资收益率等;

盈亏平衡分析、敏感性分析;

(10)国民经济分析(第 11 部分)。

从国民经济角度对项目做出评价。

(11)结论。

项目的主要优点;

项目的主要不足;

实现该项目的可能性。

F1.1.2　项目的背景和历史

这点虽因项目不同而有所差异，但归根结底本章的目的是：

(1)使别人虽然未到现场也如身临其境般了解情况；

(2)使人清楚地了解项目的全貌、确认调查对象；

(3)明确项目所包含的部门以及国家的开发战略；

(4)分析方案。

举例来说，如果是道路工程，调查员应把乘吉普车经过调查对象地区的道路时看到的情形写成文章；如果是港口的话，还应包括港湾的沿岸地区等。有时，还要对该项目所属的部门(如飞机场属该国交通部门)做全面介绍，其中包括这些部门的开发战略，该项目的重要性等。

具体写法可以参照如下提纲：

(1)项目的背景：

1)叙述项目设想；

2)用表列出编制可行性研究期间用作指导原则的主要项目参数：产品和产品方案、工厂生产能力和建厂地区、项目的市场或原料产地、建设进度及其他；

3)摘要列出经济、工业、财政、社会和其他有关政策；

4)说明地理、环境的条件；

5)着重说明项目涉及的范围。

(2)项目的筹办人：

1)名称和住址；

2)提供资金的可能性；

3)在项目中所起的作用；

4)其他有关情况。

(3)项目的历史：

1)项目的历史发展情况；

2)已经完成的研究、调查情况；

3)项目建议书审批结论。

(4)可行性研究：

1)完成者；

2)委托单位；

3)编制研究报告和有关调查费用。

F1.1.3　市场和项目规模

在正式制定项目以前，必须分门别类地确定当前实际市场需求的大小和组成情况，以估算某种产品可能进入市场的程度。同进，还要考虑所采用的工艺、项目生产能力、生产规划和销售渠道等，对销售收入做出规划。

根据可行的销售规划，做出详细的生产规划，说明各种生产活动和时间安排。

具体写法可参照如下提纲。

F1.1.3.1 需求和市场研究

(1)数据和可选用的预测方法:

1)列表并叙述需求和市场研究所需的数据;

2)列表并叙述可能选用的数据估价方法,并说明选择的理由;

3)选定一种对数据的估价方法,并说明选择的理由;

4)详细说明拟议中项目所采用的需求预测方法;

5)确定产品(副产品)需求和市场大小。

(2)对数据进行处理并列出计算结果,要表明:

1)现有实际需求规模和组成;

2)项目使用期内市场需求的预测;

3)产品进入市场的估计情况;

4)产品和副产品的销售预测和市场情况;

5)数据和方案;

6)叙述需求和市场研究结果以外所需的数据。

F1.1.3.2 销售渠道

(1)叙述可能的销售渠道和销售计划。

(2)选择销售规划和推销策略:

1)叙述选择销售规划的理由:

·详细说明销售规划;

·可能竞争对手的情况;

·采用表格、图表和地图,说明项目市场占有能力及其发展。

2)销售收入的估算:

·年度销售收入估算。

3)销售费用估算。

F1.1.3.3 产品结构和生产规模

(1)生产规划:

1)数据和方案:

·叙述制定生产规划所需的数据;

·叙述各种可供选择的生产规划;

·制定生产规划时考虑的问题:

预计的销售量;

最低库存需要量;

预计的损耗;

项目生产能力的参数。

2)生产规划的选择:

·说明选择的理由;

·详细叙述生产规划;

·各种产品(副产品):

质量规范;

年产量；

生产进度表(投产、试车、达到设计能力)。

·有关排放物及处理情况：

废物、废水、粉尘、烟气、噪声等；

排放物处理费用估计。

(2)项目生产能力：

1)数据和方案：

·叙述确定项目生产能力的数据；

·说明项目生产能力可供选择的方案。

2)确定可达到的正常生产能力。

3)说明标定最大生产能力。

4)叙述可达到的正常生产能力。

5)最经济的设备参数。

6)最经济生产规模的确定。

预测通常要预测10~30年，特别是预测大型投资项目时，要和种种社会发展基本指标联系起来才能进行预测，如人口、GNP、国民收入增长等。总而言之，微观预测的前提是宏观预测，换句话讲就是国民经济基础研究。根据国家宏观经济发展规划进行预测，才能准确把握未来可能的市场变化。

市场预测是可行性研究十分重要的部分，将影响项目的经济评价和最终决策。因此，对需求量的预测要科学全面，避免为争项目而任意夸大市场前景的倾向。

F1.1.4　主要原材料、能源等投入物

本部分论述制造产品所需要的原材料、能源和其他投入物的选择和说明，并叙述供应规划的确定和投入物成本的计算。

具体写法可参照如下提纲。

F1.1.4.1　原材料、能源等投入物

(1)原料、半成品、在制品、辅助材料、燃动力、工厂供应品等。

(2)数据和方案：

1)描述选择原材料、能源和其他投入物用的数据；

2)列出全部需用的原材料、能源等投入物的清单，并列出各个方案；

3)描述投入物的质量、数量、供应渠道、价格状况。

F1.1.4.2　供应计划

(1)基本数据和方案：

1)说明编制供应规划的基本数据；

2)编制供应规划，列出方案。

(2)供应规划的选择：

1)详细说明最优供应计划；

2)说明选择的理由。

(3)成本估算：

估计原材料、燃动力等投入物的年度成本。

F1.1.5 建厂地区和厂址

可行性研究必须为考虑中的投资项目确定适当的建厂地区和厂址。

具体定法可参照如下提纲。

F1.1.5.1 建厂地区

(1)数据和方案。

(2)叙述投资方案建设所需基本条件。

(3)列出可能的建厂地区。

(4)建厂地区的选择。

(5)详述已选定的最佳地区。

(6)说明选择理由。

F1.1.5.2 厂址和当地条件

(1)厂址:

1)数据和方案:

·叙述投资方案建设所需厂址基本条件;

·列出可能的厂址方案。

2)厂址的选择:

·详述已选定的最佳厂址;

·说明选择理由。

3)费用估计:

·投资费用;

·土地征用费;

·土地使用税;

·住户搬迁安置费等。

(2)当地条件:

1)气候;

2)地形;

3)交通条件;

4)供水状况;

5)动力供应;

6)废物处置;

7)劳动力市场;

8)政策、法律环境;

9)生活后勤条件。

F1.1.5.3 环境影响

F1.1.6 工程设计

本部分主要叙述项目的范围、采用的工艺过程、设备的种类数量以及工艺设备的费用。可参考的提纲如下。

F1.1.6.1 项目布置

(1)数据和方案:

1)说明编制项目布置所需的数据,诸如:
- ·生产规划;
- ·供应规划;
- ·工艺;
- ·设备;
- ·土木工程;
- ·当地条件。

2)制订并描述各个项目布置方案。

(2)布置方案的选择:

1)详细描述最优的布置方案;

2)说明选择的理由并用适当的图纸展示选定的布置。

F1.1.6.2 项目范围

(1)数据和方案:

1)说明确定项目范围所需的数据;

2)制定并说明各个方案。

(2)项目范围的选择:

1)选择并详细描述最优的项目范围;

2)说明选择的理由;

3)用实物布置图展示项目范围和项目的各组成部分。

F1.1.6.3 工艺和设备

(1)工艺:

1)数据和各个方案:
- ·说明采用的工艺所需的数据;
- ·描述各个工艺方案。

2)工艺的选择:
- ·详细描述最优的工艺;
- ·当选择工艺时,应考虑以下几个方面:
  所需工艺的性质(例如:劳动密集或资本密集、不过时);
  来源;
  获得的方法:取得许可证、购买、合资经营;
  费用。
- ·说明选择理由。
- ·描述选定的工艺、说明类型、来源、规格。

3)费用估算:

投资费用。

(2)设备。

设备应区分为生产设备、辅助设备、服务设备、备件和工具。

1)数据和各个方案:
- ·说明设备设计的数据;

·用表列出必需的设备和各个方案。

2)设备的选择:

·选择并详细描述最优的设备;

·说明选择的理由;

·描述选定设备,说明台数、形式、规格、能力、来源。

3)费用估算:

·估算设备费用:

投资费用;

生产费用;

辅助费用;

服务费用;

备件、易耗品和工具的基本库存量。

F1.1.6.4 土建工程

土建工程应分为厂址准备及整治、建筑和特殊土建工程以及室外工程(辅助和服务设施)。

(1)数据和方案:

1)描述土建工程的数据;

2)列出土建工程的可能的各个方案。

(2)工厂实物布置:

1)建筑材料、成套装置和人工的来源情况及其质量;

2)成套装置的技术要求;

3)当地条件;

4)费用。

(3)土建工程的选择:

1)详细选择并描述最优的土建工程;

2)说明选择的理由;

3)描述选定的土建工程,说明数目、类型、规格(如果适用的话)。

(4)费用估算:

1)估算土建工程的费用:

·投资费用;

·厂址准备和整治;

·房屋建筑和特殊土建工程;

·室外工程。

2)生产成本(即土建工程每年的修理和维护费用):

·厂址准备及整治;

·房屋建筑和特殊土建工程;

·室外工程。

F1.1.7 组织机构和管理费用

组织机构规划与项目设计、项目实施管理费用紧密相关,应根据项目设计规模、项目运营对管理服务的要求等进行规划。

参考提纲如下。

F1.1.7.1　组织机构

(1)数据和方案:

1)说明建立组织机构的数据,例如:

·设计布局;

·生产规划和生产能力;

·管理服务的种类(生产、服务、管理)。

2)准备可选择的方案:

·说明选择的理由。

(2)指出选择组织机构。

F1.1.7.2　管理费用

(1)数据和可选择的方案:

1)说明数据:费用项目表及车间管理费用和行政管理费用、折旧费用和财务费用;

2)列出可选择的方案安排。

(2)费用项目的选择及其作为管理费用的归类。

(3)选择并详细说明管理费用项目的组成。

1)说明选择的理由;

2)用表汇总管理费用。

F1.1.8　人工定员

可参照如下提纲。

F1.1.8.1　工人

(1)数据和可选择的方案:

1)说明确定所需劳动力投入量的数据;

2)制订不同的定员方案表,要考虑:

·组织机构布置图;

·工厂经营的管理策略和管理目标;

·工人的技艺要求和培训水平;

·本国的和外国的工人来源情况。

(2)工人的选择:

1)选择并详细说明工人定员表;

2)说明选择的理由;

3)详细说明选择 的方案:

·说明其结构(组织机构);

·制订详细的定员表,要考虑划分为生产工人和非生产工人(例如,行政管理工人)。

(3)成本估算:

估计在标定的可达到的生产能力下的每年劳动力成本,再划分为:

·生产工人成本(可变的);

·非生产工人成本(不变的)。

F1.1.8.2 职员

(1)数据和可选择的方案:

1)说明确定投入职员数所需要的数据;

2)制订定员方案表,要考虑:

·组织机构布置图;

·行政、工厂经营和销售产品等管理方面的策略和目标;

·职员的技艺要求和培训水平;

·本国的和外国的职员来源。

(2)职员的选择:

1)选择并详细说明职员定员表;

2)说明选择的理由;

3)详细说明选择的方案:

·说明其结构;

·制订详细的定员表。

(3)费用估算:

估算本国和外国职员的年度费用。

F1.1.9 项目建设

在项目建设时期,一系列同时发生并互相影响的投资活动会产生不同的财务问题。为了调节这些活动,在可行性研究中应制定并指出最佳建设计划和进度表。

F1.1.9.1 建设进度安排

(1)数据和方案:

1)说明项目建设的基本数据。

2)详细编制建设规划和时间表,并就下列问题提出可选择的方案:

·建立项目建设管理部门;

·安排工艺供应;

·编制详细的设备设计、投标、对投标估价、签订合同;

·编制土建工程的详细设计、投标、对投标估价、签订合同;

·安排资金筹措。

3)施工阶段:

·征购土地;

·设备和土建工程的监督、协调、试运转和验收。

4)建立行政管理机构、招收和培训职员及工人。

5)安排供货。

6)安排推销。

7)与管理部门建立联系,以便及时得到对许可证和合同等的批准。

8)开办费和资本筹集费。

(2)项目建设规划和时间表的选择:

1)选择并详细说明最佳建设规划和进度表,列出活动项目,并用线条图和(或)网络图表明其顺序；

2)说明选择的理由。

(3)项目建设的费用估计：

在前面各部分中已对投资(土地、工艺、土建工程、厂房和设备)和生产成本(材料和劳动力投入量和管理费用)做了说明和估算。在下节“财务分析”中汇总全部费用的组成部分，其目的在于确定其时间安排；这将根据本部分确定的建设进度表进行。

在项目开始营业前的投资时期进行的活动，必须按上面“数据和活动”一项中提到的各项活动作出费用估计。

F1.1.9.2 达产进度安排

F1.1.10 财务分析

财务分析内容是可行性研究中十分重要的部分，其结论对投资决策影响很大。因此，要从基本财务分析指标入手，充分揭示项目的财务运转可能性和盈利性。

可参考如下提纲。

F1.1.10.1 总投资费用估算

列表汇总前面各部分所叙述的属于投资费用的项目。

F1.1.10.2 项目资金筹措

(1)叙述和评定假定的或实际的资金来源。

(2)估计年度财务费用。

F1.1.10.3 生产成本估算

(1)列表汇总前面各部分所叙述的属于生产成本的项目。

(2)估算单位成本、固定成本、可变成本。

F1.1.10.4 财务报表编制

(1)编制损益表、现金流量表(全投资、自有资金)、资金来源与运用表、资产负债表并说明。

(2)说明并计算财务分析指标。

净现值、内部收益率、投资回收期、投资收益率、投资利税率等。

(3)财务盈利分析。

(4)分析项目清偿能力。

F1.1.10.5 不确定性分析

(1)盈亏平衡分析。

(2)敏感性分析。

F1.1.11 国民经济分析

国民经济分析是在财务分析的基础上，运用影子价格、影子汇率、影子工资和社会折现率等经济参数，对项目产生的国家范围内影响作出评价。

主要内容包括以下几个方面。

F1.1.11.1 价格调整

费用与效益范围的调整：

(1)着重说明与财务分析不同的费用效益识别；

(2)财务计算的调整和说明。

F1.1.11.2 经济指标测算

(1)经济评价报表:

1)列出报表并加以说明;

2)国民经济效益费用流量表(全部投资和国内投资);

3)经济外汇流量表。

(2)计算经济评价指标:

经济内部收益率、经济净现值、投资收益率、经济外汇净现值、经济换汇成本、经济节汇成本等。

F1.1.12 附录

可行性研究报告的附录包括各种图、报表、补充说明、重要参数、数据来源和引用说明等。

F1.2 编写报告书应注意的事项

如前所述,可行性研究从理论推导到得出结论有一个程序问题,也就是说,所要记述的只能是运用适当的方法导出结论所必需的事项,然而往往有这样的倾向,就是堆积、赘述与结论无关的现状及情报资料等。

F1.2.1 撰写可行性研究报告的基本要求

(1)既要有真实、全面的资料,又要有简洁、鲜明、突出的观点和深入透彻的分析。

可行性研究报告是否科学、准确,是否有实用参考价值,不在于其篇幅长短,而在于它的观点和分析是否合乎要求。有的报告书厚厚一叠,资料、内容不可谓不丰富、不全面,但结论不突出,让人难以得其要领。也有的报告只罗列对倾向性意见有利的资料,对项目缺乏全面的分析,尤其是缺乏各类可能情况的对比分析,则研究报告有时不仅无助于决策者做出科学的决策,而且可能误导决策。

(2)要对资料进行科学的分类、使用,对研究成果加以科学归纳、阐述,在决定取舍时要做到真实、有条理,有助于对研究结论的支持。

构成研究报告支持的资料无非三类。第一类是说明实质性问题的关键性结论、资料;第二类是关键性结论的主要依据;第三类是辅助性说明资料。第一类最重要,是组成研究报告的核心内容,也是可行性研究报告评估人员、项目决策者最关注的。第二类资料是第一类资料的重要和主要依据。第三类资料主要是指一些原始的数据、数据处理过程和方法等。

报告要尽可能反映对各种问题的分析研究结果,并分类整理、保存好各类资料,以便将来项目评估、审查时备用。

F1.2.2 撰写可行性研究报告应注意的问题

F1.2.2.1 准备

(1)项目经理要熟悉全部调查内容,还要熟悉写报告书的要领、应采用的分析方法、替代方案、利益的内容等,这些必须事前装在脑子里,否则报告书就不协调也不充实。常常需要一个核心人物把各方面的情况有机地联系起来,对于调查来说项目经理就应该全面负责。

(2)构成可行性研究小组的成员一般为技术方面 3 人、经济方面 7 人,人数比例可以灵活一些,但最少为 4:6。

(3)对所要调查的对象进行分析之后,要选定调查组成员,之后要和每个组员充分协商调查内容,同时要把调查提纲分别交给每个人,否则在技术方面的设计做到怎样的深度、成本预测如何进行就不清楚。

(4)绘制分析流程图。做法是按流程从后向前顺序进行(就报告书来讲就是按第11部分→第10部分→第9部分……第1部分顺序)。这个流程图可以明确要分析的内容、作业情况、日程安排。现场人员也可以从中明确现在应该搞什么调查、自己应该对哪部分调查做出贡献等,这对未来的技术转让也有益

以上诸项工作稍有脱节,那么各方面的负责人写出的原稿就没有整体性,50%~70%的原稿都不能用,在现场调查的人也不能把精力集中于必要的方面,这样收集了一些无用的数据,在综合阶段就不能充分地研究分析,因此就会延误交付期限。

F1.2.2.2 作业

(1)应尽量避免一开始就进入计算机的计算,而应侧重于前期的调查。调查时应有委托单位的有关人员随行,这在以后可以避免各种责难。

(2)在调查阶段,要和委托人以及有关管理部门经常保持联系,这样一有问题就可以迅速地协商。

(3)尽可能收集到以前的调查报告、项目建议书,要细心地阅读,并且还要与已有过的报告书中有关的评论加以比较。

(4)作为可行性研究副产品的一些资料,将来对政府和咨询者两方都非常有用,应当注意整理、保存。

F1.2.2.3 分析

(1)用具体数字引导出结论比单纯叙述数学公式和理论方法为好。

(2)数字、文章一定要和分析有关,不必要的数据资料一律不要。

(3)关于方法的选择,因为各个项目无共同之处,所以只好选择适用的最佳分析方法。

(4)环境问题和其他不确定的因素没有必要勉强用数字表达,。

(5)避免轻率地妥协和迁就委托方,结论应该是有理有据并经得起评论的。

(6)报告书不可能没有任何问题,应指明哪部分是因资料不足而分析不够充分的地方。

(7)调查关系到投资者的利益和项目的将来,出于这种考虑,对项目有关的事项都要涉及到,不明确的数据资料决不能马虎从事,应该彻底搞明白。

(8)在没有资料的情况下,要避免轻率引用他国或他地区的经验,要尽可能获得本地区的资料。

F1.2.2.4 执笔

(1)报告力求简洁,使读者只看正文部分就可以明白,内容不应超越这个范围,不要让读者非看完每篇资料才能理解。例如不要有这样的话:"这个供分析的基础资料见资料篇·表-X",而应该是:"各项的增长率合计为12.5%,详细内容可参见资料篇·表-X"。

(2)在每小节之间应有间隔,每小节内容应该统一,两种不同内容不要放在一节之内。为了使一节不至于太长,一页中最少把内容归结成两小节以上。每节的编号可以自由编排。

(3)引用外部资料时,一旦要评论就必须说明是正确还是错误。

(4)在表现手法上,要简单明白,尤其是使用英文时,最好是以中学生水平的读者为对象。

(5)不要只记述计算结果,而要使人明白达到结论的全部过程。

F1.2.2.5 编辑

在编辑可行性研究报告时,常常因为方法不当而使极好的调查材料变得枯燥无味。以下虽然是一些极简单的事,但常常因为报告要求的时间紧迫而忽略。

(1)如前所述,最前面的纲要部分要简明,观点鲜明。

(2)参考文献要包括在报告书中。

(3)正文与资料要分开编册,不过还可以根据项目规模进行调整。

(4)风险分析或敏感度分析并非附带的内容,因此不能放入另册,而要放在正文之中。

(5)图表不要弄错,因为这些都十分醒目。

(6)现场和实物的照片也应放进去。

F1.2.2.6 完成

(1)对有争议的问题重新调查时,要写明调查的困难性,工作成果、调查背景等,尽量达成一致的协议。

(2)要及早催促委托人或政府早些提供草案、最终方案和报告的说明。草案与最终方案的间隔越长、资料越陈旧就越容易和陷入重新调查的困境。

(3)草案与最终报告书同等重要,因此要全力以赴。

(4)在报告书中可以遗留一些课题放到下阶段去完成,这是因为项目设计单位可能更熟知该类项目情况。

(5)大型项目报告通常按以下顺序进行:

着手报告(Inception Report);

进展报告(Progress Report);

中间报告(Intenim Report);

最终报告草案(Draft Final Report);

最终报告(Final Report)。

根据不同情况,有些报告要求加上暂定最终报告草案(Tentative Draft Final)或说明书等,因此通常的做法是把重点集中于最终报告里。

附录 2　Excel 在投资项目评价中的应用

随着计算机技术的飞速发展,计算机在各个领域得到了越来越广泛的应用,在投资项目的可行性研究中更是如此。投资项目的评估,尤其是对大型投资项目多方案、多环节的评估,需要大量的技术经济指标计算和大量的报表编制,以及投资方案的敏感性分析等等。如果用手工进行处理,存在着计算量大、速度慢、效率低、误差大、可靠性低等问题。因此,必须借助计算机这一现代化信息处理工具,进行投资项目评估的数据处理、表格处理等工作,从而快速、准确、可靠、优美地得出各种评价指标与相关报表。

近年来,计算机软、硬件的发展,尤其是一些成熟的电子表格处理软件包的推出,给以表格数据处理为主的用户提供了极大的方便。其中最具代表性的软件 Lotus 公司的 Lotus1-2-3, Microsoft 公司的 EXCEL for Windows(以下简称 Excel)。在我国,80 年代是 LOTUS 1-2-3 电子表格处理软件独领风骚;进入 20 世纪 90 年代后,随着 Windows 用户越来越多,Excel 以其特有的优势,被更多的用户所接受,已逐步成为表格数据处理软件的主流(目前应用最多的 Excel 版本是 Office 97 中的 Microsoft Excel 97)。因此,有必要在投资项目可行性研究中推广应用这一软件。本附录将简要介绍 Excel 的一些特点和最基本的用法,以及在投资项目可行性研究中的应用。

F2.1　Excel 简介

F2.1.1　Excel 的特点

Excel 的优点(特点)很多,将其归纳有以下几点:

(1) 崭新的外观,直观的提示。Excel 与其他 Windows 的应用软件一样,采用了窗口式界面,菜单提示醒目,并在标准工具栏、格式化工具栏中提供了非常直观的常用操作图形菜单,以及在页面标签中提示当前表格所在的页,用户一目了然的看到当前的状态、常用的操作内容等。

(2)方便、灵活的使用功能。如自动求和功能(Auto Sum),要求工作表中某一区域行或列有关数据的和,在选择紧接着相应行或列的单元格后,只需把鼠标对准自动求和提示符(∑)单击左键,自动求和即刻完成;如在选定单元格、行、列或一个区域后,击鼠标右键,屏幕马上弹出一窗口菜单,提示可能的操作;如自动表格设计(Auto Format),等等。

(3)丰富的数字、文本格式和表格格式化功能。为满足不同表格的编制、数据与文字输出格式的要求,Excel 提供了各式各样的数字、文字和表格式样的格式。如果您配备一台彩色的激光打印机,您可做出任意美观的表格。

(4)强大的打印功能。Excel 提供了大量的打印页面设计选项,根据用户需要可选择其中的一、两项或多项,在送打印机前,可按实际打印的格式在屏幕进行打印预览,如不符合要求,可及时更改有关选项。

(5)大量的实用函数。Excel 提供了 11 大类约 300 个函数,结合在工作表中建立公式,进行数学与三角函数处理、财务处理、统计分析、文字处理、逻辑处理、查询处理等等，大大增强了这一软件的数据处理功能。

(6)丰富的数据管理功能。Excel 的每一页表，就相当一个数据库，可对这个数据库进行各种操作，如排序、筛选等。此外，可在 Excel 界面下直接打开其他类型的数据库文件(如.DBF 文件)。

(7)丰富的图形处理功能。Excel 提供了大量的统计分析图形，并且可把图形与表格的数据进行动态连接，数据表格中数据的变化可及时在图形中反映。

(8)更为强大的可编程功能。Excel 较早的版本(4.0 版以前的版本)使用了类似于 LOTUS 1-2-3 的宏语言(Macro)建立宏库或文件(.XLM)。从 Excel 5.0 开始提供了 Visual Basic for Applications(VBA)的可编程应用程序，应用 VBA 后构造基于 Excel 的宏应用程序比以前更容易，应用 VBA 编程已接近类似于 BASIC 语言、C 语言编程。

F2.1.2 Excel 基本知识

F2.1.2.1 Excel 工作区概述

Excel 启动成功进入一个包含 5 个区域的屏幕，即工作簿窗口、菜单栏、两个或多个工具栏、编辑栏(公式栏)和状态栏，这五个区域合起来称为 Excel 工作区。另加一个标题栏，详见图 F2-1。

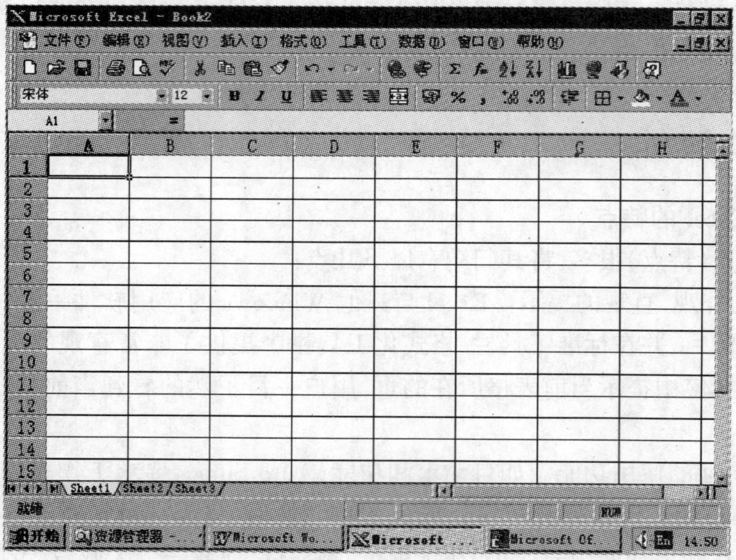

图 F2-1 Excel 工作区

工作簿窗口由行头、列头、上下与左右滚动框、工作表标签与导向控制框(工作簿窗口最下一行左端)、工作表单元格(Cells)组成。一个工作簿(Book)有多个独立工作表(Sheet)，一个 Sheet 有 65536 行×256 列(列标由 AA 到 IV 列)个单元格，如需要可增加 Sheet 的个数。选择不同的工作表可用鼠标单击各个表标签即可。

菜单栏上共有 9 个菜单，即 File(文件)，Edit(编辑)，View(视窗)，Insert(插入)，Format(格式)，Tools(工具)，Data(数据)，Window(窗口)，Help(帮助)。下拉的 Excel 菜单同基于

Windows的其他应用程序一样:定位到想要下拉的菜单然后单击鼠标(也可用Alt键与带下划线的字母连用),即可得到该菜单下的下一级子菜单。

编辑栏用于向单元格输入数据、公式等。

状态栏显示当前工作区的状态。

工具栏的各种图形、符号表示了有关的操作,这些操作可从菜单选择中得出,但用了工具栏,选取更方便、速度更快。为了更清楚的提示,只要把鼠标对准有关图标停留3s,屏幕马上显示该操作的含义。

F2.1.2.2 指针

在Excel中,对于工作区中的不同区域指针有不同的功能。在此只简要说明几种最常用的指针。当指针移到菜单栏时,指针呈现成一个箭头,这样就可以指向要选择的命令。当指针移到编辑栏时,指针形状变成I柱形,在工作表上编辑时,这个I柱形便是插入点。当指针在工作表网格线上移动时,指针形状变成空心的加号。如果移动这个加号到单元格C5并单击鼠标左键,C5便出现边框(此时C5称为活动单元格),位于编辑栏左端的名字框显示C5,表示当前选择了C5这个单元格。当指针移到两个行头或列头标号之间时,指针变成一个带上下箭头或左右箭头的十字,此时按住鼠标左键上下或左右拖曳,可改变行高或列宽。

F2.1.3 Excel工作表(Sheet)

F2.1.3.1 单元格的选择与数据输入

A 单元格的选择

在对单元格进行操作之前,必须选择一个或一组单元格。选择一个单元格只需利用鼠标对准指定单元格单击左键即可(或利用键盘的方向键移至目标单元格)。但实际上往往需要选择一组单元格,以加快操作。选择一组单元格的主要内容有:

(1)选择一组连续的矩形单元格。如选择B2:F5,可用鼠标先选B2,同时按住鼠标左键拖曳至F5;也可先选B2,按住Shift或按F8键,然后鼠标指针对准F5单击左键;还可在选定B2后,按住Shift或按F8键,用键盘方向键移动至F5。

(2)选择一组非连续的单元格。用Ctrl或Shift-F8键与鼠标联合进行选择。

(3)选择一行或一列。用鼠标指针对准行标或列标单击左键。若选一组连续的行或列,或一组非连续的行或列,方法同(1)、(2)。

(4)全选一个工作表。鼠标指针对准全选框单击左键。

B 在单元格中输数据

在选定的单元格中直接键入数据(包括数字、字符、公式等),输入完毕回车(Enter)即可。若需修改数据,则在选定要修改数据的单元格后,用鼠标在编辑栏中对准要修改数据的位置单击左键,即可修改。

F2.1.3.2 保护数据

对于实际使用的有些数据(如财务报表)需要保护,以防他人篡改,这样就提出了数据的保护问题。保护工作表中的数据可用工具(Tools)中的保护(Protection)命令进行,往下的选保护工作表(Protection sheet)命令。此时的对话框出现提示输入口令(Password)等内容,若输入口令的用户要记住此口令,否则该表格数据将无法再修改。修改时必须先取消保护(与加保护方法相同)。

F2.1.3.3 建立公式

建立公式的一般步骤是:第一,选择需要输入公式的单元格;第二,用“=”开头建立公式;第三,按一般计算机语言计算公式的要求输入具体的公式形式(公式由数字、单元格或单元格组、函数和运算符组成)。

A 运算符及优先级

常用的数学运算符及优先级别为:(),^,*、/,+、-(括号引用时一定要匹配,在公式输入有括号时公式栏中及时加黑配对的括号以提醒输入者)。

字符串连接运算符:&。

B 公式中单元格的引用

例如在B10中输入一公式,使其等于A10、B6、B7、B8、B9各单元格中数值之和,在选择B10后,输入“=A10+B6+B7+B8+B9”或“=SUM(A10,B6:B9)”。

在此有一个在公式中引用单元格的问题。单元格在公式中的引用,在Excel工作表计算中是一个技巧性与灵活性较大的内容,也是能否用好这一表格软件的关键。单元格在公式中引用有以下几种形式:

(1)相对引用。即“引用”指向相对于公式所在单元格相对位置的单元格,也就是说,公式里引用的单元格地址是相对于公式单元格的“相对地址”。如在上例B10里的公式的单元格引用就是相对引用,它们在表中的位置是相对B10而言的。把B10中的公式复制到C9,C9中的公式为:“=B9+C5+C6+C7+C8”。

(2)绝对引用。即“引用”指向工作表中固定位置的单元格,也就是说,公式里引用的单元格地址是在整个工作表中的“绝对地址”。如在上例B10里的公式的单元格引用将改成“=$A$10+$B$6+$B$7+$B$8+$B$9”,把B10中的公式复制到C9,C9中的公式与B10中的公式完全一样。

(3)混合引用。即在单元格的引用中,既有绝对引用,又有相对引用。如在上例B10里的公式的单元格引用改成“=A$10+$B6+$B7+$B8+$B9”,把B10中的公式复制到C9,C9中的公式为:“=B$10+$B5+$B6+$B7+$B8”。

F2.1.3.4 格式化工作表

应用Excel可制成非常复杂、非常美观的表格。但直接将工作表打印出来远远不够,还需对工作表进行格式化工作。格式化工作表的主要操作有:

(1)对单元格中数字类型、字体的字形及大小、对齐方式进行格式化。具体操作可选择主菜单中格式(Format)下的格式化单元格命令,然后进入对话框选择数字(Number)、对齐(Alignment)、字体(Font)进行相应的操作。

(2)对单元格边框、底色进行格式化。具体操作可选择主菜单中格式化(O)下的格式化单元格(Format Cells)命令,然后进入对话框选择边框(Border)、背景色颜色及阴影(Patterns)进行相应操作。利用此功能可设计各式各样的表格。

(3)行高、列宽设计。具体操作可选择主菜单中格式化(Format)下的行(Row)、列(Column)命令进行设计,也可用鼠标在行与行之间或列与列之间的拖曳来设定。

(4)自动套用格式。Excel提供了6类16种表格格式,在选择主菜单中格式化(Format)下的AutoFormat(自动格式化)命令后,可进一步选择其中一种表格式样。

以上的操作大部分在格式化工具栏中可直接得到。在进行上述操作前必须选定被格式化的单元格区域。

F2.1.3.5 工作表编辑

Excel的许多编辑功能代替了传统的橡皮、剪刀和胶水。因此,您可以在工作表中删除、复制、剪切和粘贴单元格或区域。有关Excel的工作表编辑很多,在此只简单介绍几个最主要的。

A 复制(Copy)

选用编辑(Edit)菜单中的拷贝(Copy)命令可复制被选单元格或区域的内容和格式到同一工作表或另一工作表(也可是不同工作簿文件的工作表)的其他区域,而不改变源单元格的内容。操作步骤是:首先选择源单元格或区域;其次,选择Copy命令;第三,移动活动单元格至目标单元格,按Enter键。

B 删除(Delete)

删除命令(Delete)在编辑(Edit)菜单中,其含义是删整个被选的单元格或区域。操作步骤是:首先要删除的单元格或区域;其次,选择Delete命令;第三,按删除对话框的提示,选择删整行或整列、删除单元格后右侧单元格左移或下方单元格上移。

C 清除(Clear)

清除命令(Clear)在Edit菜单中,其含义是只清除被选单元格或区域的有关内容,单元格仍保留在原位置。操作步骤是:首先要清除的单元格或区域;其次,选择Clear命令;第三,按清除的下级菜单提示,选择清除单元格的全部(All)、格式(Formats)、内容(Contents)和附注(Notes)。

D 插入(Insert)

在插入(Insert)菜单中有许多命令,对工作表编辑而言,插入操作主要有插入单元格、插入整行、插入整列。插入单元格时需要回答原来位置的单元格是往下移还是往右移。

E 剪切(Cut)

剪切命令(Cut)放在Edit菜单中,它的含义、操作步骤与复制相似,只是执行完剪切命令后,源单元格已移动至目标单元格位置。

F 粘贴(Paste)与选择性粘贴(Paste Special)

粘贴(Paste)与选择性粘贴(Paste Special)命令也在Edit菜单中。粘贴命令一般与复制、剪切命令一起使用(相当于按Enter键);选择性粘贴只与复制命令一起使用(可按对话框的提示选择)。

G 填充(Fill)

填充命令(Fill)放在Edit菜单中,它的含义是把选择好的单元格区域中的最上一行(或最左一列)单元格的内容往下填充(^Down)或往右填充(^Right);当然也可反过来。填充后在选定单元格区域内一列或一行的内容一致,若不含公式时它们的值相等,若单元格中有公式,则把公式复制过去,此时值不一定相等。

以上的操作大部分在标准工具栏中可直接得到。

F2.1.4 工作表函数

丰富的工作表函数是Excel应用的一大特点。函数是Excel中内嵌的计算公式,每个函数提供了一种特定的运算。在项目经济评价中常用的工作表函数种类有:财务函数、数学和三角函数、日期和时间函数、逻辑函数、统计函数等。在此简单介绍几个最常用的财务函数、数学函数、逻辑函数。

F2.1.4.1 函数的语法

工作表函数由两部分组成:函数名及后面的一个或多个参数。函数名说明函数执行的运算,参数指定函数使用的数值或单元格等。例如在单元格 D7 中输入公式:

= AVERAGE(5,D2:D5)

AVERAGE 是函数名,指明进行求平均值运算,括号中的 5 与 D2:D5 是它的两个参数。该公式计算 5 与 D2、D3、D4、D5 单元格内的数值的算术平均值。

函数引用时的语法格式为:

= 函数名(参数或参数表)

输函数名之前必须先输等号。函数名一般以大写字母出现,但输入用小写字母时可自动转换为大写字母(除非函数名输错)。利用此功能可随时检查函数名输入是否正确。

参数可以是数值、单元格或单元格区域、文本值(字符串)、逻辑值、数组、表达式等,使用的参数多于一个时,必须用逗号把它们分开。

F2.1.4.2 常用的财务函数

A PV 函数

PV 函数计算一系列等额支付与一次性支付的现值。

函数语法:

= PV(rate,nper,pmt,fv,type)

式中:rate——贴现率;

nper——投资的计算期;

pmt——每期支付(或取得)的相等金额(年度等值);

fv——计算期末的未来值;

type——年度等值发生在各期的期末取 0(或省略)、期初取 1。

当 pmt = 0 时(或省略),PV 函数相当已知未来值计算现值;fv = 0(或省略),PV 函数相当已知年度等值计算现值。

B FV 函数

FV 函数计算一系列等额支付与一次性支付的未来值。

函数语法:

= FV(rate,nper,pmt,pv,type)

式中:pv——计算期第 1 年初的现值;

其余参数同 PV 函数。

当 pmt = 0 时(或省略),FV 函数相当已知现值计算未来值;pv = 0(或省略),FV 函数相当已知年度等值计算未来值。

C NPV 函数

NPV 函数计算任意支付系列期间内,各年现金流量的净现值。

函数语法:

= NPV(rate,value1,value2,...)

式中:value1,value2,...,value29——计算期各年的现金流量,如果各年的现金流量已在工作表中连续的单元格区域输入,可用单元格区域代替;

其余参数同 PV 函数。

D　PMT 函数

PMT 函数计算已知现值、未来值数额时的每年等值金额。

函数语法：

= PMT(rate,nper,pv,fv,type)

式中各个参数同 PV、FV 函数。

当 fv = 0(或省略),PMT 函数相当已知现值计算年度等值;pv = 0(或省略),PMT 函数相当已知未来值计算年度等值。

E　NPER 函数

NPER 函数计算已知现值、未来值、每年等值金额时的投资偿还期(计算期数)。

函数语法：

= NPER(rate,pmt,pv,fv,type)

式中各个参数同 PV、FV 函数。

F　RATE 函数

RATE 函数计算一次支付与等额支付序列的利率(贴现率)。

函数语法：

= RATE(nper,pmt,pv,fv,type,guess)

式中:guess 参数是可选参的,它用以指定利率计算的起点,若省略则从 10% 开始计算(此时如函数返回 # NUM! 的出错值,说明经过 20 次的迭代计算函数无法收敛,需要重新给定一个 guess 再计算一遍);

其余各个参数同 PV、FV 函数。

G　IRR 函数

IRR 函数计算任意支付序列的内部收益率。

函数语法：

= IRR(values , guess)

式中:values 参数是一个数组或单元格区域引用,其中至少含有一个与其他数值符号相反的数,在此 values 只表示一个参数;

guess 参数同 RATE 函数。

H　SLN 函数

SLN 函数是按直线折旧法计算固定资产的每期相等的折旧额。

函数语法：

= SLN(cost,salvage,life)式中:cost 为固定资产原值;

salvage 为固定资产残值;

life 为固定资产预计使用年限。

I　DDB 函数

DDB 函数是按双倍余额递减法计算固定资产的不同时期的折旧额。

函数语法：

= DDB(cost,salvage,life,period,factor)

式中:period 为希望计算折旧的那个周期;

factor 为余额递减速率(等于 2 或省略表示双倍余额递减,等于 3 则是三倍余额递减);其余参数同 SLN 函数。

F2.1.4.3 其他常用的函数

A SUM 函数

SUM 函数是计算一系列数值的和。

语法:

= SUM(values)

values 参数可多达 30 项,每项可用数字、公式、单元格区域等表示。

B IF 函数

IF 函数:逻辑条件测试的为真——TRUE 返回某个值,假——FALSE 返回另一个值。

语法:

= IF(logical_test,value_if_true,value_if_false)

logical_test 为逻辑表达式,后两个参数表示逻辑表达式为真或假时的函数返回值。

C AND、OR 和 NOT 函数

这三个附加函数可帮助 IF 函数实现复合条件测试。

语法: = AND(logical1,logical2,...,logical30)

= OR(logical1,logical2,...,logical30)

= NOT(logical)

Excel 还有大量非常有用的函数,如三角函数的计算、统计预测(如移动平均法与线性回归法)等等。所有的 Excel 表格函数都可通过函数帮助的功能来查阅,其中还附有例子,对具备一般 Windows 知识的读者完全可以通过上机自学掌握。

此外 Excel 的图形处理功能也十分丰富,限于篇幅不做进一步介绍。

F2.2 应用示例

例 F2-1 复利系数表的设计与计算。利用Excel公式对单元格的引用和编辑功能可十分方便的设计和计算一个复利系数表。例如设计一个年利率为 12% 的一次支付和等额序列的 6 个复利系数表。

过程如下:

(1)表格及表头设计。利用 Excel 格式化工作表的功能,设计一个 7 列和所需计算期数(年份)的表格,见图 F2-2。

(2)输入基础数据。将贴现率输入 G1,年份在 A3 输入 1,并在 A4 中输入公式:= A6 + 1,然后选择单元格区域 A4:A12(可选择到任意年份),执行一次向下填充操作,年份就自动顺序累加、排列。贴现率与年份将作为计算复利系数的基础数据。

(3)在 B3、C3、D3、E3、F3、G3 分别输入对应的公式,并选择单元格区域:B4:G12,再执行一次向下填充操作,即可把相应复利系数计算出来。B3、D3、F3 公式形式如下:

B3: =(1+ $G$1)^A3 (此公式可任意往下填充);

D3: =((1+ $G$1)^A3-1)/ $G$1 (此公式可任意往下填充);

F3: = $G$1*(1+ $G$1)^A3/((1+ $G$1)^A3-1) (此公式可任意往下填

充)。

公式对贴现率所在单元格的引用是绝对引用,而对年数所在单元格的引用是相对引用。

(4)复制形成新表格。例如将图 F2-2 中的表复制形成一张新表,改动 G1 的值,把 10% 变为 12%,即可得出贴现率为 12% 的复利系数表。这样可在短时间内制成许多复利系数表。

复利系数表　　i = 10%

年份 n	一次支付终值系数 $(F/P,i,n)$	一次支付现值系数 $(P/F,i,n)$	等额系列终值系数 $(F/A,i,n)$	偿债基金系数 $(A/F,i,n)$	资本回收系数 $(A/P,i,n)$	等额系列现值系数 $(P/A,i,n)$
1	1.1000	0.9091	1.0000	1.0000	1.1000	0.9091
2	1.2100	0.8264	2.1000	0.4762	0.5762	1.7355
3	1.3310	0.7513	3.3100	0.3021	0.4021	2.4869
4	1.4641	0.6830	4.6410	0.2155	0.3155	3.1699
5	1.6105	0.6209	6.1051	0.1638	0.2638	3.7908
6	1.7716	0.5645	7.7156	0.1296	0.2296	4.3553
7	1.9487	0.5132	9.4872	0.1054	0.2054	4.8684
8	2.1436	0.4665	11.4359	0.0874	0.1874	5.3349
9	2.3579	0.4241	13.5795	0.0736	0.1736	5.7590
10	2.5937	0.3855	15.9374	0.0627	0.1627	6.1446
11	2.8531	0.3505	18.5312	0.0540	0.1540	6.4951
12	3.1384	0.3186	21.3843	0.0468	0.1468	6.8137

图 F2-2　复利系数表的设计

例 F2-2　财务评价报表中有关评价指标的计算。一投资项目 1 ~ 10 年的税后净现金流量数据如表 F2-1 所示。基准收益率 $i_c = 10\%$。

表 F2-1　某投资项目 1 ~ 10 年的税后净现金流量数据　　单位:万元

年限/年 \ *NCF*	1	2	3	4	5	6	7	8	9	10
年末 *NCF*	-2240	-1280	650	780	890	1000	1000	1000	1000	1120
累计 *NCF*	-2240	-3520	-2870	-2090	-1200	-200	800	1800	2800	3920

注:*NCF*——Net Cash Flow (净现金流量)。

计算该项目的财务净现值(*FNPV*)、财务内部收益率(*FIRR*)与静态投资回收期(P_t)。

解　设表F2-1的年份、年末 NCF、累计 NCF 在 Excel 的一个工作表(Sheet2)的 B2:K4 中,左部表头在 A2:A4,见图 F2-3 所示。

在此利用 Excel 的公式和工作表函数进行计算:

(1)累计净现金流量计算:

年末净现金流量数据放在 B3:K3(见表 F2-1)。

在 B4 中输入公式:= B3;

在 C4 中输入公式：= C4 + D3；

把 C4 的公式复制到 D4：K4，可得出各年末净现金流量，见表 F2-1 第三行。

(2)计算该项目的财务净现值（*FNPV*）、财务内部收益率（*FIRR*）：

设基准收益率 $i_c = 10\%$ 的 10%放在 B5，利用 NPV 函数计算，即

在 D5 中输入公式：= *NPV*(B5，B3：K3) 得出 879.6（*FNPV* 的值，万元）；

在 D6 中输入公式：= *IRR*(B3：K3) 得出 15.8%（ *FIRR* 的值）。

(3)计算静态投资回收期（P_t）：

在此利用 Excel 的逻辑函数（IF 函数、AND 函数）与静态投资回收期的计算公式结合，可进行智能化的静态投资回收期（P_t）计算（即无论现金流量数据如何变化，均可计算出 P_t 并放在表中的固定位置）。具体过程如下：

在工作表 Sheet2 中的第 8 行建立一辅助行（此行在输出财务评价报表时可不输出；

在 C8 中输入公式：= IF(C4 = 0，C2，IF(AND(B4〈0，C4〉= 0)，C2 − 1 + ABS(B4)/C3，0))；

把 C8 的公式复制到 D8：K8。

C8 中公式的涵义：如果当年的累计净现金流量正好为 0 时，当年的年数就是 P_t；否则再使用一次逻辑判断，即如果同时满足上一年的累计净现金流量为负值与当年累计净现金流量为正值，给单元格赋 P_t 计算公式的值（P_t 计算公式参见第 4 章），反之辅 0 值。

在 A8 中输入公式：= SUM(B8：K8)；

在 D7 中输入公式：= A8　　　（本例为 6.2 年）。

以上(1)、(2)、(3)步计算可参见图 F2-3 所示。

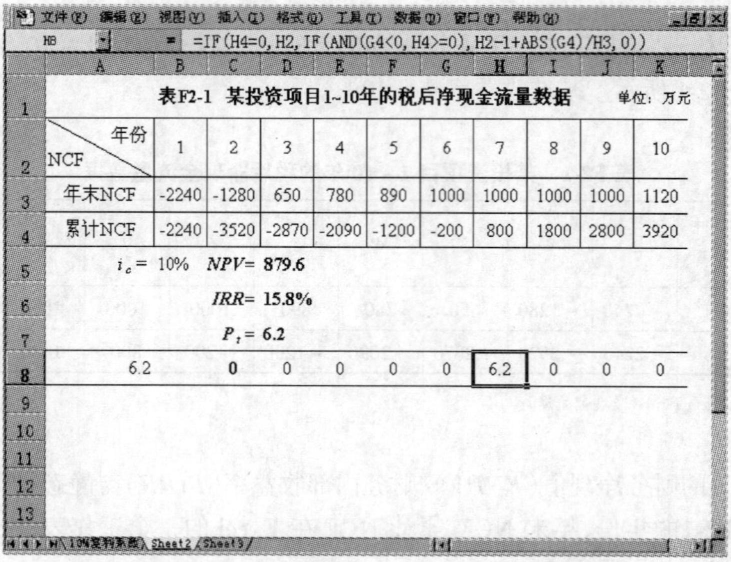

表F2-1 某投资项目1~10年的税后净现金流量数据　单位：万元

年份 / NCF	1	2	3	4	5	6	7	8	9	10
年末NCF	-2240	-1280	650	780	890	1000	1000	1000	1000	1120
累计NCF	-2240	-3520	-2870	-2090	-1200	-200	800	1800	2800	3920

i_c = 10%　*NPV*= 879.6

IRR= 15.8%

P_t = 6.2

6.2	0	0	0	0	0	6.2	0	0	0

图 F2-3　在 Excel 的工作表(Sheet2)中计算 *FNPV*、*FIRR*、P_t 示意图

附录 3　投资项目财务评价案例

F3.1　案例背景资料

F3.1.1　概述

钢管是国民经济中重要的原材料之一，素有工业"血管"之称。冷拔钢管是钢管生产中技术难度较大的品种之一，目前国内外市场对冷拔钢管的需求量较大。某钢管公司根据国内市场的需要和自身的条件，拟购买国内一项冷拔钢管技术和相关设备，投资新建一个精密钢管项目。

F3.1.2　主要数据预测与估算

F3.1.2.1　产品方案及价格

产品方案及销售价格预测见表 F3-1(表中售价不含增值税，下同)。

表 F3-1　产品方案与售价表

序号	名　称	年产量/t	售价/元·t^{-1}
1	液压气动缸体管	3000	9000
2	DOM 管	1000	7000
3	珩磨管	1100	10000
4	汽车用管	900	10000
5	石油地质管	800	8500
6	井下支柱管	700	7500
7	其他类型管	500	12000

F3.1.2.2　投资及其相关数据估算

(1) 精密钢管车间：主厂房面积 2016m^2，单位造价 2500 元/m^2，设备重量 610t，平均单价 27,500 元/t，安装工程为设备购价的 9.25%。

(2) 公辅设施：建筑面积 2223 m^2，单位造价 2100 元/ m^2；设备重量 130t，平均单价 26500 元/t；安装工程为设备购价 22%。

(3) 工器具、家具购置费 25 万元。

(4) 无形资产和递延资产合计为 575 万元，其中递延资产 75 万元。

(5) 预备费为建设投资额的 8%。

(6) 上述投资均未计利息。建设投资中 30%为自有资金(资本金)；70%为银行贷款，贷款利率 8.08%，贷款偿还按最大可能偿还。建设期建设投资的贷款利息用另外的自有资金偿还(利息资本化)。

(7) 项目流动资金 30%为自有；70%从银行贷款，贷款利率为 8.08%。

(8) 项目建设期 2 年(计划每年投资各占 50%),投产期 2 年(第 1 年达产 50%、第 2 年达产 85%);项目计算期 16 年(含建设期、投产期)。

(9) 项目基准投资收益率为 12%,基准投资回收期 10 年。

F3.1.2.3 原材料、燃料及动力消耗

原材料、燃料及动力消耗见表 F3-2(均为外购的原材料、燃料及动力)。

表 F3-2 正常年份原材料、燃料及动力消耗表

序号	项目名称	售 价	消耗量
1	原材料		
1.1	热轧无缝管	4500 元/t	7600t
1.2	直缝焊管	3200 元/t	1200t
1.3	硫酸(93%)	600 元/t	42t
2	燃料及动力		
2.1	水	0.50 元/m^3	24500m^3
2.2	电	0.40 元/kW·h	16565000kW·h
2.3	动力煤	160 元/t	4450t

F3.1.2.4 税率

增值税税率除动力煤按 13%外,其余均按 17%计算;城市维护建设税为产品销售收入的 0.6%;教育费附加为应交增值税的 3%;所得税税率为 33%。

F3.1.2.5 劳动定员及工资

生产人员为 402 人,管理及服务人员 88 人。职工人均工资及福利费为 8900 元/人·年。

F3.1.2.6 其他

制造费用中的其他费用为 255 万元/年;管理费用中其他费用为 97.3 万元/年;正常年份销售费用为 235 万元/年(作为可变费用对待)。

流动资金估算中有关周转天数:应收账款 30 天,原材料 30 天、燃料与动力 15 天、在产品 3 天、产成品 10 天,应付账款 45 天,现金 30 天。

固定资产余值为固定资产原值的 5%。修理费、维简费略去不计。

F3.2 财务评价报告

F3.2.1 基础数据收集与汇总

根据以上投资项目的背景资料和有关的数据预测、估算,分类列出基础数据及正常的部分数据的估算值,见附表 F3-1。

F3.2.2 项目实施进度

该精密钢管项目拟两年建成,3 年达产,即第 3 年投产当年生产负荷达到设计能力的 50%,第 4 年达到 85%,第 5 年达到设计产量。项目建设期为 2 年,生产期 14 年(其中投产期 2 年,达到设计能力的生产期),项目计算期为 16 年。

F3.2.3　投资估算、投资计划与资金筹措

以基期价格计算的固定资产投资总额(建设投资加建设期利息)为4391.4万元,固定资产投资3581.3万元,建设投资为4156.3万元,建设期利息为235.1万元。项目投产后形成的固定资产价值为3816.4万元,无形资产及递延资产价值为575万元。

按分项估算的正常年份的流动资金为527.4万元。

项目总投资为4918.7万元。

建设投资4156.3万元中,自有资金占30%(1246.9万元),银行借款占70%(2909.4万元)。流动资金527.4万元中,自有资金占30%(158.2万元);银行借款占70%(369.2万元),贷款年利率为8.08%。

以上数据详见附表F3-2、附表F3-3、附表F3-4。

F3.2.4　总成本费用估算

外购原材料、外购燃料及动力的估算先按正常年份进行计算,然后按达产比例核算为投产期各年的外购原材料、外购燃料及动力的费用。工资及复利费的估算按职工总人数为490人,年人均工资及福利费为8900元,年工资总额为436.1万元。

固定资产价值为3816.4万元,固定资产残值为190.8万元,折旧年限为14年,年折旧费为259.0万元。无形资产分10年摊销,年摊销费为50.0万元;递延资产分5年摊销,年摊销费为15.00万元。

以上各项数据计入总成本费用估算表中,再加上利息与期间费用,即可得项目各年的总成本费用。以上分析计算见附表F3-5。

F3.2.5　产品销售收入与增值税、销售税金计算

按基期价格计算的生产期各年产品销售收入增值税、销售税金见附表F3-6。

F3.2.6　借款还本付息计算

项目建设期借款利息按当年借款半年计息,建设期利息用自有资金偿还(相当资本金),即利息资本化。生产期(含投产期)长期借款利息进入总成本费用,长期借款按最大可能性偿还(将可用于还款的资金全部用于还款)。长期借款还本付息计算见附表F3-7。借款偿还期为5.8年。

F3.2.7　财务报表编制及分析

基本财务报表损益表、现金流量表(全部投资、自有资金)、资金来源与运用表、资产负债表的编制见附表F3-8、附表F3-9、附表F3-10、附表F3-11、附表F3-12。

F3.2.7.1　财务盈利能力分析

根据现金流量表(全部投资)(见附表F3-9)、现金流量表(自有资金)(见附表F3-10)得出有关评价指标如表F3-3所示。

表F3-3　各项评价指标表

序号	指标名称	所得税后	所得税前
1	按全部投资计算		
1.1	财务内部收益率 *FIRR*	19.2%	24.3%
1.2	财务净现值 *FNPV*	1863.4万元	3967.7万元

续表 F3-3

序号	指标名称	所得税后	所得税前
1.3	投资回收期 P_t	6.7 年	5.9 年
2	按自有资金计算		
2.1	财务内部收益率 FIRR	25.1%	
2.2	财务净现值 FNPV	2122.9 万元	

该项目的财务内部收益率(*FIRR*)均大于基准投资收益率为 12%,投资回收期 P_t 小于基准投资回收期 10 年,并且财务净现值 *FNPV* 均为正值,表明该项目在财务上是可行的。

根据损益表(见附表 F3-8)计算的各项静态评价指标为:

投资利润率 = (年平均利润总额 ÷ 项目总投资) × 100%

$= [(15329.3 \div 14) \div 4918.7] \times 100\% = 22.3\%$

投资利税率 = 年平均利税总额/项目总投资

$= \{[(15329.3 + 759.6) \div 14] \div 4918.7\} \times 100\% = 23.4\%$

资本金利润率 = 年平均利润总额/资本金

$= [(15329.3 \div 14) \div 1640.2] \times 100\% = 66.8\%$

F3.2.7.2 财务清偿能力分析

根据长期借款还本付息计算见附表 F3-7,借款偿还期为 5.8 年。

根据资产负债表(见附表 F3-12),可以看出项目计算期内各年的资产、负债和所有者权益的情况。进一步分析该项目的财务清偿能力如下:

(1)项目建成投产年份资产负债率为 70.1%(达到最高值),以后逐年下降,最低为 7.3%,说明项目面临风险不大,偿债能力较强。

(2)项目投产后的流动比率为 119.6%,投产后第 5 年达到 260.3%,说明项目流动资产在短期债务到期前可以变为现金用于偿还流动负债的能力强。

(3)项目投产后的速动比率,除前 4 年低于 100%外,其余年份均在 202.0%以上,说明各年流动资产可以立即用于偿付流动负债的能力也较强。

F3.2.8 不确定性分析

F3.2.8.1 盈亏平衡分析

项目达到设计能力和还清借款时的年总成本费用为 5903.7 万元,其中固定成本为 1127.2 万元,变动成本为 4776.5 万元,年销售税金及附加(不含增值税)为 56.9 万元,年销售收入为 7205.0 万元。以所得税前生产能力利用率表示的盈亏平衡点(*BEP*)为:

$BEP = 1127.2 \div (7205.0 - 4776.5 - 56.9) \times 100\% = 47.5\%$

计算结果表明,该项目生产达到设计能力的 47.5%时,企业可以不亏不盈。因此该项目有一定的抗风险能力。

F3.2.8.2 敏感性分析

就该项目的销售收入、经营成本、建设投资三个因素变化对所得税后的全部投资财务内部收益率(*FIRR*)进行敏感性分析。计算结果见表 F3-4 和图 F3-1。

由表 F3-4 和图 F3-1 可以看出,销售收入最为敏感,当销售收入下降大约 8%时,项目将变为不可行;其次是经营成本,当经营成本上升超过 10%时,项目也会变为不可行;建设投资为最不敏感的因素。

表 F3-4 敏感性分析表(按基期价格计算)

变动因素＼变动范围	-15%	-10%	-5%	基本方案（*FIRR*）	5%	10%	15%
销售收入	4.7%	10.2%	14.7%	19.2%	23.1%	26.7%	30.2%
经营成本	28.3%	25.4%	22.4%	19.2%	15.8%	12.0%	8.2%
建设投资	21.8%	20.9%	20.0%	19.2%	18.4%	17.7%	17.1%

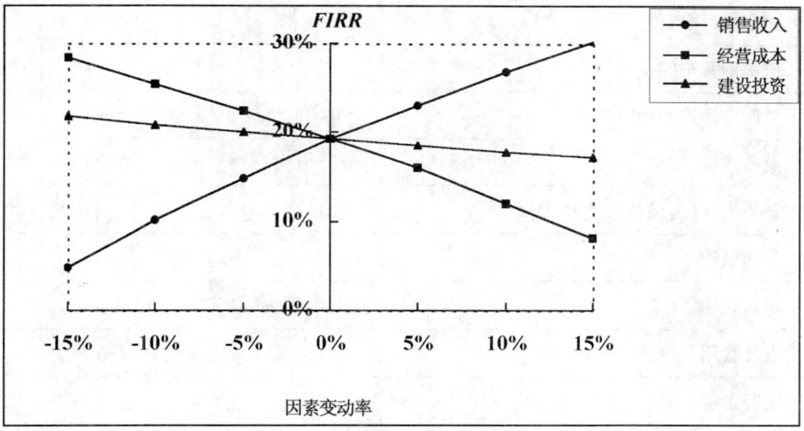

图 F3-1 敏感性分析图

F3.2.9 评价结论

财务评价全部投资内部收益率为(所得税后)19.2%,高于基准收益率12%,所得税后投资回收期为6.7年,低于基准投资回收期10年,所得税后财务净现值为1863.4万元,这些指标说明项目具有较好的财务盈利能力;项目可以在5.8年还清所有长期借款,并且从资产负债率、流动比率、速动比率指标来看,项目的清偿能力较强。总之,该项目的财务评价效益较好,从财务评价的角度看项目是可以接受的。

附表 F3-1 基础数据汇总表

产品方案及正常年份销售收入数据

序号	项　　目	单价/元·t^{-1}	数量/t	金额/万元
1	正常生产年份产品产量		8000	7205.0
1.1	液压气动缸体管	9000	3000	2700.0

续附表 F3-1

产品方案及正常年份销售收入数据				
序号	项　　目	单价/元·t^{-1}	数量/t	金额/万元
1.2	DOM 管	7000	1000	700.0
1.3	珩磨管	10000	1100	1100.0
1.4	汽车用管	10000	900	900.0
1.5	石油地质管	8500	800	680.0
1.6	井下支柱管	7500	700	525.0
1.7	其他类型管	12000	500	600.0
投资及相关数据				
序号	项　　目	单价	数量	金额/万元
2	固定资产投资			3581.3
2.1	精密钢管车间			2336.7
2.1.1	主厂房建筑费用	2500 元/m^2	2016 m^2	504.0
2.1.2	设备费用	27500 元/t	610 t	1677.5
2.1.3	安装工程(为设备价的 9.25%)			155.2
2.2	公辅设施			887.1
2.2.1	建筑费用	2100 元/m^2	2223 m^2	466.8
2.2.2	设备费用	26500 元/t	130 t	344.5
2.2.3	安装工程(为设备价的 22%)			75.8
2.3	工器具、家具购置			25.0
3	无形资产与递延资产			575.0
3.1	无形资产			500.0
3.2	递延资产			75.0
4	预备费(占建设投资的 8%)			332.5
5	固定资产残值率(占固定资产原值的百分比)		5%	
成本费用及相关数据(按正常年份计)				
序号	项　　目	单价	数量	金额/万元
6	外购原材料			3806.5
6.1	热轧无缝管	4500 元/t	7600t	3420.0
6.2	直缝焊管	3200 元/t	1200t	384.0
6.3	硫酸(93%)	600 元/t	42t	2.5
7	外购燃料及动力			735.0
7.1	水	0.50 元/m^3	24500m^3	1.2

续附表 F3-1

成本费用及相关数据(按正常年份计)				
序号	项　目	单价	数量	金额/万元
7.2	电	0.40元/kWh	16565000kWh	662.6
7.3	动力煤	160元/t	4450t	71.2
8	工资及福利费			436.1
8.1	生产人员	8900元/人·年	402人	357.8
8.2	管理人员	8900元/人·年	88人	78.3
9	其他费用	万元/年		587.3
9.1	年其他制造费用	万元/年		255
9.2	销售费用	万元/年		235
9.3	管理费用的其他费用	万元/年		97.3

附表 F3-2　建设投资与固定资产投资总额估算表　单位:万元

序号	工程或费用名称	估算价值				
		建筑工程	设备购置	安装工程	其他费用	合计
1	固定资产投资					3581.3
1.1	工程费用	970.8	2022.0	231.0		3223.8
1.1.1	精密钢管车间	504.0	1677.5	155.2		2336.7
1.1.2	公辅设施	466.8	344.5	75.8		887.1
1.2	其他费用				25.0	25.0
1.3	预备费				332.5	332.5
2	无形资产与递延资产				575.0	575.0
2.1	无形资产				500.0	500.0
2.2	递延资产				75.0	75.0
3	建设期利息					235.1
3.1	第1年末利息					58.8
3.2	第2年末利息					176.3
4	建设投资(1+2)					4156.3

续附表 F3-2

序号	工程或费用名称	估算价值				
		建筑工程	设备购置	安装工程	其他费用	合计
4.1	自有资金					1246.9
4.2	银行贷款					2909.4
5	固定资产投资总额(1+2+3)					4391.4
6	固定资产原值(1+3)					3816.4
7	固定资产残值					190.8

附表 F3-3 投资计划与资金筹措表

单位:万元

序号	年限/年 项目	合计	建设期		投产期		达到设计能力生产期	
			1	2	3	4	5	6~16
	生产负荷/%				50	85	100	100
1	总投资	4918.7	2136.9	2254.5	343.2	128.9	55.2	
1.1	建设投资	4156.3	2078.1	2078.1				
1.1.1	固定资产投资	3581.3	1790.6	1790.6				
	其中:预备费	332.5	166.3	166.3				
1.1.2	无形资产投资	500.0	250.0	250.0				
1.1.3	递延资产投资	75.0	37.5	37.5				
1.2	建设期利息	235.1	58.8	176.3				
1.3	流动资金	527.4			343.2	128.9	55.2	
2	资金筹措	4918.7	2136.9	2254.5	343.2	128.9	55.2	
2.1	自有资金	1640.2	682.2	799.8	103.0	38.7	16.6	
2.1.1	用于流动资金	158.2			103.0	38.7	16.6	
2.1.2	用于建设期利息	235.1	58.8	176.3				
2.2	借款	3278.6	1454.7	1454.7	240.2	90.2	38.7	
2.2.1	长期借款	2909.4	1454.7	1454.7				
2.2.2	流动资金借款	369.2			240.2	90.2	38.7	
2.2.3	其他短期借款							
2.3	其他							

附表 F3-4 流动资金估算表

单位：万元

序号	项目 \ 年限/年	最低周转天数/天	周转次数/次	投产期		达到设计能力生产期											
				3	4	5	6	7	8	9	10	11	12	13	14	15	16
1	流动资产			627.1	954.7	1095.1	1095.1	1095.1	1095.1	1095.1	1095.1	1095.1	1095.1	1095.1	1095.1	1095.1	1095.1
1.1	应收账款	30	12	264.7	404.0	463.7	463.7	463.7	463.7	463.7	463.7	463.7	463.7	463.7	463.7	463.7	463.7
1.2	存货			286.8	468.3	546.0	546.0	546.0	546.0	546.0	546.0	546.0	546.0	546.0	546.0	546.0	546.0
1.2.1	原材料	30	12	158.6	269.6	317.2	317.2	317.2	317.2	317.2	317.2	317.2	317.2	317.2	317.2	317.2	317.2
1.2.2	燃料及动力	15	24	15.3	26.0	30.6	30.6	30.6	30.6	30.6	30.6	30.6	30.6	30.6	30.6	30.6	30.6
1.2.3	在产品	3	120	24.7	37.9	43.6	43.6	43.6	43.6	43.6	43.6	43.6	43.6	43.6	43.6	43.6	43.6
1.2.4	产成品	10	36	88.2	134.7	154.6	154.6	154.6	154.6	154.6	154.6	154.6	154.6	154.6	154.6	154.6	154.6
1.3	现金	30	12	75.5	82.3	85.3	85.3	85.3	85.3	85.3	85.3	85.3	85.3	85.3	85.3	85.3	85.3
2	流动负债			283.8	482.5	567.7	567.7	567.7	567.7	567.7	567.7	567.7	567.7	567.7	567.7	567.7	567.7
2.1	应付账款	45	8	283.8	482.5	567.7	567.7	567.7	567.7	567.7	567.7	567.7	567.7	567.7	567.7	567.7	567.7
3	流动资金(1－2)			343.2	472.1	527.4	527.4	527.4	527.4	527.4	527.4	527.4	527.4	527.4	527.4	527.4	527.4
3.1	自有流动资金			103.0	141.6	158.2	158.2	158.2	158.2	158.2	158.2	158.2	158.2	158.2	158.2	158.2	158.2
3.2	流动资金贷款			240.2	330.5	369.2	369.2	369.2	369.2	369.2	369.2	369.2	369.2	369.2	369.2	369.2	369.2
4	流动资金本年增加额			343.2	128.9	55.2	0.0	0.0	0.0	0.0	0.0	0.0	0.0	0.0	0.0	0.0	0.0

附表 F3-5 总成本费用估算表

单位:万元

序号	年限/年 项目	投产期		达到设计能力生产期											
		3	4	5	6	7	8	9	10	11	12	13	14	15	16
	生产负荷/%	50	85	100	100	100	100	100	100	100	100	100	100	100	100
1	外购原材料	1903.3	3235.5	3806.5	3806.5	3806.5	3806.5	3806.5	3806.5	3806.5	3806.5	3806.5	3806.5	3806.5	3806.5
2	外购燃料及动力	367.5	624.8	735.0	735.0	735.0	735.0	735.0	735.0	735.0	735.0	735.0	735.0	735.0	735.0
3	工资及福利费	436.1	436.1	436.1	436.1	436.1	436.1	436.1	436.1	436.1	436.1	436.1	436.1	436.1	436.1
4	折旧费	259.0	259.0	259.0	259.0	259.0	259.0	259.0	259.0	259.0	259.0	259.0	259.0	259.0	259.0
5	摊销费	65.0	65.0	65.0	65.0	65.0	50.0	50.0	50.0	50.0	50.0				
5.1	无形资产	50.0	50.0	50.0	50.0	50.0	50.0	50.0	50.0	50.0	50.0				
5.2	递延资产	15.0	15.0	15.0	15.0	15.0									
6	利息支出	254.5	250.2	187.0	102.8	29.8	29.8	29.8	29.8	29.8	29.8	29.8	29.8	29.8	29.8
6.1	流动资金贷款利息	19.4	26.7	29.8	29.8	29.8	29.8	29.8	29.8	29.8	29.8	29.8	29.8	29.8	29.8
6.2	建设投资贷款利息	235.1	223.5	157.2	72.9	0.0	0.0	0.0	0.0	0.0	0.0	0.0	0.0	0.0	0.0
7	其他费用	469.8	552.1	587.3	587.3	587.3	587.3	587.3	587.3	587.3	587.3	587.3	587.3	587.3	587.3
8	年总成本费用(1~7)	3755.1	5422.7	6075.9	5991.7	5918.7	5903.7	5903.7	5903.7	5903.7	5903.7	5853.7	5853.7	5853.7	5853.7
8.1	其中:固定成本	1366.8	1362.6	1299.4	1215.1	1142.2	1127.2	1127.2	1127.2	1127.2	1127.2	1077.2	1077.2	1077.2	1077.2
8.2	变动成本	2388.3	4060.1	4776.5	4776.5	4776.5	4776.5	4776.5	4776.5	4776.5	4776.5	4776.5	4776.5	4776.5	4776.5
9	经营成本	3176.7	4848.5	5564.9	5564.9	5564.9	5564.9	5564.9	5564.9	5564.9	5564.9	5564.9	5564.9	5564.9	5564.9

附表 F3-6 产品产量、销售收入、增值税和销售税金及附加计算表

销售量单位:t;其他单位:万元

序号	项目 \ 年限/年	基期售价/万元·t⁻¹	投产期		达到设计能力生产期											
			3	4	5	6	7	8	9	10	11	12	13	14	15	16
	生产负荷/%		50	85	100	100	100	100	100	100	100	100	100	100	100	100
1	产品销售量		4000	6800	8000	8000	8000	8000	8000	8000	8000	8000	8000	8000	8000	8000
1.1	液压气动缸体管		1500	2550	3000	3000	3000	3000	3000	3000	3000	3000	3000	3000	3000	3000
1.2	DOM 管		500	850	1000	1000	1000	1000	1000	1000	1000	1000	1000	1000	1000	1000
1.3	珩磨管		550	935	1100	1100	1100	1100	1100	1100	1100	1100	1100	1100	1100	1100
1.4	汽车用管		450	765	900	900	900	900	900	900	900	900	900	900	900	900
1.5	石油地质管		400	680	800	800	800	800	800	800	800	800	800	800	800	800
1.6	井下支柱管		350	595	700	700	700	700	700	700	700	700	700	700	700	700
1.7	其他类型管		250	425	500	500	500	500	500	500	500	500	500	500	500	500
2	产品销售收入		3602.5	6124.3	7205.0	7205.0	7205.0	7205.0	7205.0	7205.0	7205.0	7205.0	7205.0	7205.0	7205.0	7205.0
2.1	液压气动缸体管	9000	1350.0	2295.0	2700.0	2700.0	2700.0	2700.0	2700.0	2700.0	2700.0	2700.0	2700.0	2700.0	2700.0	2700.0
2.2	DOM 管	7000	350.0	595.0	700.0	700.0	700.0	700.0	700.0	700.0	700.0	700.0	700.0	700.0	700.0	700.0
2.3	珩磨管	10000	550.0	935.0	1100.0	1100.0	1100.0	1100.0	1100.0	1100.0	1100.0	1100.0	1100.0	1100.0	1100.0	1100.0
2.4	汽车用管	10000	450.0	765.0	900.0	900.0	900.0	900.0	900.0	900.0	900.0	900.0	900.0	900.0	900.0	900.0
2.5	石油地质管	8500	340.0	578.0	680.0	680.0	680.0	680.0	680.0	680.0	680.0	680.0	680.0	680.0	680.0	680.0
2.6	井下支柱管	7500	262.5	446.3	525.0	525.0	525.0	525.0	525.0	525.0	525.0	525.0	525.0	525.0	525.0	525.0
2.7	其他类型管	12000	300.0	510.0	600.0	600.0	600.0	600.0	600.0	600.0	600.0	600.0	600.0	600.0	600.0	600.0
3	应交增值税		227.8	387.3	455.6	455.6	455.6	455.6	455.6	455.6	455.6	455.6	455.6	455.6	455.6	455.6
3.1	销项增值税		612.4	1041.1	1224.9	1224.9	1224.9	1224.9	1224.9	1224.9	1224.9	1224.9	1224.9	1224.9	1224.9	1224.9
3.2	进项增值税		384.6	653.8	769.2	769.2	769.2	769.2	769.2	769.2	769.2	769.2	769.2	769.2	769.2	769.2
4	销售税金及附加		28.4	48.4	56.9	56.9	56.9	56.9	56.9	56.9	56.9	56.9	56.9	56.9	56.9	56.9
4.1	城市建设维护税		21.6	36.7	43.2	43.2	43.2	43.2	43.2	43.2	43.2	43.2	43.2	43.2	43.2	43.2
4.2	教育费附加		6.8	11.6	13.7	13.7	13.7	13.7	13.7	13.7	13.7	13.7	13.7	13.7	13.7	13.7

附表 F3-7 借款还本付息计算表

单位:万元

序号	项目 \ 年限/年	年利率/%	建设期		投产期		达到设计能力生产期											
			1	2	3	4	5	6	7	8	9	10	11	12	13	14	15	16
1	借款及还本付息																	
1.1	年初借款本金累计	8.08	0.0	1454.7	2909.4	2766.5	1945.1	902.8	0.0	0.0	0.0	0.0	0.0	0.0	0.0	0.0	0.0	0.0
1.2	本年借款	8.08	1454.7	1454.7														
1.3	本年应计利息	8.08	58.8	176.3	235.1	223.5	157.2	72.9	0.0	0.0	0.0	0.0	0.0	0.0	0.0	0.0	0.0	0.0
1.4	本年偿还本金	8.08			142.9	821.4	1042.3	902.8	0.0	0.0	0.0	0.0	0.0	0.0	0.0	0.0	0.0	0.0
1.5	本年支付利息	8.08	58.8	176.3	235.1	223.5	157.2	72.9	0.0	0.0	0.0	0.0	0.0	0.0	0.0	0.0	0.0	0.0
2	偿还借款本金的资金来源		58.8	176.3	142.9	821.4	1042.3	1098.8	1147.6	1142.7	1142.7	1142.7	1142.7	1142.7	1126.2	1126.2	1126.2	1126.2
2.1	利润				-181.1	497.4	718.4	774.8	823.7	833.7	833.7	833.7	833.7	833.7	867.2	867.2	867.2	867.2
2.2	折旧				259.0	259.0	259.0	259.0	259.0	259.0	259.0	259.0	259.0	259.0	259.0	259.0	259.0	259.0
2.3	摊销				65.0	65.0	65.0	65.0	65.0	50.0	50.0	50.0	50.0	50.0	0.0	0.0	0.0	0.0
2.4	其他资金(自有资金)		58.8	176.3														

借款偿还期/年: 5.8

注:本表只涉及长期借款的还本付息计算,不涉及流动资金借款利息的计算。

附表 F3-8 损益表

单位:万元

序号	项目 \ 年限/年	合计	投产期		达到设计能力生产期											
			3	4	5	6	7	8	9	10	11	12	13	14	15	16
	生产负荷/%		50	85	100	100	100	100	100	100	100	100	100	100	100	100
1	销售收入	96186.8	3602.5	6124.3	7205.0	7205.0	7205.0	7205.0	7205.0	7205.0	7205.0	7205.0	7205.0	7205.0	7205.0	7205.0
2	销售税金及附加	759.6	28.4	48.4	56.9	56.9	56.9	56.9	56.9	56.9	56.9	56.9	56.9	56.9	56.9	56.9
3	总成本费用	80097.8	3755.1	5422.7	6075.9	5991.7	5918.7	5903.7	5903.7	5903.7	5903.7	5903.7	5853.7	5853.7	5853.7	5853.7
4	利润总额(1-2-3)	15329.3	-181.1	653.2	1072.2	1156.4	1229.4	1244.4	1244.4	1244.4	1244.4	1244.4	1294.4	1294.4	1294.4	1294.4
5	弥补以前年度亏损额	181.1		181.1												
6	应纳税所得额	15329.3	0.0	472.1	1072.2	1156.4	1229.4	1244.4	1244.4	1244.4	1244.4	1244.4	1294.4	1294.4	1294.4	1294.4
7	所得税	5058.7	0.0	155.8	353.8	381.6	405.7	410.6	410.6	410.6	410.6	410.6	427.1	427.1	427.1	427.1
8	税后利润	10270.7	-181.1	497.4	718.4	774.8	823.7	833.7	833.7	833.7	833.7	833.7	867.2	867.2	867.2	867.2
9	可供分配利润	10270.7	-181.1	497.4	718.4	774.8	823.7	833.7	833.7	833.7	833.7	833.7	867.2	867.2	867.2	867.2
9.1	盈余公积金	763.7						83.4	83.4	83.4	83.4	83.4	86.7	86.7	86.7	86.7
9.2	应付利润	0.0														
9.3	未分配利润	9506.9	-181.1	497.4	718.4	774.8	823.7	750.3	750.3	750.3	750.3	750.3	780.5	780.5	780.5	780.5
	累计未分配利润		-181.1	316.3	1034.7	1809.5	2633.2	3383.5	4133.9	4884.2	5634.6	6384.9	7165.4	7945.9	8726.4	9506.9

附表 F3-9 现金流量表(全部投资)

单位:万元

序号	项目 \ 年限/年	合计	建设期		投产期		达到设计能力生产期											
			1	2	3	4	5	6	7	8	9	10	11	12	13	14	15	16
	生产负荷/%				50	85	100	100	100	100	100	100	100	100	100	100	100	100
1	现金流入	96905			3602.5	6124.3	7205.0	7205.0	7205.0	7205.0	7205.0	7205.0	7205.0	7205.0	7205.0	7205.0	7205.0	7923.2
1.1	销售收入	96187			3602.5	6124.3	7205.0	7205.0	7205.0	7205.0	7205.0	7205.0	7205.0	7205.0	7205.0	7205.0	7205.0	7205.0
1.2	回收固定资产余值	191																190.8
1.3	回收流动资金	527																527.4
2	现金流出	85306	2078.1	2078.1	3548.3	5181.5	6030.9	6003.5	6027.5	6032.5	6032.5	6032.5	6032.5	6032.5	6049.0	6049.0	6049.0	6049.0
2.1	固定资产投资	4156	2078.1	2078.1														
2.2	流动资金	527			343.2	128.9	55.2											
2.3	经营成本	74804			3176.7	4848.5	5564.9	5564.9	5564.9	5564.9	5564.9	5564.9	5564.9	5564.9	5564.9	5564.9	5564.9	5564.9
2.4	销售税金及附加	760			28.4	48.4	56.9	56.9	56.9	56.9	56.9	56.9	56.9	56.9	56.9	56.9	56.9	56.9
2.5	所得税	5059			0.0	155.8	353.8	381.6	405.7	410.6	410.6	410.6	410.6	410.6	427.1	427.1	427.1	427.1
3	所得税后净现金流量	11599	-2078.1	-2078.1	54.2	942.7	1174.1	1201.5	1177.5	1172.5	1172.5	1172.5	1172.5	1172.5	1156.0	1156.0	1156.0	1874.2
4	累计所得税后净现金流量	11599	-2078.1	-4156.3	-4102.1	-3159.4	-1985.3	-783.8	393.7	1566.2	2738.7	3911.2	5083.8	6256.3	7412.3	8568.3	9724.3	11598.5
5	所得税前净现金流量	16657	-2078.1	-2078.1	54.2	1098.5	1527.9	1583.2	1583.2	1583.2	1583.2	1583.2	1583.2	1583.2	1583.2	1583.2	1583.2	2301.3
6	累计所得税前净现金流量	16657	-2078.1	-4156.3	-4102.1	-3003.6	-1475.7	107.5	1690.6	3273.8	4856.9	6440.1	8023.2	9606.4	11189.6	12772.7	14355.9	16657.2

计算指标:	所得税后	所得税前
财务内部收益率 *FIRR*:	19.2%	24.3%
财务净现值 $FNPV(i_c=12\%)$:	1863.4 万元	3967.7 万元
投资回收期 P_t:	6.7 年	5.9 年

附表 F3-10 现金流量表(自有资金)

单位:万元

序号	项目 \ 年限/年	合计	建设期		投产期		达到设计能力生产期											
			1	2	3	4	5	6	7	8	9	10	11	12	13	14	15	16
	生产负荷/%				50	85	100	100	100	100	100	100	100	100	100	100	100	100
1	现金流入	96904.9			3602.5	6124.3	7205.0	7205.0	7205.0	7205.0	7205.0	7205.0	7205.0	7205.0	7205.0	7205.0	7205.0	7923.2
1.1	销售收入	96186.8			3602.5	6124.3	7205.0	7205.0	7205.0	7205.0	7205.0	7205.0	7205.0	7205.0	7205.0	7205.0	7205.0	7205.0
1.2	回收固定资产余值	190.8																190.8
1.3	回收自有流动资金	527.4																527.4
2	现金流出	86265.1	682.2	799.8	3705.5	6162.9	7221.6	7009.0	6057.4	6062.3	6062.3	6062.3	6062.3	6062.3	6078.8	6078.8	6078.8	6078.8
2.1	自有资金	1640.2	682.2	799.8	103.0	38.7	16.6											
2.2	借款本金偿还	2909.4			142.9	821.4	1042.3	902.8										
2.3	借款利息支出	1092.8			254.5	250.2	187.0	102.8	29.8	29.8	29.8	29.8	29.8	29.8	29.8	29.8	29.8	29.8
2.4	经营成本	74804.5			3176.7	4848.5	5564.9	5564.9	5564.9	5564.9	5564.9	5564.9	5564.9	5564.9	5564.9	5564.9	5564.9	5564.9
2.5	销售税金及附加	759.6			28.4	48.4	56.9	56.9	56.9	56.9	56.9	56.9	56.9	56.9	56.9	56.9	56.9	56.9
2.6	所得税	5058.7			0.0	155.8	353.8	381.6	405.7	410.6	410.6	410.6	410.6	410.6	427.1	427.1	427.1	427.1
3	净现金流量	11542.6	-682.2	-799.8	-103.0	-38.7	-16.6	196.0	1147.6	1142.7	1142.7	1142.7	1142.7	1142.7	1126.2	1126.2	1126.2	1844.4

计算指标:财务净现值 $FNPV(i_c=12\%)$: 2122.9 万元

财务内部收益率 $FIRR$: 25.1%

附表 F3-11　资金来源与运用表

单位:万元

序号	项目 \ 年限/年	合计	建设期		投产期			达到设计能力生产期											上年余值
			1	2	3	4	5	6	7	8	9	10	11	12	13	14	15	16	
	生产负荷/%				50	85	100	100	100	100	100	100	100	100	100	100	100	100	
1	资金来源	25167	2137	2254	486	1106	1451	1480	1553	1553	1553	1553	1553	1553	1553	1553	1553	1553	718.2
1.1	利润总额	15329			-181	653	1072	1156	1229	1244	1244	1244	1244	1244	1294	1294	1294	1294	
1.2	折旧费	3626			259	259	259	259	259	259	259	259	259	259	259	259	259	259	
1.3	摊销费	575			65	65	65	65	65	50	50	50	50	50					
1.4	长期借款	2909	1455	1455															
1.5	流动资金借款	369			240	90	39												
1.6	自有资金	1640	682	800	103	39	17												
1.6.1	用于固定资产投资	1482	682	800															
1.6.2	用于流动资金	158			103	39	17												
1.7	回收固定资产余值	191																	190.8
1.8	回收流动资金	527																	527.4
2	资金运用	12887	2137	2254	486	1106	1451	1284	406	411	411	411	411	411	427	427	427	427	
2.1	固定资产投资	4156	2078	2078															
2.2	建设期利息	235	59	176															
2.3	流动资金	527			343	129	55												
2.4	所得税	5059			0	156	354	382	406	411	411	411	411	411	427	427	427	427	
2.5	应付利润	0																	
2.6	长期借款本金偿还	2909			143	821	1042	903											
2.7	流动资金借款本金偿还	369																	369.2
3	盈余资金	12280	0	0	0	0	0	196	1148	1143	1143	1143	1143	1143	1126	1126	1126	1126	718.2
4	累计盈余资金		0	0	0	0	0	196	1344	2486	3629	4772	5914	7057	8183	9309	10436	11562	12280

注:此表数据只取整数,有关数据与其他表格数字的末尾可能不一致。

附表 F3-12 资产负债表

单位:万元

序号	项目 \ 年限/年	建设期		投产期		达到设计能力生产期											
		1	2	3	4	5	6	7	8	9	10	11	12	13	14	15	16
1	资产	2137	4391	4694	4698	4515	4387	5210	6044	6878	7711	8545	9379	10246	11113	11980	12848
1.1	流动资产总额			627	955	1095	1291	2439	3581	4724	5867	7009	8152	9278	10404	11531	12657
1.1.1	应收账款			265	404	464	464	464	464	464	464	464	464	464	464	464	464
1.1.2	存货			287	468	546	546	546	546	546	546	546	546	546	546	546	546
1.1.3	现金			75	82	85	85	85	85	85	85	85	85	85	85	85	85
1.1.4	累计盈余资金	0	0	0	0	0	196	1344	2486	3629	4772	5914	7057	8183	9309	10436	11562
1.2	在建工程	2137	4391														
1.3	固定资产净值			3557	3298	3039	2780	2522	2263	2004	1745	1486	1227	968	709	450	191
1.4	无形及递延资产净值			510	445	380	315	250	200	150	100	50	0	0	0	0	0
2	负债及所有者权益	2137	4391	4694	4698	4515	4387	5210	6044	6878	7711	8545	9379	10246	11113	11980	12848
2.1	流动负债总额			524	813	937	937	937	937	937	937	937	937	937	937	937	937
2.1.1	应付账款			284	483	568	568	568	568	568	568	568	568	568	568	568	568
2.1.2	流动资金借款			240	330	369	369	369	369	369	369	369	369	369	369	369	369
2.2	长期借款	1455	2909	2767	1945	903	0	0									
	负债小计	1455	2909	3291	2758	1840	937	937	937	937	937	937	937	937	937	937	937
2.3	所有者权益	682	1482	1404	1940	2675	3450	4273	5107	5941	6775	7608	8442	9309	10176	11044	11911
2.3.1	资本金	682	1482	1585	1624	1640	1640	1640	1640	1640	1640	1640	1640	1640	1640	1640	1640
2.3.2	资本公积金																
2.3.3	累计盈余公积金			0	0	0	0	0	83	167	250	333	417	504	590	677	764
2.3.4	累计未分配利润			－181	316	1035	1809	2633	3384	4134	4884	5635	6385	7165	7946	8726	9507
计算指标:																	
1. 资产负债率/%		68.1	66.3	70.1	58.7	40.7	21.4	18.0	15.5	13.6	12.1	11.0	10.0	9.1	8.4	7.8	7.3
2. 流动比率/%				119.6	117.4	116.9	137.8	260.3	382.3	504.2	626.2	748.2	870.2	990.4	1110.6	1230.8	1351.0
3. 速动比率/%				64.9	59.8	58.6	79.5	202.0	324.0	446.0	567.9	689.9	811.9	932.1	1052.3	1172.5	1292.7

注:此表数据只取整数,有关数据与其他表格数字的末尾可能不一致。

附录4 复利系数表

$i = 1\%$

年限 n/年	一次支付终值系数 $(1+i)^n$ $(F/P,i,n)$	一次支付现值系数 $\frac{1}{(1+i)^n}$ $(P/F,i,n)$	等额系列终值系数 $\frac{(1+i)^n-1}{i}$ $(F/A,i,n)$	偿债基金系数 $\frac{i}{(1+i)^n-1}$ $(A/F,i,n)$	资金回收系数 $\frac{i(1+i)^n}{(1+i)^n-1}$ $(A/P,i,n)$	等额系列现值系数 $\frac{(1+i)^n-1}{i(1+i)^n}$ $(P/A,i,n)$
1	1.0100	0.9901	1.0000	1.0000	1.0100	0.9901
2	1.0201	0.9803	2.0100	0.4975	0.5075	1.9704
3	1.0303	0.9706	3.0301	0.3300	0.3400	2.9410
4	1.0406	0.9610	4.0604	0.2463	0.2563	3.9020
5	1.0510	0.9515	5.1010	0.1960	0.2060	4.8534
6	1.0615	0.9420	6.1520	0.1625	0.1725	5.7955
7	1.0721	0.9327	7.2135	0.1386	0.1486	6.7282
8	1.0829	0.9235	8.2857	0.1207	0.1307	7.6517
9	1.0937	0.9143	9.3685	0.1067	0.1167	8.5660
10	1.1046	0.9053	10.4622	0.0956	0.1056	9.4713
11	1.1157	0.8963	11.5668	0.0865	0.0965	10.3676
12	1.1268	0.8874	12.6825	0.0788	0.0888	11.2551
13	1.1381	0.8787	13.8093	0.0724	0.0824	12.1337
14	1.1495	0.8700	14.9474	0.0669	0.0769	13.0037
15	1.1610	0.8613	16.0969	0.0621	0.0721	13.8651
16	1.1726	0.8528	17.2579	0.0579	0.0679	14.7179
17	1.1843	0.8444	18.4304	0.0543	0.0643	15.5623
18	1.1961	0.8360	19.6147	0.0510	0.0610	16.3983
19	1.2081	0.8277	20.8109	0.0481	0.0581	17.2260
20	1.2202	0.8195	22.0190	0.0454	0.0554	18.0456
21	1.2324	0.8114	23.2392	0.0430	0.0530	18.8570
22	1.2447	0.8034	24.4716	0.0409	0.0509	19.6604
23	1.2572	0.7954	25.7163	0.0389	0.0489	20.4558
24	1.2697	0.7876	26.9735	0.0371	0.0471	21.2434
25	1.2824	0.7798	28.2432	0.0354	0.0454	22.0232
26	1.2953	0.7720	29.5256	0.0339	0.0439	22.7952
27	1.3082	0.7644	30.8209	0.0324	0.0424	23.5596
28	1.3213	0.7568	32.1291	0.0311	0.0411	24.3164
29	1.3345	0.7493	33.4504	0.0299	0.0399	25.0658
30	1.3478	0.7419	34.7849	0.0287	0.0387	25.8077

i = 2%

年限 n/年	一次支付终值系数 $(1+i)^n$ (F/P,i,n)	一次支付现值系数 $\frac{1}{(1+i)^n}$ (P/F,i,n)	等额系列终值系数 $\frac{(1+i)^n-1}{i}$ (F/A,i,n)	偿债基金系数 $\frac{i}{(1+i)^n-1}$ (A/F,i,n)	资金回收系数 $\frac{i(1+i)^n}{(1+i)^n-1}$ (A/P,i,n)	等额系列现值系数 $\frac{(1+i)^n-1}{i(1+i)^n}$ (P/A,i,n)
1	1.0200	0.9804	1.0000	1.0000	1.0200	0.9804
2	1.0404	0.9612	2.0200	0.4950	0.5150	1.9416
3	1.0612	0.9423	3.0604	0.3268	0.3468	2.8839
4	1.0824	0.9238	4.1216	0.2426	0.2626	3.8077
5	1.1041	0.9057	5.2040	0.1922	0.2122	4.7135
6	1.1262	0.8880	6.3081	0.1585	0.1785	5.6014
7	1.1487	0.8706	7.4343	0.1345	0.1545	6.4720
8	1.1717	0.8535	8.5830	0.1165	0.1365	7.3255
9	1.1951	0.8368	9.7546	0.1025	0.1225	8.1622
10	1.2190	0.8203	10.9497	0.0913	0.1113	8.9826
11	1.2434	0.8043	12.1687	0.0822	0.1022	9.7868
12	1.2682	0.7885	13.4121	0.0746	0.0946	10.5753
13	1.2936	0.7730	14.6803	0.0681	0.0881	11.3484
14	1.3195	0.7579	15.9739	0.0626	0.0826	12.1062
15	1.3459	0.7430	17.2934	0.0578	0.0778	12.8493
16	1.3728	0.7284	18.6393	0.0537	0.0737	13.5777
17	1.4002	0.7142	20.0121	0.0500	0.0700	14.2919
18	1.4282	0.7002	21.4123	0.0467	0.0667	14.9920
19	1.4568	0.6864	22.8406	0.0438	0.0638	15.6785
20	1.4859	0.6730	24.2974	0.0412	0.0612	16.3514
21	1.5157	0.6598	25.7833	0.0388	0.0588	17.0112
22	1.5460	0.6468	27.2990	0.0366	0.0566	17.6580
23	1.5769	0.6342	28.8450	0.0347	0.0547	18.2922
24	1.6084	0.6217	30.4219	0.0329	0.0529	18.9139
25	1.6406	0.6095	32.0303	0.0312	0.0512	19.5235
26	1.6734	0.5976	33.6709	0.0297	0.0497	20.1210
27	1.7069	0.5859	35.3443	0.0283	0.0483	20.7069
28	1.7410	0.5744	37.0512	0.0270	0.0470	21.2813
29	1.7758	0.5631	38.7922	0.0258	0.0458	21.8444
30	1.8114	0.5521	40.5681	0.0246	0.0446	22.3965

$i=3\%$

年限 n/年	一次支付终值系数 $(1+i)^n$ $(F/P,i,n)$	一次支付现值系数 $\frac{1}{(1+i)^n}$ $(P/F,i,n)$	等额系列终值系数 $\frac{(1+i)^n-1}{i}$ $(F/A,i,n)$	偿债基金系数 $\frac{i}{(1+i)^n-1}$ $(A/F,i,n)$	资金回收系数 $\frac{i(1+i)^n}{(1+i)^n-1}$ $(A/P,i,n)$	等额系列现值系数 $\frac{(1+i)^n-1}{i(1+i)^n}$ $(P/A,i,n)$
1	1.0300	0.9709	1.0000	1.0000	1.0300	0.9709
2	1.0609	0.9426	2.0300	0.4926	0.5226	1.9135
3	1.0927	0.9151	3.0909	0.3235	0.3535	2.8286
4	1.1255	0.8885	4.1836	0.2390	0.2690	3.7171
5	1.1593	0.8626	5.3091	0.1884	0.2184	4.5797
6	1.1941	0.8375	6.4684	0.1546	0.1846	5.4172
7	1.2299	0.8131	7.6625	0.1305	0.1605	6.2303
8	1.2668	0.7894	8.8923	0.1125	0.1425	7.0197
9	1.3048	0.7664	10.1591	0.0984	0.1284	7.7861
10	1.3439	0.7441	11.4639	0.0872	0.1172	8.5302
11	1.3842	0.7224	12.8078	0.0781	0.1081	9.2526
12	1.4258	0.7014	14.1920	0.0705	0.1005	9.9540
13	1.4685	0.6810	15.6178	0.0640	0.0940	10.6350
14	1.5126	0.6611	17.0863	0.0585	0.0885	11.2961
15	1.5580	0.6419	18.5989	0.0538	0.0838	11.9379
16	1.6047	0.6232	20.1569	0.0496	0.0796	12.5611
17	1.6528	0.6050	21.7616	0.0460	0.0760	13.1661
18	1.7024	0.5874	23.4144	0.0427	0.0727	13.7535
19	1.7535	0.5703	25.1169	0.0398	0.0698	14.3238
20	1.8061	0.5537	26.8704	0.0372	0.0672	14.8775
21	1.8603	0.5375	28.6765	0.0349	0.0649	15.4150
22	1.9161	0.5219	30.5368	0.0327	0.0627	15.9369
23	1.9736	0.5067	32.4529	0.0308	0.0608	16.4436
24	2.0328	0.4919	34.4265	0.0290	0.0590	16.9355
25	2.0938	0.4776	36.4593	0.0274	0.0574	17.4131
26	2.1566	0.4637	38.5530	0.0259	0.0559	17.8768
27	2.2213	0.4502	40.7096	0.0246	0.0546	18.3270
28	2.2879	0.4371	42.9309	0.0233	0.0533	18.7641
29	2.3566	0.4243	45.2189	0.0221	0.0521	19.1885
30	2.4273	0.4120	47.5754	0.0210	0.0510	19.6004

$i=4\%$

年限 n/年	一次支付终值系数 $(1+i)^n$ $(F/P,i,n)$	一次支付现值系数 $\frac{1}{(1+i)^n}$ $(P/F,i,n)$	等额系列终值系数 $\frac{(1+i)^n-1}{i}$ $(F/A,i,n)$	偿债基金系数 $\frac{i}{(1+i)^n-1}$ $(A/F,i,n)$	资金回收系数 $\frac{i(1+i)^n}{(1+i)^n-1}$ $(A/P,i,n)$	等额系列现值系数 $\frac{(1+i)^n-1}{i(1+i)^n}$ $(P/A,i,n)$
1	1.0400	0.9615	1.0000	1.0000	1.0400	0.9615
2	1.0816	0.9246	2.0400	0.4902	0.5302	1.8861
3	1.1249	0.8890	3.1216	0.3203	0.3603	2.7751
4	1.1699	0.8548	4.2465	0.2355	0.2755	3.6299
5	1.2167	0.8219	5.4163	0.1846	0.2246	4.4518
6	1.2653	0.7903	6.6330	0.1508	0.1908	5.2421
7	1.3159	0.7599	7.8983	0.1266	0.1666	6.0021
8	1.3686	0.7307	9.2142	0.1085	0.1485	6.7327
9	1.4233	0.7026	10.5828	0.0945	0.1345	7.4353
10	1.4802	0.6756	12.0061	0.0833	0.1233	8.1109
11	1.5395	0.6496	13.4864	0.0741	0.1141	8.7605
12	1.6010	0.6246	15.0258	0.0666	0.1066	9.3851
13	1.6651	0.6006	16.6268	0.0601	0.1001	9.9856
14	1.7317	0.5775	18.2919	0.0547	0.0947	10.5631
15	1.8009	0.5553	20.0236	0.0499	0.0899	11.1184
16	1.8730	0.5339	21.8245	0.0458	0.0858	11.6523
17	1.9479	0.5134	23.6975	0.0422	0.0822	12.1657
18	2.0258	0.4936	25.6454	0.0390	0.0790	12.6593
19	2.1068	0.4746	27.6712	0.0361	0.0761	13.1339
20	2.1911	0.4564	29.7781	0.0336	0.0736	13.5903
21	2.2788	0.4388	31.9692	0.0313	0.0713	14.0292
22	2.3699	0.4220	34.2480	0.0292	0.0692	14.4511
23	2.4647	0.4057	36.6179	0.0273	0.0673	14.8568
24	2.5633	0.3901	39.0826	0.0256	0.0656	15.2470
25	2.6658	0.3751	41.6459	0.0240	0.0640	15.6221
26	2.7725	0.3607	44.3117	0.0226	0.0626	15.9828
27	2.8834	0.3468	47.0842	0.0212	0.0612	16.3296
28	2.9987	0.3335	49.9676	0.0200	0.0600	16.6631
29	3.1187	0.3207	52.9663	0.0189	0.0589	16.9837
30	3.2434	0.3083	56.0849	0.0178	0.0578	17.2920

$i=5\%$

年限 n/年	一次支付终值系数 $(1+i)^n$ $(F/P,i,n)$	一次支付现值系数 $\frac{1}{(1+i)^n}$ $(P/F,i,n)$	等额系列终值系数 $\frac{(1+i)^n-1}{i}$ $(F/A,i,n)$	偿债基金系数 $\frac{i}{(1+i)^n-1}$ $(A/F,i,n)$	资金回收系数 $\frac{i(1+i)^n}{(1+i)^n-1}$ $(A/P,i,n)$	等额系列现值系数 $\frac{(1+i)^n-1}{i(1+i)^n}$ $(P/A,i,n)$
1	1.0500	0.9524	1.0000	1.0000	1.0500	0.9524
2	1.1025	0.9070	2.0500	0.4878	0.5378	1.8594
3	1.1576	0.8638	3.1525	0.3172	0.3672	2.7232
4	1.2155	0.8227	4.3101	0.2320	0.2820	3.5460
5	1.2763	0.7835	5.5256	0.1810	0.2310	4.3295
6	1.3401	0.7462	6.8019	0.1470	0.1970	5.0757
7	1.4071	0.7107	8.1420	0.1228	0.1728	5.7864
8	1.4775	0.6768	9.5491	0.1047	0.1547	6.4632
9	1.5513	0.6446	11.0266	0.0907	0.1407	7.1078
10	1.6289	0.6139	12.5779	0.0795	0.1295	7.7217
11	1.7103	0.5847	14.2068	0.0704	0.1204	8.3064
12	1.7959	0.5568	15.9171	0.0628	0.1128	8.8633
13	1.8856	0.5303	17.7130	0.0565	0.1065	9.3936
14	1.9799	0.5051	19.5986	0.0510	0.1010	9.8986
15	2.0789	0.4810	21.5786	0.0463	0.0963	10.3797
16	2.1829	0.4581	23.6575	0.0423	0.0923	10.8378
17	2.2920	0.4363	25.8404	0.0387	0.0887	11.2741
18	2.4066	0.4155	28.1324	0.0355	0.0855	11.6896
19	2.5270	0.3957	30.5390	0.0327	0.0827	12.0853
20	2.6533	0.3769	33.0660	0.0302	0.0802	12.4622
21	2.7860	0.3589	35.7193	0.0280	0.0780	12.8212
22	2.9253	0.3418	38.5052	0.0260	0.0760	13.1630
23	3.0715	0.3256	41.4305	0.0241	0.0741	13.4886
24	3.2251	0.3101	44.5020	0.0225	0.0725	13.7986
25	3.3864	0.2953	47.7271	0.0210	0.0710	14.0939
26	3.5557	0.2812	51.1135	0.0196	0.0696	14.3752
27	3.7335	0.2678	54.6691	0.0183	0.0683	14.6430
28	3.9201	0.2551	58.4026	0.0171	0.0671	14.8981
29	4.1161	0.2429	62.3227	0.0160	0.0660	15.1411
30	4.3219	0.2314	66.4388	0.0151	0.0651	15.3725

$i=6\%$

年限 n/年	一次支付终值系数 $(1+i)^n$ $(F/P,i,n)$	一次支付现值系数 $\frac{1}{(1+i)^n}$ $(P/F,i,n)$	等额系列终值系数 $\frac{(1+i)^n-1}{i}$ $(F/A,i,n)$	偿债基金系数 $\frac{i}{(1+i)^n-1}$ $(A/F,i,n)$	资金回收系数 $\frac{i(1+i)^n}{(1+i)^n-1}$ $(A/P,i,n)$	等额系列现值系数 $\frac{(1+i)^n-1}{i(1+i)^n}$ $(P/A,i,n)$
1	1.0600	0.9434	1.0000	1.0000	1.0600	0.9434
2	1.1236	0.8900	2.0600	0.4854	0.5454	1.8334
3	1.1910	0.8396	3.1836	0.3141	0.3741	2.6730
4	1.2625	0.7921	4.3746	0.2286	0.2886	3.4651
5	1.3382	0.7473	5.6371	0.1774	0.2374	4.2124
6	1.4185	0.7050	6.9753	0.1434	0.2034	4.9173
7	1.5036	0.6651	8.3938	0.1191	0.1791	5.5824
8	1.5938	0.6274	9.8975	0.1010	0.1610	6.2098
9	1.6895	0.5919	11.4913	0.0870	0.1470	6.8017
10	1.7908	0.5584	13.1808	0.0759	0.1359	7.3601
11	1.8983	0.5268	14.9716	0.0668	0.1268	7.8869
12	2.0122	0.4970	16.8699	0.0593	0.1193	8.3838
13	2.1329	0.4688	18.8821	0.0530	0.1130	8.8527
14	2.2609	0.4423	21.0151	0.0476	0.1076	9.2950
15	2.3966	0.4173	23.2760	0.0430	0.1030	9.7122
16	2.5404	0.3936	25.6725	0.0390	0.0990	10.1059
17	2.6928	0.3714	28.2129	0.0354	0.0954	10.4773
18	2.8543	0.3503	30.9057	0.0324	0.0924	10.8276
19	3.0256	0.3305	33.7600	0.0296	0.0896	11.1581
20	3.2071	0.3118	36.7856	0.0272	0.0872	11.4699
21	3.3996	0.2942	39.9927	0.0250	0.0850	11.7641
22	3.6035	0.2775	43.3923	0.0230	0.0830	12.0416
23	3.8197	0.2618	46.9958	0.0213	0.0813	12.3034
24	4.0489	0.2470	50.8156	0.0197	0.0797	12.5504
25	4.2919	0.2330	54.8645	0.0182	0.0782	12.7834
26	4.5494	0.2198	59.1564	0.0169	0.0769	13.0032
27	4.8223	0.2074	63.7058	0.0157	0.0757	13.2105
28	5.1117	0.1956	68.5281	0.0146	0.0746	13.4062
29	5.4184	0.1846	73.6398	0.0136	0.0736	13.5907
30	5.7435	0.1741	79.0582	0.0126	0.0726	13.7648

$i = 7\%$

年限 n/年	一次支付终值系数 $(1+i)^n$ $(F/P,i,n)$	一次支付现值系数 $\frac{1}{(1+i)^n}$ $(P/F,i,n)$	等额系列终值系数 $\frac{(1+i)^n-1}{i}$ $(F/A,i,n)$	偿债基金系数 $\frac{i}{(1+i)^n-1}$ $(A/F,i,n)$	资金回收系数 $\frac{i(1+i)^n}{(1+i)^n-1}$ $(A/P,i,n)$	等额系列现值系数 $\frac{(1+i)^n-1}{i(1+i)^n}$ $(P/A,i,n)$
1	1.0700	0.9346	1.0000	1.0000	1.0700	0.9346
2	1.1449	0.8734	2.0700	0.4831	0.5531	1.8080
3	1.2250	0.8163	3.2149	0.3111	0.3811	2.6243
4	1.3108	0.7629	4.4399	0.2252	0.2952	3.3872
5	1.4026	0.7130	5.7507	0.1739	0.2439	4.1002
6	1.5007	0.6663	7.1533	0.1398	0.2098	4.7665
7	1.6058	0.6227	8.6540	0.1156	0.1856	5.3893
8	1.7182	0.5820	10.2598	0.0975	0.1675	5.9713
9	1.8385	0.5439	11.9780	0.0835	0.1535	6.5152
10	1.9672	0.5083	13.8164	0.0724	0.1424	7.0236
11	2.1049	0.4751	15.7836	0.0634	0.1334	7.4987
12	2.2522	0.4440	17.8885	0.0559	0.1259	7.9427
13	2.4098	0.4150	20.1406	0.0497	0.1197	8.3577
14	2.5785	0.3878	22.5505	0.0443	0.1143	8.7455
15	2.7590	0.3624	25.1290	0.0398	0.1098	9.1079
16	2.9522	0.3387	27.8881	0.0359	0.1059	9.4466
17	3.1588	0.3166	30.8402	0.0324	0.1024	9.7632
18	3.3799	0.2959	33.9990	0.0294	0.0994	10.0591
19	3.6165	0.2765	37.3790	0.0268	0.0968	10.3356
20	3.8697	0.2584	40.9955	0.0244	0.0944	10.5940
21	4.1406	0.2415	44.8652	0.0223	0.0923	10.8355
22	4.4304	0.2257	49.0057	0.0204	0.0904	11.0612
23	4.7405	0.2109	53.4361	0.0187	0.0887	11.2722
24	5.0724	0.1971	58.1767	0.0172	0.0872	11.4693
25	5.4274	0.1842	63.2490	0.0158	0.0858	11.6536
26	5.8074	0.1722	68.6765	0.0146	0.0846	11.8258
27	6.2139	0.1609	74.4838	0.0134	0.0834	11.9867
28	6.6488	0.1504	80.6977	0.0124	0.0824	12.1371
29	7.1143	0.1406	87.3465	0.0114	0.0814	12.2777
30	7.6123	0.1314	94.4608	0.0106	0.0806	12.4090

$i=8\%$

年限 n/年	一次支付终值系数 $(1+i)^n$ $(F/P,i,n)$	一次支付现值系数 $\frac{1}{(1+i)^n}$ $(P/F,i,n)$	等额系列终值系数 $\frac{(1+i)^n-1}{i}$ $(F/A,i,n)$	偿债基金系数 $\frac{i}{(1+i)^n-1}$ $(A/F,i,n)$	资金回收系数 $\frac{i(1+i)^n}{(1+i)^n-1}$ $(A/P,i,n)$	等额系列现值系数 $\frac{(1+i)^n-1}{i(1+i)^n}$ $(P/A,i,n)$
1	1.0800	0.9259	1.0000	1.0000	1.0800	0.9259
2	1.1664	0.8573	2.0800	0.4808	0.5608	1.7833
3	1.2597	0.7938	3.2464	0.3080	0.3880	2.5771
4	1.3605	0.7350	4.5061	0.2219	0.3019	3.3121
5	1.4693	0.6806	5.8666	0.1705	0.2505	3.9927
6	1.5869	0.6302	7.3359	0.1363	0.2163	4.6229
7	1.7138	0.5835	8.9228	0.1121	0.1921	5.2064
8	1.8509	0.5403	10.6366	0.0940	0.1740	5.7466
9	1.9990	0.5002	12.4876	0.0801	0.1601	6.2469
10	2.1589	0.4632	14.4866	0.0690	0.1490	6.7101
11	2.3316	0.4289	16.6455	0.0601	0.1401	7.1390
12	2.5182	0.3971	18.9771	0.0527	0.1327	7.5361
13	2.7196	0.3677	21.4953	0.0465	0.1265	7.9038
14	2.9372	0.3405	24.2149	0.0413	0.1213	8.2442
15	3.1722	0.3152	27.1521	0.0368	0.1168	8.5595
16	3.4259	0.2919	30.3243	0.0330	0.1130	8.8514
17	3.7000	0.2703	33.7502	0.0296	0.1096	9.1216
18	3.9960	0.2502	37.4502	0.0267	0.1067	9.3719
19	4.3157	0.2317	41.4463	0.0241	0.1041	9.6036
20	4.6610	0.2145	45.7620	0.0219	0.1019	9.8181
21	5.0338	0.1987	50.4229	0.0198	0.0998	10.0168
22	5.4365	0.1839	55.4568	0.0180	0.0980	10.2007
23	5.8715	0.1703	60.8933	0.0164	0.0964	10.3711
24	6.3412	0.1577	66.7648	0.0150	0.0950	10.5288
25	6.8485	0.1460	73.1059	0.0137	0.0937	10.6748
26	7.3964	0.1352	79.9544	0.0125	0.0925	10.8100
27	7.9881	0.1252	87.3508	0.0114	0.0914	10.9352
28	8.6271	0.1159	95.3388	0.0105	0.0905	11.0511
29	9.3173	0.1073	103.9659	0.0096	0.0896	11.1584
30	10.0627	0.0994	113.2832	0.0088	0.0888	11.2578

$i=9\%$

年限 n/年	一次支付终值系数 $(1+i)^n$ $(F/P,i,n)$	一次支付现值系数 $\frac{1}{(1+i)^n}$ $(P/F,i,n)$	等额系列终值系数 $\frac{(1+i)^n-1}{i}$ $(F/A,i,n)$	偿债基金系数 $\frac{i}{(1+i)^n-1}$ $(A/F,i,n)$	资金回收系数 $\frac{i(1+i)^n}{(1+i)^n-1}$ $(A/P,i,n)$	等额系列现值系数 $\frac{(1+i)^n-1}{i(1+i)^n}$ $(P/A,i,n)$
1	1.0900	0.9174	1.0000	1.0000	1.0900	0.9174
2	1.1881	0.8417	2.0900	0.4785	0.5685	1.7591
3	1.2950	0.7722	3.2781	0.3051	0.3951	2.5313
4	1.4116	0.7084	4.5731	0.2187	0.3087	3.2397
5	1.5386	0.6499	5.9847	0.1671	0.2571	3.8897
6	1.6771	0.5963	7.5233	0.1329	0.2229	4.4859
7	1.8280	0.5470	9.2004	0.1087	0.1987	5.0330
8	1.9926	0.5019	11.0285	0.0907	0.1807	5.5348
9	2.1719	0.4604	13.0210	0.0768	0.1668	5.9952
10	2.3674	0.4224	15.1929	0.0658	0.1558	6.4177
11	2.5804	0.3875	17.5603	0.0569	0.1469	6.8052
12	2.8127	0.3555	20.1407	0.0497	0.1397	7.1607
13	3.0658	0.3262	22.9534	0.0436	0.1336	7.4869
14	3.3417	0.2992	26.0192	0.0384	0.1284	7.7862
15	3.6425	0.2745	29.3609	0.0341	0.1241	8.0607
16	3.9703	0.2519	33.0034	0.0303	0.1203	8.3126
17	4.3276	0.2311	36.9737	0.0270	0.1170	8.5436
18	4.7171	0.2120	41.3013	0.0242	0.1142	8.7556
19	5.1417	0.1945	46.0185	0.0217	0.1117	8.9501
20	5.6044	0.1784	51.1601	0.0195	0.1095	9.1285
21	6.1088	0.1637	56.7645	0.0176	0.1076	9.2922
22	6.6586	0.1502	62.8733	0.0159	0.1059	9.4424
23	7.2579	0.1378	69.5319	0.0144	0.1044	9.5802
24	7.9111	0.1264	76.7898	0.0130	0.1030	9.7066
25	8.6231	0.1160	84.7009	0.0118	0.1018	9.8226
26	9.3992	0.1064	93.3240	0.0107	0.1007	9.9290
27	10.2451	0.0976	102.7231	0.0097	0.0997	10.0266
28	11.1671	0.0895	112.9682	0.0089	0.0989	10.1161
29	12.1722	0.0822	124.1354	0.0081	0.0981	10.1983
30	13.2677	0.0754	136.3075	0.0073	0.0973	10.2737

$i=10\%$

年限 n/年	一次支付终值系数 $(1+i)^n$ $(F/P,i,n)$	一次支付现值系数 $\frac{1}{(1+i)^n}$ $(P/F,i,n)$	等额系列终值系数 $\frac{(1+i)^n-1}{i}$ $(F/A,i,n)$	偿债基金系数 $\frac{i}{(1+i)^n-1}$ $(A/F,i,n)$	资金回收系数 $\frac{i(1+i)^n}{(1+i)^n-1}$ $(A/P,i,n)$	等额系列现值系数 $\frac{(1+i)^n-1}{i(1+i)^n}$ $(P/A,i,n)$
1	1.1000	0.9091	1.0000	1.0000	1.1000	0.9091
2	1.2100	0.8264	2.1000	0.4762	0.5762	1.7355
3	1.3310	0.7513	3.3100	0.3021	0.4021	2.4869
4	1.4641	0.6830	4.6410	0.2155	0.3155	3.1699
5	1.6105	0.6209	6.1051	0.1638	0.2638	3.7908
6	1.7716	0.5645	7.7156	0.1296	0.2296	4.3553
7	1.9487	0.5132	9.4872	0.1054	0.2054	4.8684
8	2.1436	0.4665	11.4359	0.0874	0.1874	5.3349
9	2.3579	0.4241	13.5795	0.0736	0.1736	5.7590
10	2.5937	0.3855	15.9374	0.0627	0.1627	6.1446
11	2.8531	0.3505	18.5312	0.0540	0.1540	6.4951
12	3.1384	0.3186	21.3843	0.0468	0.1468	6.8137
13	3.4523	0.2897	24.5227	0.0408	0.1408	7.1034
14	3.7975	0.2633	27.9750	0.0357	0.1357	7.3667
15	4.1772	0.2394	31.7725	0.0315	0.1315	7.6061
16	4.5950	0.2176	35.9497	0.0278	0.1278	7.8237
17	5.0545	0.1978	40.5447	0.0247	0.1247	8.0216
18	5.5599	0.1799	45.5992	0.0219	0.1219	8.2014
19	6.1159	0.1635	51.1591	0.0195	0.1195	8.3649
20	6.7275	0.1486	57.2750	0.0175	0.1175	8.5136
21	7.4002	0.1351	64.0025	0.0156	0.1156	8.6487
22	8.1403	0.1228	71.4027	0.0140	0.1140	8.7715
23	8.9543	0.1117	79.5430	0.0126	0.1126	8.8832
24	9.8497	0.1015	88.4973	0.0113	0.1113	8.9847
25	10.8347	0.0923	98.3471	0.0102	0.1102	9.0770
26	11.9182	0.0839	109.1818	0.0092	0.1092	9.1609
27	13.1100	0.0763	121.0999	0.0083	0.1083	9.2372
28	14.4210	0.0693	134.2099	0.0075	0.1075	9.3066
29	15.8631	0.0630	148.6309	0.0067	0.1067	9.3696
30	17.4494	0.0573	164.4940	0.0061	0.1061	9.4269

$i=12\%$

年限 n/年	一次支付终值系数 $(1+i)^n$ $(F/P,i,n)$	一次支付现值系数 $\frac{1}{(1+i)^n}$ $(P/F,i,n)$	等额系列终值系数 $\frac{(1+i)^n-1}{i}$ $(F/A,i,n)$	偿债基金系数 $\frac{i}{(1+i)^n-1}$ $(A/F,i,n)$	资金回收系数 $\frac{i(1+i)^n}{(1+i)^n-1}$ $(A/P,i,n)$	等额系列现值系数 $\frac{(1+i)^n-1}{i(1+i)^n}$ $(P/A,i,n)$
1	1.1200	0.8929	1.0000	1.0000	1.1200	0.8929
2	1.2544	0.7972	2.1200	0.4717	0.5917	1.6901
3	1.4049	0.7118	3.3744	0.2963	0.4163	2.4018
4	1.5735	0.6355	4.7793	0.2092	0.3292	3.0373
5	1.7623	0.5674	6.3528	0.1574	0.2774	3.6048
6	1.9738	0.5066	8.1152	0.1232	0.2432	4.1114
7	2.2107	0.4523	10.0890	0.0991	0.2191	4.5638
8	2.4760	0.4039	12.2997	0.0813	0.2013	4.9676
9	2.7731	0.3606	14.7757	0.0677	0.1877	5.3282
10	3.1058	0.3220	17.5487	0.0570	0.1770	5.6502
11	3.4785	0.2875	20.6546	0.0484	0.1684	5.9377
12	3.8960	0.2567	24.1331	0.0414	0.1614	6.1944
13	4.3635	0.2292	28.0291	0.0357	0.1557	6.4235
14	4.8871	0.2046	32.3926	0.0309	0.1509	6.6282
15	5.4736	0.1827	37.2797	0.0268	0.1468	6.8109
16	6.1304	0.1631	42.7533	0.0234	0.1434	6.9740
17	6.8660	0.1456	48.8837	0.0205	0.1405	7.1196
18	7.6900	0.1300	55.7497	0.0179	0.1379	7.2497
19	8.6128	0.1161	63.4397	0.0158	0.1358	7.3658
20	9.6463	0.1037	72.0524	0.0139	0.1339	7.4694
21	10.8038	0.0926	81.6987	0.0122	0.1322	7.5620
22	12.1003	0.0826	92.5026	0.0108	0.1308	7.6446
23	13.5523	0.0738	104.6029	0.0096	0.1296	7.7184
24	15.1786	0.0659	118.1552	0.0085	0.1285	7.7843
25	17.0001	0.0588	133.3339	0.0075	0.1275	7.8431
26	19.0401	0.0525	150.3339	0.0067	0.1267	7.8957
27	21.3249	0.0469	169.3740	0.0059	0.1259	7.9426
28	23.8839	0.0419	190.6989	0.0052	0.1252	7.9844
29	26.7499	0.0374	214.5828	0.0047	0.1247	8.0218
30	29.9599	0.0334	241.3327	0.0041	0.1241	8.0552

$i = 15\%$

年限 n/年	一次支付终值系数 $(1+i)^n$ $(F/P,i,n)$	一次支付现值系数 $\frac{1}{(1+i)^n}$ $(P/F,i,n)$	等额系列终值系数 $\frac{(1+i)^n-1}{i}$ $(F/A,i,n)$	偿债基金系数 $\frac{i}{(1+i)^n-1}$ $(A/F,i,n)$	资金回收系数 $\frac{i(1+i)^n}{(1+i)^n-1}$ $(A/P,i,n)$	等额系列现值系数 $\frac{(1+i)^n-1}{i(1+i)^n}$ $(P/A,i,n)$
1	1.1500	0.8696	1.0000	1.0000	1.1500	0.8696
2	1.3225	0.7561	2.1500	0.4651	0.6151	1.6257
3	1.5209	0.6575	3.4725	0.2880	0.4380	2.2832
4	1.7490	0.5718	4.9934	0.2003	0.3503	2.8550
5	2.0114	0.4972	6.7424	0.1483	0.2983	3.3522
6	2.3131	0.4323	8.7537	0.1142	0.2642	3.7845
7	2.6600	0.3759	11.0668	0.0904	0.2404	4.1604
8	3.0590	0.3269	13.7268	0.0729	0.2229	4.4873
9	3.5179	0.2843	16.7858	0.0596	0.2096	4.7716
10	4.0456	0.2472	20.3037	0.0493	0.1993	5.0188
11	4.6524	0.2149	24.3493	0.0411	0.1911	5.2337
12	5.3503	0.1869	29.0017	0.0345	0.1845	5.4206
13	6.1528	0.1625	34.3519	0.0291	0.1791	5.5831
14	7.0757	0.1413	40.5047	0.0247	0.1747	5.7245
15	8.1371	0.1229	47.5804	0.0210	0.1710	5.8474
16	9.3576	0.1069	55.7175	0.0179	0.1679	5.9542
17	10.7613	0.0929	65.0751	0.0154	0.1654	6.0472
18	12.3755	0.0808	75.8364	0.0132	0.1632	6.1280
19	14.2318	0.0703	88.2118	0.0113	0.1613	6.1982
20	16.3665	0.0611	102.4436	0.0098	0.1598	6.2593
21	18.8215	0.0531	118.8101	0.0084	0.1584	6.3125
22	21.6447	0.0462	137.6316	0.0073	0.1573	6.3587
23	24.8915	0.0402	159.2764	0.0063	0.1563	6.3988
24	28.6252	0.0349	184.1678	0.0054	0.1554	6.4338
25	32.9190	0.0304	212.7930	0.0047	0.1547	6.4641
26	37.8568	0.0264	245.7120	0.0041	0.1541	6.4906
27	43.5353	0.0230	283.5688	0.0035	0.1535	6.5135
28	50.0656	0.0200	327.1041	0.0031	0.1531	6.5335
29	57.5755	0.0174	377.1697	0.0027	0.1527	6.5509
30	66.2118	0.0151	434.7451	0.0023	0.1523	6.5660

$i=18\%$

年限 n/年	一次支付终值系数 $(1+i)^n$ $(F/P,i,n)$	一次支付现值系数 $\frac{1}{(1+i)^n}$ $(P/F,i,n)$	等额系列终值系数 $\frac{(1+i)^n-1}{i}$ $(F/A,i,n)$	偿债基金系数 $\frac{i}{(1+i)^n-1}$ $(A/F,i,n)$	资金回收系数 $\frac{i(1+i)^n}{(1+i)^n-1}$ $(A/P,i,n)$	等额系列现值系数 $\frac{(1+i)^n-1}{i(1+i)^n}$ $(P/A,i,n)$
1	1.1800	0.8475	1.0000	1.0000	1.1800	0.8475
2	1.3924	0.7182	2.1800	0.4587	0.6387	1.5656
3	1.6430	0.6086	3.5724	0.2799	0.4599	2.1743
4	1.9388	0.5158	5.2154	0.1917	0.3717	2.6901
5	2.2878	0.4371	7.1542	0.1398	0.3198	3.1272
6	2.6996	0.3704	9.4420	0.1059	0.2859	3.4976
7	3.1855	0.3139	12.1415	0.0824	0.2624	3.8115
8	3.7589	0.2660	15.3270	0.0652	0.2452	4.0776
9	4.4355	0.2255	19.0859	0.0524	0.2324	4.3030
10	5.2338	0.1911	23.5213	0.0425	0.2225	4.4941
11	6.1759	0.1619	28.7551	0.0348	0.2148	4.6560
12	7.2876	0.1372	34.9311	0.0286	0.2086	4.7932
13	8.5994	0.1163	42.2187	0.0237	0.2037	4.9095
14	10.1472	0.0985	50.8180	0.0197	0.1997	5.0081
15	11.9737	0.0835	60.9653	0.0164	0.1964	5.0916
16	14.1290	0.0708	72.9390	0.0137	0.1937	5.1624
17	16.6722	0.0600	87.0680	0.0115	0.1915	5.2223
18	19.6733	0.0508	103.7403	0.0096	0.1896	5.2732
19	23.2144	0.0431	123.4135	0.0081	0.1881	5.3162
20	27.3930	0.0365	146.6280	0.0068	0.1868	5.3527
21	32.3238	0.0309	174.0210	0.0057	0.1857	5.3837
22	38.1421	0.0262	206.3448	0.0048	0.1848	5.4099
23	45.0076	0.0222	244.4868	0.0041	0.1841	5.4321
24	53.1090	0.0188	289.4945	0.0035	0.1835	5.4509
25	62.6686	0.0160	342.6035	0.0029	0.1829	5.4669
26	73.9490	0.0135	405.2721	0.0025	0.1825	5.4804
27	87.2598	0.0115	479.2211	0.0021	0.1821	5.4919
28	102.9666	0.0097	566.4809	0.0018	0.1818	5.5016
29	121.5005	0.0082	669.4475	0.0015	0.1815	5.5098
30	143.3706	0.0070	790.9480	0.0013	0.1813	5.5168

$i=20\%$

年限 n/年	一次支付终值系数 $(1+i)^n$ $(F/P,i,n)$	一次支付现值系数 $\frac{1}{(1+i)^n}$ $(P/F,i,n)$	等额系列终值系数 $\frac{(1+i)^n-1}{i}$ $(F/A,i,n)$	偿债基金系　数 $\frac{i}{(1+i)^n-1}$ $(A/F,i,n)$	资金回收系　数 $\frac{i(1+i)^n}{(1+i)^n-1}$ $(A/P,i,n)$	等额系列现值系数 $\frac{(1+i)^n-1}{i(1+i)^n}$ $(P/A,i,n)$
1	1.2000	0.8333	1.0000	1.0000	1.2000	0.8333
2	1.4400	0.6944	2.2000	0.4545	0.6545	1.5278
3	1.7280	0.5787	3.6400	0.2747	0.4747	2.1065
4	2.0736	0.4823	5.3680	0.1863	0.3863	2.5887
5	2.4883	0.4019	7.4416	0.1344	0.3344	2.9906
6	2.9860	0.3349	9.9299	0.1007	0.3007	3.3255
7	3.5832	0.2791	12.9159	0.0774	0.2774	3.6046
8	4.2998	0.2326	16.4991	0.0606	0.2606	3.8372
9	5.1598	0.1938	20.7989	0.0481	0.2481	4.0310
10	6.1917	0.1615	25.9587	0.0385	0.2385	4.1925
11	7.4301	0.1346	32.1504	0.0311	0.2311	4.3271
12	8.9161	0.1122	39.5805	0.0253	0.2253	4.4392
13	10.6993	0.0935	48.4966	0.0206	0.2206	4.5327
14	12.8392	0.0779	59.1959	0.0169	0.2169	4.6106
15	15.4070	0.0649	72.0351	0.0139	0.2139	4.6755
16	18.4884	0.0541	87.4421	0.0114	0.2114	4.7296
17	22.1861	0.0451	105.9306	0.0094	0.2094	4.7746
18	26.6233	0.0376	128.1167	0.0078	0.2078	4.8122
19	31.9480	0.0313	154.7400	0.0065	0.2065	4.8435
20	38.3376	0.0261	186.6880	0.0054	0.2054	4.8696
21	46.0051	0.0217	225.0256	0.0044	0.2044	4.8913
22	55.2061	0.0181	271.0307	0.0037	0.2037	4.9094
23	66.2474	0.0151	326.2369	0.0031	0.2031	4.9245
24	79.4968	0.0126	392.4842	0.0025	0.2025	4.9371
25	95.3962	0.0105	471.9811	0.0021	0.2021	4.9476
26	114.4755	0.0087	567.3773	0.0018	0.2018	4.9563
27	137.3706	0.0073	681.8528	0.0015	0.2015	4.9636
28	164.8447	0.0061	819.2233	0.0012	0.2012	4.9697
29	197.8136	0.0051	984.0680	0.0010	0.2010	4.9747
30	237.3763	0.0042	1181.8816	0.0008	0.2008	4.9789

$i=25\%$

年限 n/年	一次支付终值系数 $(1+i)^n$ $(F/P,i,n)$	一次支付现值系数 $\frac{1}{(1+i)^n}$ $(P/F,i,n)$	等额系列终值系数 $\frac{(1+i)^n-1}{i}$ $(F/A,i,n)$	偿债基金系数 $\frac{i}{(1+i)^n-1}$ $(A/F,i,n)$	资金回收系数 $\frac{i(1+i)^n}{(1+i)^n-1}$ $(A/P,i,n)$	等额系列现值系数 $\frac{(1+i)^n-1}{i(1+i)^n}$ $(P/A,i,n)$
1	1.2500	0.8000	1.0000	1.0000	1.2500	0.8000
2	1.5625	0.6400	2.2500	0.4444	0.6944	1.4400
3	1.9531	0.5120	3.8125	0.2623	0.5123	1.9520
4	2.4414	0.4096	5.7656	0.1734	0.4234	2.3616
5	3.0518	0.3277	8.2070	0.1218	0.3718	2.6893
6	3.8147	0.2621	11.2588	0.0888	0.3388	2.9514
7	4.7684	0.2097	15.0735	0.0663	0.3163	3.1611
8	5.9605	0.1678	19.8419	0.0504	0.3004	3.3289
9	7.4506	0.1342	25.8023	0.0388	0.2888	3.4631
10	9.3132	0.1074	33.2529	0.0301	0.2801	3.5705
11	11.6415	0.0859	42.5661	0.0235	0.2735	3.6564
12	14.5519	0.0687	54.2077	0.0184	0.2684	3.7251
13	18.1899	0.0550	68.7596	0.0145	0.2645	3.7801
14	22.7374	0.0440	86.9495	0.0115	0.2615	3.8241
15	28.4217	0.0352	109.6868	0.0091	0.2591	3.8593
16	35.5271	0.0281	138.1085	0.0072	0.2572	3.8874
17	44.4089	0.0225	173.6357	0.0058	0.2558	3.9099
18	55.5112	0.0180	218.0446	0.0046	0.2546	3.9279
19	69.3889	0.0144	273.5558	0.0037	0.2537	3.9424
20	86.7362	0.0115	342.9447	0.0029	0.2529	3.9539
21	108.4202	0.0092	429.6809	0.0023	0.2523	3.9631
22	135.5253	0.0074	538.1011	0.0019	0.2519	3.9705
23	169.4066	0.0059	673.6264	0.0015	0.2515	3.9764
24	211.7582	0.0047	843.0329	0.0012	0.2512	3.9811
25	264.6978	0.0038	1054.7912	0.0009	0.2509	3.9849
26	330.8722	0.0030	1319.4890	0.0008	0.2508	3.9879
27	413.5903	0.0024	1650.3612	0.0006	0.2506	3.9903
28	516.9879	0.0019	2063.9515	0.0005	0.2505	3.9923
29	646.2349	0.0015	2580.9394	0.0004	0.2504	3.9938
30	807.7936	0.0012	3227.1743	0.0003	0.2503	3.9950

i = 30%

年限 n/年	一次支付终值系数 $(1+i)^n$ $(F/P,i,n)$	一次支付现值系数 $\frac{1}{(1+i)^n}$ $(P/F,i,n)$	等额系列终值系数 $\frac{(1+i)^n-1}{i}$ $(F/A,i,n)$	偿债基金系数 $\frac{i}{(1+i)^n-1}$ $(A/F,i,n)$	资金回收系数 $\frac{i(1+i)^n}{(1+i)^n-1}$ $(A/P,i,n)$	等额系列现值系数 $\frac{(1+i)^n-1}{i(1+i)^n}$ $(P/A,i,n)$
1	1.3000	0.7692	1.0000	1.0000	1.3000	0.7692
2	1.6900	0.5917	2.3000	0.4348	0.7348	1.3609
3	2.1970	0.4552	3.9900	0.2506	0.5506	1.8161
4	2.8561	0.3501	6.1870	0.1616	0.4616	2.1662
5	3.7129	0.2693	9.0431	0.1106	0.4106	2.4356
6	4.8268	0.2072	12.7560	0.0784	0.3784	2.6427
7	6.2749	0.1594	17.5828	0.0569	0.3569	2.8021
8	8.1573	0.1226	23.8577	0.0419	0.3419	2.9247
9	10.6045	0.0943	32.0150	0.0312	0.3312	3.0190
10	13.7858	0.0725	42.6195	0.0235	0.3235	3.0915
11	17.9216	0.0558	56.4053	0.0177	0.3177	3.1473
12	23.2981	0.0429	74.3270	0.0135	0.3135	3.1903
13	30.2875	0.0330	97.6250	0.0102	0.3102	3.2233
14	39.3738	0.0254	127.9125	0.0078	0.3078	3.2487
15	51.1859	0.0195	167.2863	0.0060	0.3060	3.2682
16	66.5417	0.0150	218.4722	0.0046	0.3046	3.2832
17	86.5042	0.0116	285.0139	0.0035	0.3035	3.2948
18	112.4554	0.0089	371.5180	0.0027	0.3027	3.3037
19	146.1920	0.0068	483.9734	0.0021	0.3021	3.3105
20	190.0496	0.0053	630.1655	0.0016	0.3016	3.3158
21	247.0645	0.0040	820.2151	0.0012	0.3012	3.3198
22	321.1839	0.0031	1067.2796	0.0009	0.3009	3.3230
23	417.5391	0.0024	1388.4635	0.0007	0.3007	3.3254
24	542.8008	0.0018	1806.0026	0.0006	0.3006	3.3272
25	705.6410	0.0014	2348.8033	0.0004	0.3004	3.3286
26	917.3333	0.0011	3054.4443	0.0003	0.3003	3.3297
27	1192.5333	0.0008	3971.7776	0.0003	0.3003	3.3305
28	1550.2933	0.0006	5164.3109	0.0002	0.3002	3.3312
29	2015.3813	0.0005	6714.6042	0.0001	0.3001	3.3317
30	2619.9956	0.0004	8729.9855	0.0001	0.3001	3.3321

i = 40%

年限 n/年	一次支付终值系数 $(1+i)^n$ $(F/P,i,n)$	一次支付现值系数 $\frac{1}{(1+i)^n}$ $(P/F,i,n)$	等额系列终值系数 $\frac{(1+i)^n-1}{i}$ $(F/A,i,n)$	偿债基金系数 $\frac{i}{(1+i)^n-1}$ $(A/F,i,n)$	资金回收系数 $\frac{i(1+i)^n}{(1+i)^n-1}$ $(A/P,i,n)$	等额系列现值系数 $\frac{(1+i)^n-1}{i(1+i)^n}$ $(P/A,i,n)$
1	1.4000	0.7143	1.0000	1.0000	1.4000	0.7143
2	1.9600	0.5102	2.4000	0.4167	0.8167	1.2245
3	2.7440	0.3644	4.3600	0.2294	0.6294	1.5889
4	3.8416	0.2603	7.1040	0.1408	0.5408	1.8492
5	5.3782	0.1859	10.9456	0.0914	0.4914	2.0352
6	7.5295	0.1328	16.3238	0.0613	0.4613	2.1680
7	10.5414	0.0949	23.8534	0.0419	0.4419	2.2628
8	14.7579	0.0678	34.3947	0.0291	0.4291	2.3306
9	20.6610	0.0484	49.1526	0.0203	0.4203	2.3790
10	28.9255	0.0346	69.8137	0.0143	0.4143	2.4136
11	40.4957	0.0247	98.7391	0.0101	0.4101	2.4383
12	56.6939	0.0176	139.2348	0.0072	0.4072	2.4559
13	79.3715	0.0126	195.9287	0.0051	0.4051	2.4685
14	111.1201	0.0090	275.3002	0.0036	0.4036	2.4775
15	155.5681	0.0064	386.4202	0.0026	0.4026	2.4839
16	217.7953	0.0046	541.9883	0.0018	0.4018	2.4885
17	304.9135	0.0033	759.7837	0.0013	0.4013	2.4918
18	426.8789	0.0023	1064.6971	0.0009	0.4009	2.4941
19	597.6304	0.0017	1491.5760	0.0007	0.4007	2.4958
20	836.6826	0.0012	2089.2064	0.0005	0.4005	2.4970
21	1171.3556	0.0009	2925.8889	0.0003	0.4003	2.4979
22	1639.8978	0.0006	4097.2445	0.0002	0.4002	2.4985
23	2295.8569	0.0004	5737.1423	0.0002	0.4002	2.4989
24	3214.1997	0.0003	8032.9993	0.0001	0.4001	2.4992
25	4499.8796	0.0002	11247.1990	0.0001	0.4001	2.4994
26	6299.8314	0.0002	15747.0785	0.0001	0.4001	2.4996
27	8819.7640	0.0001	22046.9099	0.0000	0.4000	2.4997
28	12347.6696	0.0001	30866.6739	0.0000	0.4000	2.4998
29	17286.7374	0.0001	43214.3435	0.0000	0.4000	2.4999
30	24201.4324	0.0000	60501.0809	0.0000	0.4000	2.4999

附录 5　近期国家重点投资项目一览表

F5.1　2000 年我国西部新开工十大工程项目

2000 年国家计划把国债投资和国家拨款的 70% 投向中西部地区，把国际上提供的政府优惠贷款和国际金融组织提供贷款的 70% 投入中西部地区建设，为此将在西部地区新开工“十大工程”。

一、西安至南京铁路西安至合肥段。开辟西北至中南、华东地区及西南至华东地区便捷铁路通道，2000 年将开工建设的西安至合肥段，全长 955 公里，总投资 232.3 亿元。

二、重庆至怀化铁路（渝怀线）。全长约 640 公里，总投资 182.3 亿元。这条铁路有利于完善西南路网布局。

三、西部公路建设（包括国道主干线和国家级贫困县道路）。国家规划建设的“五纵七横”总长 3.5 万公里国道主干线中，有 1.7 万公里处于西部地区。在 1999 年已经安排部分国家级贫困县公路建设的基础上，2000 年将继续安排贫困县出口路的建设，基本解决这些贫困县出口通道不畅问题。

四、西部地区机场建设。西部地区民航机场建设，2000 年将开工建设西安咸阳国际机场，同时建设以成都双流机场、昆明巫家坝机场、西安咸阳机场、兰州中川机场和乌鲁木齐机场为中心的支线航空网络。

五、重庆市高架轻轨交通（较场口—新山村线路一期工程）。一期工程全长 13.5 公里，总投资 32.58 亿元。

六、柴达木盆地涩北—西宁—兰州天然气输气管道。全长 953 公里，输气规模为 20 亿立方米/年。

七、四川紫坪铺和宁夏黄河沙坡头水利枢纽。四川紫坪铺水利枢纽工程总投资约 62 亿元，水库总库容约 11 亿立方米，电站装机容量 76 万千瓦。工程建成后，可将岷江下游防洪标准提高到 100 年一遇，同时为都江堰灌区和成都市增供水量 5.5 亿立方米，年均发电 34 亿千瓦时。宁夏黄河沙坡头水利枢纽工程总投资约 13 亿元，水库总库容为 2600 万立方米。工程建成后，新增和改善灌溉面积 115 万亩，年均发电近 7 亿千瓦时。

八、中西部退耕还林（草）和生态建设及种苗工程。2000 年起将在长江上游的云南、四川和黄河上中游地区的陕西、甘肃等 13 省区开展退耕还林（草）试点工程建设，计划退耕 515 万亩，同时安排宜林荒山荒地人工造林种草 648 万亩。还将安排投资用于水土流失严重和生态环境恶劣地区的生态综合治理工程。

九、青海钾肥工程。该项目可带动盐湖资源的综合利用，促进青海地方经济发展。

十、西部高校基础设施建设。2000 年国家决定利用国债专项资金重点用于支持西部高校教学、实验基础设施建设和推进高校后勤社会化改革进程，为加速西部地区高校人才培养创造条件。

F5.2 1999年新增加的项目(11项)

水利项目1项
宁夏扬黄扶贫灌溉工程
铁道项目3项
包西铁路神木北至延安北
内昆线
水株复线
电力项目5项
福建棉花滩水电站
辽长吉哈50万伏输变电工程
华东江苏50万伏输变电工程
浙江秦山核电站三期
全国农村电网建设与改造工程
城建项目2项
上海轨道交通明珠线一期工程
深圳地铁一期工程

F5.3 1999年以前确定的在建项目(91项)

水利项目10项
黄河小浪底水利枢纽
黄河万家寨水利枢纽
治淮工程
——怀洪新河
——沂沭泗洪水东调南下近期工程
太湖综合治理
——望虞河工程
——太浦河工程
——杭嘉湖南排工程
浙江珊溪水利枢纽工程(地方项目)
洞庭湖治理二期
——堤防加固及洪道整治工程
湖南江垭水利枢纽工程
甘肃引大入秦工程(地方项目)
甘肃疏勒河农业灌溉及移民综合开发(地方项目)
新疆乌鲁瓦提水利枢纽工程(地方项目)
农业项目1项
吉林松原玉米加工项目(地方项目)
林业项目1项
“三北”防护林三期工程
铁道项目10项
西安安康线
邯济线
安徽芜湖长江大桥
南疆铁路
成昆线电化
宝成复线
哈大线电化
新菏兖石复线一、二期工程
达万线
朔黄铁路
交通项目15项
广州港新沙港区一期
川藏公路
广西防城港二期工程
秦皇岛港戊己码头
烟台港西港池三期
黄骅港一期工程
天津港(地方项目)
黑龙江哈同公路(地方项目)
江苏江阴长江公路桥(地方项目)
南京长江长二大桥(地方项目)
厦门海沧大桥(地方项目)
湖南湘江航运二期工程(地方项目)
广西西江航运二期工程(地方项目)
京沈高速公路(地方项目)
——宝坻-山海关段
——山海关-沈阳段
京深高速公路湘潭至耒阳段(地方项目)
民航项目2项
首都机场航站楼项目
上海浦东机场(地方项目)
煤炭项目12项
河北蔚县矿区
山西晋城矿区
山西华晋离柳矿区沙曲矿井
黑龙江双鸭山矿区
安徽淮南矿区
安徽淮北矿区

山东兖州矿区
山东枣藤矿区
河南平顶山矿区
河南永夏矿区
甘肃华亭矿区
神府东胜矿区

石油项目6项

黑龙江大庆油田开发
辽宁辽河油田开发
山东胜利油田开发
新疆油田开发
新疆塔里木油田开发
陕甘宁长庆油田开发

电力项目18项

长江三峡水利枢纽及50万伏输变电工程
浙江天荒坪抽水蓄能电站
广州抽水蓄能电站二期
云南大朝山水电站
天生桥水电站一期及天生桥至广州50万伏直流输电工程
四川二滩水电站及50万伏输变电工程
青海李家峡水电站
河北邯峰电厂
山西阳城电厂及50万伏输变电工程
内蒙古伊敏煤电联营一期工程
辽宁绥中电厂
江苏扬州二电厂
浙江北仑港电厂二期
湖北襄樊电厂
贵州安顺电厂
陕西宝鸡第二电厂
浙江秦山核电站二期工程
广东岭澳核电站

钢铁项目3项

上海宝山钢铁公司三期
广州珠江钢铁有限公司
邯钢薄板坯连铸连轧工程

有色项目1项

江西铜业公司贵溪冶炼厂

化工项目2项

广西鹿寨化肥厂
贵州瓮福磷矿重钙项目

石化项目5项

南京化学公司大化肥项目
天津石化公司聚酯工程
宁夏化工厂第二套化肥工程
镇海炼化股份公司煤油扩建工程
洛阳石化总厂化纤工程

医药项目1项

山东鲁抗医药集团青霉素钾盐工程

机械项目1项

大型水电设备制造项目

教育项目1项

高等教育“211工程”

粮食项目1项

世行贷款粮食流通项目

城建项目1项

河南义马煤气化工程(地方项目)

术语索引

A

B

C

D

F

G

H

J

P

Q

S

T

W

X

Y

Z

参考文献

1 肖玉新,戴淑芬,王维才．投资项目可行性研究理论与实务．北京:冶金工业出版社．1997 年

2 傅家骥,仝允桓．工业技术经济学(第三版)．北京:清华大学出版社．1996 年

3 国家计委．建设项目经济评价方法与参数(第二版)．北京:中国计划出版社．1993 年

4 赵国杰．技术经济学．天津:天津大学出版社．1993 年

5 毕梦林．技术经济学．沈阳:东北大学出版社．1996 年

6 姚长辉,金萍．投资项目评估．北京:企业管理出版社．1994 年

7 李东阳,王立国等．投资项目评估学．沈阳:东北财经大学出版社．1994 年

8 全国注册资产评估师考试辅导教材编写组．资产评估学．北京:经济科学出版社．1997 年

9 朗荣燊,刘荔娟．现代项目管理学．天津:天津大学出版社．1996 年

10 李一智等．经济预测技术．北京:清华大学出版社．1991 年

11 刘新梅等．项目人力资源与沟通管理．北京:清华大学出版社．1999 年

12 张三力．项目后评价．北京:清华大学出版社．1998 年

13 (美)Jack Gido, and James P. Clements,张金成等译．成功的项目管理．北京:机械工业出版社．1999 年

14 Richard B. Chase, Nicholas J. Aquilano, F. Robert Jacobs: Production and Operations Management: Manufacturing and Servives -8th ed. Copyright c 1998 by McGraw – Hill Companies, Inc.